# 정보 사회의 이해

**1판 1쇄 발행** 2011년 3월 5일
**1판 13쇄 발행** 2019년 3월 25일

**지은이** 이항우 · 이창호 · 김종철 · 임현경 외 지음
**펴낸이** 김민지 **펴낸곳** 미래M&B
**책임편집** 황인석 **디자인** 남상원
**영업관리** 장동환, 김하연
**등록** 1993년 1월 8일(제10-772호) **주소** 서울시 마포구 동교로 134(서교동 464-41) 미진빌딩 2층
**전화** 02-562-1800(대표) **팩스** 02-562-1885(대표)
**전자우편** mirae@miraemnb.com **홈페이지** www.miraeinbooks.com

ISBN 978-89-8394-652-2 03330

값 20,000원

*잘못 만들어진 책은 구입처에서 바꾸어 드립니다.
*미래인은 미래M&B가 만든 단행본 브랜드입니다.

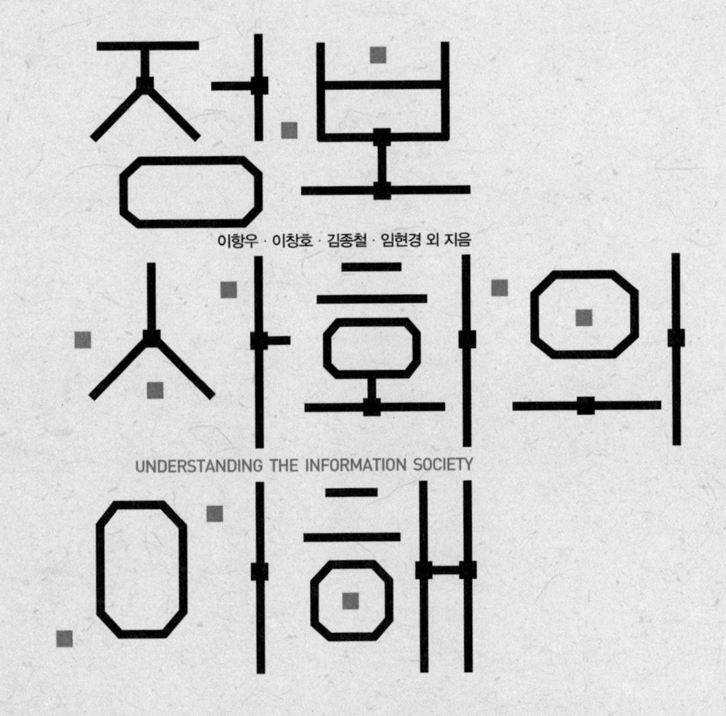


# 정보사회의 이해

UNDERSTANDING THE INFORMATION SOCIETY

이항우 · 이창호 · 김종철 · 임현경 외 지음

미래인

다시 개정판을 낸다. 2005년 전면신판의 출간 이후에도, 정보기술은 하루가 다르게 급속하게 변화했고, 1997년 이후 세 번째 개정판을 또 다시 시대에 뒤떨어진 낡은 것으로 만들어버렸다. 15년 전 미래사회로 그려졌던 정보사회가 현실이 된 것을 넘어, 이제 정보네트워크는 사회 조직과 일상생활의 구성요소로 자리매김했다.

무엇보다도 지난 몇 년간 우리의 주목을 끈 것은 트위터나 페이스북 같은 소셜 미디어의 확산이다. 트위터는 짧은 단문메시지를 통한 자유로운 의사소통의 공간으로 실시간 소통구조를 가지고 있어 직접적이고 즉각적인 정보서비스를 제공하고 있다. 이 때문에 속보성이나 영향력 면에서 기존의 미디어보다 훨씬 앞서 있다는 평가를 받고 있다. 페이스북은 취미가 비슷하거나 유사한 배경(학력, 직장 등)을 가진 친구들을 쉽게 찾을 수 있는 편리한 기능을 가지고 있다. 트위터와 마찬가지로 친구들이 어떤 생각을 하고 무슨 일을 하는지 실시간으로 확인할 수 있어 온라인상에서 네트워크의 폭을 넓혀가고 있다.

음성과 문자 위주의 서비스를 바탕으로 출발한 휴대전화는 다양한 기능을 추가하며 스마트폰으로 진화해, 2010년 말 현재 스마트폰 가입자 수는 700만 명을 돌파했다. 더불어 아이패드, 갤럭시 탭과 같은 태블릿 PC의 성장세와 스마트TV의 성장도 괄목할 만한 변화다. 한국

인터넷진흥원이 2010년 인터넷 이용 실태에 대해 조사한 결과, 인터넷 이용자의 65.7%가 트위터와 같은 소셜 네트워크 서비스SNS를 이용하고 있었으며, 인터넷 이용자 수는 최근 10년 동안 두 배나 증가한 것으로 나타났다. 이처럼 뉴미디어는 사회환경과의 상호작용 속에서 끊임없이 진화하고 변화하고 있다.

이러한 사회적 변화와 흐름은 개정판을 내게 만든 중요한 계기가 됐다. 이번 개정판에서는 트위터와 페이스북 등 소셜 미디어에 대한 장이 새롭게 구성됐고 악성댓글이나 사이버범죄, 인터넷중독과 같은 정보사회의 역기능과 문제점들을 조명하는 장도 새로 추가되었다.

이 책은 모두 4부 15장으로 구성되어 있다.

1부는 정보기술의 발전 및 주변 환경 변화로 인한 현대인의 일상생활 변화를 다룬다. 정보사회의 도래는 특별한 공간을 통해 이루어지기보다 가정, 학교, 회사, 대중교통, 공공장소 등 일상의 장소를 통해 진행되며 우리의 생활도 새로운 변화에 대한 적응과 저항을 통해 이루어진다. 여러 실제적인 사례와 현상들을 통해 정보화의 진행에 따른 일상의 '명'과 '암'을 나누어 생각해본다.

1장(정준영)은 정보기술을 통해 매개된 커뮤니케이션이 사회관계의 지배적 양식으로 자리 잡으며 개인을 둘러싸고 있는 여러 환경들이 순차적으로 변화되는 현상을 살펴본 후, 다중문화, 익명적 관계, 통제에 이르는 다양한 현상을 새로운 시각으로 논의한다. 2장(이기홍)은 SNS의 사용 실태와 의미에 대해 다양한 각도에서 접근한다. 특히 SNS의 이용 형태가 개인화, 소형화, 모바일화라는 정보 유통방식의 변화로 설명될 수 있다는 점에 주목할 필요가 있다. 아울러 SNS의 프라이버시 및 저작권에 관한 문제도 놓치지 말고 살펴보아야 한다.

3장(허윤정)은 사이버공간의 공동체와 집합행동을 구체적인 사례를 통해 분석한다. 고무신 카페가 공동체의 속성을 가지고 있는지, 지식검색이 집단지성이 될 수 있는지, 플래시몹이라는 새로운 형태의 사회적 현상이 집합행동의 속성을 가지는지에 대해 생각해본다. 4장(홍일표)은 최근 사례를 중심으로 인터넷이 사회운동에 미친 영향과 의미를 살펴본다. 인터넷을 통한 정보의 공개와 공유, 그것을 둘러싼 억압과 저항, 그리고 수많은 직접행동과 사회운동의 재조직에 대해 생각하며, 인터넷이 사회운동에서 새로운 '기회' 임과 동시에 '제약'을 동반하고 있다는 점에 대해 논의한다.

2부는 정보사회에서 '일'이 조직되는 방식, 그 성격과 내용의 변화를 다룬다. 정보통신기술의 발전은 자본주의 경제의 구조조정과 맞물리며 자본, 노동, 생산과 유통 등 경제 전반의 세계화와 유연화를 뒷받침해왔다. 또한 지식 기반 경제라는 용어가 함축하듯이 부가가치의 원천으로서 정보와 지식의 역할이 점점 중요해지고 있다. 그렇다면, 이러한 거시적 변화가 우리의 '일터'와 우리가 하는 '일'에는 구체적으로 어떤 영향을 미치고 있는가?

5장(임현경)은 급변하는 경영환경에서 산업사회의 대표적 조직방식인 관료제의 비효율성과 정보통신기술 혁신이 기업조직의 재편에 미친 영향을 검토한 후, 최근 부상하고 있는 네트워크 기업의 특성을 구체적 사례를 통해 살펴본다. 기업조직의 변화가 일률적인 것은 아니며, 그 이면의 복합적이고 때로는 상충되는 경향을 고려해야 함이 강조된다. 6장(정이환)은 정보사회에서의 고용과 노동의 변화를 살펴본다. 정보화에 따라 서비스산업 고용과 전문직의 증가가 전반적 추세이지만, 숙련 정도에 따른 노동자 내부의 불평등 역시 확대되고 있다. 이 장에서는 정보화가 현대사회의 특징으로 대두되고 있는 고용 불안을 심화시키는 이유와 최근 화두가 되고 있는 원격근무의 현황과 문제점들을 다룬다.

7장(김원정)은 근대적 성별 분업에 기초한 남성 생계 부양자 모델이 직면한 한계를 지적하고 '일-가족-개인생활' 간의 새로운 관계 설정을 모색한다. 일-가족-개인생활의 조화를 기치로 하는 유연근무제를 중심으로, 그 도입 배경과 실제 현황, 이를 둘러싼 새로운 불평등을 다룬다. 특히 가족-개인생활의 조화가 노동자 개개인의 책무로 강조되는 경향이 내포하는 문제점들을 지적한다. 8장(조정문)은 정보사회에서 혁신의 원천이라고 할 수 있는 정보 및 지식 생산의 패러다임이 변화하고 있음을 보여준다. 특히 웹 2.0으로의 변화와 함께 주목받고 있는 집단지성의 유형과 이를 둘러싼 쟁점, 한국 집단지성의 특성, 집단지성을 활용한 협업 및 혁신 사례들을 소개한다. 아울러 지속적인 혁신을 위한 조건과 이를 위한 과제를 제시한다.

3부에서는 정보사회에서 새롭게 등장한 다양한 쟁점들을 다룬다. 정보사회는 생활의 편리함, 정보공유와 같은 순기능을 가져왔을 뿐 아니라 저작권 강화, 전자감시, 사이버일탈, 정보불평등, 인터넷중독 등의 역기능도 초래했다. 3부에서는 정보사회가 초래한 여러 문제점과 이를 둘러싼 이슈들을 상세하게 소개한다.

9장(홍성태)은 저작권을 둘러싼 이슈와 쟁점을 다룬다. 저작권의 개념과 역사를 살핀 후, 현행 저작권의 문제점을 파헤친다. 특히 저작권 강화 움직임에 맞서 시민단체 중심으로 벌어지고 있는 정보공유운동의 의미와 성과, 국내외 정보공유 실천 사례를 자세하게 전달한다. 10장(백욱인)은 인터넷의 발전으로 초래된 전자감시와 프라이버시 문제를 집중적으로 논의한다. 최근에 급속하게 가입자가 증가하고 있는 페이스북이나 트위터에서의 프라이버시 문제를 포함하여, 전자감시체제에 대응하는 운동전략으로 '위키리키스'의 사례와 같은 정보공유와 공개를 위한 운동을 제안한다.

11장(이창호)은 급속하게 증가하고 있는 사이버일탈 및 범죄행동에 초점을 맞춘다. 사회적으로 중요한 문제가 되고 있는 악성댓글, 개인정보 유출 등 사이버일탈 및 범죄 현황과 이를 설명하는 이론들을 고찰한 뒤, 사이버폭력을 예방하기 위한 노력과 대안들을 제시한다. 12장(고영삼)은 정보화 역기능의 주요 양상인 정보격차와 인터넷중독의 문제를 다룬다. 이 장에서는 한국정보화진흥원에서 매년 조사·분석하고 있는 정보격차의 실태를 자세하게 소개한다. 아울러 인터넷중독에 대한 심리학적·사회학적 시각을 통해 인터넷중독이 발생하는 원인과 그 현상에 대한 폭넓은 관점을 보여준다.

마지막으로 4부에서는 정보사회를 전체적으로 조망하고, 정보사회로의 사회변동을 거시적 맥락에서 역사적이고 이론적으로 설명하는 관점들을 다룬다.

13장(김종철)은 정보통신기술의 발전과정을 역사적으로 살핀다. 네트워크사회로의 사회변동과정에 대한 검토와 함께, 기술은 사회 구성원들에 의해 끊임없이 수용·변용·재구성되는 과정이라는 기술사회학의 기본명제는 이 책의 필자들이 공유하는 관점이다. 14장(이항우)은 세계화와 정보화의 관계를 인터넷주소자원관리기구의 사례를 통해 흥미롭게 제시한다. 기존의 논의들이 정보통신기술이 세계화의 정보적·기술적 토대를 제공한다는 점에 주목해온 반면, 여기서는 세계화가 정보사회의 발전에 어떻게 작동해왔는지를 글로벌 인터넷 거버넌스 작동의 구체적 사례를 통해 보여준다. 15장(김해식)은 정보사회의 이해와 연관된 다양한 이론적 쟁점들을 소개하며, 정보사회를 바라보는 균형적 관점을 모색한다. 정보사회를 하나의 고정된 개념으로 과잉되게 사용하기보다는, 현대사회에서 일어나고 있는 주요 변동들을 설명하기 위한 용어로 사용하자는 그의 실사구시적 제안은 우리 모두가 주목해야 할 것이다.

이 책은 대학에서 정보사회와 관련된 다양한 쟁점과 논의를 다루는 교과목의 교재로 사용될 수 있도록 구성되어 있다. 그러나 정보사회는 이미 우리의 현실사회이기에, 현대사회를 개괄적으로 소개하는 강좌에서도 활용할 수 있을 것이다. 물론 정보사회와 현대 사회변동에 관심 있는 일반 독자들에게 역시 도움이 될 것이다.

새로운 개정판을 기획하고 출판하는 과정에서 많은 분들의 도움이 있었다. 개정판 작업에 필자로 참여하지는 않았지만, 책의 출판에 지속적인 관심을 갖고 개정 작업을 후원해주신 울산대학교 조형제 선생님과 미래M&B 출판사 김준묵 사장님, 그리고 필자들의 늦은 원고 작업을 묵묵히 인내로 마무리하고 멋진 책으로 엮어준 황인석 편집장과 편집진 모두에게 감사의 말씀을 드린다.

2011년 2월

저자 일동

# 차 례

전면개정판 서문 4

## 1부 일상의 변화

### 01 정보사회에서의 개인

|**1**| 네트워크의 확산, 매개된 커뮤니케이션의 지배 20

|**2**| 대중문화에서 다중문화로 23

|**3**| 정보사회의 사회관계 32

|**4**| 정보사회의 개인은 얼마나 자유로운가?: 정보사회에서의 통제 38

### 02 소셜 미디어, SNS, 그리고 스마트폰

|**1**| 유비쿼터스 컴퓨팅 시대의 도래 49

|**2**| 정보 유통방식의 변화 54

|**3**| '소셜' 서비스의 미래 62

### 03 사이버공간의 공동체와 집합행동

|**1**| 사이버 공동체 69

|**2**| 집단지성 74

|**3**| 사이버공간의 집합행동 79

### 04 인터넷과 시민운동

|**1**| 인터넷과 시민운동의 조우 87

|**2**| 한국 시민운동의 등장과 특징 92

|**3**| 인터넷을 통한 시민운동의 변화 98

|**4**| '새로운 새로움'의 창출 110

## 2부 일의 변화

### 05 기업조직의 변화

| 1 | 사무실과 회사의 종말? 119

| 2 | 정보화, 세계화, 유연화: 기업 환경의 변화 120

| 3 | 기업조직의 변화: 수직적 위계에서 수평적 네트워크로 125

| 4 | 네트워크 기업 130

| 5 | 네트워크 사회와 사회의 맥도널드화 134

### 06 고용과 노동의 변화

| 1 | 정보사회의 노동에 대한 두 가지 이미지 139

| 2 | 고용구조의 변화 139

| 3 | 노동의 질의 변화 143

| 4 | 노동방식의 변화 148

| 5 | 노동자 내부 불평등 확대 154

### 07 일-가족-개인생활의 변화

| 1 | 정보사회에서 일-가족-개인생활의 변동 161

| 2 | 여성 노동력 증가와 근대적 가족 형태의 쇠퇴 162

| 3 | 유연근무제, 새로운 일-가족-개인생활의 배치 167

| 4 | 새로운 불평등과 일 중심의 삶 171

| 5 | 자기 통제를 통한 일-가족-개인생활 관리 174

| 6 | 자율, 조화, 평등을 다시 생각하기 178

### 08 혁신과 집단지성

| 1 | 정보사회와 혁신 183

| 2 | 혁신이란 184

| 3 | 정보, 지식, 혁신 188
| 4 | 집단지성을 활용한 혁신 190
| 5 | 혁신의 제도화 195

## 3부 정보사회의 쟁점

### 09 정보공유와 저작권

| 1 | 저작권의 형성 203
| 2 | 저작권과 현실 정보사회 205
| 3 | 저작권과 한국사회 209
| 4 | 저작권과 정보공유 212

### 10 프라이버시와 전자감시

| 1 | 인터넷과 프라이버시 217
| 2 | 익명성과 프라이버시 223
| 3 | 페이스북과 소셜 그래프 230
| 4 | 사회적 테일러리즘과 프라이버시 234

### 11 사이버일탈과 범죄

| 1 | '트루먼의 진실' 243
| 2 | 사이버일탈과 범죄의 유형 및 현황 246
| 3 | 범죄이론과 사이버일탈 252
| 4 | 사이버폭력 예방 및 대책 255
| 5 | 깨끗한 사이버세상을 꿈꾸며 259

## 12 정보격차와 인터넷중독

| 1 | 정보화의 빛과 그늘 263
| 2 | 정보격차 264
| 3 | 인터넷중독 274
| 4 | 고도 정보사회로 가는 길 286

# 4부 정보사회의 변동과 이론

## 13 정보기술의 발전과 사회변동

| 1 | 바늘구멍을 통과한 코끼리 295
| 2 | 마이크로일렉트로닉스 혁명과 컴퓨터의 진화 298
| 3 | 디지털통신 혁명과 인터넷의 등장 304
| 4 | 정보기술 패러다임의 형성과 네트워크 사회의 출현 313
| 5 | 사회학적 쟁점들: 기술 발전과 사회변동 318

## 14 세계화와 인터넷 거버넌스

| 1 | 세계화와 거버넌스 326
| 2 | 세계화: 국민국가, 초국적 자본, 초국적 기구 328
| 3 | 세계화와 인터넷주소자원관리기구의 글로벌 거버넌스 336
| 4 | 글로벌 거버넌스와 개별 국가 348

## 15 정보사회를 어떻게 볼 것인가

| 1 | 정보사회 담론의 두 축 353
| 2 | 정보테크놀로지와 사회변동 355
| 3 | 단절론과 연속론 364
| 4 | 정보사회의 자리매김 373

**찾아보기** 379 **저자소개** 386

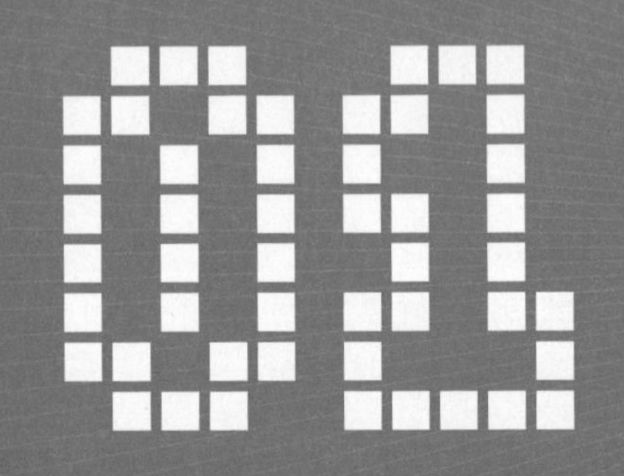

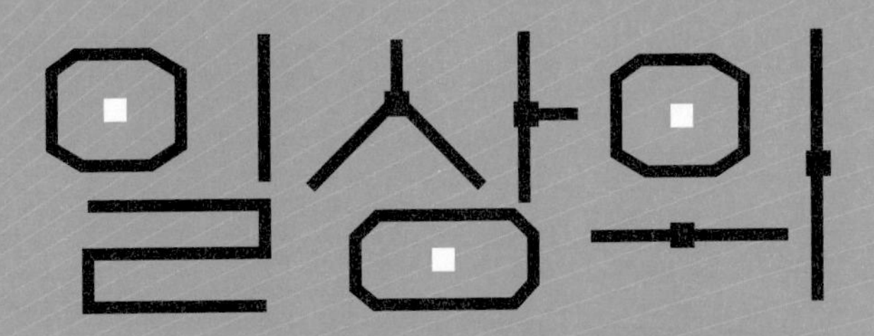


1부는 정보기술의 발전 및 주변 환경 변화로 인한 현대인의 일상생활 변화를 다룬다. 여러 실제적인 사례와 현상들을 통해 정보화의 진행에 따른 일상의 '명'과 '암'을 나누어 생각해본다. 1장(정준영)은 정보기술을 통해 매개된 커뮤니케이션이 사회관계의 지배적 양식으로 자리 잡으며 개인을 둘러싸고 있는 여러 환경들이 순차적으로 변화되는 현상을 살펴본 후, 다중문화, 익명적 관계, 통제에 이르는 다양한 현상을 새로운 시각으로 논의한다. 2장(이기홍)은 SNS의 사용 실태와 의미에 대해 다양한 각도에서

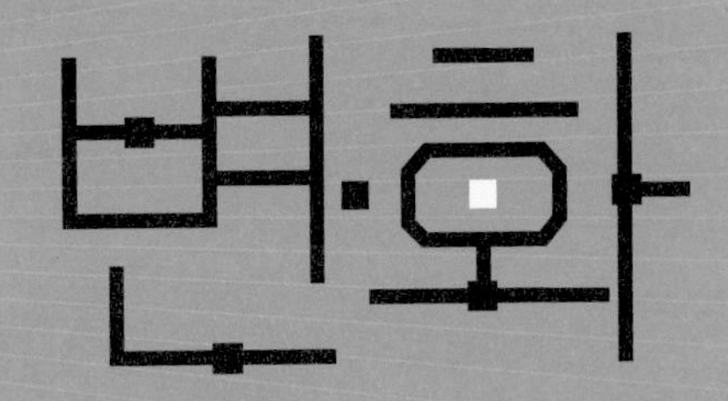


접근한다. 3장(허윤정)은 사이버공간의 공동체와 집합행동을 구체적인 사례를 통해 분석한다. 고무신 카페가 공동체의 속성을 가지고 있는지, 지식검색이 집단지성이 될 수 있는지, 플래시몹이라는 새로운 형태의 사회적 현상이 집합행동의 속성을 가지는지에 대해 생각해본다. 4장(홍일표)은 최근 사례를 중심으로 인터넷이 사회운동에 미친 영향과 의미를 살펴본다. 인터넷이 사회운동에서 새로운 '기회' 임과 동시에 '제약'을 동반하고 있다는 점에 대해 논의한다.

# 01

# 정보사회에서의 개인

서울의 한 구청에 근무하는 A주무관은 요즘 사무실로 출근하지 않는다. 어린 자녀의 육아 문제로 재택근무를 신청했기 때문이다.

"집에서 일할 뿐이지 일의 양은 사무실에서 할 때와 같아요. 육아 문제까지 해결하려니 집에서도 야근을 해야 하지만, 아기와 같이 있어 좋아요."

대전의 한 가정집, 공무원인 B주무관은 낮 3시인데 벌써 퇴근해 집으로 돌아왔다. 노모와 유치원에 다니는 자녀들을 돌보기 위해서다.

"낮 2시까지 근무하는 시간제 공무원이에요. 2시부터는 다른 시간제 공무원과 업무교대를 하기 때문에 업무에 대한 부담도 없고, 같은 부서의 다른 직원들에게도 피해를 주지 않아요. 무엇보다 가족들이 좋아하고, 부모님의 건강과 아이들의 성적이 모두 좋아져서 너무 좋아요."

행정안전부가 올해부터 실시한 유연근무제를 활용 중인 지방 공무원의 말이다. 유연근무제란 획일화된 근무형태를 개인·업무·기관별 특성에 맞게 다양화함으로써 공직 생산성을 향상하고 공무원의 사기를 높이기 위한 제도이다.

유연근무제는 근무형태나 근무장소에 따라 여러 가지 형태로 나뉘는데, 하루의 근무시간을 정해놓고 그 시간만큼 근무하는 시간제근무와, 출퇴근시간을 조절하는 시차출퇴근제, 사무실에 출근하지 않고 집이나 별도 사무실에서 근무하는 재택·원격근무제 등 모두 9가지 유형이 있다.

행정안전부는 지난 8월 지방공무원 유연근무제 전면도입 이후 9월 현재 2,483명이 이용 중이며, 점차 확산될 것이라고 밝혔다.

—공감코리아, 2010. 10. 29.

## |1| 네트워크의 확산, 매개된 커뮤니케이션의 지배

몇 년 전까지만 하더라도 현대사회의 구성원들이 아침에 일어나 가장 먼저 하는 일 중 하나는 TV를 켜는 것이었다. 사람들은 출근 준비나 등교 준비, 식사 준비 등을 하면서 TV를 통해 간밤에 일어난 새로운 소식을 듣고 일기예보 등 하루에 필요한 정보를 획득했다. TV가 널리 확산되기 전에는 신문이 하루를 시작하는 동반자 역할을 했다.

오늘날에는 점점 더 많은 사람들이 기상과 함께 컴퓨터를 켜거나 스마트폰을 찾아 인터넷에 접속한다. 출근이나 등교를 위해 이동하는 중에도 접속은 끊기지 않으며, 직장에 출근했을 때 가장 먼저 하는 일도 컴퓨터를 켜는 일이다. 영국의 일간지 《파이낸셜타임스》에 따르면 2010년 현재 우리 사회의 인터넷 보급률은 81%로 전 세계에서 인터넷이 가장 널리 보급된 나라인데, 이처럼 광범위하게 확산된 인터넷이 사람들의 일상적 행위를 바꿔놓고 있는 것이다.

정보사회는 네트워크가 전방위적으로 확산되어 있는 사회이다. 정보사회의 개인들은 일상적으로 이 네트워크에 접속해 있으면서 네트워크의 노드node로 기능하고 있다. 이 과정에서 사람들은 점점 더 컴퓨터에 의해 매개된 커뮤니케이션에 의존하게 된다. 매일 아침 직장인들이 하는 가장 중요한 업무 중 하나가 간밤에 도착한 이메일을 확인하고 적절히 처리하는 것이며, 스마트폰이 널리 보급되면서 이메일의 활용은 더욱 늘어나고 있다. 결재를 받을 때에도 전자결재 시스템을 활용하는 조직이 늘어나면서 직접 얼굴을 맞대고 서류에 서명을 하는 관행이 사라지고 있으며 원거리에 위치한 사람들과의 화상회의도 늘어나고 있다.

정보통신기술의 발전에 힘입어 네트워크가 고도로 확산되면서 재택근무를 비롯한 이른바 스마트워크smart work가 확대되고 있다. 재택근무는 앨빈 토플러가 『제3의 물결』에서 '가내 노동'이라는 개념으로 예견했던 것이다. 토플러에 따르면 과학기술을 유효하게 이용하여 갖가지 사무와 통신용 설비를 설치한 전자주택electronic cottage이 발전함으로써 이제까지 회사라는 한 장소에 모여서 하던 업무의 상당 부분을 가정에서 처리할 수 있게 될 것이다. 그렇게 되면 교통비가 절감되어 임금 상승에 대한 압력이 줄어들고 궁극적으로 물가 안정에 기여할 것이며 환경보호에도 큰 도움을 줄 것이다. 또 개인적인 측면에서 보더라도 거주지 선택이 자유로워짐으로써 부동산에의 지출비용을 줄일 수 있고 가족 중심의 사회가 이루어지며 지역공동체의 안정성이 높아질 것이다(Toffler, 1981).

**스마트워크 시연 장면**
출처: SK텔레콤

하지만 적어도 단기적으로 스마트워크는 매개된 커뮤니케이션에 대한 정보사회 구성원들의 의존도를 더욱 심화시킬 것이며, 그 과정에서 면대면 커뮤니케이션의 비중은 더욱 축소될 가능성이 높다. 사실 돌이켜보면 산업사회의 발전과 함께 현대인들의 생활은 가정과 직장이라는 양대 축을 중심으로 구성되어왔다. 가정과 직장에서 주를 이루는 사회관계의 유형에는 큰 차이가 있었지만 그 관계를 이어주는 의사소통의 형식은 모두 면대면 커뮤니케이션을 축으로 하고 있었다. 물론 산업사회에서 면대면 커뮤니케이션의 도달 범위는 농경 중심의 전산업사회의 기본틀이었던 공동체에 비해 상대적으로 축소되었지만 의사소

### 스마트워크(Smart Work)

종래의 사무실 근무를 벗어나 정보통신기술을 이용해 시간과 장소의 제약 없이 언제 어디서나 효율적으로 업무를 수행하는 근무형태를 이르는 말. 스마트워크에는 모바일기기를 이용해 업무를 수행할 수 있는 모바일 오피스, 영상회의 시스템 등을 활용하는 원격근무, 재택근무 등이 포함된다.

통의 형식과 관련해서는 연속성을 지니고 있었다.

통신기술의 발달에 힘입어 텔레커뮤니케이션 매체가 등장하면서 이 연속성에 균열이 일어나기 시작했다. 전화와 라디오, 텔레비전 등 갖가지 종류의 텔레커뮤니케이션 매체는 면대면 관계의 중심성을 약화시키고 매개된 커뮤니케이션의 비중을 증가시키기 시작했다. 산업사회 시기의 가장 대표적인 매체였던 텔레비전과 관련하여 텔레비전의 영향으로 가족 간의 대화가 줄어들고 가족이 약화되고 있다는 분석이 제출되었던 것은 이런 배경에서였다. 하지만 거실의 중심에 자리 잡은 텔레비전이 여전히 가족 구성원의 공동 시청 매체였던 것에서 볼 수 있듯이 이때까지도 면대면 관계의 중심성은 그리 큰 위협을 받지 않았던 편이다. 텔레비전이 널리 보급되면서 청소년을 중심으로 텔레비전 자체가 개인 매체로 변화하고 있다는 분석이 나온 바 있으나, 그 효과는 부분적이었을 뿐 일상의 흐름 속에서 가족 구성원을 한 자리로 끌어 모으는 텔레비전의 힘은 20세기 말까지도 지속적으로 유지되었다.

퍼스널 컴퓨터와 휴대전화의 발전으로 커뮤니케이션 매체의 완전한 개인화가 이루어지면서 사회관계의 양상에서 진정한 혁명적 변화의 잠재력을 지닌 새로운 현상이 나타나고 있다. 면대면 관계의 비중이 축소되고 매개된 커뮤니케이션이 주를 이루게 되면서 근대 이후 '자기만의 방'의 출현과 함께 진행되었던 개인주의의 발전이 완결될 수 있는 가능성이 마련된 것이다.

그 결과 이제 가족은 산업사회에서의 정서적 기능을 잃어버리고 다시 경제적 기능이 전면에 부각된 제도로 변화하고 있다. 물론 이때의 경제적 기능이 전근대사회에서처럼 공동 노동에 참여함으로써 가족 구성원 모두가 자연적 분업의 형태로 경제적 기여를 했던 것과 동일한 것은 아니다. 오늘날 가족은 전통사회에서와 달리 더 이상 생산단위가 아니며 가족이 수행하는 경제적 기능 또한 부모에 의한 자녀 부양이 중심을 이루고 있기 때문이다. 따라서 이때 경제적 기능의 전면화라는 것은 경제적 기능의 강화라기보다 정서적 기능이 쇠퇴함에 따라 경제적 기능의 상대적 몫이 커졌음을 의미한다. 매개된 커뮤니케이션이 사회관계의 지배적 양식으로 자리 잡으면서 개인을 둘러싸고 있는 여러 환경들이 순차적으로 변화를 겪고 있는 것이다.

## |2| 대중문화에서 다중문화로

### 1) 대중과 대중문화

정보사회에서 개인의 삶의 조건이 어떻게 변화했는지를 알아보려 할 때 문화적 환경의 변화는 일차적 조사의 대상이 된다. 문화적 환경은 개인의 자아 개념과 정체성 형성에 핵심적인 중요성을 지니는 것이기 때문이다. 이런 맥락에서 정보사회의 도래와 함께 주목해야 할 요소로는 무엇보다도 먼저 대중문화의 쇠퇴를 꼽을 수 있다. 대중문화는 산업사회의 가장 지배적인 문화형태였으며 산업사회의 대중을 형성한 주요 기반이자 그 결과이기도 했다는 점에서다.

20세기를 지배했던 대중문화는 대략 19세기 중반 이후 그 전형적 틀

**대중문화(Mass Culture)**
전통문화, 고급문화, 엘리트문화에 대한 상대적 개념으로 다수 대중이 수용하는 문화현상을 통칭한 개념이다. 산업사회의 발전과 함께 형성된 노동계급 대중의 문화적 욕구를 충족시켜주기 위해 대중매체 기술을 이용, 비교적 단순한 형식으로 대량생산되어 싼 가격에 판매된 문화라 할 수 있다. 대중매체의 발달은 대중문화를 현대의 지배적인 문화양식으로 탈바꿈시켰는데, 이는 고급문화든 엘리트문화든 대중의 기호에 맞는 것이라면 무엇이든 대량 생산하고 대량 전달하여 대중문화화했기 때문이다.

을 갖춰가기 시작했다. 이 시기에 일어난 여러 부문에서의 변화가 대중문화가 형성되기에 유리한 조건을 제공했는데, 그중 대표적인 것으로는 노동계급을 중심으로 한 대중의 성립과 이들의 권리 확대, 대중매체의 발전, 예술가들의 경제적 조건 변화 등을 꼽을 수 있다.

먼저 대중문화의 수용자로서 대중이란 산업화 과정에서 농촌공동체를 떠나 거대 도시로 결집된 대규모 인구층을 가리킨다. 이들은 과거에 살았던 공동체와 절연되면서 문화의 독자적 생산기반을 잃어버린 채 익명적 존재가 된 사람들로서, 새로운 문화를 만들어가기에는 조직적인 면에서나 경제적 능력, 시간적 여유 같은 여러 측면에서 난점을 지니고 있었다. 반면 장시간 노동과 저임금으로 대표되는 열악한 삶의 조건은 최소한의 휴식을 위한 문화의 필요성을 증대시켰으며, 19세기를 거치면서 대중민주주의가 발전하여 사회적 발언권이 커지자 문화에 대한 요구 역시 커지게 되었다. 반면 그들의 낮은 구매력 때문에 당시의 지배적 문화형태였던 귀족 예술이 그들의 요구를 충족시킬 대안이 되기에는 현실적인 난점이 존재했다. 그들에게 필요한 문화는 비교적 저렴한 가격으로 휴식의 욕구를 충족시켜줄 수 있는 문화였다.

여기서 인쇄술을 필두로 근대 이후의 기술 발전에 힘입어 출현한 다양한 대중매체들이 이들 노동계급 대중의 욕구를 충족시킬 저렴한 문화 생산의 기술적 기반을 제공했다. 복제기술인 대중매체는 초기 투자비용은 크지만 일단 초판이 만들어진 후에는 매우 낮은 복제비용만으로 추가 생산이 가능해서, 일정 규모의 수용자만 확보된다면 값싸게 문화생산물을 제공할 수 있기 때문이다. 여기에 신분제도가 붕괴하고 산업구조가 바뀌면서 귀족의 경제적 지위가 하락하자 적절한 수용자를 찾기에 어려움을 느낀 예술 생산자들이 새로이 부상하고 있는 대중에게 주목하여 시장을 위한 문화 생산에 뛰어들게 되었다.

결국 대중문화는 산업사회의 발전과 함께 형성된 노동계급 대중의 문화적 욕구를 충족시켜 주기 위해 대중매체 기술을 이용, 비교적 단순한 형식으로 대량생산되어 싼 가격에 판매된 문화라 할 수 있다. 그리고 대중문화의 발전을 가져왔던 이들 조건은 그 결과로 만들어진 대중문화의 특성에도 일정한 영향을 미치게 된다. 대량생산을 통해 대규모 이윤을 추구하는 과정에서 대중문화는 상당히 획일적인 성격을 지니게 되었으며, 노동계급 대중의 휴식 욕구 충족을 지향하다 보니 단순하고 반복적인 형태를 선호하게 되었다. 결과적으로 이 문화의 수용자인 대중 역시 상대적으로 획일적인 존재로 만들어지게 되었다. 대중문화의 수용자인 대중에게 원래 '하나의 덩어리'라는 의미를 지닌 매스mass라는 용어를 붙인 것은 이런 배경과 연관되어 있다. 매스라는 용어는 대중문화의 수용자인 대중이 상호간에 별다른 취향 차이를 지니고 있지 않은 획일화된 존재라는 의미를 함축한다. 산업사회에서 개인은 서로 구분되지 않는 집단 속의 작은 구성요소로 존재할 수밖에 없었다는 것이다.

**16세기 중반의 인쇄기를 그린 목판화. 인쇄술은 대중매체의 발달에 중요한 역할을 했다.**
출처: 위키피디아

### 2) 다중의 발전과 집단지성

#### 레이디 가가 뮤직 비디오 10억 '뷰'가 뜻하는 것

레이디 가가라는 뮤지션이 있다. IT칼럼에서 웬 음악 이야기냐고 할 수 있겠지만, 레이디 가가는 그만큼 특별한 면이 있다. 레이디 가가의 작년까지의 성적을 보면 가히 놀랍다고 할 수 있다. 그녀의 스튜디오 데뷔 앨범인 〈페임〉이 발매된 것이 2008년이다. 그로부터 겨우 2년 만인 2010년 10월 그녀가 판매한 음반은 1,500만 장을 넘어섰다. 2010년 말 현재 뮤직 비디오가 플레이된 횟수는 Poker Face, Paparazzi, Bad Romance 등을 합쳐 무려 10억 회다.

과거에는 CD 판매량이 가장 중요한 평가 잣대가 되었지만, 오늘날과 같은 디지털 음악 시대에는 더 이상 CD 판매량을 가지고 그 사람이 음악 산업에 미치는 영향력을 논하는 것은 큰 의미가 없는 듯하다. 그보다는 음악이 얼마나 많은 사람에게 퍼졌는지, 이 같은 영향력이나 사람들에게 준 즐거움을 바탕으로 해당 뮤지션이 어떻게 자신의 비즈니스를 영위하는지를 총체적으로 파악하는 것이 더 중요하다. 아이튠즈나 아마존을 통해서 판매된 디지털 앨범이나 곡의 수가 얼마나 되는지, 페이스북 팬 페이지에 얼마나 많은 팬을 확보하고 있는지, 트위터에서 팔로어의 영향력은 어떻게 되는지, 판도라 라디오나 라스트 FM 따위 스트리밍 서비스를 통해 얼마나 음악이 많이 플레이되는지를 총체적으로 계산해서 판단할 수 있다면 그나마 전체적인 윤곽을 아는 데 도움이 될 듯하다.

레이디 가가의 유튜브 뮤직 비디오 10억 뷰 돌파는 그런 면에서 산업 전반에 미치는 상징적 영향력이 상당하다. 당장 가장 권위 있는 순위를 매기는 것으로 알려진 〈빌보드〉가 최근 디지털 시대를 맞이하여 얼티밋 차트(Ultimate Chart)라는 새로운 차트 방식을 2010년 말 개발해 운영하기 시작했다. 얼티밋 차트는 유튜브 등에서 뮤직 비디오가 플레이된 횟수 등을 포괄하는 방식으로 집계된다. 이뿐만 아니라 트위터를 활용해 소셜 네트워크 서비스(소셜)에 언급된 횟수 등 여러 요소를 종합해 랭킹을 제공하는 서비스도 활발히 개발되고 있다. 트위터를 이용한 차트로는 '더 하이프 머신(The Hype Machine)'이라는 독특한 실시간 매시업(융합, 복합) 서비스가 활발히 운영되고 있다.

다시 말하자면, 이제는 소셜이라는 새로운 유통채널이 음악 서비스에도 엄청난 영향력을 행사하기 시작했다는 뜻이다. 대형 음반사가 좋은 신인들을 고르고 키워나가는 전통적인 산업전략도 중요하지만, 앞으로 사람들에게 사랑받고 팬들과 호흡하는 뮤지션이 되기 위해서는 소셜을 외면하기 어렵다. 과거에는 빌보드 차트 등에서 1등을 한 뒤에 그 다음 주에는 순식간에 판매량 등이 줄면서 인기를 잃는 현상이 비일비재했다. 영화를 배급하고 영화가 흥행하는 것과도 유사한 이런 패턴은 여전히 많은 뮤지션과 음악에서 나타나고 있지만, 소셜을 바탕으로 꾸준히 자신의 개인 브랜드를 쌓으면서 총체적인 파워를 발휘하는 전형을 레이디 가가가 보여주면서 음악 산업이 새로운 패턴으로 재편될 가능성에 대해서도 많은 고민이 필요한 듯하다.

—《시사인》 176호(2011. 1. 29), 49쪽

정보사회가 도래하면서 산업사회의 대중을 형성했던 문화적 환경은 급격한 변화를 겪고 있다. 노동조건을 비롯한 전반적인 삶의 조건이 향상되면서 다수 문화수용자의 구매력이 과거에 비해 현저하게 높아졌으며, 대중교육이 확산된 덕분에 단순한 형식의 문화에 집착하지 않는 사람들의 수도 늘어났다. 주목할 점은 정보사회에서 대중문화의 기술적 기초였던 매체 환경이 달라졌다는 것이다. 그중 특히 대중매체의 쇠퇴가 두드러진다. 종이매체의 상징적 존재로 꼽혔던 미국의 일간신문 《뉴욕타임스》와 시사주간지 《뉴스위크》가 경영난으로 외부의 투자자금을 끌어들이거나 매각의 길을 밟고 있는 것은 대중매체의 쇠퇴를 단적으로 보여주는 사례다. 20세기의 대표적 영상매체였던 텔레비전 방송의 시장 점유율도 점차 하락하고 있다. 앞으로 새로운 매체들이 더 많이 개발되고 이들 매체에 의해 기존 대중매체의 시장이 잠식될수록 대중매체의 쇠퇴 경향은 더욱 가속화될 것이다.

매체기술의 발전과 함께 과거에 상상할 수 없었던 다양한 새 매체들이 하루가 멀다 하고 쏟아져 나오고 있는데, 이 새로운 매체들 덕분에

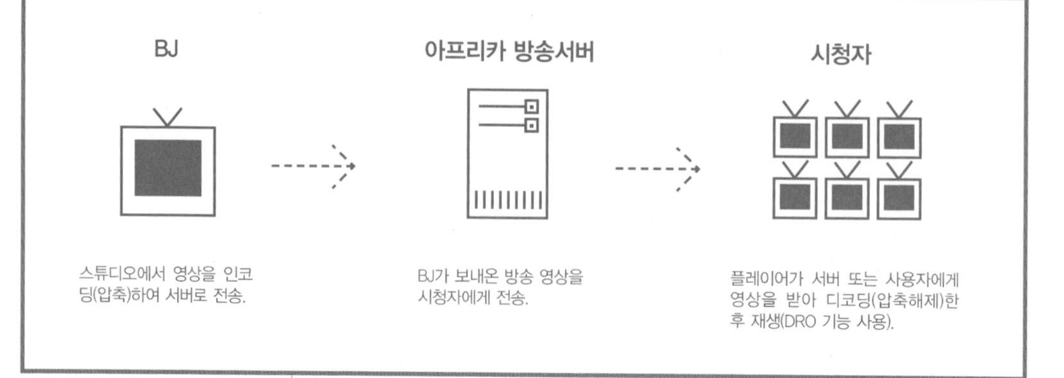


**인터넷 개인방송 서비스 '아프리카'의 방송 원리**
출처: All about IPTV(iptv.commres.org)

문화를 생산하고 수용하는 방식이 모두 달라지고 있다. 정보사회의 성숙과 함께 확산되고 있는 새로운 매체는 전통적인 대중매체에 비해 한 번에 도달할 수 있는 수용자의 규모가 작고 쌍방향적 의사소통이 가능하다. 우선 수용자의 규모 축소는 전통적 대중매체와 달리 블로그나 트위터 등의 새로운 의사소통수단이 만들고 유지하는 데 큰 비용이 들지 않는 매체라는 점과 연관되어 있다. 누구나 작은 비용으로 자신의 견해를 전달할 수 있다 보니 매체 시장에 대한 진입장벽이 낮아져 과거 대중매체의 시대에 비해 월등히 많은 수의 매체가 출현할 수 있게 되었다. 2008년 미국산 소고기 수입반대 촛불집회에서 각광받은 바 있는 1인 방송국의 경우, 휴대용 노트북 컴퓨터와 무선통신장치, 노트북 컴퓨터와 연결된 소형 카메라 정도의 장비만 갖추면 인터넷을 통해 각종 사건의 현장중계를 할 수 있어 수많은 사람들이 나만의 방송을 내보내고 있다. 2006년 정식 서비스를 시작해 4년 만에 누적 방송 수 2,000만 개를 넘어선 인터넷 개인방송 서비스 아프리카Afreeca나 세계적으로 인기를 끌고 있는 동영상 서비스 사이트 유튜브YouTube에서 개인매체의 발달 현황을 확인할 수 있다. 결과적으로 이들 다양한 매체의 경쟁을 통해 소수의 대중매체가 다수의 수용자를 장악하는 현상은 점차 약화되며 상당수의 사람들이 적극적인 문화생산자로 참여하는 현상이 목격되고 있다.

다른 한편, 쌍방향적 의사소통의 가능성은 전통적 대중매체의 일방적·획일적 속성을 완화시키는 데 기여한다. 기존 매체에서 나와 다른 관점이나 견해가 표명되었을 때, 그냥 그것을 수동적으로 받아들이는 것이 아니라 반대의견을 개진하고 토의할 수 있는 기회가 마련되기 때문이다. 특히 이동통신기기의 발달로 즉시성이 강화되면서 의견교환 과정에서의 지체현상도 거의 없어졌다. 새로 작성된 신문기사가 인터넷에 게시되자마자 곧장 수많은 댓글이 달리는 것이 이를 보여준다. 물론 기사와 댓글 사이에는 신뢰성과 관련해 큰 차이가 존재하는 것이 사실이다. 그러나 과거의 대중매체 기사에 대한 비평이 기껏해야 개인적 수준에 머무를 수밖에 없었다는 점을 상기해본다면 이처럼 다중이 볼 수 있는 형태로 기사에 대한 반응이 표출될 수 있게 되었다는 점만 해도 큰 변화라고 할 수 있다. 또 포털 사이트나 기타 다양한 사이트에서 서로 입장이 다른 대중매체의 기사가 함께 게시됨으로써 서로의 입장을 상대화시키게 되었다는 점도 가볍게 생각할 수 없는 변화이다. 이는 개별 수용자가 소수의 대중매체만 접할 수 있었던 시대가 마감되었음을 의미하는 것으로, 그로 인해 독점적 구조에 기반을 둔 전통적 대중매체의 권위가 수많은 수용자의 도전에 직면하게 되었다. 과거의 대중문화가 대량생산에 기반을 둔 상업적·획일적 문화형태라면, 정보사회의 성숙과 함께 그 상업성이 잠식당하고 나아가 획일성이 더 이상 강요되기 힘든 상황이 조성되고 있는 것이다.

매체의 다양성 증가와 대중매체의 권위 하락은 수용의 측면에서 수용자 개개인의 좀 더 자유롭고 주체적인 문화 수용을 가능하게 만들어준다. 과거 대중매체가 지배적 매체로 자리 잡고 수용자들을 연결할

**대중과 다중**

대중(大衆, Mass)은 획일화, 동질화, 평준화된 불특정 다수의 사람들로 이루어진 집합체를 말한다. 반면 다중(多衆, Multitude)은 각자의 정체성을 유지하면서 개별적으로 행동하다가 일시적으로 이들을 한데 엮을 수 있는 특정한 사안이 생겼을 때 이 개별성을 유지하면서 공동으로 행동하는 사람들을 가리킨다.

수평적 네트워크가 제대로 마련되어 있지 않았을 때는 수용자의 취향 역시 대중매체로부터 수직적으로 형성되는 사례가 일반적이었다. 이 과정에서 일부 독특한 취향을 지닌 수용자들은 대중문화 생산물의 수용을 포기하거나, 아니면 다수 수용자의 취향에 굴복하는 선택을 할 수밖에 없었다. 과거 대중문화의 대표적 비판자 중 한 명인 드와이트 맥도널드Dwight MacDonald가 대중문화의 소비자에게는 대중문화 상품을 살 것인가 말 것인가의 선택밖에 존재하지 않는다고 했던 것은 이런 상황과 연결되어 있다.

인터넷 공동체에서 전형적인 사례를 볼 수 있는 수평적 네트워크의 발전은 문화수용자들이 각자의 독특한 취향을 표명하고 더욱 가다듬을 수 있도록 만들어준다. 성과 연령은 물론 계급과 지역까지 넘나들 수 있는 인터넷의 힘 덕분에, 아무리 독특한 취향을 지닌 사람이라 하더라도 유사한 취향의 소유자를 쉽게 발견하여 함께 공동체를 형성함으로써 문화를 향유하는 것이 가능해진 것이다. 정보사회와 관련하여 과거의 대중 개념을 대신해 다중 개념이 널리 사용되는 것은 이런 맥락에서다. 다중多衆은 대중과 달리 각자의 정체성을 유지하면서 개별적으로 행동하다가 일시적으로 이들을 한데 엮을 수 있는 특정한 사안이 생겼을 때 이 개별성을 유지하면서 공동으로 행동하는 사람들을 가리킨다. 정보사회 집단행동의 주체로 자주 인용되는 하워드 라인골드(Rheingold, 2002)의 '참여군중smart mob'이 다중의 대표적 사례라 할 수 있다. 과거의 대중이 획일화된 대중매체에 의해 동질적 취향을 지니게 된 존재라면, 정보사회의 다중은 분화된 매체를 이용해 서로의 독특한 취향을 발전시켜 다양성을 지니게 된 존재라는 것이다.

다중과 연관되어 또 하나 자주 논의되는 것으로 집단지성collective intelligence의 개념이 있다. 집단지성이란 다수의 개체들이 서로 협력 혹은 경쟁을 통하여 얻게 되는 지적 능력에 의한 결과로 얻어진 집단적 능력을 말한다. 사실 대중의 지배시대에는 집단이 개인에 비해 우월한 지성적 능력을 가졌다고 상정하는 것이 불가능했다. 획일화된 존재로서의 대중은 다른 사람들과 다른 정보나 지식을 제공할 수 없는 존재이기 때문이다. '군중론'의 고전적 저자인 귀스타브 르 봉Gustave Le Bon은 군중의 지성적 능력은 개인보다 항상 낮다고 단언한 바 있는데, 그의 주장은 산업사회 대중의 전형적인 모습에 대한 해석이라 할 수 있다.

반면 다양한 취향집단으로 세분화된 존재인 다중은 집단지성이 발현할 수 있는 실질적 조건을 마련해준다. 각 취향집단 내부에는 비교적 동질적인 사람들이 모이게 되지만, 특정 사안이 발생하여 이처럼 분리되어 있던 집단들이 하나의 장에 함께 나오게 되었을 때 집단들 사이에 존재하는 취향과 경험의 다양성이 전체적으로 집단의 지성적 능력을 향상시키는 데 기여할 수 있기 때문이다. 여기에 인터넷처럼 정보사회의 다중이 서로 정보를 주고받을 수 있도록 해주는 네트워크 시스템이 발전하여 집단지성이 발현될 수 있는 기반을 마련해주었다. 실제로 인터넷 공동체의 사례가 보여주듯이 정보의 공유는 공동체의 일상적 행위와 분리된 별도의 활동이 아니라 인터넷 공동체 구성원들 사이에서 발생하는 전형적인 상호작용 방식 중 하나이기도 하다. 인터넷 공동체의 전형적 상호작용 방식인 펌질과 댓글이 이를 보여준다. 펌질이란 다른 사이트나 언론에 게재되어 있는 게시글 중 적합하다고 생각되는 것을 자신이 속한 공동체에 가져와 게시하는 것으로, 펌질이 일상화되어 있다는 것은 인터넷 공동체의 상호작용이 기본적으로 정보의 공유를 기반으로 하고 있다는 점을 보여준다.

이처럼 일상화된 정보의 공유는 다양한 인터넷 공동체들 사이에 최소한의 공통성이 형성될 수 있도록 만들어주며 특정 사안에 대한 공동

행동의 기반을 이루게 된다. 일상적인 정보의 공유와 그에 대한 해석에서 이미 집단지성의 단초가 발견되지만, 정보시대의 대표적 백과사전인 위키피디아나 한 포털 사이트에서 각광받고 있는 '지식iN' 서비스는 이 집단지성의 실체를 보여주는 대표적 사례라 할 수 있다.

결국 정보사회의 개인은 산업사회의 대중에 비해 훨씬 더 개별화된 존재로서 다중을 구성하고 있는 존재라 할 수 있다. 대중의 획일화 압력이 약화되어 있다는 점에서 이들은 취향의 자유를 누릴 수 있다. 반면 특정 사안과 관련하여 다중의 공동 행동이 일어나는 특수한 사례를 제외하면 이들의 삶은 대중에 비해 훨씬 작은 규모의 집단 안에서 진행되는 것이기도 하다. 정보사회 개인의 이런 현실은 사회관계에 대해 그들의 독특한 욕망을 발전시키도록 만든다.

## |3| 정보사회의 사회관계

### 1) 이차적 관계에서 익명적 관계로

**원초적 집단과 이차적 집단**
원초적 집단(Primary Group)은 20세기 초 미국의 사회학자 C. H. 쿨리가 제기한 집단개념으로, 지리적으로 근접하여 살면서 친밀한 대면적 상호작용을 하며 개인의 자아가 형성되는 데 중요한 영향을 미치는 집단을 말한다. 이차적 집단(Secondary Group)은 원초적 집단과 달리 업무지향적 집단이며 구성원 간의 상호작용도 부분적이고 일시적인 것이 주를 이룬다. 기업체, 정당, 조합 등이 그 전형적인 예다.

현대사회를 지배했던 사회관계의 유형은 이차적 관계였다. 이차적 관계란 전근대사회의 주된 사회관계 유형이었던 원초적 관계와 대비되어 만들어진 개념이다. 사회학자 쿨리Cooley는 지리적으로 근접하여 살면서 친밀한 대면적 상호작용을 하며 개인의 자아가 형성되는 데 중요한 영향을 미치는 집단을 원초적 집단이라고 불렀다. 원초적 집단 속에서 이루어지는 구성원 간의 상호작용은 매우 지속적이고 전면적이며, 집단의 목적 자체가 구성원들 간의 인간관계이기 때문에 고도로 관계지향적이다. 하지만 현대사회가 되면서 이들 원초적 집단의 중요성은 약화되고 이차적 집단의 중요성이 점차 커지기 시작했다. 원초적 집단과 달리 이차적 집단은 업무지향적 집단이며 구성원 간의 상호작용도 부분적이고 일시적인 것이 주를 이루고 있다. 이차적 집단에서는 상호작용 당사자들 사이의 인격적 유대관계가 별로 중요하지 않은데, 그 결과 현대사회의 구성원들은 군중 속에 있으면서도 고독을 느낄 수밖에 없는 존재가 되었다.

정보사회 초기에 각광을 받았던 익명적 관계는 현대사회의 이차적 관계가 극단화된 형태라고 할 수 있다. 컴퓨터에 의해 매개된 커뮤니케이션에 힘입어 발전한 익명적 관계에서 의사소통 참여자들은 자신의 정체성을 거의 드러내지 않는다. 상호작용은 공통의 취향이라는 좁은 영역에 집중되어 이루어지며 인터넷 접속 중에만 관계가 이루어지기 때문에 극히 순간적인 관계라는 특성도 지니고 있다.

컴퓨터에 의해 매개된 커뮤니케이션 덕분에 지역적·사회적 장벽을 넘어 다수의 사람들이 상호작용할 수 있게 되었다.
출처: www.articlesbase.com

익명적 관계가 활성화된 것은 컴퓨터에 의해 매개된 커뮤니케이션 덕분에 지역적·사회적 장벽을 넘어 다수의 사람들이 상호작용할 수 있게 된 것과 관련이 있다. 상호작용의 물질적 기반을 전혀 지니지 못한 사람들이 단지 공통의 취향을 매개로 사회적 관계를 맺게 되자 정체성의 확인이 별 의미를 지니지 못하게 된 것이다. 이처럼 익명적 관계 속에서 기존의 정체성이 의미를 잃게 되자 기존의 사회적 관계에서 유지되던 각종 의사소통의 관습도 무너지기 시작했다. 익명성을 유지하기 위해 이름 대신 아이디라는 별도의 식별도구를 사용하고, 연령이나 성별을 따지지 않고 동일한 존대어를 사용하게 된 것도 같은 맥락에서 설명된다. 심지어 기존의 의사소통 관습을 완전히 무시하는 욕설과 반말 등 이른바 통제받지 않는 행위가 나타났으며 남성이 여성 행세를 하는 것과 같이 온라인상에서 개인의 정체성을 다양하게 실험해

보는 현상도 생겨났다. 온라인 공동체의 구성원들이 면대면 접촉을 갖는 오프라인 모임 등에서는 다시 기존의 의사소통 관습이 회복되기도 하지만, 상호작용의 지속성이 제한되어 있다 보니 관습의 완전한 복구로 이어지지는 않는 것이 일반적이다.

### 2) 정보사회의 가상주체

컴퓨터에 의해 매개된 커뮤니케이션의 특징인 익명성은 가상주체의 등장을 가져왔다. 인터넷을 이용하는 사람들 중 많은 이들이 이 익명성을 이용해 현실의 정체성과 다른 새로운 정체성을 실험해보기 시작했다. 여기에 덧붙여 온라인게임을 비롯하여 가상현실 기법을 응용한 다양한 기술들이 정보사회의 개인들에게 현실의 정체성과 무관한 새로운 정체성을 선택할 수 있도록 만들어주고 있다. 정보사회에서 이제 정체성은 개인이 선택할 수 있는 것으로 바뀌었다.

정체성이 선택 가능한 것으로 바뀌었다는 것은 정보사회가 지닌 전복적 잠재력을 시사한다. 성이나 연령, 사회적 지위에 따라 엄격히 규정되어 당연시되었던 사회관계의 관습이 새로운 시각에서 반성의 대상이 될 수 있기 때문이다. 실제로 익명성 때문에 기존의 권위가 붕괴된 사례는 여러 군데에서 확인되는데, 그중 대표적인 것으로는 문화예술 분야에서 비평가의 권위가 하락한 것을 꼽을 수 있다. 전통적으로 비평가는 문화예술 분야의 문지기 역할을 하면서 대중의 문화예술 향수를 지도해온 존재다. 그리고 이들은 이른바 예술성이라는 기준을 내세워 문화예술 분야의 정전正典을 수립하는 데 기여했다.

하지만 인터넷의 익명성을 이용하여 대중이 자신의 개별적 취향을 자유롭게 드러내기 시작하면서 비평가의 권위는 급속히 힘을 잃어가

## 피그말리온(Pygmalion)

피그말리온은 그리스 신화에 나오는 인물로, 키프로스의 왕이었다. 그는 키프로스 섬 여인들의 문란한 풍습을 혐오하며 독신으로 살면서 대신 상아로 아름다운 여인을 조각으로 만든 후 그녀와 함께 생활했다. 그러던 중 아프로디테의 축제일에 피그말리온은 자신의 조각상이 진짜 여자로 변하게 해달라고 빌었으며, 축제가 끝나고 집에 돌아왔을 때 아프로디테가 보낸 큐피드가 조각상의 손에 입을 맞추자 조각상은 아름다운 여인으로 변하였다. 피그말리온은 그녀와 결혼하여 파포스를 낳았다.

자신의 조각상과 사랑에 빠진 피그말리온의 신화는 후대에 들어와 많은 사랑 이야기의 소재가 되었으며, 현실 관계에서 고립되어 자신의 원망을 투사한 가상의 이상적 존재에 탐닉하는 것을 가리킬 때 피그말리오니즘(Pygmalionism)이란 말을 사용한다.

고 예술성이라는 기준의 절대성에도 의심이 제기되기 시작했다. 비평가가 어떻게 평가하든 내가 좋으면 그만이라는 생각이 널리 확산되고 있는 것이다. 물론 이 과정에서 이른바 파워블로거처럼, 전통적으로 비평가가 되는 공식 통로를 밟지는 않았지만 대중의 인정을 받아 나름대로의 권위를 획득한 사람들이 나타나기도 했다. 하지만 전통적 비평가가 대중의 취향과는 무관하게 절대적 기준을 설정하고 그로부터 자신의 권위를 빌려온 존재라면, 이 새로운 권위적 존재들은 그들을 추종하는 대중의 취향과의 일치를 전제로 한다는 점에서 차이를 지닌 존재이다.

그런데 이처럼 선택 가능한 정체성은 개인에게 불안을 심어주기도 한다. 현대사회까지의 안정된 정체성이 한편으로 구속이면서 다른 한편으로 개인에게 안정성을 제공해주는 것이었다면, 선택 가능한 정체성은 자유를 주지만 불안을 주는 것이기도 하다. 이와 관련해 마크 포스터는 전자적으로 매개된 커뮤니케이션에 의해 다중적이고 분산되며 탈중심화되어 정체성이 불안정한 주체가 나타나게 되었다고 했는데(M.

Poster, 1994), 이처럼 다중적인 정체성 속에서 혼란을 느끼는 개인이 늘어나고 있다. 이런 혼란은 가상세계에서 개인이 선택한 정체성이 현실의 정체성이 지닌 불만을 극복하여 투사한 이상적 정체성일 경우에 특히 심각한 결과를 가져올 가능성이 높다. 자신이 조각한 여인상과 사랑에 빠진 그리스 신화의 피그말리온처럼, 가상세계에서 스스로 만들어낸 가상적 정체성에 지나치게 몰두할 때 현실의 정체성과 가상의 정체성을 혼동하는 현상이 생길 수 있는 것이다. 가상세계와 현실세계를 혼동하여 가상세계에만 탐닉하는 현상들은 매개된 사회관계가 지배하고 정체성이 선택 가능한 것이 된 정보사회의 특성과 긴밀한 연관을 지니고 있다.

### 3) 사회관계의 안정성에 대한 욕망과 준익명적 관계의 발전

정보사회의 익명적 사회관계가 그에 참여하는 개인에게 자유이자 동시에 혼란으로 경험될 수 있다는 점에서, 이 혼란을 회피하고자 하는 사람들은 새로운 사회관계의 형성을 모색하게 된다. 근자에 들어 널리 확산되기 시작한 소셜 네트워크 서비스social network service; SNS에서 이 새로운 사회관계의 양상을 확인할 수 있다.

소셜 네트워크 서비스에서 개인의 정체성은 다시 부분적으로 회복된다. 소셜 네트워크 서비스 자체가 정체성의 확인을 요구하는 것은 아니지만, 트위터나 페이스북과 같은 대표적 소셜 네트워크 서비스의 경우 상호적 의사소통을 허용하는 과정에서 자연스럽게 서로의 정체성이 확인되는 사례가 일반적이기 때문이다. 또 특정 개인이 유지하고 있는 소셜 네트워크 서비스의 네트워크 정보를 조합해보면 설사 그가 익명을 이용한 의사소통을 하고 있더라도 어느 정도까지 그의 정체성을

**표 1-1 2010년 SNS 성장세 비교**

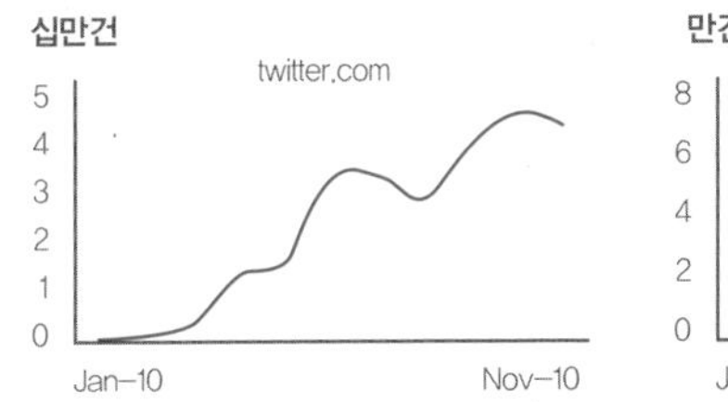


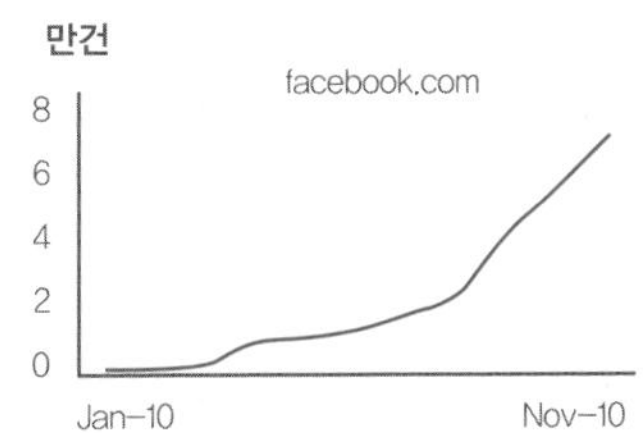


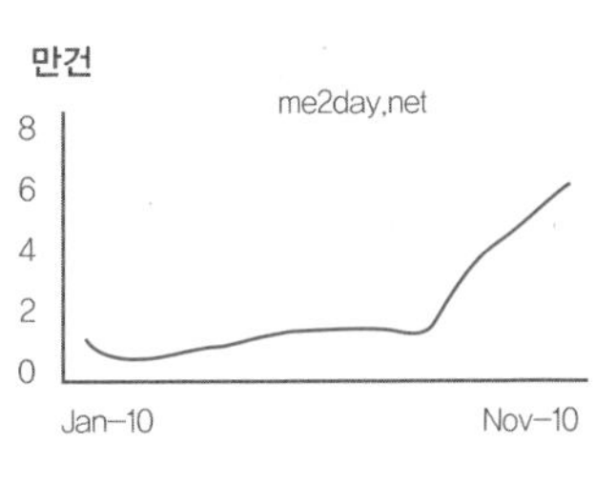


출처: 닐슨코리아클릭

짐작해볼 수 있다. 게다가 소셜 네트워크 서비스는 과거의 접속 기록이 계속 누적되도록 만들어져 있어서, 이용자가 익명을 유지하더라도 그 익명의 정체성이 어느 정도의 안정성을 지니도록 만들어져 있다.

익명적 관계에서 준익명적 관계로 정보사회의 사회관계 양상이 변화하는 모습은 정보사회를 살아가는 개인들이 사회관계를 통해 얻고자 하는 것이 무엇인지에 대해 시사해준다. 흔히 인터넷을 정보의 바다라고 묘사하며 많은 사람들이 인터넷을 이용하는 첫 번째 목적을 정보 검색이라고 대답하고 있지만, 그 뒷면에서는 좀 더 안정적인 사회관계에 대한 욕망을 찾아볼 수 있다. 특히 초기부터 인터넷에서 정서적 욕구를 충족시키고자 하는 경향이 강했던 우리 사회에서 이런 점이 두드러진다. 배영(2003a, 2003b)은 우리 사회의 사이버공동체가 서구 사회와 달리 정서적 기능을 충족시키는 경향이 높다는 점을 지적한 바 있다.

근자에 들어와서 널리 확산되고 있는 소셜 네트워크 서비스에서도 유사한 경향을 확인할 수 있다. 닐슨코리아클릭이 2010년 11월 대표적 SNS인 트위터와 페이스북의 방문자 수를 조사한 자료에 따르면, 방문자의 절대 숫자는 트위터가 많지만 증가율은 페이스북이 훨씬 더 높은 것으로 드러났다. 2010년 10월 방문자 수가 트위터 821만 3,282명, 페이스북 491만 7,730명이었지만, 2010년 11월에는 트위터 738만 8,631명, 페이스북 667만 8,457명이었다. 한 달 동안 트위터 방문자 수는 10% 감소한 반면 페이스북의 방문자 수는 35% 증가한 것이다(이데일리, 2010. 12. 31).

트위터가 짧은 문장의 정보 중심이고 다수의 이용자에게 정보를 전달하는 것이라면, 페이스북은 긴 글을 쓸 수 있을 뿐 아니라 좀 더 개인적인 의사소통이 가능하다는 특징을 지니고 있다. 이런 차이를 감안할 때 페이스북의 이용자 증가는 정서적이고 개인적인 커뮤니케이션에 대한 욕구의 반영이라 할 수 있을 것이다.

## | 4 | 정보사회의 개인은 얼마나 자유로운가?: 정보사회에서의 통제

지금까지 정보사회에서 개인을 둘러싸고 있는 삶의 조건과 그로부터 나타나는 사회관계의 변화 양상을 살펴보았다. 정보사회의 개인은 산업사회에서보다 대중의 압력으로부터 좀 더 자유로워지고 스스로의 독특한 취향을 적극 계발해나갈 수 있는 존재이다. 다른 한편 그들은 면대면의 정서적 관계가 약화되고, 네트워크의 무한한 확산에도 불구하고 실제 교류 범위는 축소되면서 고립감을 느낄 수밖에 없는 존재이기도 하다. 이 고립감은 네트워크 속에서 형성되는 전형적 관계가 익명적이라는 점에서 더욱 심화되는데, 근자에 급속히 확산되고 있는 소셜 네트워크 서비스는 초기 컴퓨터 매개 커뮤니케이션의 익명성을 어느 정도 완화시켜 준익명적 관계를 맺을 수 있게 한 것으로 정보사회 개인들의 정서적 욕구를 충족시켜준다.

결과적으로 정보사회는 개인의 자유와 사회관계의 안정성을 동시에 제공할 잠재력을 지니고 있는 사회라 할 수 있다. 정보사회의 공동체는 전통사회의 공동체와 달리 구성원의 참여를 강제하지 않는 공동체로서, 스스로의 욕구에 따라 자유와 구속의 정도를 결정할 수 있도록 해준다. 하지만 정보사회의 발전과정에서는 이런 잠재력의 충분한 실현을 방해하는 요소도 존재한다. 그런 요소는 기술을 둘러싼 사회적 세력 사이의 갈등과 수용자로서 개인의 속성 모두에서 발견할 수 있다.

### 1) 매체 독점과 자유의 축소

정보사회는 산업사회와 많은 면에서 차이를 지니고 있지만, 자본주의 경제질서에 따라 움직이는 사회라는 점에서는 산업사회와 별다른 차이가 없다. 그렇다 보니 정보사회에서도 매체의 운영과 문화의 생산과정에서는 자본의 논리가 일차적으로 적용된다.

정보사회에서 문화의 생산을 주도해갈 최소 자본의 규모는 과거에 비해 많이 축소된 것이 사실이다. 1인 방송국의 사례에서와 같이 소자본으로도 네트워크의 망을 이용하여 문화를 생산하고 교류하는 것이 가능하기 때문이다. 하지만 반대편에서는 자본의 규모가 더욱 거대화되는 현상도 목격된다.

전통적으로 대중문화의 생산에 관여했던 자본은 금융자본이나 산업자본 등 여타의 영역에 참여했던 자본에 비해 상대적으로 규모가 작은 편이었다. 이런 경향은 1970년대 이후 문화산업이 주요 산업영역으로 부상하고 1980년대 이후 탈규제정책과 함께 문화산업 분야에서 수직적 통합이 이루어지면서 바뀌기 시작했는데, 문화산업의 거대화는 앞으로도 지속될 가능성이 높다. 새로운 매체기술을 통합하여 문화상품

**문화산업(Cultural Industry)**
문화생산물이나 서비스가 문화 발전에 대한 관심보다는 상업적·경제적 고려에 입각한 전략 하에서 하나의 상품으로 생산, 판매되는 현대의 산업형태. 프랑크푸르트학파의 호르크하이머와 아도르노가 자본주의 사회에서 대중문화의 발달 성향을 비판하면서 사용했던 용어이다.

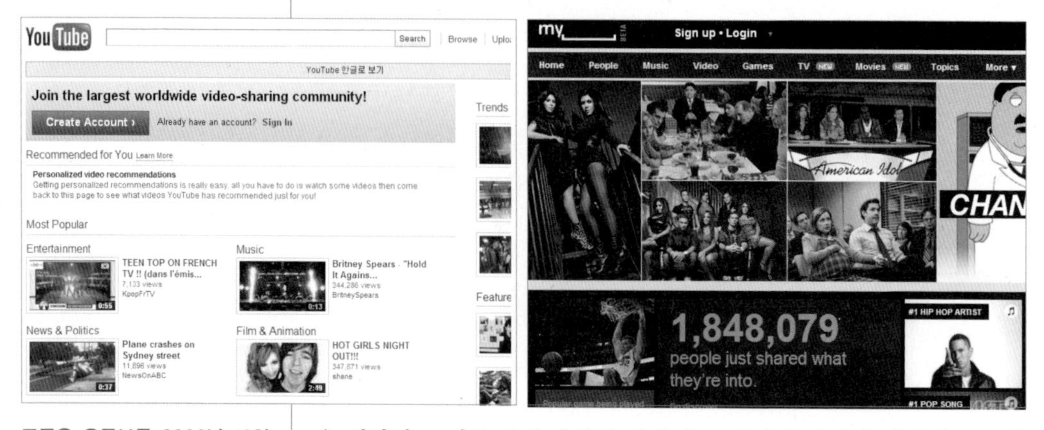


**구글은 유튜브를 2006년 16억 5천만 달러에, 뉴스코퍼레이션은 마이스페이스를 2005년 5억 8천만 달러에 인수했다.**

을 생산하고 이를 수용자에게 전달하는 과정에 막대한 자본이 소요되기 때문이다. 새로운 기술을 이용해 문화산업에 진출했던 기업들이 시장에서의 성공 가능성이 엿보이는 순간 곧 기존 거대 기업의 인수대상이 되었던 것이 이를 보여준다. 인터넷에서 가장 인기 있는 영상 공유 사이트인 유튜브YouTube가 검색 부문의 최강자 구글에 인수되고 페이스북과 더불어 미국의 인기 있는 SNS 중 하나인 마이스페이스MySpace가 거대 미디어 기업인 뉴스코퍼레이션News Corporation의 소유로 바뀐 것이 그 대표적인 사례이다. 더불어 타 산업 분야의 자본이 새로운 수익원을 찾아 문화산업으로 유입되는 현상도 문화산업자본의 거대화에 기여할 것이다.

물론 빠르게 진행되는 기술 발전을 등에 업고 새로운 기술을 문화상품 생산에 결합시키고자 하는 소규모 자본의 진출도 끊임없이 계속될 것이다. 또 자본의 규모가 거대화될수록 거대 자본이 적절한 이윤의 크기를 고려하여 방치하는 소규모 시장을 겨냥하는 자본도 늘어날 것이다. 특히 정보사회에 출현하는 새로운 기술들 가운데에는 수용자의 취향을 세분화하는 기술이 적지 않다는 점에서 이 세분화된 시장이 소규모 자본의 주된 활동영역이 될 것이다. 근자에 급속히 보급되고 있는 스마트폰 시장에서 단말기 시장 자체는 거대 자본이 지배하지만 여기서 사용되는 다양한 응용 소프트웨어의 생산은 주로 소규모 자본이 담당하고 있는 것이 이를 보여준다.

결국 문화산업 시장은 거대 자본과 소규모 자본의 양극화가 일어나고 중간 규모 자본이 쇠퇴하는 양상으로 진행될 가능성이 높다. 또 소규모 자본은 독립적으로 존재하기보다 주요 하드웨어 생산영역과 상품 분배영역을 장악하고 있는 거대 자본과 일정한 연결성을 갖고 존재하는 형태가 될 것이다.

이 연결이 과거 대중문화 생산과정에서처럼 직접적인 것이라기보다 다소 느슨한 형태를 띠게 될 것이라는 점에서 문화 생산물의 내용에 대한 영향은 그리 크지 않을지도 모르지만 잠재적인 통제의 능력은 더욱 커질 것으로 생각해볼 수 있다. 말하자면 정보사회에서 개인의 자유는 네트워크의 망을 통제하고 있는 거대 자본이 직접 문화산물을 생산하는 소규모 자본과 어떤 관계를 형성하느냐에 따라 달라질 것이다. 여기에 이명박 정권 출범 후 우리 사회의 사례와 같이 정치권력이 망을 통제하고 있는 독점적 거대 자본에 개입하여 문화산물의 내용을 통제하고자 할 경우, 이 망에 종속될 수밖에 없는 개인의 자유 역시 심각한 위기를 겪게 될 것이다.

### 2) 수용자의 분화와 통제기술의 발전

매체의 분화는 수용자의 분화를 가져온다. 과거 소수의 대중매체 사이에서 선택의 여지가 제한된 채 대중문화 선택을 강요받았던 수용자들이 다양하고 세분화된 매체의 증가 덕분에 세분화된 취향을 만족시킬 수단을 가지게 되었기 때문이다. 이처럼 수용자의 취향이 분화되면 하나의 문화생산물이 도달할 수 있는 수용자의 수도 그만큼 줄어든다. 게다가 이런 경향은 다양한 매체가 경쟁하면서 특정 매체에 투자할 수 있는 시간이나 돈이 줄어듦으로써 더욱 강화된다. 과거 신문과 텔레비전의 시대에는 신문 구독료와 텔레비전 수신료 정도만 지불하면 충분했으나, 이제는 그에 덧붙여 초고속인터넷 사용료, 휴대전화 통화료에 데이터 정보 이용요금, 각종 응용 소프트웨어 구입요금 등을 추가로 지불해야 한다. 여가시간은 크게 늘어나지 않는 가운데 여러 매체를 골고루 즐기려다 보니 한 매체를 이용하는 데 투자할 수 있는 시간도 그만큼 줄어들 수밖에 없다.

이런 변화는 다수 수용자를 대상으로 규모의 경제를 추구했던 전통적 대중문화의 수익모델에 큰 타격을 주고 있다. 텔레비전 시청자와 인터넷 이용자를 비교해보자. 텔레비전의 시청자 수를 잴 때 흔히 시청률이라는 지표를 사용한다. 이때 시청률이란 텔레비전의 잠재 시청자 전체 중 실제 그 프로그램을 본 사람의 비율을 의미한다. 이렇게 계산할 때 우리나라에서 시청률 1%는 대략 35만 명의 시청자가 된다. 따라서 인기 드라마가 시청률 30%를 기록했다고 한다면 대략 1천만 명 이상의 사람이 같은 프로그램을 시청했다는 의미가 된다. 반면 인터넷에서 동시에 수만 명 이상의 이용자가 접속하는 사이트를 찾기란 무척 어려운 일이며 대다수의 사이트는 하루에 불과 수십 명의 접속자를 확보하기도 쉽지 않다. 이는 전통적 매체인 텔레비전의 시청자에 비해 인터넷 이용자들이 얼마나 분산되어 있는지를 여실히 보여준다.

물론 온라인 공동체가 특정 사안에 따라 대규모의 연대를 이뤄낼 수 있듯이 인터넷 내에서 수많은 이용자들을 한데 묶을 공통의 관심사가 만들어질 수 없는 것은 아니다. 하지만 이런 식의 빅히트는 시간이 갈수록 점점 줄어들 것이며, 결국 틈새시장을 노리고 소규모 이윤을 추구하는 모델이 불가피해질 것이다. 문화 분야에서도 여타 상품 시장에서와 유사하게 다품종 소량생산이 자리 잡을 것이다. 또 기술의 발달로 소량생산된 다품종 문화상품들이 시장에서 생존할 수 있는 가능성도 더욱 높아질 것이다. 문화 경제의 변화로 대량판매가 더 이상 필수조건이 아니고 틈새시장이 발전하고 있다는 점도 이런 가능성을 더욱 높여준다.

**3D 애니메이션에서 출발하여 출판 및 완구, DVD 시장에서도 큰 성공을 거둔 〈뽀롱뽀롱 뽀로로〉**
출처: 뽀로로(www.pororo.net)

그러나 대중문화의 새로운 수익모델이 완전히 다원화된 시장을 만들어내는 것을 방해하기도 한다. 이와 관련해 다시 두 가지 요인을 염두에 둘 필요가 있다. 첫 번째 요인은 대중문화의 생산주체인 자본이 매체산업의 수직계열화를 통해 다양한 매체를 동시에 거느린 거대 기업이라는 점이다. 그렇다 보니 각각의 매체는 서로 별개의 영역에 속해 있더라도 하나의 생산물을 약간의 변형을 거쳐 여러 매체에 보급하는 방식으로 이윤의 극대화를 도모하는 것이 가능해졌다. 정보사회에서의 문화상품 생산전략으로 가장 각광받는 이른바 원소스 멀티유즈 one source multi use 전략은 이처럼 여러 매체에서 동일 콘텐츠를 내보냄으로써 이윤을 극대화하는 대표적 전략이다. 결국 여러 매체를 동시에 소유한 거대 자본의 영향 때문에 매체를 통한 다양화가 오히려 억압될 수 있다.

두 번째 요인은 발달된 정보기술이 동시에 고도의 감시기술이기도 하다는 점이다. 정보기술은 다양한 정보의 공유를 가능케 해주지만,

**원소스 멀티유즈 (One Source Multi Use)**
하나의 콘텐츠를 영화, 게임, 음반, 애니메이션, 캐릭터상품, 장난감, 출판 등의 다양한 방식으로 판매해 부가가치를 극대화하는 방식이다. 특히 하나의 인기 소재만 있으면 추가 비용 부담을 최소화하면서 다른 상품으로 전환해 높은 부가가치를 얻을 수 있다는 점에서 각광받고 있다.

동시에 권력자나 기업들이 일반 시민들의 정보를 더 많이, 더 쉽게 모을 수 있도록 해주기도 한다.

이처럼 정보기술이 가능케 해주는 감시는 문화의 생산자들이 수용자들을 통제하는 데에도 용이하게 이용될 수 있다. 상업성에 대한 욕구가 이 통제 욕구의 바탕을 이룬다. 평소 새로운 사이트를 방문할 때마다 이용자 등록이라는 장치를 통해 개인정보를 내놓도록 하는 것이 이처럼 정보를 모으는 대표적 장치 중 하나이다. 신용카드의 이용이 활발해지면서 신용카드의 이용 관행으로부터도 엄청난 정보가 축적된다. 심지어 곳곳의 거리나 상점, 지하철역 등에 설치된 폐쇄회로카메라도 정보를 모으는 장치가 될 수 있다. 이렇게 모인 정보를 고도의 분석 능력과 결합하면 과거 어느 사회에서보다 더욱 촘촘해진 통제의 망을 만드는 것이 가능해진다. 특히 이윤 추구를 지향하는 기업들에게 이는 더욱 매력적인 수단이 된다. 소비자들에 대한 광범위한 정보, 특히 섬세한 취향에 대한 정보가 축적되면 그들의 취향에 더욱 부합하는 상품을 용이하게 만들어낼 수 있기 때문이다. 이는 단일 문화상품의 수용자 규모는 줄어들더라도 고도화된 통제기술을 이용해 적은 규모의 수용자로부터 뽑아낼 수 있는 이윤의 크기는 비슷하거나 커질 수 있음을 시사한다.

게다가 통제의 용이성은 정보시대의 대중이 소규모 취향집단으로 나눠진다는 점에 의해 더욱 강화된다. 인터넷을 돌아다니다 보면 작게는 몇 명에서 크게는 수십만의 회원을 거느린 수많은 동호회가 존재하는 것을 볼 수 있다. 그들 동호회의 주제도 특정 상품에 대한 호불호와 스타의 팬클럽에서 사회문제에 대한 의식을 공유하는 것에 이르기까지 매우 광범위하다. 이처럼 인터넷은 소규모 취향집단이 활동할 수 있는 여지를 활짝 열어주었지만, 그 결과 각자가 지니고 있는 기존의 취향이 더욱 강화되어 그에 대한 반성적 사고가 오히려 억압되는 부작용이 나타날 수도 있다. 인터넷에 만연한 증오 사이트hate site들이 이를 보여준다. 결국 이처럼 반성적 능력이 약화된 원자화된 존재들은 통제의 사슬에 더욱 쉽게 포섭될 수 있다.

미국 주도의 문화식민주의를 풍자한 그림
출처: www.thefreemanonline.org

나아가 이런 통제가 확산되면 정보사회의 장점 중 하나로 꼽히는 다양화된 문화를 억압할 가능성도 배제할 수 없다. 편재적인 정보통신기술을 활용해 다양한 주변 집단들이 발언권을 확보할 수 있지만, 동시에 이를 이용한 중심의 통제력 역시 강화될 수 있기 때문이다. 국제적인 차원에서 보자면 이는 문화의 재식민화로 연결될 수 있다. 당장 전 세계를 시청범위로 삼고 있는 위성방송을 생각해보라. 위성을 통해 우리나라의 방송 프로그램이 미국에 직접 방영되기도 하지만 미국의 방송 프로그램이 우리나라에 직접 방영되기도 한다. 이때 경쟁에서 누가 더 유리할 것인가는 더 말할 나위가 없다. 압도적인 자본력과 상품 개발능력을 지닌 중심의 문화생산자들은 그만큼 자신의 문화상품을 팔 기회를 더 많이 가지게 될 것이다. 이런 시각에서 보자면 대중음악에서의 레게리듬과 같이 주변의 문화상품이 중심으로 진출하는 현상은 주변 문화의 상품적 잠재력을 착취하는 방법 또는 주변으로의 진출을 쉽게 만드는 미끼로 해석될 수 있다.

결국 정보사회의 개인이 자유와 다양성을 지켜나가려면 다양화된 문화를 억압하고자 하는 권력과 자본의 압력을 극복해내야 한다. 이 압력을 이겨낼 수 있을 때 정보사회는 자유롭고 다양한 개인들이 서로

**문화식민주의 (Cultural Imperialism)**
막강한 경제력과 정보력을 이용해 다른 나라를 문화적으로 지배하려는 새로운 개념의 식민주의로, 문화제국주의라고도 한다. 이는 부와 권력을 갖춘 발전된 자본주의 국가(특히 미국과 서구)와 상대적으로 힘이 약한 후진국(특히 제3세계 국가) 사이의 문화적 지배와 종속이라는 세계적 차원의 문제를 대두시킨다. 신문, 도서, TV, 라디오, 영화, 잡지 등의 대중매체는 이러한 과정을 조직적으로 수행하는 가장 강력한 제도적 수단이다.

를 구속하거나 동질화시키려 하지 않으면서 평등하게 상호작용을 주고받는 사회가 될 것이다. 반면 이 압력이 개인의 저항을 뚫고 승리를 거두게 될 때, 정보사회는 극히 고도화된 감시사회로 바뀔 것이며, 그 속에서 개인들은 고립된 채 권력의 지배에 순응하는 유순한 존재로 전락하고 말 것이다.

### 생각해볼 문제

1. 스마트폰과 같은 새로운 정보기기를 사용한 후 나의 일상생활에는 어떤 변화가 일어났을까? 그런 기기들이 없었을 때의 생활과 비교해보자.
2. 가족이나 친구들과 상호작용을 할 때와 인터넷상에서 아이디 외에는 아는 것이 별로 없는 사람들과 상호작용을 할 때, 그 사람에 대한 나의 느낌과 그를 대하는 태도는 어떻게 달라지는가?
3. 온라인상에서 상호작용을 할 때의 나는 평소의 나와 얼마나 같고 얼마나 다른가?
4. 트위터와 페이스북을 사용할 때 두 서비스 사이에 어떤 차이가 있다고 느끼는가? 느낀다면 그 차이는 무엇이라고 생각하는가?
5. 모르는 사람이 나를 콕 집어서 보낸 메일을 받아본 적이 있는가? 그 메일을 보면서 어떤 기분을 느꼈는가?

### 더 읽을 거리

김창남(2010), 『대중문화의 이해』, 한울.

하워드 라인골드(2002), 이운경 역, 『참여군중』, 황금가지.

## 참고문헌

배영(2003a), 〈사이버 커뮤니티의 내부 동학과 관계구조: 28개 전문인 포럼의 분석〉, 《한국사회학》 37(3).

배영(2003b), 〈사이버 커뮤니티의 경험적 분석을 이용한 사회자본의 유형화〉, 《한국사회학》 37(5).

서이종(2002), 『인터넷 커뮤니티와 한국사회』, 한울.

마뉴엘 카스텔(2003), 김묵한 외 역, 『네트워크 사회의 도래』, 한울.

마크 포스터(1994), 김성기 역, 『뉴미디어의 철학』, 민음사.

스티브 존스(편저, 2002), 김미경 역, 『사이버사회 2.0: CMC가 만들어낸 새로운 세계상』, 커뮤니케이션북스.

앨빈 토플러(1981), 유재천 역, 『제3의 물결』, 문화서적.

피에르 레비(2002), 권수경 역, 『집단지성: 사이버 공간의 인류학을 위하여』, 문학과지성사.

Jernigan, Carter and Behram F.T. Mistree. 2009. "Gaydar: Facebook friendships expose sexual orientation." in First Monday, Volume 14, Number 10.

Wellman, Barry and Caroline Haythornthwaite(eds). 2002. *The Internet in Everyday Life*. Blackwell.

# 02 소셜 미디어, SNS, 그리고 스마트폰

## |1| 유비쿼터스 컴퓨팅 시대의 도래

A는 백화점 쇼핑 도중 휴대폰으로 관심 있는 상품의 바코드를 찍어 가격비교 사이트에 전송한다. 그는 자신과 비슷한 취향의 사람들이 그 제품에 대해 어떻게 평가했는지를 바로 알 수 있다. 마음에 들면 최저가격을 제시하는 곳에 주문을 넣는다.

한 산악자전거 동호회원이 훈련 도중 다른 회원들의 시야 밖에서 경상을 입고 낙오한다. 그는 휴대폰으로 자신의 위치를 확인한 후 구조를 요청한다. 휴대폰으로 자신의 모습을 찍어 게시판에 올리자 친구들이 격려의 댓글을 단다.

'유비쿼터스ubiquitous'의 뜻은 '어디에나 있는'이다. '유비쿼터스 컴퓨팅'은 어디에서나 컴퓨터 또는 그에 준하는 기기를 사용하여 네트워크를 활용함을 뜻한다. 한국에서 개인용 컴퓨터personal computer를 뜻하는 PC가 대중에게 보급되기 시작한 때를 1980년대 중후반이라고 치자. 당시 PC란 일반적으로 책상 위desktop에 두는 것이었고, 기관에서 쓰는 것들의 일부만이 이른바 인트라넷intranet에 연결되어 있었다. 당시 PC는 전문적 활용 지식이 있는 사람들이 사용하는 값비싼 사무기기로

**인트라넷, BBS, 랩탑**
인트라넷(Intranet)은 intra-network의 준말로, 기관 내의 컴퓨터 네트워크를 뜻한다. BBS는 전자게시판(bulletin board system)의 약어이며, 랩탑(laptop)은 '무릎 위'라는 뜻으로 초기 휴대용 PC를 부르던 말이다.

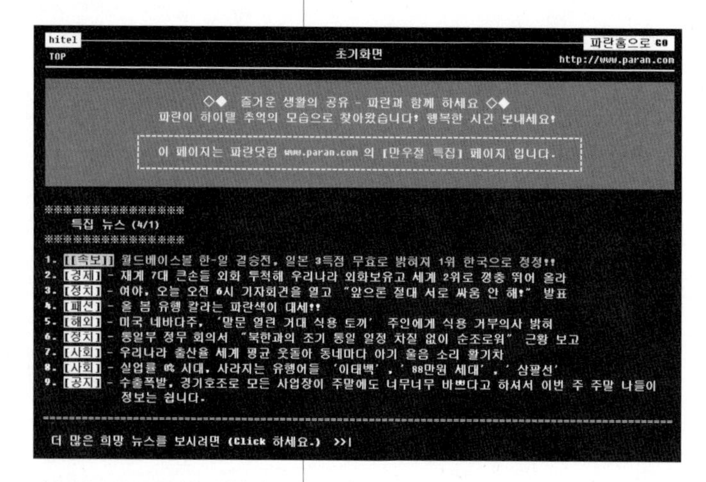


**1990년대의 PC통신 서비스 '하이텔'의 접속 초기화면과 유사한 것을 2009년 만우절에 파란닷컴이 홈페이지에 실제로 사용하였다.** 출처: 선정우(mirugi) 블로그(http://mirugi.egloos.com/1889059)

인식되었고, 통신 인프라와 서비스 발달 수준이 낮은 단계였으므로 그것을 통해 남들과 의사소통을 한다는 기대도 거의 없었다.

1990년대 초중반에는 일반인들도 전화선을 이용하여 네트워크에 연결시켜주는 모뎀을 통해, BBS 또는 PC통신 서비스에 접속하여 모아둔 정보를 열람할 수 있었다. 컴퓨터 하드웨어의 발달로 랩탑laptop과 노트북 컴퓨터가 보급되었고, PC통신은 수많은 서버들의 복잡한 연결망인 인터넷으로 바뀌어갔다. 이동통신의 발달은 전화에만 해당되지 않고, 컴퓨터 또는 그에 준하는 다양한 기기들에도 적용되어, 이제는 컴퓨터로 하는 대부분의 작업을 장소에 구애받지 않고 무선으로 할 수 있게 되었다. 이것이 컴퓨터의 대중화로부터 유비쿼터스 컴퓨팅에 이르게 된 과정의 대략이다.

### 1) 소셜 미디어 또는 SNS

소셜 미디어social media란 주로 인터넷을 통해 타인 또는 특정 기관과의 상호작용을 시작하고 강화하는 매체를 의미하며, 전통적 대중매체mass media와 다른 성격의 매체를 가리키는 외래어이다. 이 용어에서 '소셜social'은 관계 중심성을 의미하는데, 소셜 미디어를 번역해서 쓸 때에는 개인 미디어, 1인 미디어라고 하기도 한다. SNS는 social network(또는 networking) service의 약자로, 여러 사람과 기관이 이루는 네트워크를 만들고 강화하는 인터넷 서비스를 의미한다. 일부 전문가들은 이 둘을 구분하거나 더욱 세분화하기도 하지만, 이 글에서는 편의상 같은 것으로 보고 SNS로 통칭할 것이다. 대중에게 이미 익숙한 포털, 웹사이트, 동호회, 카페, 커뮤니티, 개인 홈피, 블로그 등은 '광의'의 소셜 미디어 또는 SNS에 해당한다고 볼 수 있다.

그렇다면 최근의 SNS는 무엇인가? 간단히 답하자면, 지난 몇 년간 급부상한 페이스북Facebook, 트위터Twitter, 미투데이Me2day처럼 이른바 마이크로블로그(microblog: 소형 블로그) 형태를 띤 관계 중심의 서비스들이다. 2011년 1월 현재 한국 내의 페이스북과 트위터 가입자 수는 각각 380만 명, 250만 명으로 추산된다. 토종 SNS인 미투데이의 경우 2011년 1월 현재 430만 명 이상이 가입하였다. 일부 전문가들은 SNS 사용자가 앞으로 더욱 증가할 것이며, 2015년에 이르면 소셜 네트워킹이 음성과 문자 서비스보다 늘어 이동통신기기에서 가장 많이 사용하는 서비스가 될 것이라고 전망하기도 한다(AirwideSolution, 2010).

블로그나 개인 홈피는 이른바 1인 미디어의 가능성을 오래전부터 보여준 매체라고 할 수 있는데, 최근의 SNS가 블로그 등과 크게 다른 점이라면 일반적으로 텍스트 140~150자 정도의 분량 제약이 있다는 것이다. 분량 제약은 휴대전화의 단문서비스SMS로 사용자가 원하는 내용을 게시할 수 있도록 하기 위해서 생겨났는데, 관련 기술의 급격한 발달에도 불구하고 그러한 제한은 계속 유지되는 경향이 강하다.

일반 블로그에 게시물을 작성하기 위해서는 여러 시간의 자료 수집과 집필이 요구되지만, 휴대전화 등으로 마이크로블로그에 게시하는 경우에는 이러한 분량 제약 때문에 시간과 기타 에너지가 훨씬 적게 들고, 도리어 긴 내용을 압축해서 전달해야 한다는 묘한 심리적 압박이 있다는 점 등이 SNS의 매력으로 작용한다. 읽은 글, 좋아하는 음악, 구

**소셜 미디어와 SNS**

'social'은 일반적으로 '사회의', '사회적인'으로 번역되지만, 소셜 미디어에서는 '관계를 형성하다' 또는 '사교하다'라는 뜻으로 쓰일 때의 'socialize'에 담긴 의미와 관련성이 가장 강하다고 할 수 있다. 소셜 미디어와 SNS에 대해서는 여러 견해가 공존하고 발전 중인데, 소셜 미디어는 관계를 기반으로 하면서 뉴스를 중심으로 하는 것을, SNS는 관계의 형성과 발전을 중심으로 하는 것으로 나누는 경우가 많다. 굳이 구분하자면 트위터는 전자, 페이스북과 미투데이는 후자에 가깝다. SNS도 중간 글자 'N'이 network를 의미할 때와 networking을 의미할 때에 성격이 달라진다고 보는 이들도 있다. 전자가 이미 형성된 관계의 유지 위주라면, 후자는 새로운 사람을 만나려고 하는 더욱 능동적인 측면이 강조된다는 것이다.

**홈피**

홈페이지(home page)의 준말로, 인터넷의 한 페이지를 의미한다. 사실상 웹사이트(web site)와 같은 의미로 쓰이는 영어식 신조어인데, 한국에서는 상당히 많이 쓰이지만 정작 영어권에서는 '홈피'란 말이 이런 의미로는 거의 쓰이지 않는다.

**페이스북, 트위터 및 미투데이의 초기화면**

입한 물건, 먹은 음식 등에 대한 짧은 글과 링크를 공개 글 또는 사적인 메시지로 작성하며 타인들과 관계를 맺어가는 것이 SNS 사용의 묘미이다. 일부 사용자들은 정치 현안 등 자극적인 글과 자료를 게시하여 논쟁을 벌이기도 한다. SNS는 상당히 다양한 내용과 용도로 사용될 수 있다.

## 2) 스마트폰

A는 자신이 애용하는 SNS에서 추천하는 새로운 쇼핑 앱을 스마트폰에 다운로드한다. 버스에서 내려 상가 밀집지역을 지나가자 스마트폰에서 알림 기능이 작동된다. 며칠 전 친구와 언급했던 제품의 당일 할인쿠폰이 상품을 파는 가게의 지도 및 전화번호와 함께 화면에 뜬다.

**얼리어답터(Early Adopter)**
제품이 출시될 때 가장 먼저 구입해 평가를 내린 뒤 주위에 제품 정보를 알려주는 성향을 가진 소비자군(群). 에버릿 로저스(Everett M. Rogers)가 『혁신의 확산(Diffusion of Innovation)』(1995)에서 처음 언급했다. 이 책에서 로저스는 신제품을 채택하는 순서에 따라 인간의 유형을 혁신자(Innovator), 조기 수용자(Early Adopter), 초기 다수자(Early Majority), 후기 다수자(Late Majority), 지체자(Laggard)의 5가지로 분류했다.

스마트폰smartphone은 휴대전화기에 PC급의 OS(operating system의 약자)가 결합된 이동통신기기를 뜻한다. 과거에는 한 손으로 쥘 수 있는 정도의 크기이면서도 연락처, 일정 관리, 기타 간단한 전산 작업을 할 수 있는 PDA(personal digital assistant의 약자)가 얼리어답터들에게 보급되었지만, 보편화된 인터넷과의 연결이 하드웨어적으로 불가능하거나 불편했던 경우가 많았다. 또한 그전부터 필수품이 되어버린 휴대전화

외에 또 하나의 기기를 들고 다닌다는 것은 그리 실용적이지 않았다.

최근 이동통신 인프라 및 기기는 이동전화와 PDA를 하나의 소형 기기로 결합할 수 있는 수준으로 발전하였다. 가격도 일반 대중이 감당할 수 있는 수준으로 내려갔다. 스마트폰에 대비되는 개념으로서 일반 휴대전화를 피처폰feature phone이라 하기도 하는데, 여러 피처폰들이 오래전부터 음성통화와 문자 서비스 이상의 음악 다운로드, 사진 찍기 및 공유, 뉴스 및 생활 정보 열람 등 여러 기능을 제공해왔다. 그러나 PC에서처럼 사용자가 그러한 정보와 기능을 능동적으로 이용하는 데에는 많은 제약이 있었다.

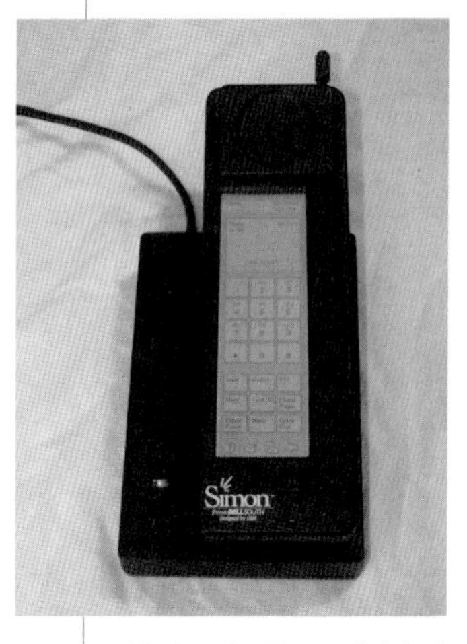


**최초의 스마트폰으로 알려진 사이먼(Simon). 전화, 호출기, 팩스 및 전자수첩 기능이 있었으며, 미 벨사우스(BellSouth) 사에서 1994년에 판매했다.**
출처: 위키피디아

스마트폰은 이동통신의 현장성과 즉시성 및 PC의 활용도가 결합된 기기인데, 일부 전문가들은 앞으로 모든 휴대전화가 스마트폰으로 바뀔 것이라고 전망하기도 한다. 스마트폰은 3G, 와이파이Wi-Fi 등 다양한 방식의 무선 접속기술을 통해 언제 어디서든 인터넷을 활용할 수 있는 유비쿼터스 컴퓨팅을 가능하게 할 뿐 아니라, 입력방식의 측면에서도 과거의 키패드가 터치스크린, 음성 등의 방식으로 바뀌어가는 중이다. 더 작고 가벼운 기기를 만들기 위한, 또 이동 중 사용 편의성을 극대화하기 위한 기술의 발달이 컴퓨터와 인터넷을 사용하는 방법 자체를 바꾸는 효과도 보여주고 있다.

SNS와 스마트폰은 확산을 상호자극하는 시너지 효과를 일으키기도 한다. 스마트폰은 SNS 사용자가 이동 중에 경험하는 것, 떠오르는 생각 등을 인터넷에 즉각 게시하기에 매우 효율적인 도구이다. 특정한 때와 장소에서 다른 이들의 의견을 보거나 조언을 구하는 데에도 마찬가지다. SNS의 활용도가 마이크로블로그 수준에서 그치는 것이 아니라 이메일, 메신저, 또는 휴대전화처럼 대다수의 사람들이 계정을 하나씩 갖는 통신수단이 될 것으로 전망하는 전문가들도 많다. 스마트폰에서 사용하는 여러 앱application; app과 위치 기반 서비스location-based service; LBS도 SNS를 중심으로 연동할 수 있는 방향으로 변화하고 있다. SNS가 비업무용 인터넷의 허브로 바뀌고 있는 것이다.

## |2| 정보 유통방식의 변화

2005년 1월 한 광고기획사의 이른바 연예인 X파일이 유출되었다. 유명 연예인들의 사생활을 담은 이 자료는 여러 포털, 카페의 자료실에 복사되어 다운로드되었다. 인터넷에서 자료가 확산된 지 며칠 후에야 신문과 TV에서 보도하기 시작했다.

2008년 미국 대통령 선거에서 최초의 흑인 대통령이 선출되었다. 많은 사람들은 휴대폰을 통한 온라인에서의, 특히 트위터에서의 홍보 전략이 주효했다고 말한다.

2010년 8월 전국에 폭우가 쏟아졌다. 거리와 지하철역의 침수가 수많은 SNS 사용자들에 의해 알려졌다. 모 언론사는 SNS로부터 침수 사진을 복사하여 자신들의 기사에 집어넣었는데 처음에는 인용 출처를 표기하지 않았다. SNS 사용자들의 항의를 받고 나서야 그 사진의 출처를 밝혔다.

SNS와 같은 인터넷 서비스 및 스마트폰과 같은 이동통신기기의 확산은 여러 시각에서 이해할 수 있다. 첫째는 그러한 변화를 가능케 한 기술과 하드웨어를 중심으로 설명하는 것이다. 기업의 홍보, 언론의 보도 및 소비자로서의 신제품에 대한 관심 때문에 대중적으로는 이러한 시각이 보편화되어 있는 듯하다. 이러한 시각은 기술의 발전이 선행 요인으로서 일상의 변화로 귀결된다는 단순한 기술결정론으로 흐를 수 있으므로 주의가 요구된다. 둘째는 단순한 인과관계의 탐구에 얽매이기보다, 그러한 변화와 함께 진행된 정보의 생산, 소비 즉 유통 전반이 사회적으로 어떠한 방식으로 변하고 있는가를 들여다보는 것이다. 여기서는 기술 자체에 가까운 첫째 측면보다는, 사회적 내용이 강조되는 둘째 측면을 더욱 강조하여 SNS와 스마트폰 확산과 관련된 쟁점들 그리고 그 의미를 생각해보기로 하겠다.

### 1) 개인화, 소형화, 모바일화

**개인화: 정보 유통에 더욱 적극적으로 참여하는 개인** SNS와 스마트폰의 확산은 공식적 또는 비공식적 집단으로부터 독립된 개인이 정보의 생산 및 소비를 포괄하는 유통의 주체로 떠오른 현상과 관련이 깊다. 1990년대 중반 인터넷의 초기 당시, 포털에서 직접 운영하는 각종 정보 게시판이나 백과사전의 콘텐츠는 집단 또는 조직이 작성했고, 동호회 등의 커뮤니티와 카페에서 공유되는 정보도 조직 내의 협력구조를 통해 작성되고 인정되는 경우가 대부분이었다. 포털, 커뮤니티, 카페 등의 운영자 및 열성 회원들이 집단적으로 정보를 생산하면 개인은 주로 그것을 소비하는 역할을 수행했다.

2000년 이후 블로그의 붐은 개인이 정보 생산의 주체로서 강화된 변화와 밀접한 연관이 있다. IT가 발달하면서 개인 차원에서 글뿐 아니라 사진, 그림, 소리 등 여러 종류의 정보를 편집한 후 인터넷에 게시하는 것이 용이해진 것이다. 또한, 딱딱한 정보의 아카이브를 접하는 데 질린 네티즌들이 개인들 간의 관계가 중시되는 SNS로부터 상당히 친밀한 분위기에서 정보를 주고받을 수 있게 되었다. 이러한 경향은 앞으로 개인들 간의 네트워킹이 그들이 소속된 집단의 경계를 초월하여 일어나기에 더욱 쉬운 방향으로 바뀔 것을 의미한다고 볼 수도 있다.

이미 많은 사람들이 자신의 명함이나 이력서에 SNS 계정을 공개하고 있다. 이러한 경향은 일반 기업 마케팅에도 큰 영향을 주어, 여러 기업들이 SNS를 통해 홍보하고 쿠폰을 발행하는 등 소비자 개인들에게 더욱 친근한 방향으로 다가가고 있다. 이전의 개인 홈페이지가 기관을 모방했다면, 이제는 기관 SNS 계정이 개인을 모방하는 방식으로 바뀌어가는 것이다.

**소형화: 정보 홍수 시대에 간결한 정보에 대한 욕구 증대** SNS는 기술적으로 블로그가 소형화된 형태를 띠므로 작은 블로그microblog로 불리기도 한다. 이러한 기술적 개념에 맞도록, 상당수의 SNS는 한 게시물의 길이를 140~150자 정도로 제한하고 있다. 이러한 소형화는 무엇에서 기인하는가?

무엇보다도 축약된 정보에 대한 사회적 욕구가 커졌기 때문이라고 설명할 수 있다. 정보 생산자의 입장에서 보면 1회의 블로그 게시만 해도, 사진 3~5장을 찍어 블로그에 적당한 형태로 가공하고, 주제에 대한 설명을 A4용지 2~3매 분량으로 쓸 경우, 반나절 정도의 시간이 소요된다. 하지만 그러한 콘텐츠의 핵심 내용은, 예컨대 맛집 기행을 썼을 경우, '특정 메뉴가 맛있다', '서비스가 좋지 않다', '가격이 비싸다' 수준으로 압축될 수 있는 경우가 많다. 인터넷에서 유통되는 정보의 종류와 양이 나날이 급증하는 가운데, SNS에서처럼 핵심 내용을 간결한 형태로 요약할 수 있다면 보다 긴 정보의 가치는 급락하게 된다. 중요한 내용만으로 구성된 짧은 메시지가 정보 생산자와 소비자 모두에게 더욱 환영받게 된다. 이러한 소형화 현상은 콘텐츠뿐 아니라 그것을 생산하는 데 사용되는 기기에도 해당된다. 과거 콘텐츠 작성에 주로 사용되었던 PC가 1인용 책상을 꽉 채울 정도로 컸다면, 요즘의 콘텐츠 작성기기는 한 손에 들어갈 수 있을 정도로 작아졌다. 이러한 변화는 다음에서 다룰 모바일화라는 변화와도 관계가 깊다.

스포츠스타 김연아의 트위터 계정 초기화면

**모바일화: 언제, 어디서나 인터넷에 접속 가능** 최근의 SNS는 이동성이 보장된 소형 이동통신기기를 통해 콘텐츠의 생산과 소비가 가능하도록 설계되어 있다. 이전에 이동전화의 뉴스 속보 문자서비스 등의 사례가 보여주었듯이 콘텐츠 소비의 모바일화가 어느 정도 진척되었다면, 이제는 콘텐츠의 생산도 이동 중에 가능해진 것이다. 특히 사실상 소형 컴퓨터의 역할을 충분히 감당해내는 스마트폰을 사용하면 짧은 콘텐츠의 생산 정도는 이동 중에 매우 용이하다. 맛집 평가에서부터 유명 인사의 강연에 이르기까지 어떠한 대상이든 SNS 사용자의 관심을 끄는 것이라면 당장 사진, 소리 등의 부가 정보와 함께 게시할 수 있는 시대가 되었다.

이러한 변화로 인해 모바일 데이터통신 사용량의 급증이 예상되는

**클라우드 컴퓨팅 (Cloud Computing)**
인터넷 기반(cloud)의 컴퓨팅(computing) 기술을 의미한다. 인터넷상의 유틸리티 데이터 서버에 프로그램을 두고 그때그때 컴퓨터나 휴대폰 등에 불러와서 사용하는, 웹에 기반을 둔 소프트웨어 서비스이다. 구름(cloud)과 같이 무형의 형태로 존재하는 컴퓨팅 자원을 자신이 필요한 만큼 빌려 쓰고 이에 대한 사용요금을 지급하는 방식이다. 대표적인 예로 구글맵스 등이 있다.

가운데, 이동통신 인프라와 관련된 제도적 변화가 사회적 쟁점으로 떠오르는 중이다(KT의 이석채 회장은 '데이터 폭발'이라는 표현을 사용하면서 앞으로 2015년까지 데이터통신이 1천 배 정도 증가할 것으로 전망하기도 했다. 종량제와 같은 유선 네트워크의 유료 개념 강화, 클라우드 컴퓨팅과의 연계도 중요한 쟁점으로 대두되는 중이다). 이전의 이동통신 네트워크는 용량이 상대적으로 적은 음성과 문자 서비스에 주로 이용되었으나, SNS와 스마트폰이 확산되면서 대용량의 정보를 신속히 전달하는 기술이 시급해졌다. 이러한 변화에 대처하기 위해 이동통신사들은, 한편으로는 더욱 많은 양의 데이터를 더욱 빠른 속도로 처리할 수 있는 3G나 와이파이 망을 개선하면서, 다른 한편으로는 소비자들의 반발이 예상되는 요금제 조정도 고민해야 한다. 이에 맞서 일부 소비자들은 망 사용료는 그대로 두되, SNS 등과 함께 이용할 수 있는 매력적인 부가 서비스 또는 그와 연동된 광고를 통해 수입을 올려 망 사용비용의 증가를 간접적으로 충당해야 한다고 주장하기도 한다. 이와 같이 인터넷이 SNS와 스마트폰을 통해 일상 속으로 더욱 깊이 침투함으로써 인터넷 관련 기술적 쟁점과 사회경제적 쟁점 간의 경계가 모호해지고 있다.

### 2) 의제설정 방식의 다양화

인터넷의 발달, 특히 SNS의 급성장과 더불어 의제설정agenda-setting 방식의 다양화가 사회적 쟁점으로 떠오르고 있다. 의제설정이란 궁극적으로 대중의 일상에 영향을 주는 법, 제도 등의 쟁점들 중 무엇이 중요한지를 결정하는 것을 의미하는데, 1970년대 맥콤즈와 쇼 등이 제안하여 이후 확산된 '의제설정 이론'에 의하면 현대사회에서는 신문, 라디오, TV 등의 대중매체가 이러한 역할을 담당한다(McCombs · Shaw,

1977). 상당수의 사회과학자들은 정치인들이 유권자들과의 면대면 접촉 이상으로 언론 플레이를 중시하는 것이 바로 이러한 이유 때문이라고 설명해왔다. 대중매체가 특정인을 집중 보도하거나, 특정한 내용 또는 해석을 강조하거나, 특정 사건 또는 정보에 대한 보도 여부를 결정함으로써, 언론이 강조하는 것을 대중이 무비판적으로 받아들이게 되는 경향도 이 이론이 다루는 중요한 주제이다. 대중에게 보다 밀접한 관련이 있는 중요한 정보를 확산시키는 과정에서 대중 또는 정치권 이상으로 대중매체가 매우 큰 영향력을 발휘한다는 것이다.

이러한 점은 대중매체의 기업화, 상업화와 더불어 비판받기도 했으며, IT의 발달과 함께 신문·TV 등 전통적 대중매체 외의 인터넷 매체가 대안매체로 떠오를 수 있는 계기를 제공하기도 했다. 일부 학자들은 전통적 또는 주류 대중매체와 인터넷 기반 등의 비교적 새로운 매체를 구분하고, 새로운 매체로부터 의제설정이 시작되어 전통적 매체로 옮겨가거나, 의제설정 과정에서 새로운 매체가 전통적 매체보다 더욱 핵심적 역할을 하는 경우를 두고 '역의제설정'이라는 개념으로 표현하기도 한다(김성태·이영환, 2006). 인터넷 대중화의 초기에는 새로운 매체의 보도 기능이 전통 매체에 비해 훨씬 약했고, 전통 매체가 인터넷에 뉴스 제공 사이트를 추가로 설치함으로써 사실상 같은 콘텐츠가 유통되었으므로 의제설정의 주체를 재고할 필요가 없었다. 시간이 지나자 인터넷은 일상생활의 여러 곳에 침투하여 삶의 방식을 많이 바꾸었는데, 전통 매체의 영향을 벗어난 정보 유통체계가 카페, 블로그 등을 중심으로 생겨난 것이다. 이러한 경향은 SNS의 급성장과 더불어 더욱 강해졌다고 보는 경우가 많다. SNS는 위에서 언급했듯이 기존의 유통방식보다 더욱 빠른 속도로 인터넷에서의 정보 전달을 가능케 하기 때문이다. 따라서 전통적 언론매체가 다루지 않은 내용을 인터넷 사용

**의제설정 이론 (Agenda-setting Theory)**
신문이나 방송과 같은 대중매체가 대중의 의제설정에 기여하고 있다는 이론. 대중매체가 특정 이슈를 선정하고 그것을 중점적으로 다루면 대중의 주의는 그 이슈에 집중되고 여타의 이슈는 무시된다. 일반적으로 의제설정은 이슈 선정 단계와 선정된 이슈를 제공하는 단계로 나누어 생각할 수 있다. 첫 번째 단계는 미디어가 '어떤' 이슈를 수용자에게 제공할 것인가 하는 선택의 문제와 관련되며, 두 번째 단계는 그 이슈에 관한 정보를 '어떤 방식으로' 제공할 것인가 하는 제공방식의 문제와 관련된다.

자가 원천 정보의 제공, 새로운 시각의 제안 등으로 쟁점화하는 경우가 매우 늘어나, 역의제설정 개념에 의존하지 않더라도 의제설정 또는 형성 경로가 지난 수십 년간 다양해진 것은 분명하다. 특히 SNS를 포함하여 인터넷에 기반을 둔 매체의 수와 종류가 급증함으로써 이러한 의제설정 방식의 변화는 앞으로 당분간 계속될 것이다.

### 3) 프라이버시 및 저작권

SNS의 확산과 관련된 사회적 쟁점은 위에서 언급한 정보 유통방식 자체의 변화 외에도 많다. 특히 SNS 또는 앞으로 나올 새로운 서비스는 현재까지 생각지 못했던 쟁점들을 만들어낼 가능성이 매우 높다. 여기에서는 프라이버시 및 저작권과 관련된 내용을 추가로 간략하게 다루기로 한다.

먼저 프라이버시의 문제를 살펴보면, SNS가 이동성이 좋은 소형 블로그의 역할을 하므로 많은 사용자들이 자랑삼아 무의식적으로 게시하는 콘텐츠가 자신의 사생활을 노출시키고 있다. 구입한 물품을 자랑하거나, 새로 가본 고급 레스토랑에 대해 글을 쓰는 정도는 흔히 찾아볼 수 있다. 이러한 수준을 넘어 과거의 콘텐츠를 통해 자신의 주거지를 노출시킨 상태에서 어떤 날에 밤늦게까지 회식이 있다거나 장기간 휴가 등의 이유로 집을 비울 것이라고 예고하는 경우, 악한 의도를 품은 사람은 그 사용자의 집을 침입할 좋은 기회라고 생각할 수 있다.

SNS의 내용을 철저히 분석하지 않더라도, 최근에 판매된 대부분의 이동통신기기는 사용자의 위치를 실시간으로 추적할 수 있는 전산 자료를 남기므로, 그 자료를 획득하는 경우 사용자의 생활 패턴까지 세세히 알 수 있다. 상당수의 SNS 사용자는 SNS 내에서 친구 맺는 관계를 어느 정도 공개하는데, 그러한 정보가 어떤 사람들에게는 다른 경로로는 얻기 어려운 정보일 수도 있다. 이러한 사생활과 관련된 정보 노출의 문제는 단순히 감정적 피해뿐 아니라, 잠정적으로는 법적 분쟁으로까지 이어질 수 있으므로, 사용자들은 자신의 사생활을 어느 정도까지 드러낼지에 대해 주의 깊게 생각해봐야 한다. 또한 SNS 제공자는 사용자의 개인정보 공개와 관련된 기본 설정도 최적화하여, 세심한 검토를 거치지 않고 SNS를 사용하는 이들이 선의의 피해를 입지 않도록 배려해야 할 것이다.

저작권의 문제 또한 여러 심각한 문제를 일으키고 있다. 인터넷에서 표절이 문제되기 쉽다는 것은 이미 잘 알려졌다. 인터넷상의 모든 정보는 디지털 기호로 되어 있으므로 간단한 키보드 및 마우스 조작으로 대부분의 정보를 개인적으로 저장하거나 다른 이에게 전달할 수 있다. 그래서 최근 들어 일부 인터넷 서비스는 보편적인 방식의 키보드, 마우스 조작으로는 콘텐츠의 복사가 불가능하게 하거나, 콘텐츠를 게시할 때 특정 저작권 규정을 따라야 한다고 명시하고 있다. 어떤 이들은 사용자가 특정 조건을 따를 경우(예컨대, 상업적으로 이용하지 않기), 자기 콘텐츠의 복사와 배포를 허락한다고 명시하기도 한다.

상당수의 SNS에서는 마음에 드는 콘텐츠를 한 번의 클릭만으로도 수많은 사람에게 전달할 수 있는데, 이러한 전달이 여러 단계에 걸쳐 진행되는 경우, 원본에서 인용한 콘텐츠의 내용이 변형되거나 출처가 삭제되기가 더욱 쉬워진다. 만약 원본에 표절된 내용이 있는데 그것을 본 사람들이 표절임을 인지하지 못하고 여타 사용자들에게 전달하는 경우 그 문제는 더욱 심각해진다. SNS가 태생적으로 정보의 확산에 용이한 만큼, 저작권 관계가 확인되지 않은 콘텐츠가 확산되는 것을 막기 위해서는 사용자들의 주의와 함께 제도적 정비가 필요하다.

## |3| '소셜' 서비스의 미래

### 1) SNS 및 '소셜'이라는 그 무엇

앞에서 간략히 살펴본 바와 같이 SNS는 인터넷에서 대중성을 확보한 최첨단 유행이며, 이와 유사한 서비스가 당분간은 확장될 것이라는 전망이 압도적이다. 인터넷 초기에 사용자가 웹사이트로부터 정보를 검색하여 저장하는 서비스가 일반적이었다면, 이제는 사용자들끼리 특정 정보를 전달하고 공유하면서 평가하기도 하는 관계 중심의(즉 '소셜') 서비스가 부상하고 있다. 이러한 변화는 컴퓨터 네트워크가 사람과 디지털 정보를 효율적으로 연결하는 수준을 넘어 이제 사람과 사람을 효율적으로 연결하는 인프라의 역할을 하게 되었음을 의미한다. 이것이 기계에 정리되어 있는 정보를 기계적으로 열람하기보다는 사람이 거른 정보를 통해 보다 인간적인 방식으로 정보를 찾기를 원하는, 인간의 고차원적 욕구를 반영한다고 해석하면 과장일까? 어쨌든 관계 중심의, 즉 '소셜' 붐은 앞으로 당분간 인터넷의 핵심을 설명하는 키워드로 남을 것이다.

SNS로 대표되는 최근의 '소셜' 지향적 변화에 대한 평가는 엇갈린다. 먼저 대중적으로는 SNS를 통한 마케팅이 가능하다고 주장하는 저서들이 넘쳐나는데, 일단은 경계하는 것이 좋을 듯하다. 인터넷 초기에 인터넷을 이용한 마케팅에 대한 대중적 담론은 결국 엄청난 스팸메일과 애드웨어adware라고 포장된 악성 코드라는 형태로 실현되었다. 이러한 경향은 신기술에 대한 무지를 악용한 얄팍한 상술에 지나지 않는데, SNS 마케팅의 효과를 강조하는 주장에 대해서도 어느 정도 적용된다고 보는 것이 안전할 것이다.

비슷한 맥락에서 'SNS와 스마트폰 혁명은 곧 소통을 의미'하고, 이를 통해 '세상이 바뀔 것'이라는 주장은 매우 극단적인 긍정론이라고 할 수 있다. 이러한 견해 역시 일부 극적인 사례에 근거한 과장이 아닌지 검증해봐야 한다. 이에 반해 인터넷 전반으로부터 최근의 SNS까지 반정부적·좌파적 콘텐츠가 많다고 매도하거나, 'SNS와 스마트폰이 부추기는 짧은 콘텐츠 제작이 심층적 사고능력을 저해한다', 'SNS에서는 검증되지 않은 정보가 돌아다닌다'는 식의 극단적 부정론도 견제해야 할 것이다. 이러한 극단적인 견해들은 오래전부터 간헐적으로 등장한, 신기술 자체에 대한 막연한 거부감과 크게 다르지 않다.

**마크 저커버그의 페이스북 창업담을 다룬 영화 〈소셜 네트워크〉의 포스터**
출처: www.thesocialnetwork-movie.com

이러한 극단적인 견해들은 제한적인 현상에 대한 것일뿐더러, SNS 관련 문제들을 정교하게 분석하고 정책적 대안을 내어놓는 데도 적당치 않다. SNS의 문제점에 대해 건설적으로 논하기 위해서는, 앞에서 소개한 것과 같은 극단적 시각 또는 지엽적 문제를 초월하여 인터넷이 어떠한 방향으로 바뀌어왔으며 또 앞으로 바뀌어갈지에 대한 거시적인 논의가 병행되어야 한다. 특히 인터넷에서 관찰되는 여러 경향이 오프라인 현실과 어떠한 관계가 있는지를 생각하는 자세가 요구된다. 왜냐하면 인터넷은 더 이상 현실과 동떨어진 가상의 공간이라기보다는 디지털 네트워크를 통해 자주 접촉하는 일상의 일부가 되었기 때문이다. 인터넷이 어떠하든 간에 오프라인 현실은 다르게 작동한다고 보는 이원론적 경향을 극복할 수 있어야, 인터넷을 오프라인 현실과 유기적으로 연결되어 있는 일상의 일부로 대할 수 있다.

### 2) '소셜'의 미래

이 장에서는 텍스트 위주의 마이크로블로그 형태를 띤 SNS를 중심으로 얘기하였다. 그러한 서비스에서는 긴 문서, 사진, 그림, 동영상 등의 첨부물이 주로 링크, 그것도 일반적으로 사용하는 URL과 다른 축약된 링크로 처리된다. 하지만 사진, 동영상 등의 게시 및 평가를 주된 서비스로 제공하면서 사용자들 간의 관계 형성을 적극 권장하는 서비스들도 많이 있다. 이렇듯 다양한 SNS에서의 공개된 정보를 통해 부가가치를 창출하려는 시도가 여러 갈래로 진행 중이며, 사용자들의 의견을 바탕으로 선거 결과, 주가 등락 등을 예측하려는 연구도 한편에서 진행 중이다.

'소셜'의 미래에 대해서는 상업적 관심, 즉 소셜 인터넷을 통해 어떻게 지속적으로 이익을 창출할 수 있는가에 대한 관심이 무엇보다도 지대한 듯하다. 또한 기존 인터넷 공구(공동구매)의 발달된 형태로서 소셜커머스social commerce도 급증하는 추세인데, 이러한 '소셜' 서비스는 사용자 설정에 따라 위치 기반 서비스와 결합하여 사용자가 특정 지역 또는 가게에 들어갈 경우, 자신과 친구 관계를 맺은 사람이 그곳에 있는지 여부를 알 수 있을 뿐 아니라, 폰을 통해 즉석에서 그의 취향에 맞는 상품의 할인쿠폰을 발행하는 수준에까지 이르렀다.

서비스 제공자들은 이러한 서비스를 통해, 키워드를 바탕으로 돌출광고를 제공하는 현재의 보편적 수준을 뛰어넘는 새로운 이익 창출 기제를 만들어내기 위해 노력 중이다. '소셜'이 강화된 인터넷은 사람들에게 관계를 통한 만족감을 강화시키는 한편, 인터넷을 통한 새로운 시장을 만들어내려는 기회도 제공하고 있다. 영화 〈마이너리티 리포트Minority Report〉에 나온 것처럼, 홍체를 읽어 각각의 사람들에게 맞춤 광

**URL**
**(Uniform Resource Locator)**
인터넷에서 파일, 뉴스그룹과 같은 각종 자원을 표시하기 위한 표준화된 논리 주소. 사용할 프로토콜(http, ftp 등), 주 컴퓨터의 이름과 주소, 파일이 있는 디렉터리 위치, 파일 이름으로 구성된다.

고를 제공하는 방식의 마케팅이 SNS와 함께 성장하는 여러 '소셜' 서비스를 통해 한 걸음 더 현실로 다가온 것이다. 인터넷이 사회 전체의 부를 축적하는 데 기여할 수 있다면 그것이 나쁘지만은 않다. 하지만 현재 지나가고 있는 '소셜' 단계가 프라이버시 문제를 악화시키면서 또 하나의 상업적 수단만으로 전락한다면 인터넷의 발달은 결국 득보다 실이 많은 인류의 족쇄로 평가될 것이다.

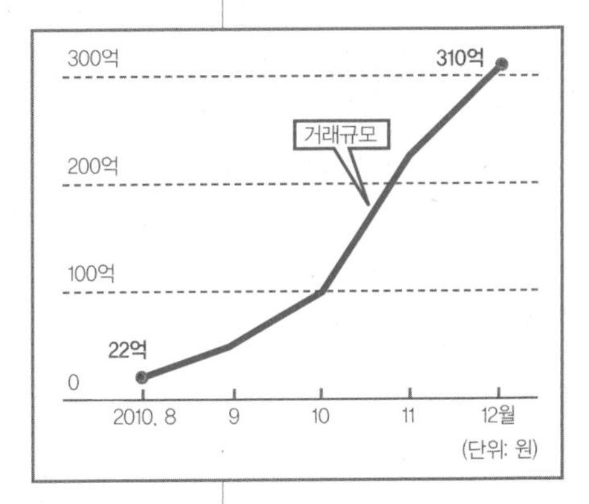


**국내 소셜 커머스 시장 규모**
출처: 쿠폰모아

## 생각해볼 문제

0. SNS 계정이 없다면 하나 만들어서 실험적으로 사용해보자. 이메일, 메신저 등 기존에 사용했던 인터넷 정보 유통 서비스와 비교할 수 있도록 경험을 쌓아보자.
1. 연예인, 정치인, 지식인 등 유명 인사이면서 SNS 사용자인 사람들을 검색해보자. SNS에서 관계를 맺은 사람들의 수와 오프라인 현실에서의 그의 영향력은 어떤 관계를 형성하는가? 그가 온라인에서 친구를 맺고 교류하는 사람과 오프라인에서도 친밀한 관계일지 생각해보자.
2. SNS에서 사생활을 어느 수준으로 노출시키는 것이 현명할지 생각해보자. 프라이버시 침해 위험이 적으면서도 콘텐츠를 통해 자신의 활동을 노출시키는 방법에는 어떠한 것이 있는가?
3. SNS 등 온라인에서 알게 되어 온라인에서 교류하다가 오프라인에서도 친구가 된 사람이 있는가? 그와의 관계가 오프라인에서 알게 된 사람과의 관계와 어떻게 다르거나 같은지 비교해보자.
4. 영어 표현 'dooced'의 의미를 찾아보자. 자신의 이름을 인터넷, 특히 SNS에서 검색하여 개인정보나 사생활 등 남들이 안다면 부담스러운 내용이 있는지 확인해보자.

## 더 읽을 거리


박정남(2010), 『START! 트위터와 미투데이』, 에이콘.

Kirkpatrick, David. 2010. *The Facebook Effect*. Simon & Schuster.

## 참고문헌


김성태 · 이영환(2006), 〈인터넷을 통한 새로운 의제설정 모델의 적용〉, 《한국언론학보》 50(3): 175~204, 한국언론학회.

베타뉴스(2010. 1. 20), 〈전문가들이 보는 국내 SNS의 현재와 미래〉(http://www.betanews.net/article/530987).

이데일리(2010. 12. 6), 〈이석채 "데이터 폭발 시대, 유선망 '공짜' 인식 버려야"〉(http://www.edaily.co.kr/news/NewsRead.edy?newsid=02240246593195896&SCD=DC13&DCD=A02103).

한국일보(2011. 1. 28), 〈소셜 네트워크의 그늘: SNS에 쌓은 모래성 인맥... 나를 읽어버린다 SOS〉(http://news.hankooki.com/lpage/economy/201101/h20110128023632111720.htm).

Airwide Solution. Mobile Social Networking and the Rise of the Smart Machines-2015AD. 2010. http://www.airwidesolutions.com/whitepapers/MobileSocialNetworking.pdf

McCombs, Maxwell E, and Donald L. Shaw. 1977. *The Emergence of American Political Issues*. New York: West Publishing Co.

# 03
# 사이버공간의 공동체와 집합행동

## |1| 사이버 공동체

### 1) 고무신 카페

남친(남자친구)을 군대에 보낸 지 두 달이 지났다. 주변의 친구들은 시간이 지나면 괜찮아진다고 위로하지만 나는 그렇지 않다. 점점 더 보고 싶고 잘 지내고 있는지 궁금하다. 자대 배치를 받은 곳은 어떤 곳인지, 지금 바로 면회가 가능한지, 부대 면회를 가는 교통수단은 무엇을 이용해야 할지, 또 필요한 물품이 무엇일지…….

이런저런 생각을 하다가 '군대 간 남친'이라고 낙서하듯 키보드를 눌러본다. 어라! 이건 뭐 엄청난 양의 광고 사이트와 카페, 블로그, 뉴스 등이 뜬다. 몇 개 읽다 보니 나와 같은 걱정을 하는 사람들의 글들이 눈에 들어온다. 그런데 이중에 내 눈에 들어오는 흥미로운 모임이 있다.

'고무신(곰신) 카페'

고무신 카페는 군대 간 남자친구를 기다리는 사이버 공동체로 나름의 역사가 깊다. 2003년 12월 인터넷 모 포털 사이트에 처음 생긴 이곳은 현재 회원 수가 32만 명을 넘어섰다. 또 다른 사이트에 개설된 비슷한 고무신 카페의 경우 2000년 5월에 개설돼, 회원수가 15만 명을 넘

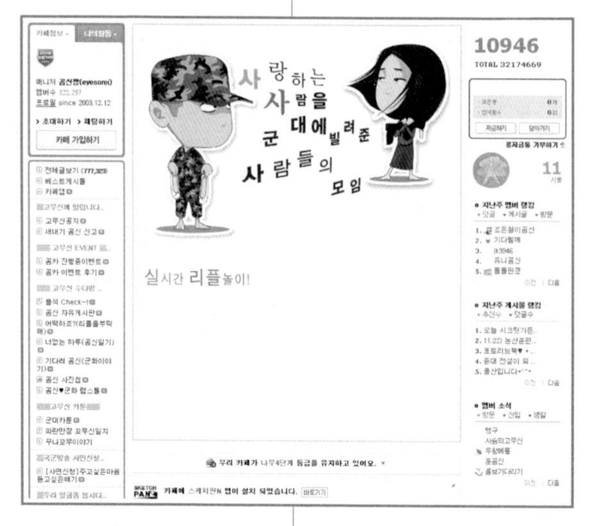


고무신(곰신) 카페의 초기 화면

는다. 고무신녀를 자처하는 나이 어린 여자친구들은 군대에 간 남자친구를 기다리는 동안 선배 고무신녀의 조언도 듣고, 남자친구가 복무 중인 부대 소식도 실시간으로 들을 수 있어서 상당히 유용하다.

고무신 카페에는 여러 가지 흥미로운 점이 있다. 남자친구가 입대할 당시부터 가입한 여자친구는 남자친구의 계급과 같이 진급하는 체계를 갖추고 있다. 남자친구가 말년 병장이면 여자친구도 말년 병장 고무신이다. 다른 커뮤니티와는 색다른 회원 유지 방법을 사용하고 있는 것이다.

또한 이 카페를 통해 편지나 소포를 보낼 수 있는 정보 및 남자친구 부대의 소식, 휴가 계획 등의 특이사항은 물론 심지어 금주의 식단까지 파악할 수 있다. 즉, 정보 파악에 한계가 있는 장소에 대해 같은 상황에 처한 여자친구들끼리 새로운 정보를 공유하고 소소한 재미를 나누며 마음의 불안함을 해소한다. 그리고 정기적 또는 비정기적 정모(정기모임)를 통해 친목을 다지며 서로를 위로하거나 감정의 유대를 나누기도 한다. 군대 간 남자친구의 모든 정보를 여자친구 혼자서 파악해야 했던 예전의 상황과 비교해보면 매우 고마운 일이 아닐 수 없다. 이 카페에서는 가끔 헤어지는 커플의 얘기가 등장하지만, 이마저도 회원들 서로간의 마음을 달래는 데 중요한 역할을 한다.

고무신 카페는 때로 집단행동도 취한다. 예를 들어 지난 2008년 국방부가 '복무 단축 관련 개정안'을 발표했는데, 이중 공군의 외박제도가 바뀌어 애인을 만나는 횟수가 줄어들게 된다는 내용이 고무신녀들을 자극했다. 공군의 외박제도를 육군, 해군과 같은 기간으로 축소한다는 것이었다.

이에 고무신 카페에서는 타 군에 비해 복무기간이 긴 공군의 특성상 조금 더 긴 외박기간은 특혜가 아니라며 집단행동을 결의했다. 국방부나 공군 사이트 게시판에 새로운 외박제도 폐지를 주장하는 글을 채워가던 고무신 카페 회원들은 당시 정권교체기에 있던 시기적 특성을 이용하여 대통령 인수위원회 사이트를 공략하자는 새로운 전략을 세웠다. 이 게시판에 청원 글을 올리기 시작한 고무신녀들은 주목할 만한 청원에 등록되면서 집단행동의 수위를 높이는 데 박차를 가했다. 일부 회원은 국방부나 인수위원회 측에 직접 전화를 걸어 항의하거나 사정을 알아보는 행보도 보였다. 결국 국방부는 새로운 개정안이 나오기 전까지 지원 병사를 포함해 복무중인 공군 사병에게 현재의 외박제도를 인정하겠다며 백기를 들기에 이르렀다.

### 2) 사이버 공동체의 특성

고무신 카페는 회원들에게 일정한 공동체 기능을 제공해주고 있다. 공동체라는 단어는 가족, 이웃, 민족, 학교, 회사, 종교, 정치, 경제, 문화 등 일상생활이나 국가제도에서 아주 흔하게 사용하지만 우리가 지나치기 쉬운 중요한 몇 가지 속성을 지니고 있다. 동일한 장소에 장기간 거주하며 동일한 사람들과 공동의 경험을 공유해야 하는 안정성stability이 첫 번째 요소이고, 사회적 가치 · 언어 · 행위 · 규범을 포괄하는 공동의 정체성common identity에 기초한 공유된 문화shared culture가 두 번째 요소이다. 세 번째로 성원들 간의 친밀감intimacy이 반드시 필요하다.

**공동체(Community)**
공동체는 동질성을 가진 소집단, 타인과 일체가 되어 협동적 관계를 맺고자 하는 심성적·정신적 현상, 지역과 결부된 조직체의 단위 등 여러 각도에서 정의되어왔다. 하지만 공동체의 대표적 정의는 대체로 사회적 연결망으로서의 인성적 공동체와 공간적 단위로서의 지역공동체라는 두 가지로 구성된다고 볼 수 있다.

이러한 공동체의 전통적 특성은 도시라는 대규모 공동체가 형성되고 이방인이 수용되기 시작한 산업사회에서 변화를 가져온다. 개인은 고립되기 시작했으며, 사회관계가 계약적으로 변하면서 전통적인 정서적 공동체의 모습은 그 가치와 규범이 약화되기 시작했다.

이에 대해 전통적 공동체가 해체되고 상실community lost되면서 사람들 간의 사회관계가 정서 지향적 관계에서 목적 지향적 관계로 변화했다고 주장하는 학자들Tonnies · Simmel · Wirth · Putnam이 있다. 이에 반해 기존의 공동체적 특성은 계속 지속되면서community saved 다원화하는 모습을 보이고 있다고 주장하는 이들Gans · Suttles · Fisher도 있다. 이들은 공동체가 현대 도시에서도 지속되며 기존의 친족 중심 공동체에서 벗어나 이웃이나, 직장관계에 의해서도 공동체가 형성되고 있다고 본다.

한편 교통 및 통신의 발달에 따라 공동체가 지역적 제한으로부터 해방community liberate되며, 가치와 신념을 바탕으로 하는 사회적 망에 의해 형성되는 새로운 공동체의 모습이 나타난다고 주장하는 학자Wellman · Etzioni들도 있다. 이때의 공동체는 지역성을 초월한 사회적 유대의 네트워크로서 한 개인이 매우 다양한 공동체에 참여 가능하며 소통 지향적 관계가 사회관계의 특성으로 강조된다고 보고 있다.

고무신 카페는 어디에 속해 있을까? 사회적 연결망으로서의 고무신 카페는 사이버공간을 통해 사교, 지원, 정보, 소속감, 사회적 정체성을 제공하는, 사람들 간의 유대ties의 연결망이라 할 수 있다. 물론 남자친구가 군대에 가야 하고 남녀 커플의 관계가 지속되어야 한다는 전제가 있지만, 남자친구가 군대에 복무중인 동안에는 여자친구들끼리 지속적이고 빈번한 상호작용을 통해 정보를 획득하고 정서적 지원을 주고받는 일반적인 공동체의 속성을 그대로 지니고 있다. 고무신 카페는 지역적 한계를 넘어 지속적인 소통지향적 상호작용을 보인다는 점에서 새로운 공동체의 유형에 상응하는 점이 많다는 것을 눈여겨볼 필요가 있다.

보통 인터넷 상에서의 게시판 글은 비동시성을 띠는데, 이 카페의 경우 글을 올리면 댓글을 달아줄 많은 사람들이 항상 카페 안에 있기 때문에 각종 게시판 글이 동시성을 띠는 경우가 많다. 글이 올라오면 현실에서 대화를 하는 속도로 빠르게 답변들이 달리고, 구체성 또한 오프라인과는 비교할 수 없을 정도로 자세하다. 즉 오프라인에서 대화하는 속도로 오프라인보다 많은 정보를 얻을 수 있는 것이다.

또한 오프라인 대화에 비해 관련 게시판 글이 금방 사라지지 않기 때문에 이전의 모든 답변을 다 볼 수 있다는 장점이 있다. 나와 같은 시간대에 직접 대화를 나눈 것은 아니지만 다른 성원들 간의 대화 내용이 고스란히 나에게 정보와 정서적 지원의 형태로 제공된다.

고무신 카페에 같은 시간대 접속자 수가 많은 이유는 카페 회원들이 처한 상황이 비슷하다는 점에서 출발한다. 비교적 관심사가 동일하며 실시간의 정보와 정서적 지원이 제공되는 카페나 커뮤니티의 공동체 활동이 그렇지 않은 카페에 비해 매우 활성화되어 있다는 점을 눈여겨볼 필요가 있다. 처음부터 직접 대면할 가능성을 배제하고, 형식적 절차를 최소화하다 보니 오히려 자연스러운 대화가 원활하게 되었다는 점도 놓쳐서는 안 된다.

또 흥미롭게 관찰할 수 있는 점 중 하나는 사이버 공동체도 오프라인 공동체와 마찬가지로 성원들의 집단의식 유지를 위한 일종의 의례 ritual 활동이 이루어진다는 것이다. 예를 들어 준회원, 정회원, 특별회원과 같이 성원의 등급을 세분화하여 글을 읽거나 쓰는 자격을 제한한다. 또한 정기모임이나 번개모임 등을 통해 성원의 중요성과 집단정체성을 각인시킨다. 예를 들어 오프라인 공간에서 각종 OT, MT 등을 통

**표 3-1 오프라인 공동체와 사이버 공동체의 비교**

| | 오프라인 공동체 | 사이버 공동체 |
|---|---|---|
| 비슷한 점 | • 성원들 간의 경험과 감정, 가치를 공유하는 집단<br>• 성원의 지속성과 의례(ritual) 행위가 있고, 일정한 통제가 존재<br>• 특정한 관계 속에서 도움을 주고받음 | |
| 속 성 | • 지역성을 띠는 경우가 많음<br>• 운명적, 귀속적, 자연적 | • 시공간의 한계를 벗어남<br>• 자발적, 임의적 선택 가능 |
| 인간관계 | • 직접적, 대면적<br>• 전인격적 | • 간접적, 비대면적<br>• 익명성 보장 |
| 규 제 | • 상대적으로 강한 규제 | • 상대적으로 약한 규제 |
| 사회적 도움 | • 이미 잘 알고 있는 지인들에게 특정 공동체의 성격과 관련 있는 한정된 유형의 도움 제공 | • 비교적 자유롭고 다양한 유형의 도움 제공<br>• 일반화(관례화)된 상호성에 따라 모르는 사람과 상호 도움 제공 |
| 성원 간 유대 | • 대체로 강한 유대(strong ties)<br>• 사회적으로 유사한 사람들일 가능성이 높음 | • 대체로 약한 유대(weak ties)<br>• 서로 상이한 성원들이 다양한 사회집단에 연결된 약한 유대를 통해 새로운 정보를 습득하는 데 용이 |

해 성원의식과 집단정체성을 심어주기 위해 노력하는 것처럼, 사이버 공동체에서도 대화 시간 참여, 정기모임, 성원들의 여러 행사(예: 생일, 결혼, 출산 등) 공지 등을 실시한다. 이렇게 오프라인 공동체와 사이버 공동체는 여러 부분에서 유사점과 차이점이 동시에 존재한다.

## |2| 집단지성

### 1) 지식 검색, 믿을 만하니?

**상황 1** 얼마 전부터 노트북이 자꾸 다운된다. 그동안 별 탈 없이 잘 사용했는데 특정 작업을 수행하려 하면 갑자기 파란색 화면 위에 이해하지 못할 영문자들이 뜬다. 오늘은 부팅이 되다가 아예 화면이 멈추었다. 상당히 난감하다. 동료가 쓰는 컴퓨터로 달려가 인터넷을 클릭하고 모 포털사이트에 이를 어찌해야 할지 다음과 같이 물어본다. "컴퓨터가 자꾸 다운이 돼요."

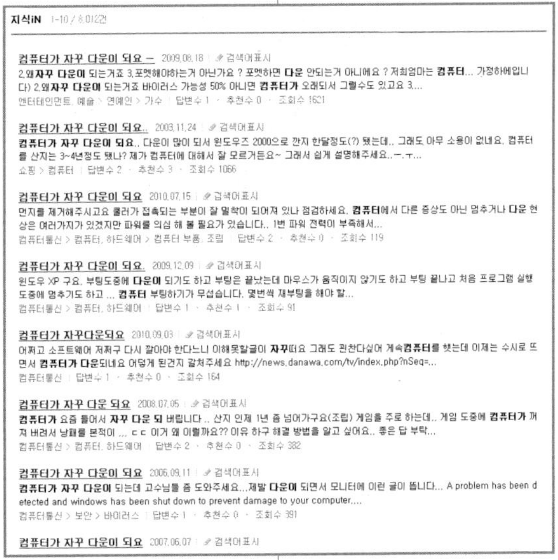

지식iN 1-10 / 8,012건

컴퓨터가 자꾸 다운이 되요 ㅡ 2009.08.18 | 검색어표시
2.왜자꾸 다운이 되는거죠 3.포멧해야하는거 아닌가요 ? 포멧하면 다운 안되는거 아니에요 ? 저희엄마는 컴퓨터... 가정하에입니다) 2.왜자꾸 다운이 되는거죠 바이러스 가능성 50% 아니면 컴퓨터가 오래되서 그럴수도 있고요 3....
엔터테인먼트, 예술 > 연예인 > 가수 | 답변수 1 · 추천수 0 · 조회수 1621

컴퓨터가 자꾸 다운이 되요.. 2003.11.24 | 검색어표시
컴퓨터가 자꾸 다운이 되요.. 다운이 많이 되서 윈도우즈 2000으로 깐지 한달정도(?) 됐는데.. 그래도 아무 소용이 없네요. 컴퓨터를 산지는 3~4년정도 됐나? 제가 컴퓨터에 대해서 잘 모르거든요~ 그래서 쉽게 설명해주세요..ㅡ.ㅜ...
쇼핑 > 컴퓨터 | 답변수 2 · 추천수 3 · 조회수 1066

컴퓨터가 자꾸 다운이 되요 2010.07.15 | 검색어표시
먼지를 제거해주시고요 쿨러가 접촉되는 부분이 잘 밀착이 되어져 있나 점검하세요. 컴퓨터에서 다른 증상도 아닌 멈추거나 다운 현상은 여러가지가 있겠지만 파워를 의심 해 볼 필요가 있습니다.. 1번 파워 전력이 부족해서...
컴퓨터통신 > 컴퓨터, 하드웨어 > 컴퓨터 부품, 조립 | 답변수 2 · 추천수 0 · 조회수 119

컴퓨터가 자꾸 다운이 되요. 2009.12.09 | 검색어표시
윈도우 XP 구요. 부팅도중에 다운이 되기도 하고 부팅은 끝났는데 마우스가 움직이지 않기도 하고 부팅 끝나고 처음 프로그램 실행도중에 멈추기도 하고 ... 컴퓨터 부팅하기가 무섭습니다. 몇번씩 재부팅을 해야 할...
컴퓨터통신 > 컴퓨터, 하드웨어 | 답변수 1 · 추천수 1 · 조회수 91

컴퓨터가 자꾸다운되요 2010.09.03 | 검색어표시
어쩌고 소프트웨어 저쩌구 다시 깔아야 한다느니 이해못할글이 자꾸떠요 그래도 귄찬다싶어 계속컴퓨터를 햇는데 이제는 수시로 뜨면서 컴퓨터가 다운되네요 어떻게 된건지 갈쳐주세요 http://news.danawa.com/tv/index.php?nSeq=...
컴퓨터통신 | 답변수 1 · 추천수 0 · 조회수 164

컴퓨터가 자꾸 다운 되요 2008.07.05 | 검색어표시
컴퓨터가 요즘 들어서 자꾸 다운 되 버립니다 .. 산지 인제 1년 좀 넘어가구요(조립) 게임을 주로 하는데.. 게임 도중에 컴퓨터가 꺼져 버려서 낭패를 본적이 ... ㄷㄷ 이거 왜 이럴까요?? 이유 하구 해결 방법을 알고 싶어요.. 좋은 답 부탁...
컴퓨터통신 > 컴퓨터, 하드웨어 | 답변수 2 · 추천수 0 · 조회수 382

컴퓨터가 자꾸 다운이 되요 2006.09.11 | 검색어표시
컴퓨터가 자꾸 다운이 되는데 고수님들 좀 도와주세요...제발 다운이 되면서 모니터에 이런 글이 뜹니다... A problem has been detected and windows has been shut down to prevent damage to your computer,...
컴퓨터통신 > 보안 > 바이러스 | 답변수 1 · 추천수 0 · 조회수 391

컴퓨터가 자꾸 다운이 되요 2007.06.07 | 검색어표시

네이버 지식iN의 한 페이지

어라! 나 말고도 이런 문제를 질문한 사람이 8,000명이 넘는다. 심지어 질문 제목까지 똑같은 경우가 대부분이다. 내가 구체적으로 질문하지 않아도 다른 이들의 질문과 답변을 통해 바이러스 문제임을 알게 되고, A/S를 신청하지 않고도 손쉽게 문제를 해결한다. 순간 너무 고맙기도 하고 갑자기 내가 컴퓨터를 잘 쓰는 사람이 된 것 같은 기분도 든다.

그런데 한편으로 인터넷이 주는 당연한 기능인 것 같은 생각도 든다. 그래서 그런가? 오히려 평소 내가 하는 다른 급한 질문에 답변이 달리지 않거나 상관없는 댓글이 달리면 짜증이 솟구친다는 것이 생각난다.

**상황 2** 피부가 가려워서 병원에 갔다. 의사가 몇 가지 질문과 검사를 하고는 아토피성피부염이라는 진단을 내린다. 치료에 오랜 시간이 걸린다며 약이 한 아름 들어 있는 처방전을 주고, 주의할 점을 알려준다. 먼저 약국에 들러 약을 수령하고 집으로 향하면서 여러 가지로 궁금한 점이 떠오른다. 내가 어쩌다 아토피성피부염에 걸렸지? 언젠가 방송에서 치료가 잘 안 된다는 얘기를 들은 것 같은데 안 나으면 어쩌

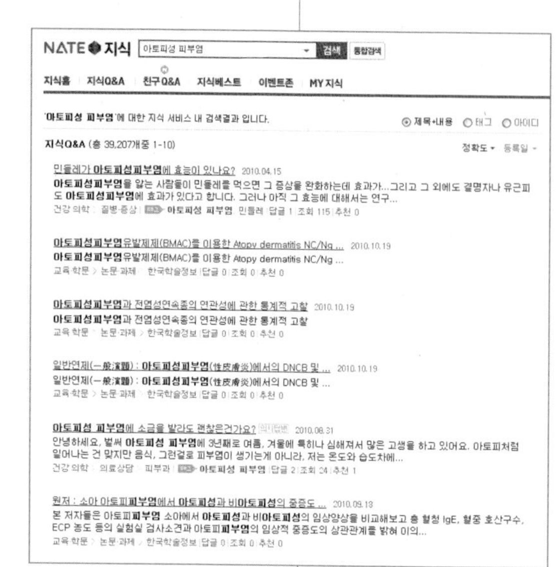


**네이트 지식 서비스의 한 페이지**

지? 어린아이들만 걸리는 게 아니었나? 왜 아까 병원에서는 의사에게 이런 질문들을 하지 못했는지 모르겠다. 집에 오자마자 인터넷에 접속해 포털사이트 검색창에 아토피성피부염이라고 친다. 곧바로 여러 가지 형태의 내용들이 소개된다. 블로그, 카페, 웹문서, 이미지, 그리고 지식검색에 학술논문과 같은 전문자료까지 등장한다. 이중에서 나 같은 일반인들이 많이 이용하는 지식검색을 눌러본다.

와우! 아토피성피부염이라는 검색어로만 6,000건이 넘는 다양한 질문이 펼쳐진다. 예를 들어 아토피의 원인, 증상, 치료방법, 약 성분, 좋은 병원, 좋은 음식까지 종류를 헤아리기 어려울 정도이다. 이에 대한 답변 또한 너무나 다양하다. 동일한 질문에 공통적인 답변들도 종종 눈에 띄지만, 보통은 정확한 해결책이 무엇인지 모를 정도로 다양한 답변들이 등장한다. 여기서 중요한 두 가지 질문이 떠오른다.

첫째, 사람들은 왜 전문의사의 진료를 받고도 집에 오자마자 사이버 공간에 물어보는 것일까? 의사의 진료를 믿지 못하는 것인가? 아니면 나를 진료해준 의사의 처방이 맞는 것이라는 확신을 얻고 싶은 것인가? 아니면 의사의 설명이 부족해 더 알아보고 싶은 것인가?

둘째, 나는 수많은 답변 중에 어떠한 답변을 믿어야 하는가? 추천 수나 조회 수가 그 기준이 될 수 있는가? 아니면 자세하고 길게 서술된 설명이나 자료를 믿어야 하나? 상당히 혼란스럽다.

## 2) 집단지성의 호혜성과 위험성

집단지성collective intelligence이란 무엇일까? 요즘 집단지성이라는 단어가 지나칠 정도로 사용되고 있다. 같이 모여 있는 그룹만 보면 집단지성이라는 단어를 쓴다. 회사, 학교, 정부, 심지어 군대에서도 사용된다. 사람들은 인터넷의 집단지성을 보통 위키피디아나 지식검색으로 이해하고 있다. 단어를 간단히 풀어서 보면 집단集團의 지성知性이라는 것인데, 집단의 지성은 현시대에 등장한 새로운 현상처럼 보인다. 하지만 가만히 따져보면 꼭 그렇지는 않다. 우리가 지니고 있는 총체적인 문화적 산물이 소위 집단지성의 산물이다. 자연을 이겨내고 삶의 방식을 만들어가는 오랜 역사의 흐름 자체가 집단지성인 것이다. 그런데 왜 이 단어가 최근 이렇게 강조되고 많이 사용되고 있을까?

집단지성은 집단 내의 성원들이 대화와 토론, 수정과 보완을 통해 최선의 결과물을 산출해내기 위한 일련의 과정으로 효율성과 합리성, 집단성과 호혜성을 함축하고 있다. 집단지성의 활용을 예견한 피에르 레비(Pierre Levy, 1994)의 저서 『집단지성L'inteligence Collective』을 보면, 미래 사회는 사이버공간을 통한 지식과 정보의 자유로운 분배 및 상호교환을 구심점으로 하는 형태가 도래할 것이라고 설명했다. 피에르 레비는 인터넷을 의사소통의 장으로 규정했다. 그는 앞으로 인간은 인터넷으로 끊임없이 사상과 정보를 교환하고, 누구나 자신의 공간을 가지며 일종의 공동체를 형성하게 될 것이라고 보았다. 인터넷이라는 가상소통 공간을 통해 자신이 갖고 있는 지식과 정보를 공유하면서 배제와 소외의 문제를 해결할 수 있다고 주장했다.

실제로 내가 알지 못하는 다양한 경우에 대해 인터넷 이용자들은 경제적 보상과 상관없이 자신의 자료와 정보를 제공한다. 어떤 레스토랑

**집단지성**
**(Collective Intelligence)**
다수의 개체들이 서로 협력 혹은 경쟁을 통하여 얻게 되는 지적 능력에 의한 결과로 얻어진 집단적 능력을 말한다. 중지(衆智), 집단지능, 협업지성, 공생적 지능이라고도 한다. 1910년대 하버드 대학 교수이자 곤충학자인 윌리엄 모턴 휠러가 개미의 사회적 행동을 관찰하면서 처음 제시한 개념이다.

이 좋은지에서 육아, 학과나 직장의 선택, 심지어 사적인 결혼 과정과 연봉까지 그 종류가 매우 다양하다. 주위의 전문가들을 찾기보다 불특정 다수에게 물어보고 그 답변을 자신의 판단 근거로 이용하는 일은 이제 습관화되어가고 있다. 앞의 사례와 같이 난감하거나 걱정이 되는 일상생활 문제에 대해 많은 사람들이 지식검색에 물어보거나 살펴본다. 그리고 자주 전적으로 신뢰하고 실제 행동에 옮긴다. 신뢰성과 타당성을 자세히 따져보지 않은 채, 자기 행위의 근거 자료로 사용하기 위해 지식검색에 시간을 보내며, 많은 경우 자신의 선택에 대한 자료로 이용한다.

여기서 중요하게 따져보아야 할 사회심리학적 개념이 바로 '신뢰'이다. 집단지성과 신뢰는 밀접한 관련성과 함께 위험성을 태생적으로 내포하고 있다. 예를 들어, 동료들에게 이끌려 처음 가본 음식점에서 나를 제외한 모두가 A라는 음식을 주문했다고 하자. 원래 B라는 음식을 주문하려 했던 나는 이 음식점이 A라는 음식을 잘한다는 정보와 함께, 다들 A라는 음식을 주문한 것에 갈등이 생긴다. 결국 나도 A라는 음식을 시키게 되는 경우가 많이 발생한다. 사회심리학자 솔로몬 애쉬Solomon Asch의 실험 데이터에 의하면 이런 사람들이 평균 70% 정도인데, 이런 현상을 '동조conformity'라고 한다.

인터넷 공간에서는 이러한 동조에 기반을 둔 다양한 현상들이 나타나는데, 대표적인 사례 중 하나가 집단지성이라 할 수 있다. 특정 조건 아래서 서로의 생각을 모아 발전시키고 구체화하기보다, 다른 집단의 의견에 쉽게 동의하고 그 의견의 합리성을 더해주는 근거를 모으는 모습이 나타날 수도 있는 것이다. 다수의 의견과 다른 생각을 제시한 소수는 인터넷상에서 쉽게 도태되고 초라한 저항의 모습을 보이는 경우가 많이 나타나며, 심지어 소수 의견 자체가 개진되지도 못하는 현상이 발생할 수도 있다. 손쉬운 지식검색의 답변 결과는 검증되지 않은 다수의 의견으로 처리되어버리는 다소 무거운 결과를 초래할 수 있다.

따라서 집단지성이라는 단어는 조심스러운 평가가 이루어져야 한다. 집단의 생각은 성원 전체의 의견을 모은 것이 아니라는 점을 미리 전제할 필요가 있다.

## |3| 사이버공간의 집합행동

### 1) 플래시몹

지난 2010년, 세계적인 팝가수 마이클 잭슨이 사망하자 그를 기리는 추모 열기가 전 세계에 퍼져나갔다. 스톡홀름, 런던, 뉴욕, 타이베이, 서울 등 전 세계 주요 도시에서 그를 추모하는 급작스런 모임(번개), 소위 플래시몹flash mob이 누리꾼들 사이에서 추진되고 실행되었다.

특정 시간에 특정 장소에 모여 사전에 약속된 춤이나 행위를 하고 사라지는 퍼포먼스 과정의 매개 역할은 인터넷과 모바일이 해주고 있다. 철거되기 이전의 동대문운동장 앞에서는 갑작스런 베개싸움 플래시몹이 등장하기도 했다. 이를 두고 사람들은 다양한 해석을 했다. 동대문운동장 철거에 반대하는 퍼포먼스라는 주장부터 베개 제조업체가 홍보수단으로 이용했다는 얘기까지 재미있는 해석들이 많이 등장했다. 아마도 '그냥'이라고 답할 수도 있을 것이다. 이는 플래시몹을 펼친 당사자들만이 알 수 있는 일이다. 최근에는 화장품이나 주류 기업의 홍보마케팅이나 정치가들의 선전수단으로 자주 이용되어 본래 의미가 퇴색되었다는 주장도 있다. 플래시몹이 자주 등장하는 장소로는 젊은 사람들

**플래시몹(Flash Mob)**
특정 웹사이트의 접속자가 한꺼번에 폭증하는 현상을 뜻하는 '플래시크라우드(Flash Crowd)'와 의견이 일치하는 대중을 뜻하는 '스마트몹(Smart Mob)'의 합성어이다. 스마트몹은 테크놀로지 분야의 권위자인 미국의 하워드 라인골드가 2002년 출간한 같은 제목의 저서 『스마트몹(Smart Mobs: The Next Social Revolution)』에서 처음 제시한 개념이다.

이 많이 모이는 명동, 신촌, 홍대입구, 코엑스, 강남역 등이 있다.

마이클 잭슨을 추모하는 전 세계적인 플래시몹 행사

위키피디아 백과사전에 따르면, 플래시몹은 '플래시 크라우드flash crowd', 즉 특정 웹사이트 사용자가 갑자기 폭증하는 현상을 뜻하는 말과 '스마트몹smart mob', 즉 의견이 일치하는 대중을 뜻하는 말이 하나로 붙은 합성어이다. 서울에서 처음 벌어진 것은 2002년 월드컵 때로, 당시 깜짝 응원을 하는 도구 중 하나로 이용되었다. 얼굴도 모르는 불특정 다수의 대중이 인터넷과 핸드폰을 통해 시간과 장소를 정해 미리 약속한 응원을 하고 감쪽같이 사라진 것이다.

플래시몹은 5분 이내의 짧은 시간에 이뤄지지만 나름의 의미를 가지고 구성한 줄거리 등으로 인해 일종의 집단 행위예술과 비슷하다고 할 수 있다. 당사자들은 단지 '재미있는 즉흥 놀이'일 뿐이라고 주장한다. 그렇다고 술래잡기같이 어린 시절에 하던 일상의 작은 놀이도 아니다. 한편에서는 이러한 플래시몹 현상이 보수적이고 권력적인 기성문화에 대항하는 항의의 성격을 내포하고 있다고 설명하기도 한다. 권력을 가지고 있는 기성세대에 대한 거부, 오랜 관습에 대한 도전, 사회 통제에 대한 일탈을 내포하고 있다는 것이다. 플래시몹을 실행하는 그들이 다소 엉뚱한 모습으로 나타내는 문화가 기성의 관념으로는 도저히 이해하기 어려운, 실험적이고 도발적이며 때로는 파괴적인 양상을 띠는 것은 그 때문이라는 것이다.

한국의 인터넷 세대에게 디지털 공간은 문화적 소통의 공간이다. 한국의 인터넷 이용자들은 기성세대가 만들어놓은 각종 통제 속에서 비교적 이런 장벽이 느슨한 인터넷을 통해 다양한 일탈을 꿈꾸고 나름의 저항적 모습을 보이기 위한 새로운 시도를 전개하는 것만은 분명해 보인다.

### 2) 사이버공간의 집합행동

위에서 살펴본 플래시몹은 사이버공간과 현실공간을 연결해주는 독특한 집합행동의 양상을 띤다. 집합행동collective actions이라 함은 다수의 사람들이 주로 지배집단의 규범과 가치에 반하여 벌이는 자발적이거나 즉흥적인 활동으로, 구조적 속성이나 조직적 측면이 부재한 경우가 많다. 따라서 집합행동이 이루어지기 위해서는 기존의 규범을 벗어나는 행동과 함께 집합행동을 실행하는 성원 간에 직접적 커뮤니케이션이 필요하다. 인터넷은 직접적 커뮤니케이션에 가장 적합한 기술적 특성과 현상을 보여주고 있다.

현실의 집합행동을 분석할 때, 집합체의 성격에 따라 군중crowds과 대중mass, 공중public으로 구분해볼 수 있다. 군중은 주어진 장소에서 관심의 대상을 공유하고 서로 영향을 주고받는 사람들의 일시적 모임이라 할 수 있고, 대중은 특정한 사상이나 쟁점에 대해 관심을 공유하는 다수의 사람들로서 반드시 근접한 장소에 함께 모이지는 않는다는 차이점이 있다. 따라서 대중의 행동은 광범위한 지역에 산재하는 사람들이 동일한 사건이나 현상에 대해 동일한 방식으로 대응하는 경우에 발생한다. 유언비어rumors나 소문gossip, 대중 히스테리mass hysteria, 도락fads, 유행fashion, 열광crazes, 도회전설urban legend 등이 그 예로, 다양

**사이버공간(Cyberspace)**
윌리엄 깁슨이 1984년에 쓴 과학 소설 『뉴로맨서』에서 최초로 등장했다. 인공두뇌학(Cybernetics)을 뜻하는 'Cyber'와 공간을 뜻하는 'Space'의 합성어로, 현실이 아니라 두뇌 속에서 펼쳐지는 또 다른 우주를 뜻한다. '사이버공간의 독립운동가'로 불리는 존 P. 발로우가 '의사전달의 공간(Communication Space)'이라는 개념으로 사용하면서부터 일상적인 용어가 되었다.

한 형태를 가지고 있다. 이에 비해 공중은 특정한 쟁점에 대해 일정 기간 관심을 공유하는 사람들의 집단으로서, 이성적이고 비판적인 사고를 통해 여론을 형성하는 특징이 있다.

이를 토대로 사이버공간의 집합행동을 관찰해보면, 사이버공간의 군중은 특정 사이트를 기준으로 나타나는 일시적 현상으로, 사이버공간의 대중과 공중은 쟁점의 공공성과 이용자 집단의 합리성을 기준으로 구분할 수 있다. 사이버공간의 대중의 행동은 특정한 사이트가 아니라 사이버공간 전반에 걸쳐 나타나는 이용자 집단의 행동 특성으로 이루어지는데, 예를 들어 '행운의 편지' 같은 행위들로 설명될 수 있다. 사이버공간의 공중의 행동으로는 공적인 쟁점, 예를 들어 뉴스 등에 대해 댓글을 달거나 서명운동을 펼치는 현상들을 예로 들 수 있다.

이러한 사이버공간의 집합행동이 이루어지는 수단으로는 대표적으로 이메일, 메신저, 특정 게시판, 각종 이미지와 동영상 등이 있다. 이메일은 기존의 연결망을 이용하거나 불특정 다수를 상대로 하는 경우에 이용하고, 특성상 주로 대중이나 공중의 집합행동을 위한 수단으로 이용하는 경우가 많다. 일반적으로 기존 연결망을 중심으로 그 정보가 명확히 전달되지만 불특정 다수에게 뿌려지는 대량 우편의 경우 급속히 외부로 확산될 수 있다는 특징이 있다.

메신저는 사회적 쟁점에 대해 주로 대중이나 공중의 집합행동을 위한 수단으로 이용되는데, 기존의 연결망 중심이라는 특징이 있다. 즉 지인知人들 사이에서 가장 적극적으로 의견이 개진되고 논의되는 장으로 이용되고 있다. 특히 메신저는 학생들뿐만 아니라 비교적 한자리에 계속 머무를 수밖에 없는 다수 직장인들에게 의견을 개진하는 소중한 통로로 이용된다는 특성이 있다.

또한 다양한 각종 게시판의 댓글 달기, 글머리 달기, 퍼 나르기 등의 이용은 집합행동이 이루어질 수 있는 단초를 제공하는 기본적 행위로 볼 수 있다. 게시판은 공적인 쟁점에 대해 많은 갈등이 발생할 소지가 있음에도 불구하고 비교적 길고 자세하게 자신의 생각을 밝히는 장으로 이용되고 있다. 최근 인터넷을 통한 청원이나 서명이 상당히 활발하게 이루어지고 있다는 점도 눈여겨볼 만한 일이다.

**2011년 2월 이집트 소요사태 당시, 전 세계 누리꾼들은 언론에 대한 폭력을 중단하고 국민들에게 언론자유를 허용할 것을 무바라크 대통령에게 요구하는 인터넷 청원운동을 벌였다.**
출처: www.care2.com

이미지와 동영상의 사용은 특정한 사안에 대한 풍자나 비판을 담았다는 점에서 텍스트에 비해 전달력과 파급력이 매우 높다는 특성을 지닌다. 언론 등의 제도가 아닌 개인이 일상의 사회문제를 제기하는 주요한 통로로서 이용된다.

사이버공간의 집합행동은 현실의 집합행동으로 이어지는 경우가 많다는 점에서 사이버공간의 성격을 간접적으로 보여준다. 사이버공간은 현실과 유리되어 독립적으로 존재하는 장이 아니라, 공간적 한계를 넘어 현실의 문제를 끊임없이 되살려주는 의견 소통의 장을 만들어준다는 점을 염두에 둘 필요가 있다.

## 생각해볼 문제

1. 내가 가입한 카페나 커뮤니티 등의 사이버공동체는 얼마나 되며 어떤 종류의 것이 많은가? 이를 통해 나는 나에 대해 어떻게 느끼는가?
2. 한국의 인터넷 토론방 등에서 이루어지는 토론의 경우 갈등이 극대화되는 경우가 많은데, 그 이유는 무엇일까?
3. 사이버공간에서 이루어지는 집단지성의 다른 예는 무엇이 있을까?
4. 사이버공동체를 비판한다면 어떤 점이 있을까?
5. 사이버공간의 집합행동이 현실공간의 집합행동으로 이어지는 사례로는 무엇이 있을까?

## 더 읽을 거리

조화순(2010), 『디지털 거버넌스 — 국가 · 시장 · 사회의 미래』, 책세상.

김양은(2009), 『인터넷중독유형별 개입프로그램개발연구』, 한국청소년상담원.

## 참고문헌


강대기(2004), 『현대사회에서 공동체는 가능한가』, 아카넷.

김종길(2008), 『사이버 트렌드 2.0』, 집문당.

도준호 · 조동기 · 황상재 · 박지희 · 이승아(2000), 『인터넷의 사회문화적 영향 연구』, 정보통신정책연구원.

서진완(2009), 『사이버공동체 활성화 전략 : 정책참여형 사이버공동체를 중심으로』, 한국정보문화진흥원.

우메다 모치오(2007), 이우광 역, 『웹 진화론』, 재인.

이명식(2003), 『사이버공동체 발전론』, 집문당.

이성식(2009), 『사이버공간의 사회심리학』, 집문당.

조남재 · 박기호 · 박상혁(2006), 〈오프라인 기반 가상공동체 구성원의 심리적 유형과 온라인 의사소통 매체에 대한 사회 연결망 분석〉, 《정보화정책》 13(4): 20-36, 정보통신연구진흥원.

조동기 · 오영석 · 조희경(2001), 『사이버공간에서의 여론형성과 집합행동』, 정보통신정책연구원.

프랭크 웹스터(2007), 조동기 역, 『정보사회이론』, 나남.

피에르 레비(2007), 권수경 역, 『집단지성』, 문학과지성사.

Rheingold, Howard. 1993. *The Virtual Community: Homesteading on the Electronic Frontier*. Keading, MA: Addison-Wesley.

Wellman, Barry. 2002. *The Internet in Everyday Life*. Barry Wellman and Caroline Haythornthweait, eds. Oxford: Blackwell.

# 04
# 인터넷과 시민운동

## |1| 인터넷과 시민운동의 조우

2010년 겨울, 세계는 인터넷이 얼마나 큰 정치적·운동적 위력을 발휘할 수 있는가를 다시 한 번 실감했다. 집단지성의 대표적 실례라 할 수 있는 위키피디아Wikipedia와 비슷한 이름과 구조로 운영되던 폭로 사이트 위키리크스Wikileaks가 지금까지 단 한 번도 공개된 적이 없었던 미국의 극비문서들을 공개했기 때문이다. 아프가니스탄과 이라크 등지에서 미군이 저지른 어처구니없는 만행을 담은 동영상 등을 공개하며 많은 이들의 주목을 받던 위키리크스는, 미국이 전 세계를 대상으로 작성한 실로 막대한 분량의 정보를 '공개'하고, '공유'했다. 미국은 물론 세계 각국 정부는 패닉 상태에 빠져들었고, 정보공개를 주도한 줄리언 어샌지와 위키리크스, 그리고 정보의 최초 유출자에 대한 엄중한 처벌을 공언했다. 그러나 전 세계 네티즌들은 위키리크스의 정보공개 내용은 물론, 정보공개 그 자체에 열광하며 이에 대한 탄압 중단을 요구했다. 그리고 더 큰 범죄를 저지른 미국의 사죄를 요구하는 다양한 직접행동들을 스스로 조직했다. 수천 명의 해커들이 "모든 '안티 위키리크스' 기관과 단체들을 공격하겠다"고 선언했고, 페이스북과 각종 운동조직의 홈페이지는 수십만이 넘는 네티즌들이 위키리크스의 폭로를 지지하고, 미국과 세계 각국 정부를 비난하며 작성한 서명들로 가

### 위키리크스(Wikileaks)

정부와 기업, 단체의 불법·비리 등 비윤리적 행위를 알리는 고발 전문 웹사이트로, 2006년 12월 아이슬란드의 수도 레이캬비크에서 설립되었다. 위키리크스의 설립자인 줄리언 어샌지는 BBC와의 인터뷰에서 "수많은 익명의 사람들이 참여하여 만들어지는 위키백과에서 착안한 위키리크스는 익명 제보에 의존하지만, 자체적인 검증 시스템을 통과한 소식만을 사이트에 올린다"며 "이미 공개된 내용, 단순한 소문은 다루지 않는다"고 밝혔다. 2010년 이라크에서 미군 아파치 헬기가 기자를 포함한 민간인 12명을 사살하는 동영상, 아프가니스탄전쟁과 이라크전쟁 관련 기밀 문건 수십만 건을 공개하면서 전 세계적인 유명세를 얻었다. 사이트의 운영은 자원봉사자들이 맡고, 운영비 또한 사회운동가·언론인·시민단체·일반인들의 기부금으로 충당되고 있다.

득 찼다. 인터넷을 통한 정보의 공개와 공유, 그리고 그것을 둘러싼 억압과 저항, 수많은 직접행동과 사회운동의 재조직이 폭발적으로 확산되었다. 이처럼 인터넷은 강력한 사회운동을 촉발시키는 계기와 환경, 수단, 그리고 목표가 될 수 있다. 그러나 이러한 놀라운 시대 변화를 겨우 10여 년 전의 한국 사회운동가들이 예측하기란 쉽지 않았다.

다음은 1999년경, 가장 영향력 있는 시민단체 중 하나인 참여연대에서 발견될 수 있었던 일상이다. 요즘과 다른 점이 무엇인지 한번 생각해보자.

> 아침에 출근하면 배달되어 와 있는 신문들을 읽어보며 중요한 기사들을 확인한다. 가위와 풀을 가지고 오리고 붙여 가며 스크랩을 하여 필요한 자료로 활용한다. 작성된 보도자료나 논평은 팩스를 통해 언론사들에 보내고, 전화나 팩스, 우편이 기본적인 소통수단이 된다. 그러다 보니 외국 단체와의 연락에서는 시간과 비용이 늘 문제가 된다. 집회 시간은 대체로 오후 2시 이전으로 잡히고, 몇 명의 활동가들을 중심으로 피켓을 만들어 짧은 집회를 벌이고, 미리 낸 보도협조요청서를 보고 찾아온 사진기자들 앞에서 구호를 외치는 동작을 취한다. 글쓰기는 언제나 논평이나 성명, 보도자료 등을 염두에 둔

정제된 형태로 이루어지며, 회원이나 일반 시민들과의 접촉은 전화나 방문 등이 있을 때 제한적으로 이루어진다. 대중의 반응을 직접적이고 즉각적으로 파악하기란 쉽지 않다. 서명을 받기 위해서는 거리로 서명용지를 들고 나가는 방식밖에 없고, 공청회나 토론회에서 사용된 자료는 방문하는 사람들에게 직접 판매하거나 우편으로 보내주는 것이 당연하다. 가끔씩 천리안에 접속하여 'Go Kinds'에 들어가 신문기사들을 '갈무리'하는 것이 나름대로 새로운 기술로 얘기되곤 한다.

이제 이런 모습을 찾아보기란 거의 어렵다. 위에서 언급된 거의 모든 활동이 인터넷 사용과 더불어 사라지거나 다른 것으로 대체되었기 때문이다. 물론 1990년대 중반 이후 이미 사회운동의 공간이자 무기로 통신망과 인터넷에 주목하면서 이를 개척해나간 운동그룹들이 있었다. PC통신 시절부터 적극적인 사회활동을 전개한 '바통모(바른통신을위한 모임)', 시민사회단체의 홈페이지 제작을 지원한 피스네트, 진보적 통신공간 구축을 위해 운동을 전개한 진보네트워크, 그리고 인터넷 시민운동을 직접 표방하며 등장한 '함께하는 시민행동' 등이 정력적인 활동을 펼쳤지만, 이들 단체의 존재와 활동은 오히려 예외적인 것이었다. 또한 1993년부터 본격적으로 시작된 '검열 반대운동', 1997년 시작되어 진보네트워크센터가 설립되는 1998년 11월에 일단락된 '진보적 통신망 구축운동'이 있었고, 이외에 다양한 안티사이트들을 통한 요구의 분출들이 있었다.

한국 시민운동 전반에 인터넷이 직접적 충격과 변화를 가져다준 것은 2000년 낙선운동이었다. 2000년 낙선운동 당시 전국 1천여 개 단체들이 모여 결성한 〈2000년 총선시민연대〉는 홈페이지(http://www.

**안티사이트(Anti Site)**
여기서 안티(anti)란 반대의 뜻이나 대립되는 의견을 말하는 안티테제(antithese)의 준말이다. 초기 안티사이트는 사회운동의 성격을 띠고 안티 삼성, 안티 포스코 등 기업에 대한 안티사이트나 안티 매춘, 안티 골프, 안티 로또 등 사회현상에 대한 안티 사이트를 중심으로 성장했으나, 현재는 연예인이나 스포츠 선수 등 개인에 대한 안티사이트 중심으로 다변화하고 있다. 안티사이트는 공론화의 목적과 의도가 분명해 정보 제공뿐만 아니라 참여자를 집중적으로 조직화하기 때문에 매우 활동성이 높은 공론장의 성격을 지닌다.

ngokorea.org)를 개설하고, 낙선운동 관련 소식들을 공지하고, 게시판을 개설하여 시민들의 의견들을 모아냈다. 하루 10만 명 이상이 총선시민연대의 홈페이지를 방문했고, 수백 수천 개의 지지 의견들이 쏟아졌다. 낙선운동과 관련된 자료들을 누구나 손쉽게 구할 수 있었고, 중요한 행사들은 쉽게 알려질 수 있었다. 이를 통해 한국 시민운동 진영은 인터넷의 위력을 본격적으로 실감할 수 있게 되었다. 물론 2000년 낙선운동 당시까지는 인터넷만으로 독자적 여론 형성은 어려운 상황이었고, 인터넷을 사용한 운동방식도 초보적 수준이었지만, 인터넷이 시민운동에 커다란 영향을 미칠 수 있음을 집단적으로 공감케 한 중요한 경험이었다.

2002년 대선, 2004년 총선을 거치며 인터넷의 정치적 영향력은 급격히 증가했으며, 실제 선거 결과에 적지 않은 영향을 끼쳤다. 특히 2002년 대선에서 노무현 당시 민주당 후보의 당선은 인터넷 정치의 위력을 실감케 한 결정적 사건이었다. 그리고 2004년 대통령 탄핵과 그에 따른 시민들의 저항, 2004년 총선에서 열린우리당의 과반수 획득, 2008년 광우병 위험이 있는 미국산 쇠고기 수입에 반대하는 촛불시위와 2010년 지방선거에서 야당의 승리에 이르기까지 인터넷의 정치적 영향력은 계속 확인되었다.

물론 이러한 현상이 비단 한국에 국한된 것은 아니다. 2004년 미국 대통령선거 초반 돌풍의 주역인 하워드 딘의 활약, 부시 대통령의 재선 성공, 2008년 오바마 대통령의 당선 모두 인터넷 선거운동과 직결된 결과들이었다. 특히 오바마 상원의원이 민주당의 대통령 후보로 선출되고, '변화와 희망'이라는 간결한 메시지로 미국 전역을 흥분케 만들 수 있었던 데에는 인터넷을 통해 결집된 풀뿌리 시민운동의 역할이 컸다. 이처럼 인터넷은 현실 정치에 직접 영향을 미칠 뿐 아니라, 새로운 정치문화의 확산과 참여민주주의의 확장이라는 가치를 실현할 수 있는 기회로 받아들여지고 있다.

인터넷이 정치와 참여민주주의에 미치는 영향이 증대되고 있다는 사실과 더불어 주목해야 할 점은 사회운동에 미친 인터넷의 영향이다. 인터넷의 발달은 사회운동의 영역 자체를 확장시켰고, 운동의 조직 형태나 방식도 급격히 변화시키고 있다. 운동 참여자들의 문화도 바뀌었을 뿐 아니라 사회운동을 둘러싼 환경 역시 급속도로 달라지고 있다. 인터넷은 사회운동이 처했던 시간과 공간의 제약, 자원과 정보의 제약 문제도 상당 부분 해결해주었다. 멕시코 사파티스타민족해방군의 지도자 마르코스의 편지를 한국에서 쉽게 읽을 수 있고, 세계 곳곳에서 벌어지는 반세계화, 반전과 평화, 인권과 환경 문제에 대해서도 이제 인터넷을 통해 '실시간' 소통과 연대가 가능해지고 있다. 대안적 반세계화운동을 주도하는 ATTAC(시민지원을 위한 국제금융거래 과세연합)이나 세계적 환경단체인 FOE(지구의벗)의 홈페이지를 통해 우리는 반세계화, 환경파괴 및 보호활동과 관련한 각종 자료와 활동내역을 접할 수 있다. 각 단체의 메일링리스트에 가입하여 정보를 공유하고 공동행동을 기획할 수 있으며 전 세계의 주요 단체나 개인들과 접속할 수 있다. 이처럼 사회운동에서 인터넷은 새로운 기회이자 무기가 되고 있다.

이 장에서는 한국 시민운동의 사례를 중심으로 인터넷이 사회운동에 미친 영향과 의미를 살펴보고자 한다. 1990년대 '새로운' 사회운동으로 등장하여 급격히 성장한 한국 시민운동의 특징과 성장 요인을 간략히 정리한 후, 인터넷과 시민운동 사이의 관계가 변화하는 양상을 '기회구조'와 '운동방식'의 차원에서 검토해볼 것이다. 또한 이러한 변화들이 단지 '긍정적' 효과뿐 아니라 '부정적' 변화를 동반하고 있음을 지적하고자 한다. 인터넷은 한국 시민운동을 포함한 사회운동에서 새

**참여민주주의**
다수가 의사결정 과정에 자발적으로 참여하는 민주주의를 포괄적으로 설명하는 용어이다. 의회제에 의한 간접민주주의의 문제점을 해결하기 위하여 시민운동·주민운동 등을 통해 직접 정치에 참여하는 것을 말한다.

로운 '기회'임에 틀림없지만 그것은 또한 새로운 '제약'과 '위협'을 동반하고 있음을 동시에 주목해야 한다는 것이다.

## |2| 한국 시민운동의 등장과 특징

### 1) '새로운' 사회운동의 등장과 성장

한국 시민운동은 1987년 6월항쟁 이후, 더 구체적으로는 1989년 경제정의실천시민연합(이하 경실련)의 출범 이후 본격적으로 시작되었다고 말해진다. 당시 경실련은 기존 민중운동이나 기독교 등 종교운동, 그리고 관변운동과 다른 '새로운' 사회운동의 시작을 선언했고, 그 핵심으로 합법적이고 비폭력적이며 대안 제시를 중심으로 하는, 계급을 넘어서는 시민들의 운동을 내세웠다. 실제로 경실련은 창립 이후 토지공개념의 도입, 금융실명제의 실시, 그리고 '한약분쟁'과 같은 사회적 갈등의 조정 등의 역할을 수행하며 기존 사회운동과 다른 모습을 보여주었다. 이러한 경실련의 활동은 언론이나 정부, 그리고 시민들의 호응을 얻으며 중요한 사회운동으로 빠르게 자리 잡았다. 경실련 출범 이후 다른 시민단체들의 창립도 뒤이었는데, 특히 리우환경회의를 전후하여 환경운동연합, 녹색연합 등의 환경단체들이 만들어졌고, 여성단체연합과 한국시민단체협의회의 결성, 그리고 1994년에는 참여와 인권을 위한 시민연대(현재의 참여연대)의 창립에 이르기까지 90년대 초중반을 거치면서 많은 시민단체들이 새로이 만들어졌다.

『한국민간단체총람 2009』에 수록된 7,570개 시민단체를 분석한 『한국시민사회연감 2010』(시민운동정보센터, 2010)에 따르면, 복지 부문

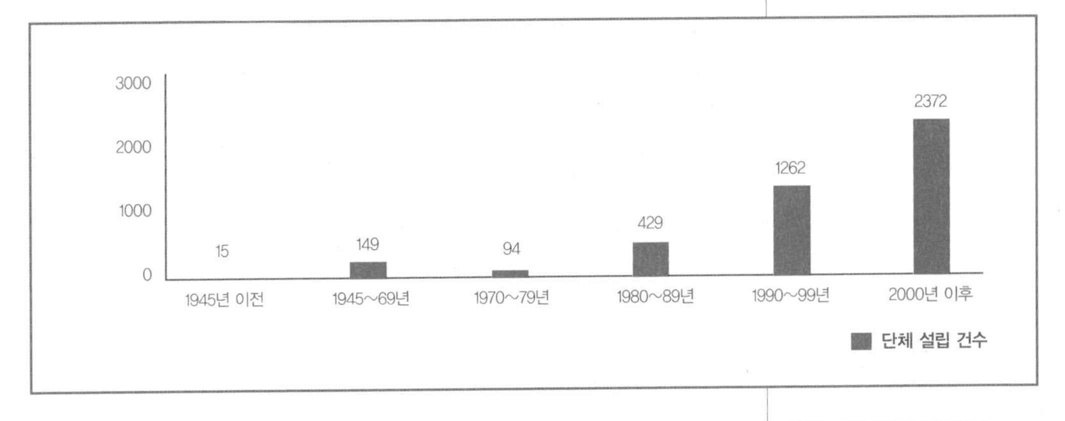


한국 시민단체의 설립 건수

이 1,511개(19.97%), 환경 955개(12.64%), 정치/경제 부문 811개(10.77%)로 이 세 분야의 단체가 전체의 43.38%를 차지하는 것으로 파악되었다. 단체의 수도권 편중 현상은 조금씩 줄어들고 있는 것으로 확인되어, 1999년 조사 당시 66%의 단체가 서울과 경기에 소재했던 것과 달리 2009년 총람에서는 48.9%(서울 28.22%, 경기 19.98%)가 수도권에 소재했다. 2000년대 이후 시민단체의 설립이 빠르게 늘어나고 있다는 사실도 알 수 있다.

한국 시민운동이 본격적인 영향력을 발휘하게 된 것은 1997년 IMF 경제위기를 거치면서부터라고 할 수 있다. 한국전쟁 이후 최대의 경제적 · 사회적 위기에 봉착한 한국사회에 대한 원인 진단과 책임 규명, 그리고 극복 대안을 마련하기 위한 노력이 시민운동 차원에서도 활발하게 전개되었고, 많은 시민들은 시민운동의 이런 모습에 지지를 보냈다. 특히 정치권에 대한 불신과 불만으로 가득 차 있던 시민들에게 2000년 16대 총선 당시의 '낙천 · 낙선운동'은 커다란 반향을 불러일으켰고, 이후 한국 시민운동의 정치적 · 사회적 영향력은 여타 사회운동에 비해 더욱 급속히 성장했다.

2001년을 전후하여 언론과 시민운동의 관계가 악화되기 시작하고,

2002년 대선을 경과하면서 한국사회의 보수-진보 대립구도가 이전에 비해 분명해지면서 시민운동의 정치적·사회적 영향력이 약화되는 모습도 보인다. 물론 2004년 탄핵국면 당시 수백만의 촛불로 확인된 한국사회의 대중적 운동역량과 변화에 대한 욕구는 '민주주의의 공고화와 심화'를 중요한 목표로 설정하고 있는 한국 시민운동의 존재를 다시 주목하도록 했다. 그러나 참여정부 5년을 경과하는 동안, 시민운동의 영향력은 오히려 약화되었고, 시민운동의 변화와 혁신이 필요하다는 외부 비판과 내부 반성이 동시에 제기되었다. 시민운동에 호의적인 정부와의 협력 과정은 시민운동의 제도화를 가속화시켰고, 결과적으로 운동의 자생력과 활력을 약화시켰다는 것이다.

'참여민주주의'를 내세운 노무현 정부는 다양한 위원회를 만들어 시민단체 활동가들과 관련 전문가들의 직접 참여를 요청했고, '협치 governance'의 중요성을 공감한 시민운동 진영 역시 이에 적극적으로 응했다. 하지만 2002년과 2004년을 거치며 이미 확인한 시민들의 직접 참여 열정을 충분히 담아낼 수 있는 시민단체 내부의 통로가 성공적으로 개발되지는 못했다. 시민단체들은 총회 과정을 인터넷을 통해 생중계하고, 시민단체 홈페이지 회원 게시판의 활성화, 안정적이고 충실한 내용의 웹메일 발송 등을 시도했다. 하지만 시민단체의 이러한 시도보다 훨씬 빠르고 강하게 네티즌들의 욕구는 변화했고, 2008년 촛불시위를 통해 이러한 격차가 상당히 컸음을 다시 확인하게 되었다.

### 2) 언론과 법률을 이용한 운동방식

1980년대 후반부터 가시화되기 시작한 한국사회의 민주화와 동구 사회주의권의 붕괴는 그동안 한국 사회운동을 지배했던 다분히 일괴

암적인 이론과 실천구조에 대한 반성과 회의를 동반했다. 시대 변화에 따라 제기되는 다양한 사회문제에 대응하고 해결하기 위해서는 이에 걸맞은 운동전략과 전술의 개발이 필요했다. 1989년 경실련의 등장 당시 경실련은 민중운동의 불법성을 비판하면서 '합법적' 시민운동의 가능성과 필요성을 주장한 바 있다. 이러한 주장은 민중운동과 시민운동의 차이를 지나치게 대립적으로 설정했다는 비판을 불러일으키기도 했지만, 이후 '법'과 '제도'를 적극적으로 활용하는 시민운동의 등장으로 인해, 운동의 대상과 수단이 확장되고 운동의 목표는 더욱 구체화될 수 있었다.

시민운동은 언론을 활용하여 시민들에게 자신들의 주장을 널리 알리기 위해 기존 사회운동에서는 적극적으로 사용하지 않던 보도자료, 논평, 성명의 발표를 적극적으로 사용하기 시작했다. 이는 시민운동이 갖는 공개성과 공식성이라는 특징을 반영한 것이었다. 시민운동의 집회나 시위는 기본적으로 비폭력적인 성격의 것이었고, 무엇보다 대규모 군중 동원형 집회보다는 소규모의 집회와 시위가 주로 이루어졌다. 또한 시민운동은 자신들이 확보한 전문 지식에 기반을 두고 토론회나 공청회를 개최하여 문제 제기와 대안 제시가 이루어질 수 있도록 노력했다. 소송이나 고발 등과 같은 법률적 수단들(이를 흔히 '공익소송'이라 부른다)을 적극적으로 활용하여 운동의 위력을 높여갔다. 입법청원제도를 적극적으로 활용하여 시민의 주장과 요구가 법과 제도로 실현될 수 있는 '시민입법운동'을 활발하게 벌였고, 이러한 일련의 수단들은 '캠페인'이라는 형태로 재조직되어 종합적이고 입체적인 운동수단으로 발전되었다.

이처럼 한국 시민운동은 대규모 대중 동원에 의존하기보다는 언론이나 법률을 활용하여 전개되는 '빠르고 강력한 소수'의 활동을 중심

**입법청원제도**
대의민주주의의 한계를 극복하기 위한 하나의 수단으로서 시민들이 입법 과정에 적극 개입할 수 있도록 하기 위해 만들어졌다. 청원이 입법으로 이어지기까지 적잖은 시일과 노력이 필요하다 보니 개인보다 단체에 의해 활용되는 사례가 많다. 시민사회단체는 입법청원제도를 국회에 민의를 전달하는 주요 창구로 활용하고 있다. 성폭력특별법과 부패방지법, 상가임대차보호법 등 수많은 법안이 청원을 통해 문제 제기와 국회 논의가 이뤄진 끝에 제정됐다. (출처: 세계일보)

29개 노동시민사회단체로 구성된 '건강권 보장과 의료공공성 강화를 위한 희망연대'(건강연대)가 주최한, 건강보험 보장성 강화와 수가협상에 관한 기자회견
출처: 참여연대

으로 한 운동방식을 선호했다고 할 수 있다. 흔히 1990년대 한국 시민운동의 특징 가운데 하나로 '대의의 대행'이라는 구조적 설명이 제시된다. 제도정치의 부패와 무능력으로 인해 대의민주주의가 정상적으로 작동되지 않는 가운데, 경실련이나 참여연대와 같은 준정당적, 종합형 시민단체들을 중심으로 전개되는 시민운동이 시민들의 지지를 이끌어내어 '대의를 대행'하는 현상이 발생했다는 설명이다.

한국 시민운동의 대행적 성격은, 비단 제도정치와의 관계에서뿐만 아니라 대중과의 관계에서도 나타난다. 한국 시민운동은 조직화된 대중을 기반으로 하는 운동이 아니라 '비조직적 대중'의 뜻을 '대변'하고 행동을 '대행'하는 형태로 주로 이루어졌다. 따라서 조직 대중이 대규모로 참가하는 대중 집회보다는 언론과 법률에 대한 적극적 활용을 통해 여론을 형성하는 방식을 취해왔다. 이러한 전략은 구체적 운동방식의 선택에도 영향을 미치게 된다. 예를 들어, 1990년대 시민단체들이 개최한 집회나 시위는 대부분 언론에서 취재 및 보도가 가능한 시간, 즉 오후 2~3시 이전에 시민단체 상근자들을 중심으로 매우 간략한 형태로 기획되었다. 그것은 시민들의 집회 참석이 현실적으로 불가능하다는 것을 전제로 한 것이기도 하다. 반면 최근의 '촛불시위'는 말 그대로 야간에 이루어지는 것이며, 이는 인터넷을 통해 생중계되거나, 다양한 동영상으로 만들어져 끊임없이 재생된다. 1990년대 시민운동이 전제했던 많은 조건들이 크게 변했거나, 새롭게 재구성된 것이다.

시민운동의 이러한 전략과 전술, 그리고 운동방식은 일정한 효과를 거둔 것으로 볼 수 있다. 언론들은 시민운동의 주장과 활동을 적극적으로 보도했고, 제도 변화를 앞당길 수 있는 중요한 판결들이 내려졌다. 대중 또한 자신들이 직접 할 수 없는 행동을 시민단체가 앞장서서 전개하는 것에 지지를 보냈다. 언론과 법률을 통한 여론의 형성과 동원은 상당히 일반화된 운동방식으로 자리 잡았다. 그러나 2000년 낙선운동 이후 언론의 보도 태도가 과거와 달라지기 시작하면서, 그리고 대중의 직접 참여 욕구가 더욱 강해지면서 1990년대 시민운동의 전형적 운동방식은 변화를 요구받았다. 언론들은 한국 시민운동에 대한 '비판 담론'들을 확산시키기 시작했으며, 언론을 통해 시민운동을 접해왔던 대중 역시 이러한 보도에 영향을 받았다. 기존 언론과 시민운동의 관계는 여전히 언론에 의한 '선별'이 가능한, 따라서 언론에 대한 시민운동의 의존성이 비교적 강할 수밖에 없는 구조였기에, 언론의 태도 변화는 시민운동에 영향을 끼치게 되었다.

또한 대중의 직접 행동과 참여 욕구가 증가함에도 불구하고 한국 시민운동이 사용하는 운동방식들은 그러한 대중의 요구를 담아내기에 충분하지 않다는 사실도 확인되었다. 사회운동 이외의 다른 영역에서 이미 인터넷을 통한 직접 참여를 경험했던 대중에게, 법률과 언론 동원을 중심으로 하는 기존 시민운동의 운동방식은 높은 진입 장벽을 갖춘 것이었다. 조직을 중심으로 한 운동보다는 자유로운 개인들의 소통과 네트워크를 통한 운동, 누구나 쉽게 참여하고 자신의 의견과 상상력을 마음껏 펼쳐놓을 수 있는 그러한 운동방식의 유연함을 대중은 요구하였다.

**담론(Discourse)**
원래의 사전적 정의에 의하면 담론(談論)은 '생각할 수 있는 능력'이라는 뜻을 지닌다. 그러나 오늘날에는 특정한 의도나 지향성을 지닌 발언들이 집적되고 체계화되어 일정한 수준 이상의 사회적 유통능력과 문화적 호소력을 갖는 공적 언술체계를 담론이라고 명명한다. 담론이라는 말의 의의는 특히 '권력효과를 갖는 말과 글의 흐름과 쓰임'이라고 정의하면 훨씬 선명해진다. 이같은 정의는 권력의 역학과 진리/지식/이성의 자기주장이 분리 불가능하게 서로 얽혀 있음을 치밀하게 논증한 미셸 푸코의 통찰에 힘입은 바 크다. (출처: 윤평중, 『윤평중 사회평론집』, 생각의나무, 2004)

## |3| 인터넷을 통한 시민운동의 변화

### 1) 거대한 촛불의 바다와 인터넷

2000년 낙선운동 당시 인터넷의 위력을 경험한 이후, 많은 시민단체들이 홈페이지를 재빠르게 만들었고, 이미 홈페이지를 가지고 있던 단체들은 투자를 통해 인터넷 환경을 개선했다. 변화의 속도는 매우 빨랐다. 활동가들은 이메일로 서로 연락을 주고받기 시작했고, 보도자료나 성명, 논평 등도 이메일로 기자들에게 발송되었다. 단체 홈페이지에 각종 자료를 게재하여 누구나 쉽게 단체의 활동과 주장을 접할 수 있도록 했다. 회원을 포함한 일반 시민들의 의견이 홈페이지 게시판을 통해 게재되면서 시민운동에 대한 여론 향방을 가늠할 수 있게 되었다. 시민단체 회원 모집과 관리에서도 인터넷의 비중이 커졌다. 이전에는 신문이나 방송 등의 보도를 접한 이후 직접 방문이나 우편 등을 통해 회원 가입이 이루어졌지만, 인터넷 홈페이지가 활성화되기 시작하면서 인터넷을 통한 홍보와 가입, 그리고 이메일 등을 통한 회원 관리가 우선시되었다. 회원들은 자신의 의견을 표현하고 단체 활동에 적극적으로 참여하기 위한 수단으로 인터넷을 활용하였다.

인터넷은 운동방식의 또 다른 변화를 동반하였다. 그동안 서명 작업이나 캠페인, 시위 등은 거리로 나가서만 가능했다. 그러나 인터넷을 통해 수십만 명의 서명을 쉽게 조직할 수 있게 되었고, 보다 다채로운 캠페인이 인터넷상에서 전개될 수 있게 되었다. 뿐만 아니라 직접 거리의 시위현장에 참여하지 않더라도 사이버 시위를 통해 동참이 가능하게 되었고, 배너 달기 등 인터넷공간에서의 독자적 운동방식이 개발되었다. 예를 들어, '1인 시위'의 경우, 2000년 하반기부터 본격화된 참여연대의 '재벌변칙증여심판시민행동'의 전개 과정에서 개발된 것이다. 집시법의 허점을 교묘히 이용한 '1인 시위'라는 운동방식은 그 자체로 혁신적인 것이었으나, 참여연대가 다양한 형식의 사이버 캠페인을 진행하고 인터넷신문 오마이뉴스와 적극 결합하였기에 대중의 지속적 관심과 적극적 참여를 이끌어내며 효과를 극대화할 수 있었다.

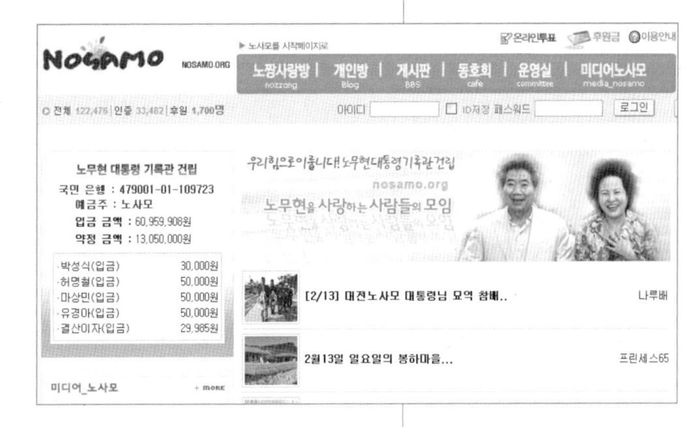


노사모(노무현을 사랑하는 사람들의 모임) 홈페이지. 노사모는 2000년 4·13 총선에서 낙선한 노무현을 돕기 위한 팬클럽으로 시작되었다.

인터넷과 시민운동의 결합은 몇 번의 중요한 계기를 거치며 더욱 강화되었다. 우선, '노사모'의 등장과 그들의 활약을 들 수 있다. 이는 한국 인터넷 문화의 독특함인 '카페 문화'가 정치적 위력을 발휘한 사례라 할 수 있다. 최초의 정치인 인터넷 팬클럽이라 할 수 있는 '노사모'는 인터넷상의 정치적 소통과 조직, 동원과 참여가 어떻게 이루어질 수 있는가를 보여준 최초의, 그러나 매우 강력한 사건이었다. 일종의 동호회 모임 성격을 갖는 '(인터넷) 카페'라는 문화적·기술적 조건 위에서 형성된 '노사모'는 이후 온라인공간에서만이 아니라 거리와 삶의 현장 곳곳에서 만나고 함께 행동하였다. 자발성에 기초한 참여 욕구가 인터넷을 매개로 현실화되었음을 보여준 것이다. 이는 그동안 한국 시민운동 내의 지배적 사고방식, 즉 시민들의 자발성 부족이 한국 시민운동의 구조적 약점인 '시민 없는 시민운동'의 주요 원인이라는 사고방식에 충격을 주었다. '노사모' 현상을 목격한 이후 많은 시민단체들은 인터넷을 매개로 한 시민들의 자발적 참여 확대를 더욱 적극적으로 시도하게 된다.

여중생 효순이와 미선이의 억울한 죽음을 애도하고, 종속적 한미관계의 실상에 분노하며 작은 촛불 하나를 들고 거리로 나온 수십, 수백만 사람들의 존재는, 인터넷과 시민운동의 차원을 또다시 격상시키는 사건이었다. 오마이뉴스에 실린 한 네티즌의 제안이 무려 수십, 수백만의 사람들을 한겨울 차가운 거리로 나서게 하였다. 그동안 '여중생범대위'를 중심으로 외롭게 진행되던 시민사회운동은 수많은 시민들과 거리에서 직접 만날 수 있었다. 물론 이들이 밤거리로 나올 수 있었던 데에는 2002년 월드컵 당시 광화문과 전국 곳곳을 가득 메웠던 '붉은악마'와 광장이라는 역사적 경험이 중요한 영향을 미쳤다. 사람들은 자신의 욕망과 기대를 '거리'에 모여 분출하고 이를 통해 스스로 '광장'을 만들어낼 수 있다는 사실을 경험하였고, 수십만 명이 함께 어우러짐이 갖는 힘을 느낄 수 있었기 때문이다. 이러한 경험은 "촛불을 들고 광화문에서 만나자"는 한 네티즌의 제안에 공감하고 쉽게 그것을 행동에 옮길 수 있게 만들었다.

인터넷신문에 실린 기사에 대한 '리플'이라는 형태로 시작된 '촛불시위' 제안은, 리플과 펌질(퍼나르기)을 통해 더욱 확산되었다. 효순이와 미선이의 죽음을 애도하는 촛불시위는 네티즌들을 중심으로 한 시민들의 자발적 참여 욕구에 기존 운동조직이 결합하는 양상을 보여주었다는 점에서도 주목된다. 운동단체들이 들고 나온 깃발을 내릴 것을 요구하며 '순수한 추모'와 '정치적 참여'를 구분하는 '깃발 논쟁'이 운동조직과 일부 시민 사이에서 벌어지기도 했으나, 특정 정치인에 대한 지지를 중심으로 하는 팬클럽 성격의 '노사모'의 자발성과는 다른 시민적 자발성이 시민운동과 만난 것이다.

인터넷의 운동적·정치적 위력을 더욱 실감케 한 사건이 2004년에 다시 발생하였다. 노무현 대통령에 대한 탄핵을 반대하는 시민들의 거

**펌질(퍼나르기)**
한 사이트에 올라와 있는 내용을 다른 사이트로 퍼 나르는 행위를 가리킨다. 펌질이 성행하는 배경은 사이버공동체의 개방성 때문에 여러 공동체에 동시에 소속되어 있는 사람들이 많고, 또 일정 부분 소속감을 느끼지 않고 있는 사람이라도 쉽게 방문할 수 있는 인터넷의 구조에서 찾을 수 있다.

대한 저항이 인터넷을 매개로 이루어진 것이다. 2004년 3월 12일 노무현 대통령에 대한 탄핵이 국회에서 가결된 직후부터, 전국은 다시 '촛불'로 가득 뒤덮이기 시작하였다. '탄핵 무효'와 '민주 수호'를 외치며 작은 촛불 하나씩을 들고 거리로 나온 수십, 수백만의 인파들. 그들의 등장과 탄핵무효운동의 전개과정은 인터넷을 제외하고 논할 수 없다. 수많은 홈페이지들이 탄핵 무효를 요구하는 다양한 목소리들로 가득 찼고, 갖가지 패러디들이 쏟아져 나왔다. 2000년 낙선운동 당시 총선시민연대의 홈페이지가, 2002년 대선에서는 카페를 시작으로 한 노사모의 홈페이지가, 효순이와 미선이의 죽음을 애도하고 미군에 대한 처벌을 요구한 촛불집회에서는 인터넷신문이 매개 역할을 하여 전개되었다면, 탄핵 국면에서는 메신저와 블로그, 그리고 각각 성격을 달리하는 사이트들, 탄핵무효국민행동의 홈페이지, 인터넷신문들이 모두 혼합되었다. 하나의 중심이 아니라 '여러 개의 중심'들이 서로 어울리는 양상을 보여주었다. 전국 각지에서 동시에 이루어진 촛불집회가 인터넷을 통해 동시 생방송되기도 했고, 갖가지 패러디물과 노래들이 인터넷을 타고 국경마저 넘나들었다.

거리로 나오지 못하는 사람들은 인터넷을 통해 생중계되는 촛불집회 동영상을 보며 수많은 지지글을 남겼다. 17대 총선 과정에서 인터넷에서는 탄핵무효운동의 연장선상에서 수많은 패러디들을 중심으로 네티즌들의 자발적인 '선거참여운동'이 전개되었다. 투표를 통해, 대통령에 대한 탄핵 결정을 내린 정치세력들에게 책임을 물어야 한다는 것이었다. 또한 17대 총선에서는 다양한 낙선운동과 지지·당선운동이 인터넷을 기반으로 하여 전개되었고, 그 결과 열린우리당이 압승하게 된다. 그리고 4년 후, 서울의 밤거리는 수십만 개의 촛불로 다시 뒤덮인다. 2008년 광화문을 가득 메운 수십만의 촛불은 인터넷이 사회

**2008년의 촛불시위 장면**
출처: 오마이뉴스

운동에 미친 영향이 '상상 이상'임을 확인시켜주었다. 그러나 2004년과 2008년 촛불시위의 양상은 매우 닮은 듯하면서도, 달랐다.

2008년 봄, 한국 사회는 광우병에 걸린 미국산 소를 수입하고, 그것이 우리 식탁 위에 올라올 것에 대한 불안으로 가득하였다. 그러나 그것은 단지 '불안'만이 아니었다. 대통령과 협상 담당자들의 굴욕적 모습, 소통 불가의 행태에 대한 '불만'이 걷잡을 수 없이 커졌던 것이다.

이러한 불안과 불만이 수십, 수백만 개의 촛불로 타오르고 거리를 가득 메울 것으로 처음부터 예상한 이는 별로 없었다. 5월 2일 청계광장에 모인 수백 명의 여학생들과 시민들은 인터넷을 통해 정보를 교류하면서 그곳에 모여들었다. 2일 밤 7시부터 10시까지 3시간 동안 진행된 이들의 촛불문화제는 인터넷으로 생중계되었고, 여기에 약 3만 개의 댓글이 달렸다. 청계광장 집회에 직접 참여하지 않더라도, 이들은 스스로 만든 정보 공유와 토론의 공간을 통해 스스로 변화되고, 또 변화를 시도하였다. 인터넷 포털 다음Daum의 아고라를 포함하여, 네이버 토론방, 디시인사이드 게시판 등은 엄청난 흡인력을 발휘하는 사이버 공론장이 되어갔다. 이곳은 수많은 정보와 지식, 논쟁, 선동이 넘쳐나는 공간이 되었고, 사람들은 RSS나 트랙백 등의 방법을 활용하여 더욱 확장된 정보네트워크를 구축하였다. 다음 아고라는 그 전달에 비해 페이지뷰가 무려 1억 뷰 늘어나는 등 폭발적으로 정보와 사람을 결집

### 웹 2.0(Web 2.0)

웹 2.0은 이용자 참여와 열린 플랫폼(open platform)을 강조한다. 웹 1.0은 사업자 내지는 정해진 토론방, 포털 등 한정된 공간에서만 시민들의 참여가 가능하지만, 웹 2.0은 시민들이 자발적으로 직접 정보를 생산하고 공유, 커뮤니케이션을 수행하는 것을 의미한다. 요컨대 웹 1.0이 엘리트 네트워크의 참여가 중심이라면, 웹 2.0은 열린 시민네트워크에서의 참여가 중심 개념이다(송경재, 2009).

시키는 역할을 수행하였다. 그 이후 6월말까지 수많은 신화와 무용담, 장관이라 불리는 수많은 명장면들을 만들어내며 지속된 '2008년 촛불'의 힘은 인터넷과 사회운동의 관계를 근본적으로 새롭게 고민하도록 만들었다.

다음 아고라 공론장과 인터넷 카페의 위력만큼이나 충격적인 변화는 참가자들이 스스로 만들고, 발신하고, 소통하는 모습들 자체에서 확인되었다. 1980~90년대 시가전의 제1선은, 화염병과 쇠파이프를 든 전투조가 자욱한 최루탄 안개 속에서도 자리를 지키며 치열한 육박전이 벌어졌던 공간이었다. 그러나 2008년 초여름 서울 거리에서는, 최루탄이 아니라 강력한 물대포가 시위대를 주로 제압했고, 시위대는 화염병이 아니라 핸드폰을 손에 들고 경찰과 맞섰다. 이들이 시위현장 곳곳을 찍고 전송하는 모습이 쉽게 발견되었다. 경찰의 무자비한 폭력진압의 현장은 어김없이 촬영되었고, 인터넷 방송국에서만이 아니라 공중파 방송국의 뉴스 화면을 통해서도 공개되었다. 아프리카TV나 유튜브 같은 동영상 공유 사이트는 현장의 기록들로 가득 찼다. 시위 참가자들은 스스로 기자가 되어, 진실을 기록하고 보도하는 역할을 자임했고, 시위에 직접 참여하지 못한 이들은 엄청난 조회 수와 댓글로 지지와 관심을 피력하였다.

2004년 노무현 대통령 탄핵반대 촛불시위 당시엔, 주로 오마이뉴스의 인터넷 생중계와 디시인사이드 게시판의 수많은 패러디물들이 인터

**패러디(Parody)**
풍자나 희화화를 위해 작가 또는 작품의 특징적인 스타일을 모방하는 문학 혹은 예술활동. 패러디는 단순한 모방 차원이 아니고, 패러디의 대상이 된 작품과 패러디를 한 작품이 모두 새로운 의미를 가지게 된다는 점에서 표절과 구분된다. 포스트모더니즘 풍조에 따라 소설에서부터 음악, 영화, 광고 등에 이르기까지 다양한 분야에서 유행하고 있으며 근래에 와서는 하나의 창작 유형으로 받아들여지는 추세에 있다.

넷과 사회운동을 연결하는 주축이 되었다. 그러나 2008년 촛불시위에서는 오마이뉴스는 '그들 중 한 곳'에 불과하게 되었을 정도로 상황이 변화했고, 아프리카TV는 시민들이 직접 찍어 올린 수천 건의 집회 및 패러디 동영상들로 가득하였다.

촛불시위가 종결되면서 다음 아고라의 사이버 공론장 역할도 서서히 약화되었다. 정부의 강경하고 억압적인 인터넷 정책이 계속되면서 사람들은 아고라에 모여 정치적 논쟁을 진행하는 대신 전혀 다른 차원의 기술 혁신에 열광하기 시작하였다. 페이스북과 트위터 같은 소셜 네트워킹 서비스SNS는 소통의 방식과 범위를 또 한 번 변화시켰다. 특히 아이폰을 필두로 한 스마트폰의 등장은 인터넷을 매개로 한 소통을 완전히 혁신시켰다. 의견을 남기고, 사진과 동영상을 공유하기 위해 특정 사이트를 경유할 필요 없이, 곧바로 직접 연결되는 '나와 우리'의 관계가 만들어진 것이다. 이제 정치인들과 사회운동가들은 트위터와 페이스북에 글을 남기고, 다른 이들의 글을 읽는 데 적지 않은 시간을 할애하고 있다. 시간과 공간, 정보의 종류와 분량, 형식은 거의 문제가 되지 않게 되었다.

이처럼 인터넷과 한국 시민운동의 결합은 매우 빠른 속도로 이루어졌고, 각각의 사건들과 경험들은 축적되고 확산되었다. 이제 인터넷을 사용하지 않는 시민운동이란 상상조차 힘들며, 나아가 인터넷과 거리의 결합은 당연한 것이 되었다.

인터넷공간에서 형성되는 여론은 기존 언론을 경유하지 않고서도 얼마든지 강력한 정치적·사회적 영향력을 발휘할 수 있게 되었다. 누구나 손쉽게 정보를 얻을 수 있게 되었고, 누구나 손쉽게 지지와 반대를 표현할 수 있게 되었다. 그리고 행동을 조직하고 동원하며 그것을 '지속'시킬 수 있는 것 역시 훨씬 용이해졌다. 다양한 운동방식들이 인

### 담론적 기회구조(Discursive Opportunity Structure)

쿠프만스와 스테이섬은 '담론적 기회구조'를 이탈리아와 독일 극우파의 상이한 정치적 성공 요인을 분석하기 위해 '정치적 기회구조'와 더불어 중요한 분석 개념으로 사용하고 있다. 이들에게 담론적 기회구조는 주로 '담론의 내용'적 차이, 예컨대 '종족적' 국민정체성과 '시민적' 국민정체성을 강조하는 데 사용되는 개념이다(Ruud Koopmans · Paul Statham, 1999). 하지만 이 글에서는 그러한 담론의 내용뿐만 아니라 '담론의 유통방식', 예를 들어 인터넷을 설명하는 것까지를 포괄하여 담론적 기회구조라는 개념을 사용한다.

터넷을 통해 개발되고 확산되었다. 인터넷은 한국 시민운동이 처한 담론적 기회구조를 확장시켰으며, 운동방식의 혁신을 가속화시켰다. 이제 인터넷을 사용하지 않는 시민운동이란 상상하기조차 어려운 상황에 도달하게 되었다.

그렇다면, 이러한 인터넷은 시민운동에 새로운 '기회'만을 제공한 것일까? 아니면 예상치 못했던 또 다른 '위협'과 '제약'도 함께 만들어진 것일까?

#### 2) 확장된 기회와 또 다른 제약

인터넷은 분명 시민운동에 '기회'이다. 인터넷을 통해 시민운동은 자신들이 확보할 수 있는 정보의 양과 속도를 극대화시킬 수 있으며, 다양한 경로의 소통을 손쉽고 값싸게 할 수 있게 되었다. 이메일이나 메신저로, 홈페이지로 이루어지는 소통은 전화나 우편, 팩스와 비교할 수 없을 정도의 효용을 제공하고 있다. 사이버 시위와 같은 형태는 이미 고전적인 수법이 되었고, 인터넷 캠페인은 운동의 종합과 동원의 극대화를 실현시킬 수 있는 기법이 되었다.

다양한 블로그, 페이스북, 트위터 등은 소통의 속도와 강도를 더욱 키웠고, 국경이라는 공간적 제약도 넘어설 수 있게 하였다. 이라크전에 반대하는 세계공동행동이 인터넷을 통해 조직되고, 위키리크스의 문서 폭로를 지지하는 전 세계 해커들과 사회운동가들이 결집하였다. 2004년 탄핵 반대, 2008년 광우병 쇠고기 수입 반대와 같은 한국에서 발생한 문제에 대한 저항이 세계 곳곳의 교민들 사이에서 일어났을 때도 인터넷을 통해 서로 연결될 수 있었다. 반세계화를 주장하는 시위대가 인터넷을 통해 서로 연락하고 행동을 조직한다는 사실은 이제 상식이 되었다.

무엇보다 인터넷은 '감정의 동원과 확산'을 가능케 해주고 있다. 언론이나 법률의 동원을 중심으로 이루어졌던 1990년대 한국 시민운동에서 '감정'의 동원은 쉽지 않은 과제였다. 신문에 실린 몇 줄의 기사나 한 컷의 사진, TV 화면을 통해 전해지는 몇 초의 인터뷰나 스케치 화면만으로는 감정의 동원과 확산이 어려웠다.

인터넷은 이러한 한계를 극복할 수 있게 만들었다. 게시판과 리플 문화는 즉각적인 여론의 반향을 읽어낼 수 있게 했고, 각종 인터넷 투표는 여론의 향배를 바로 확인할 수 있게끔 하였다. 인터넷신문을 통해 스스로, 또는 타인에 의해 게재된 장문의 기사들은 그것에 대한 행동을 동원하게 만들었다. 각종 패러디물과 동영상들은 현실에 대한 새로운 시각과 더불어 '현실 그 자체'를 누구나 쉽고 정확하게 접할 수 있게 만들었다. 페이스북과 트위터는 실시간의 감정 교환과 확산의 극단적 경험을 가능케 했다.

1990년대 시민운동에서와 달리 2000년대 시민운동에서 오히려 더욱 '고행적 성격'의 운동방식들이 사용된 것 또한 이러한 변화와 맞물려 해석될 수 있다. 차가운 겨울 한파 속에 꿋꿋이 서서 국세청 앞을 지켰던 윤종훈 회계사와 수많은 '개인'들의 1인 시위, 새만금 간척사업을 막기 위한 문규현 신부와 수경스님의 삼보일배, 천성산 도로 건설을 저지하기 위한 지율스님의 단식, 국보법 폐지를 위한 수백, 수천 명의 집단 단식, 많은 이들의 삭발과 점거 등은 이제 더 이상 그들만의 '외로운' 절규가 아니었다. 신문 한구석의 단신 기사가 아니라 인터넷을 통해, 사람들은 '왜, 그리고 어떻게' 그들이 그러한 행동을 전개하는지, 그리고 어떻게 하면 그들과 동참할 수 있는지를 알 수 있었다. 2004년 미국 대통령 선거 이후 부시 재선에 실망한 전 세계를 향해 미국인들이 참회의 글과 사진을 올린 사이트(sorroyeverybody.com)는 좋은 사례가 될 수 있다. 이 사이트를 통해 전 세계 사람들은 정보와 자료뿐 아니라 '감정'도 공유할 수 있었다.

2008년 촛불시위 때 만화가 강풀이 그려 화제가 됐던 정치 패러디 만화

그러나 이러한 변화가 한국 시민운동에 '기회의 확장'만을 의미하는 것은 아니다. 과거와 달라지지 않은 제약과 위협이 그대로 '이전'되기도 했으며, 새로운 위협과 제약이 인터넷에서 만들어지고 있다.

인터넷공간이 가진 최대 장점 가운데 하나인 '익명성'과 그것에 동반된 '자유'라는 가치는 법과 제도의 제약을 받고 있다. 자유로운 의견 개진을 가능하게 했던 인터넷 게시판에서의 '익명성' 보장은 그것으로 인한 명예훼손과 사생활침해 등의 이유로 실명제의 규제를 받고 있다. 특히 2008년 촛불시위로 인터넷과 대중의 위력을 확실히 경험한 이명박 정부는 인터넷에 대한 규제 강화를 지속적으로 시도하였다. 제한적 본인확인제(인터넷실명제) 적용 대상을 37개에서 210개로 대폭 늘렸고, 이를 매개로 개인은 물론 인터넷 사업자에 대한 국가기관의 통제와 개

## 인터넷실명제

인터넷실명제는 인터넷 공간에서의 의사표현의 자유를 둘러싼 가장 첨예한 쟁점이며, 현재 크게 세 가지 차원에서 소송을 비롯한 다양한 차원의 다툼이 이뤄지고 있다. 이하의 내용은 진보네트워크센터가 정리한 인터넷실명제의 쟁점을 수정, 보완한 것이다.

1) 2003년 3월 9일 국회를 통과하고, 3월 12일로 공포된 개정 선거법(공직선거및부정선거방지법)에 따르면, 인터넷 언론사는 네티즌이 게시판·대화방 등에 선거에 관한 의견을 올릴 때 작성자의 실명과 주민등록번호를 확인해야 하며, 이를 위반할 경우 1천만 원 이하의 과태료를 부과받게 되었다. 여기서 '인터넷 언론사'란, 개정 선거법 제8조의5에 따르면, "정치·경제·사회·문화·시사 등에 관한 보도·논평 및 여론 등을 전파할 목적으로 취재·편집·집필한 기사를 인터넷을 통하여 보도·제공하거나 매개하는 인터넷 홈페이지를 경영·관리하는 자와 이와 유사한 언론의 기능을 행하는 인터넷 홈페이지를 경영·관리하는 자"로 규정되어 있어 시민사회단체 홈페이지는 물론, 정치적 내용을 게재한 개인 홈페이지까지도 포함된다. 2006년 5월 지방선거에서 실명제 시스템을 거부한 '민중의 소리'가 과태료 처분을 받았으며, 2007년 12월 대통령선거에서 실명제 시스템을 거부한 '참세상'이 과태료 처분을 받고 이의신청과 위헌법률심판제청신청을 하였으나 모두 기각되었다. 이후 참세상은 2009년 공직선거법상 인터넷실명제에 대하여 헌법소원을 제기하였으나 2010년 2월 역시 기각되었다.

2) 2007년 개정된 [정보통신망 이용촉진 및 정보보호 등에 관한 법률]에 따르면, 일일 방문자수 10만 명 이상의 포털, 언론, UCC 사이트들은 상시적으로 실명 확인이 된 이용자에 한하여 글쓰기를 허용해야 하고, 관련된 기술적 조치를 취하지 않을 경우 과태료 처분을 받는다. 2009년 1월 시행령 개정에 의하여 실명 확인 대상사이트가 37개에서 153개로 확대되었으며, 2010년 1월 참여연대 공익법센터는 이의 개정을 요구하는 헌법소원을 제기하였다. 현재 국회에서는 실명제 대상을 더욱 확대하기 위하여 일일 방문자수 10만 명이라는 제한을 삭제한 정부의 개정법률안이 논의되고 있다. 이에 대해서는 2008년 11월 국가인권위원회가 인권침해라는 결정을 내린 바 있다.

3) 2009년 개정된 [인터넷 주소자원에 관한 법률]에 따르면, 인터넷 도메인을 사용하려는 자가 실명이 아닐 경우 인터넷주소관리기관은 그 도메인 이름을 말소해야 하고, 관련된 조치를 취하지 않을 경우 과태료 처분을 받는다.

입을 강화하였다.

아고라를 통해 시민들의 소통과 참여를 촉진했던 포털사이트 다음에 대한 세무조사가 진행되었고, 조·중·동 등 보수언론에 대한 불매운동을 주도했던 네티즌 2명이 구속되었다. 이러한 '채찍'과 더불어 다음 부사장 출신을 청와대 국민소통비서관에 임명하고, 다음 사장을 국가경쟁력위원회 민간위원으로 선임하여 '당근'으로 인터넷을 통제하려 했다는 비판도 제기되었다.

인터넷등급제 역시 포르노 등 유해 사이트들에 대한 통제를 이유로 시작되었지만, 인터넷공간에서의 자유로운 의사표현의 자유를 제약하는 '규율화'가 끊임없이 계속되고 있다. 패러디물 사진과 동영상을 통해 이루어지던 '촌철살인'의 정치미학도 선거법 등을 통해 새로운 제재를 받고 있고, 사이버 시위에 대한 통제도 강화되었다. 2004년 총선 당시 탄핵을 주도한 인물들을 패러디한 사진들을 올려 선거법 위반 혐의로 기소되었던 '하얀쪽배'는 결국 유죄판결을 받았다. 2008년 세계 금융위기를 전후하여, 그것의 원인과 대안, 전망에 관한 날카로운 글을 다음 경제토론방에 올렸던 '미네르바' 역시 검찰에 의해 구속되었다. 이러한 일련의 일들로 인터넷공간이 자유롭고 폭넓은 논쟁과 정보 공유의 공간이 되지 못하고, 오히려 위축되고 있다는 우려와 비판이 제기되고 있다.

자유로움의 제약만이 문제가 되는 것이 아니다. 그동안 시민운동은 일반 개인이 갖지 못한 정보와 지식의 조합을 통해 운동의 자원을 확장시켜왔다. 따라서 이들이 가진 정보의 독특성과 우수성은 시민운동에 대한 지지의 중요한 요인이 되었다. 하지만 최근 개인도 손쉽게 다양한 고급 정보를 얻을 수 있게 되고 이것이 인터넷을 통해 쉽게 공유되면서 시민운동이 갖고 있던 지식의 힘이 약화되었다. 오히려 각종 마니아들에 의해 생산되고 유통되는 지식의 종류와 수량, 수준이 시민운동의 그것을 압도하는 상황도 쉽게 확인된다.

2008년 촛불시위를 전후하여 뜨거워진 '집단지성'에 대한 관심과 기대는 이를 가장 뚜렷이 보여준다. 집단지성의 힘을 가장 잘 보여주는 위키피디아는 집단지성을 "집단적 지적 능력을 통해 개체적으로는 미미하게 보이는 박테리아, 동물, 사람의 능력이 총의를 모으는 과정을 통한 결정 능력의 다양한 형태로 한 개체의 능력 범위를 넘어선 힘을 발휘할 수도 있다"라고 정의한다. 네이버의 지식iN이나 '모든 시민은 기자다'라는 모토로 운영되고 있는 오마이뉴스 역시 집단지성에 대한

**위키피디아(Wikipedia)**
모두가 함께 만들어가며 누구나 자유롭게 쓸 수 있는 다국어판 인터넷 백과사전. 배타적인 저작권을 가지고 있지 않기 때문에 사용에 제약을 받지 않으며, 비영리단체인 위키미디어재단에서 운영하고 있다. 위키피디아 영어판은 전문가들이 작성했던 백과사전인 누피디어(지금은 없어짐)를 보완하여 2001년 1월 15일에 만들어졌다. 2010년 9월 현재 영어판 340만여 개, 한국어판 14만여 개를 비롯하여 모든 언어판을 합하면 1,600만여 개 이상의 글이 수록되어 있으며 꾸준히 성장하고 있다.

믿음에 기반을 두고 있다.

또한 인터넷이 가진 '진보적' 색채가 소위 보수적 시민운동이나 언론, 정당들에 의해 전혀 다른 색깔의 것으로 덧칠되기 시작하였다. 보수적 논조를 분명히 하는 인터넷 언론들이 등장하고 있으며, 그러한 주장을 지지하는 시민들에 의한 '여론 형성' 역시 가감 없이 이루어지고 있다. 치열한 논리싸움이 아니라 비열한 감정싸움이 난무하는 양상 또한 시민운동으로 하여금 활동과 발언의 폭을 좁히는 이유가 되고 있다. 뿐만 아니라, 한국 시민운동은 그동안 언론과 법률의 동원을 중요한 운동방식으로 사용해왔기 때문에 이에 걸맞은 글쓰기와 말하기 방식에 익숙해져 있다. 그러나 인터넷에서 유통되는 글쓰기 방식은 그것과 완전히 다른 방식이다. 이로 인해 시민운동이 담론전을 주도하지 못하는 양상도 중요한 제약이 되고 있다. 그래서 시민단체들은 블로그로부터 페이스북, 그리고 트위터에 이르는 소셜 네트워킹 서비스 시대에 걸맞은 글쓰기와 실천능력을 개발하기 위한 노력을 적극적으로 수행하고 있다.

## |4| '새로운 새로움'의 창출

인터넷은 분명 시민운동의 역량과 역동성을 강화시켜줄 중요한 기회이다. 이는 또한 '참여'라는 가치를 현실화시키는 중요한 매개이며, 국경이라는 물리적 경계를 훌쩍 뛰어넘어 전지구적 연대를 가능케 하는 기술적 조건이 되고 있다.

그러나 이러한 확장된 기회와 더불어 새롭게 제기되는 위협과 제약 역시 현실이다. 그 제약은 기존 시민운동이 이뤄낸 성과나 새롭게 열린 기회 자체를 위협할 수 있는 가능성까지 내포한다. 인터넷을 통해 '담론적 기회구조'가 확장된 것은 사실이지만, 그것은 이전과 전혀 다른 '경쟁'과 '대립'이라는 갈등적 관계를 내포한 것이며, 인터넷을 통한 운동방식의 확산과 혁신은, 그것의 '동형화'와 '변종화'라는 전혀 이질적인 두 가지 흐름의 공존을 의미한다.

**2010년 서울 G20 정상회의를 앞두고 개최된 '시민사회 G20 대화(Civil G20 Dialogue)'. 인터넷은 국경이라는 물리적 경계를 훌쩍 뛰어넘어 전지구적 연대를 가능케 하는 기술적 조건이 되고 있다.** 출처: 참여연대

다들 비슷비슷한 모습으로 운동을 진행하게 되면서 시민운동이 처음 등장할 당시의 '신선함'이 더 이상 느껴지지 않는다. 동시에 전혀 상상할 수 없는 새로운 형태와 특징을 갖는 운동들이 분출하고 있는데, 이를 과연 '어떤 운동'으로 분류해야 할지조차 판단하기 어렵다. 시민단체를 설립하기 위해 필요했던 사무실과 상근 활동가가 이제 더 이상 필요 없는 경우도 가능하다. 노트북 컴퓨터나 스마트폰 하나만 있으면 어느 곳에서라도 쉽게 사람들을 만나고, 얘기하고, 자료를 찾고, 집회를 조직할 수 있기 때문이다.

인터넷은 오프라인의 사회관계와 다른 형태의 사회 네트워크를 구성하고, 이는 '네트워크 시민운동'이라는 전혀 새로운 성격의 시민운동을 가능케 하는 조건이 되고 있다. 따라서 한국 시민운동이 등장하던 시점에 발휘했던 '새로움'을 다시금 살려내고, 그를 통해 대중의 지지와 참여를 이끌어내기 위해서는 '새로운 새로움'을 창출해내야 한다는 과제를 부여받고 있다. 다만 한국 시민운동이 그 어느 사회보다 역동적인 대중, 그리고 '네티즌'과 함께하고 있다는 사실은 희망의 근거가 될 것이다.

## 생각해볼 문제

1. 2000년대에 반복적으로 대규모 '촛불시위'가 발생할 수 있었던 정치적 · 사회적 · 기술적 조건은 무엇일까?
2. 인터넷을 활용한 사회운동의 방법들에는 어떤 것이 있을까?
3. 1990년대 이후 등장한 한국의 시민단체들과 2000년대 이후 급속히 늘어난 다양한 인터넷 카페들이 갖는 조직적 차이는 무엇일까? 이 둘 간에는 어떠한 경쟁과 협력이 가능할까?
4. 인터넷을 통해 쉽게 정보를 얻고, 의견을 공유할 수 있는 조건이 만들어진 것이 시민적 실천에 어떤 영향을 미칠까?
5. 페이스북이나 트위터 같은 소셜 네트워킹 서비스(SNS)의 확산이, 지금까지의 인터넷 문화 및 환경과는 어떤 차이를 갖는 것일까? 그것이 사회운동에 미칠 수 있는 영향에는 무엇이 있을까?

## 더 읽을 거리

하워드 라인골드(2003), 이운경 역, 『참여군중』, 황금가지.

강원택(2008), 『한국정치 웹 2.0에 접속하다』, 책세상.

참여연대 · 참여사회연구소 · 한겨레 사진부(2008), 『어둠은 빛을 이길 수 없습니다: 2008 촛불의 기록』, 한겨레출판.

홍성태 엮음(2009), 『촛불집회와 한국사회』, 문화과학사.

홍일표(2007), 『기로에 선 시민입법 : 한국 시민입법운동의 역사, 구조, 동학』, 후마니타스.

## 참고문헌

김경미(2005), 〈인터넷이 집합행동 참여에 미치는 영향: '2002 여중생 추모 촛불집회'를 중심으로〉, 《한국사회학》 40(1).

김원(2005), 〈사회운동의 새로운 구성방식에 대한 연구: 2002년 촛불시위를 중심으로〉, 《담론 201》 8(2).

송경재(2009), 〈네트워크 시대의 시민운동 연구: 2008 촛불집회를 중심으로〉, 《현대정치연구》 2(1).

송경재(2009), 〈웹 2.0 정치 UCC와 전자민주주의: 정당, 선거 그리고 촛불시민운동의 시민참여를 중심으로〉, 《담론 201》 11(4).

신진욱(2008), 〈정치위기와 사회운동의 새로운 주기: 2008년 촛불시위 이후 한국 민주주의의 이중적 과제〉, 《기억과 전망》 19.

윤민재(2005), 〈네트워크 시대의 사회운동: 인터넷과 초국적 사회운동을 중심으로〉, 《담론 201》 8(2).

윤성이(2009), 〈인터넷과 초국적 운동: 양적 팽창 혹은 질적 변화?〉, 《사회이론》 36.

윤성이(2009), 〈온라인 사회운동의 가능성과 한계: 초국적 사회운동을 중심으로〉, 《인문사회연구》 18.

이창호 · 배애진(2008), 〈뉴미디어를 활용한 다양한 사회운동방식에 대한 고찰: 2008년 촛불집회를 중심으로〉, 《한국언론정보학회보》 44.

이창호 · 정의철(2009), 〈공론장으로서의 인터넷 카페 게시판의 가능성과 한계: '쭉빵클럽'과 '엽기 혹은 진실'을 중심으로〉, 《언론과학연구》 9(3).

조희연(2001), 「종합적 시민운동의 구조적 성격과 변화전망에 대한 연구」, 유팔무 · 김정훈 엮음, 『시민사회와 시민운동 2』, 한울.

존 노튼(2002), 「경쟁적 공간: 인터넷과 지구시민사회」, 헬무트 안하이어 · 메어리 칼도어 · 말리스 글라시우스 공저, 조효제 · 진영종 공역, 『지구시민사회: 개념과 현실』, 아르케.

지금종(2004), 〈시민사회운동과 새로운 운동방식: 탄핵무효를 중심으로〉, 《기억과 전망》 7.

참여연대 · 참여사회연구소 · 한겨레 사진부(2008), 『어둠은 빛을 이길 수 없습니다: 2008

촛불의 기록』, 한겨레출판.

하승창(2001), 『하승창의 NGO 이야기』, 역사넷.

홍성태(2003), 〈사이버공간의 변화와 사회운동〉, 《경제와사회》 58.

홍일표(2002), 「언론에 그려진 한국 시민운동의 일그러진 초상」, 김만흠 외 공저, 『한국의 지식권력과 언론정치』, 당대.

홍일표(2004), 〈다툼의 역동성: 〈참여연대〉의 재벌변칙증여심판시민행동 사례분석〉, 《시민과세계》 5, 당대.

홍일표(2006), 〈민주화 이후 한국 시민입법운동의 구조와 동학, 1988~2005〉, 서울대학교 사회학과 박사학위논문.

홍일표(2009), 〈'이중의 탈제도' 압력과 한국 시민운동의 대응: 참여연대의 '선택적 제도화' 전략 검토〉, 《기억과 전망》 21.

Koopmans, Ruud and Paul Statham. "Ethnic and Civic Conceptions of Nationhood and the Differential Success of the Extreme Right in Germany and Italy.", Marco Giugni, Doug McAdam, and Chales Tilly(eds.). *How Social Movements Matter*. University of Minnesota Press. 1999.

Goodwin, Jeff, James M. Jasper & Francesca Polleta(eds.). *Passionate Politics : Emotions and Social Movements*. The University of Chicago Press. 2001.

08

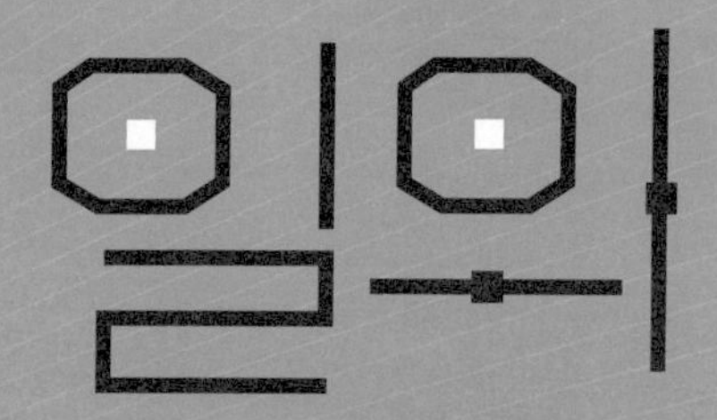


2부는 정보사회에서 '일'이 조직되는 방식, 그 성격과 내용의 변화를 다룬다. 이러한 거시적 변화가 우리의 '일터'와 우리가 하는 '일'에는 구체적으로 어떤 영향을 미치고 있는가? 5장(임현경)은 급변하는 경영환경에서 산업사회의 대표적 조직방식인 관료제의 비효율성과 정보통신기술 혁신이 기업조직의 재편에 미친 영향을 검토한 후, 최근 부상하고 있는 네트워크 기업의 특성을 구체적 사례를 통해 살펴본다. 6장(정이환)은 정보화가 현대사회의 특징으로 대두되고 있는 고용 불안을 심화시키는 이유와 최근 화두가

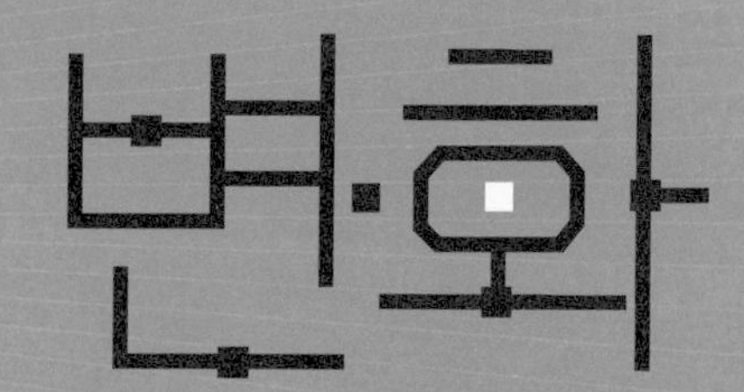


되고 있는 원격근무의 현황과 문제점들을 다룬다. 7장(김원정)은 근대적 성별 분업에 기초한 남성 생계 부양자 모델이 직면한 한계를 지적하고 '일-가족-개인생활' 간의 새로운 관계 설정을 모색한다. 8장(조정문)은 정보사회에서 혁신의 원천이라고 할 수 있는 정보 및 지식 생산의 패러다임이 변화하고 있음을 보여준다. 특히 웹 2.0으로의 변화와 함께 주목받고 있는 집단지성의 유형과 이를 둘러싼 쟁점, 한국 집단지성의 특성, 집단지성을 활용한 협업 및 혁신 사례들을 소개한다.

# 05 기업조직의 변화

## |1| 사무실과 회사의 종말?

인터넷으로 대변되는 정보통신기술의 발전에 따라 많은 사람들이 가까운 장래에 전통적인 사무실과 회사로부터 벗어나리라 기대하곤 한다. 일례로 영국에서 기업 고위경영자 1천여 명을 대상으로 실시한 설문조사에 따르면, 응답자의 절반 이상이 2018년에는 기업의 일상 업무 대부분이 자동화될 것이라고 답변했으며, 74%는 개개인이 각자의 공간에서 원격근무를 하는 '가상업무팀'의 형태가 업무조직의 표준으로 자리 잡을 것이라고 답변했다(Carvel, 2008).

최근 스마트폰 열풍과 함께 모바일 오피스를 도입하는 국내 기업들이 늘고 있다는 소식은 "언제 어디서든 손끝으로 업무를 처리하는" 시대가 이미 도래했음을 알린다. 변화는 기업이 업무를 조직하고 처리하는 방식에 그치지 않는다. 인터넷 쇼핑몰로 억대 매출액을 올리는 20대 여사장, 잘 다니던 대기업을 뛰쳐나와 참신한 아이디어와 기술력으로 창업한 1인창조기업 등이 매스미디어를 장식할 때마다, 과연 대기업과 회사원으로 대변되던 '조직인organization man'의 시대는 끝나고 '기업가entrepreneur'의 사회가 출현하고 있는 것일까 하는 의문마저 든다.

정보통신기술이 기업 활동의 환경과 조직방식을 변화시키고 있다는 점에는 이론의 여지가 별로 없지만, 그 구체적인 양상에 대해서는 논쟁점들이 존재한다. 정보통신기술의 보편화에 힘입어 산업사회의 대표적 조직형태인 수직적이고 위계적인 대규모 관료제가 작고 유연한 수평적 네트워크로 변모해갈 것이라는 전망이 우세하지만, 관료제적 합리성이 사회 전체로 침투하는 '맥도널드화'(Ritzer, 1999)와 대기업의 지배력이 더욱 심화되고 있다는 분석도 있다. 이 장에서는 급변하는 환경 속에서 정보통신기술의 발전이 기업조직의 변화와 어떻게 연관되는가를 살펴본다.

**맥도널드화(McDonaldization)**
사회학자 조지 리처(George Ritzer)는 베버(M. Weber)의 합리화이론(theory of rationalization)을 현대 미국 사회에 적용하면서, 패스트푸드점인 맥도널드를 20세기 전반에 걸쳐 진행된 일련의 합리화 과정의 절정을 상징하는 모델로 삼았다. 맥도널드화란 효율성, 예측가능성, 계산가능성, 인간을 통제하는 무인기술의 지배 등을 특징으로 하는 패스트푸드점의 원리가 노동, 교육, 의료, 여가, 정치를 막론하고 사회의 전 부문을 지배해가는 과정을 말한다.

## |2| 정보화, 세계화, 유연화: 기업 환경의 변화

### 1) 기업 환경의 변화

'세계 초일류 기업'이라는 한 국내 대기업의 슬로건이 상징하듯, 지난 수십 년간 기업 활동의 무대는 전 세계로 유례없이 확장되었다. 1980년대부터 본격화된 시장 환경의 변화, 특히 신자유주의의 확대에 따른 무역장벽의 완화는 자본, 노동, 상품과 서비스의 생산과 유통 등 모든 면에서 세계화를 급격히 진행시켰다. 자본의 국제적 이동에 대한 국가의 통제력이 약화되고 정보통신기술에서의 혁신이 기업의 전략적 이해관계에 유리한 입지의 유연성을 제공함에 따라, 국경을 가로질러 최적의 입지에 조직을 재배치하는 한편 네트워크로 통합하여 조정하는 것이 용이해진 것이다. 예를 들어, 전 세계 140여 개국에서 판매되는 미국 마텔Mattel의 바비 인형은 원산지가 중국으로 표시되어 있지만 조립을 제외한 대부분의 과정이 중국 이외의 지역에서 이루어진다. 디자인, 마케팅과 광고전략은 미국에서 수립되고 플라스틱 몸통과 나일론 머

**초국적기업(Transnational Corporation)**
국가 경계를 넘어 활동하는 초국적기업의 기원을 놓고 일부 학자들은 14세기까지 거슬러 올라가기도 하지만, 일반적으로는 제2차 세계대전 이후의 장기 호황과 세계 경제의 통합 과정에서 등장했다고 본다. 1970년대 초반 약 7천여 개에 불과했던 초국적기업은 1998년 5만 3,000개로 증가했으며 전 세계적으로 7,300만 명을 고용하고 있다(Madeley, 2004). 현재 초국적기업은 세계 경제에서 가장 중요한 행위자이며 일부 기업의 매출은 대부분의 개발도상국들의 GDP를 능가한다(Carnoy 외, 1998).

리카락은 타이완과 일본에서 각기 조달되며 중국을 비롯한 4개의 아시아 공장에서 조립된다(Giddens, 2006: 62-63). 이 같은 지구적 상품 체인global product chain은 각 과정을 유기적으로 통합, 관리하기 위한 정보통신기술의 뒷받침 없이는 제대로 작동할 수 없을 것이다.

패스트 패션의 대표적 브랜드 중 하나인 자라(Zara)의 제작 현장

정보통신기술은 입지의 유연성뿐 아니라 생산의 유연성에도 큰 영향을 미쳤다. 작업장에 도입된 컴퓨터와 로봇은 소프트웨어에 기초한 유연한 생산라인을 가능케 함으로써 상품의 빠른 전환과 차별화를 촉진했다. 정보기술을 활용하여 소비자들의 취향과 유행에 대한 정보를 신속하게 수집, 생산에 반영함으로써 생산과 소비의 연계도 강화되었다.

다양한 수요에 대처하기 위한 생산시스템의 유연성을 극적으로 보여주는 예가 유행에 민감한 의류산업이다. 1980년대 이탈리아 의류업체 베네통Benetton은 디자인-생산-유통의 순환기간, 즉 신상품의 출시 주기를 당시로는 획기적인 6개월로 줄였는데, 미국의 갭GAP은 이를 다시 2개월로 단축시켰으며, 90년대 말 급성장한 스페인 의류업체 자라Zara는 2주마다 새로운 상품을 매장에 내놓는다. 전 세계 30여 개국에 흩어져 있는 수백 개 자라 매장의 매출 데이터는 매일 본사의 디자인센터로 전송되고, 200여 명의 디자이너들이 시장의 반응에 따라 실시간으로 제품을 재디자인한 후 컴퓨터화된 레이저 재단기로 패턴을 전송하면, 인근에 위치한 공장에서 옷감이 완성된다. 이러한 과정을 거쳐 자라는 연간 1만 2,000여 개의 디자인을 생산하고 매주 두 번 전 세계 매장에 재공급한다고 한다(Castells, 2004: 109).

이처럼 세계경제의 통합과 정보통신기술의 발전으로 기업조직의 물리적 경계가 허물어지고 국가와 시차를 가로질러 기능함에 따라 기업이 수행하는 활동의 범위와 그것이 조직되고 조율되는 방식도 달라지게 된다.

### 2) 정보통신기술 도입의 맥락

세계화된 경제에서 경쟁하는 기업들에게 정보통신기술에 대한 투자는 필수적인 것이 되었다. 미국의 경우, 1990년대 하반기에 정보통신 설비와 소프트웨어에 대한 투자가 크게 늘어 2000년에는 전체 투자의 반을 차지할 정도였다(Castells, 2004: 140). 사무자동화, 공장자동화와 같이 사람에 의해 처리되던 업무나 공정의 자동화로부터 시작된 기업의 정보통신기술 활용은 기업 내 정보화, 기업 간 정보화를 넘어 구매-제조-유통-판매-서비스로 이어지는 기업 활동의 전 과정을 인터넷을 기반으로 재구축하는 e-비즈니스로 발전하고 있다.

이윤 창출이 목적인 기업의 성공은 효율적인 생산과 관리를 통해 경쟁우위를 확보하는 데 달려 있다. 정보통신기술은 기업 활동의 여러 영역에서 생산성과 효율성을 비약적으로 증대시키리라고 통상 기대된다. 기업들이 정보통신기술에 투자하는 이유를 급속한 환경 변화에 대응하여 타 기업과의 경쟁에서 우위를 점하기 위한 기업들의 전략적 행위에서 찾는 것은 기업을 합리적인 경제 행위주체로 간주하는 신고전파

경제학의 관점과 부합한다.

문제는 정보통신기술의 도입이 생산성의 향상으로 바로 이어지지는 않는다는 점이다. 한때 미국에서는 정보통신기술에 대한 투자가 기업의 생산성 증가에 기여한 바가 거의 없다는 조사결과가 발표되어 논란이 되기도 했다.

'생산성 역설productivity paradox'로 불리는 이 현상은 정보통신기술에 대한 투자가 생산성을 높여준다는 경험적 증거가 없음에도 불구하고 기업들의 투자가 계속된 일견 '비합리적인' 행위에 대한 관심을 환기시켰다. 여기서 특정 기업의 전략적 행위에 작용하는 그 기업 나름의 제도적 전통이나 역사·문화적 요인을 강조하는 신제도학파의 관점이 설득력을 얻게 되는데, 일례로 전사적자원관리ERP와 같은 정보기술을 활용한 경영기법의 도입이 그 효과에 대한 합리적 판단에 기초한다기보다 '첨단'이나 '혁신'이라는 이미지를 유지하기 위한 유행성 모방의 결과일 수 있다는 것이다. 또한 생산성이나 효율성의 제고라는 명목 아래 실제로는 노동력 절감과 통제를 위한 방편으로 도입되는 경우도 드물지 않다.

한편, 정보통신기술에 대한 투자가 장기적으로는 기업의 생산성 향상에 공헌한다는 경험적 증거들도 속속 제시되었다. 일례로 1987년에서 1994년 사이 정보통신기술에 투자한 527개 미국 대기업에 대한 연구는 투자 후 5~7년 후에야 컴퓨터가 생산성을 향상시킴을 보였다. 주목할 점은 생산성이 향상된 기업들에서는 기술 혁신과 더불어 기업 내부의 분권화, 네트워크와 같은 보다 수평적인 형태로의 조직 변화가 동반되었다는 점이다(Brynjolfsson · Hitt, 2003). 또한 기업의 정보기술 투자에 따르는 혜택이 전반적으로는 긍정적이라고 해도 그 구체적 양태는 다양하게 나타나고 있다(Lucas, 1999).

**생산성 역설**
**(Productivity Paradox)**
기업의 정보통신기술 투자가 지속적으로 증가한 1980년대와 1990년대 초반까지 미국 전체 산업의 생산성이 역설적으로 계속 낮게 유지된 현상을 말한다. 정보통신기술이 경제의 생산성 증가에 미치는 영향을 정보통신산업과 기존의 제조 및 서비스업으로 나누어 볼 때, 전자에서 높은 생산성 증가가 있었다는 데 별다른 이견이 없으나, 후자의 생산성에 미친 효과에 관해서는 이견이 분분했다. 정보통신기술의 역할을 긍정적으로 평가하는 학자들은 이 시기 생산성 증가가 낮게 잡힌 이유로 1)시간적 지체(정보통신 인프라에 대한 투자 효과가 나타나는 데 시간이 걸린다), 2)기존 통계 산정 방식의 문제(기존의 생산성 측정 방식으로는 정보통신기술의 효과를 반영하기 어렵다)를 지적했다.

**표 5-1 한국 기업들의 정보통신시스템 활용 현황**

| 분류 | 2007 | 2008 | 2009 | 2010 |
|---|---|---|---|---|
| 전사적자원관리(ERP) | 25.3 | 25.6 | 26.6 | 27.7 |
| 공급망관리(SCM) | 4.2 | 4.8 | 6.3 | 7.1 |
| 고객관계관리(CRM) | 4.8 | 5.8 | 9.0 | 9.5 |
| 지식관리(KMS, EIP 등) | 3.6 | 4.1 | 5.1 | 5.6 |

출처: 지식경제부 · 정보통신산업진흥원(2010)

이는 기술 혁신이 생산성 향상으로 이어지기 위해서는 기업 내부의 기술외적인 요인들의 변화가 동시에 수반되어야 한다는 점을 시사한다. 다시 말해 기업의 구조와 관행, 업무 흐름과 사업 절차의 변화가 병행되어야 한다는 것이다.

신기술의 도입에 관한 한 국내 기업들의 행보는 결코 더디지 않다. 일례로, 1990년대 미국에서 선풍적인 인기를 얻었던 전사적자원관리는 2년 정도의 시차를 두고 국내에 급격히 확산되었다. 하지만 국내 한 연구기관의 조사에 따르면, 이처럼 선진 혁신기법을 도입한 회사 10개 중 7개의 기업이 애초에 원했던 성과를 얻지 못한다고 한다. 서구 기업의 경영방식, 사업 특성, 조직문화를 반영한 혁신기술이 국내 기업과는 맞지 않았기 때문이다. 정보통신기술의 도입이 소기의 목적을 달성하려면 조직구조의 혁신과 함께 경영자의 리더십, 직원들의 참여, 전사적 커뮤니케이션이 뒷받침되어야 한다.

## |3| 기업조직의 변화: 수직적 위계에서 수평적 네트워크로

산업사회의 대표적인 기업조직은 대규모 관료제bureaucracy이다. 피라미드형의 위계, 명확한 경계, 분업과 통합, 규칙과 절차의 명시 등을 특징으로 하는 관료조직은 18세기 말 산업혁명이 시작된 이래 생산의 극대화와 안정성을 보장하는 효율적인 수단으로 부상했다. 그러나 표준화된 대량생산에 적합했던 기존의 수직적으로 통합된 위계서열적 조직은 빠르게 변화하는 시장이 요구하는 저임금, 신기술, 신정보 등의 다양한 요소를 결합하는 데 비효율적이기 때문에, 보다 유연한 구조로의 변화가 필요해졌다. 일반적으로 정보통신기술은 중앙집권적이고 수직적인 대규모 조직에서 분권적이고 수평적인 작은 조직으로의 이행을 촉진하는 경향이 있다고 주장된다.

### 1) 규모의 축소

먼저, 격화된 경쟁과 급변하는 환경 속에서 변화에 신속하게 대응할 수 있는 작은 기업이 유리해질 것이라는 주장은 특히 1990년대의 벤처붐과 맞물리면서 큰 반향을 일으켰다. 중소기업은 대기업에 비해 유연하고 빠르다는 장점에도 불구하고, 정보력, 원거리 시장의 개척, 다변화된 수요에 대응하기 위한 공급망의 확보 등에서 대기업과 경쟁할 수 없었다. 그런데 중소기업도 인터넷과 같은 정보통신네트워크를 통해 전 세계 소비자들은 물론 광범위한 공급자들에게 직접 접근할 기회가 커졌다.

반면, 정보통신기술을 이용해 전 세계에 흩어져 있는 기업조직을 관리함으로써 거대 기업의 유지와 운영 또한 더욱 용이해졌다. 생산

## 맞춤형 레고(Customized Lego)

레고 사 웹사이트의 'DESIGNbyME' 코너

레고(Lego) 사는 고객이 직접 레고 세트를 맞춤형으로 설계, 공유, 구매할 수 있는 서비스를 제공한다. 가상의 장난감을 설계할 수 있는 3D 모델링 프로그램을 다운로드하여 맞춤형 모델을 설계한 후 웹사이트에 올리면 자신은 물론 누구라도 주문할 수 있다. 주문에 따라 구성 블록이 선별된 후 조립설명서와 함께 포장된 키트가 배달된다. 고객들이 설계한 장난감들 중 사용자들의 호평을 받은 것들은 표준화된 키트로 상품화하기도 한다. 기존의 대량생산 시스템을 맞춤마케팅과 유기적으로 결합한 예라고 할 수 있다.

의 세계화를 주도하고 있는 초국적기업의 수와 영향력이 점점 증대하고 있다는 사실로도 이를 알 수 있다. 더 나아가, 대량맞춤시장mass customization market을 형성할 수 있는 대기업이 벤처기업의 전유물처럼 인식되는 틈새시장에서도 유리하다는 지적도 있다. 개개 소비자의 다양한 취향에 맞는 상품을 대량으로 생산하기 위해서는 대규모 생산시설, 표준화된 제품과 공정, 이를 뒷받침할 시장이 필요하기 때문에 이를 갖춘 대기업만이 가능하다는 것이다(Brown · Duguid, 2001).

대기업의 영향력은 여전히 강력하지만, 기업조직의 규모가 작아지는 경향이 있는 것은 사실이다. 정보통신기술이 노동력을 직접 대체했다기보다는 외부거래비용을 떨어뜨림으로써 이전처럼 회사 내부에서 모든 기능을 통합해서 처리하지 않고 외부 시장에서 조달하는 방식으로 기업의 구조가 변화했기 때문이다. 더구나 급변하는 기술 및 시장 환경에서는 연구개발, 디자인, 생산, 판매, 관리 등의 전 과정을 내부적으로 수행하기보다는 핵심 기능만을 남기고 외주화outsourcing하거나 각 분야에서 강점을 지닌 기업과 제휴하는 것이 더 유리하다. 일례로, 이

## 거래비용(Transaction Cost)과 기업조직

거래비용은 경제적 교환과 관련된 모든 비용을 말한다. 예를 들어, 기업이 공급자를 선택하고 계약을 체결하고 서로 다른 공정을 조율하는 데 드는 비용으로, 본질적으로는 정보처리비용이라고 볼 수 있다. 거래비용은 다시 내부거래비용과 외부거래비용으로 구분되는데, 내부거래비용이 외부거래비용에 비해 더 낮을 때는 기업 내부에 모든 기능을 포함시키려는 경향이 나타나므로 조직이 커지고 위계적이 된다. 상품의 기획, 시장조사, 연구개발, 생산, 판매, 광고 등 한 기업이 특정 상품과 관련된 모든 기능을 포함할 때 수직적으로 통합되었다고 한다. 반면 외부시장에서 필요한 것을 조달하는 비용, 즉 외부거래비용이 충분히 낮다면 조직의 규모는 줄어들고 보다 수평화될 것이다.

전의 IBM은 메인프레임 컴퓨터의 생산, 판매, 사후서비스a/s에 이르기까지 거의 모든 기능을 수직적으로 통합하여 내부적으로 수행하는 자체 완결적 기업이었지만, 1980년대 중반 이후 수많은 미국 및 외국 기업들과 전략적 제휴를 맺고 공동으로 생산 문제에 대응하는 방식으로 선회했다.

### 2) 분권화와 수평화

둘째로, 중앙집권적이고 위계서열적인 피라미드형 조직보다는 분권적이고 수평적인 평판형 조직flat organization이 우세해진다는 주장이다. 시장 수요와 기술 환경의 변화가 급속한 환경에서는 하위부서들이 자율권을 가지고 신속하게 대응할 필요가 있기 때문에 기존의 중층적인 의사결정구조가 보다 단순화되고 중간관리자의 역할이 축소되며 권한이 하부로 이양되는 경향이 있다. 그 대표적인 예가 특정 프로젝트를 중심으로 구성되는 다기능팀cross-functional team으로, 다양한 부서에서 차출된 구성원들이 자신의 전문성을 바탕으로 대등한 위치에서 서로 협력한다. 이러한 프로젝트 팀들은 공식 조직이지만 위계서열적 조직이 지닌 경직성을 완화하여 신속하게 업무를 처리할 수 있도록 상당한 자율권이 부여된다. 또한 과제를 수행하는 동안 한시적으로 존재하다가 목표 달성과 함께 해산함으로써 조직의 유연성에도 기여한다. 예를 들어, 제약회사가 특정 신약을 개발하기 위해 프로젝트 팀을 조직했다가 개발이 완료되면 해산하는 식이다. 전문 인력의 확보가 중요한 분야(예: 연구개발)에서는 지리적·조직적 경계에 구애받지 않고 서로 다른 지역이나 국가에 위치한 팀원들이 정보통신기술을 기반으로 일상적으로 협력하는 가상 팀virtual team; distributed team의 활용도 빈번하다. 이러한 환경에서는 통제 중심의 중간관리자의 역할이 대폭 줄어드는 한편, 정보와 커뮤니케이션을 조정하고 통합하는 조정자로서의 역할이 중요해진다.

더 나아가, 비공식적 조직, 그중에서도 특히 실제로 업무를 같이 하는 동료 집단 사이에서 자생적으로 형성되는 '실천공동체communities of practice'(Wenger, 1998)를 지식 생성과 공유, 혁신의 원천으로 인식하고 이를 적극적으로 활용하는 기업이 늘고 있다. 그 대표적인 예로 자주 거론되는 제록스Xerox의 경우, 자사의 복사기 출장수리 서비스 직원들이 업무 수행에 필요한 노하우와 지식을 직무연수나 지침서와 같은 공식적인 통로보다는 동료들과의 일상적인 식사 모임 같은 비공식적 통로를 통해 습득한다는 것을 발견하고 이를 서비스 개선에 적극적으로 활용한 바 있다. 국내 모 대기업도 '학습동아리'라는 명칭으로 다양한 실천공동체를 조직적으로 지원하고 있다.

그러나 권한의 하부이양이나 하부조직에 대한 자율성의 부여가 조직의 탈집중화로 바로 이어지는 것은 아니다. 특히, 정보시스템의 발달로 하위부서가 결정한 사항을 더욱 쉽고 신속하게 파악할 수 있기 때문에 조직 전체에 대한 집중적인 통제력은 더욱 커졌다. 다시 말해, 분권화와 중앙집권적 통제가 동시에 가능해진 것이다. 기업 전체 입장

## 제록스 출장수리 서비스 직원들의 실천공동체

제록스의 컨설턴트였던 인류학자 줄리언 오어는 복사기의 출장수리를 담당하는 제록스의 A/S 직원들을 연구했다(Orr, 1996). 복사기에 문제가 생긴 고객이 서비스센터에 전화를 하면 지정받은 직원이 출동해 고장 내역을 파악하고 회사에서 제공받은 업무지침서의 오류 코드를 찾아 조치한 후 서비스센터에 수리가 완료되었다는 전화 보고를 하는 것으로 업무는 완료된다. 그러나 실제 현장에서는 예측 불허의 작동 오류로 인해 업무지침서가 무용지물인 경우가 잦았다. 오어는 이런 경우 직원들이 비공식적인 동료 집단에 상당 부분 의존함을 발견했다. 같은 지역을 담당하는 팀 단위로 식사나 차를 함께 하고 하루 일과가 끝난 후에도 함께 어울리는 과정에서 자연스럽게 업무에 대한 화제로 옮겨가게 되고 출장수리 시 맞닥뜨린 문제점을 서로 얘기하는 와중에 최신 노하우를 공유하게 된다는 것이다. 제록스는 오어의 연구결과를 십분 활용하여 직원 커뮤니티의 내부 결속을 강화하는 일련의 조처를 취했다. 먼저, 2인용 무전기를 지급해 서로 다른 장소에 있는 직원들끼리 대화를 나눌 수 있도록 했다. 또한 기존에는 국지적으로만 소통되던 경험담과 지식을 전사적으로 공유하기 위해 이를 데이터베이스로 구축하는 유레카 프로젝트(Eureka Project)에 착수했다. 탑-다운 방식으로 일방적으로 제공되던 기존의 기술정보 데이터베이스와는 달리, 유레카 프로젝트는 한 직원이 특정한 팁(tip)을 제출하면 동료집단의 엄정한 검토를 거쳐 유용하다고 판정받은 경우에만 데이터베이스에 저장하는 방식을 취했다. 제록스의 전 세계 직원들은 웹에 연결된 데이터베이스를 검색해 자신이 맞닥뜨린 것과 유사한 문제와 이에 대한 해결책을 찾을 수 있었다. 유레카 데이터베이스 덕택에 제록스는 연간 서비스 비용을 1억 달러 가량 절감한 것으로 추정되고 있다. 사내의 비공식적 자기조직(self-organization)을 활성화하고 이를 공식적인 조직 과정으로 전환함으로써 양자 간에 시너지 효과를 얻은 사례다.

에서는 기능별로 나뉜 수직적 위계와 프로젝트 중심의 수평조직을 보다 효율적으로 결합시킬 수 있다. 한편, 정보통신기술이 오히려 중앙집권화를 더욱 강화시킨다는 분석도 있었다. 미국에서는 작업장이 자동화되면서 비생산직 관리자의 비중이 오히려 늘었다는 보고가 있었으며(Attewell, 1994), 일찍이 정보기술에서 '정보공유와 평등한 작업환경'(Zuboff, 1988)을 구현할 잠재력을 발견했던 주보프도 통제력 약화를 우려한 경영자들이 이러한 방향으로의 변화를 거부하고 있다고 비판한 바 있다.

### |4| 네트워크 기업

한 가지 분명한 점은 대기업이건 중소기업이건 간에 조직이 네트워크의 일부가 되지 않으면 급변하는 기술 환경 및 시장 상황에서 생존하기가 어렵다는 것이다. 점점 더 많은 기업 조직들이 기업 내 여타 조직들이나 다른 기업들과의 복잡한 관계망 속에서 활동하고 있으며, 그 결과 개별 기업이 아니라 이러한 관계망들이 기업 활동의 실제 운영단위가 되어가고 있다. 이러한 변화를 배경으로 카스텔(2008, 2009)은 세계화된 정보경제에 적합한 기업조직의 모델로 '네트워크 기업network enterprise'을 제시했다. 많은 기업들이 지식집약도가 높은 핵심 역량(예컨대 디자인, 연구개발, 마케팅)에 집중하고 나머지를 외부 전문기업과의 수평적인 협력관계에 의존함으로써 조직을 경량화하고 의사결정구조를 분권화하는 네트워크 조직으로 변모해왔다는 것이다.

사람이나 집단을 다른 사람이나 집단과 연결시키는 모든 직간접적 커넥션을 의미하는 네트워크는 결코 새로운 현상은 아니다. 네트워크의 유연성과 적응성은 수직적이고 위계적인 관료제에 비해 큰 장점이지만, 기능간의 조정, 목표에 대한 집중도, 특정 업무의 완수 등에서 관료제만큼 효율적이지 못했다. 그러나 20세기 후반에 일어난 정보통신기술의 비약적 발전은 조직 모델로서 네트워크가 갖는 잠재력을 구현할 결정적 계기를 제공했다. 기존에도 중소기업은 다른 중소기업이나 대기업과 네트워크로 연결되어 있었지만, 정보통신기술은 그 지평을 전 지구로 확대함으로써 새로운 사업 기회를 제공한다. 대기업의 분권화된 의사결정, 전략적 제휴, 복잡한 외주 협정 또한 컴퓨터 네트워크의 발전 없이는 불가능했을 것이다. 물론 조직의 변화 자체는 기술 변동으로부터 어느 정도 독립적이며 기업이 급변하는 환경에 대처한 결

**표 5-2 기업 모델 비교**

| 유형 | 전통적 대기업 | 네트워크 기업 |
|---|---|---|
| 경영환경 | 표준화된 수요, 폐쇄시스템 | 다양한 수요, 개방시스템 |
| 경쟁우위 | 제품의 품질, 서비스 능력<br>대규모 R&D, 설비투자 | 시장 대응 능력, 시스템 통합 능력<br>디자인, 브랜드 |
| 기업조직 | 수직적 통합, 위계서열 | 수평적 분산, 네트워크 |

출처: 조형제(2005:135)에서 수정

과이다. 그러나 네트워킹이 지금처럼 조직 유연성과 사업전략의 핵심 요소로 부상한 것은 이러한 변화를 뒷받침할 일련의 기술들이 존재했기 때문이다. 카스텔은 경영혁신만 수반된다면 기술적으로는 어떤 기업이건 네트워크 조직 형태를 취할 수 있다고 단언한다.

미국 실리콘밸리에 소재한 시스코 시스템즈(Cisco Systems, 이하 시스코)는 네트워크 기업의 대명사로 꼽힌다. 세계 라우터 시장을 주도하는 유명 제조업체이지만, 생산의 90%를 아웃소싱하고 R&D, 시제품 설계, 품질관리, 브랜드 관리에만 주력한다. 그러나 시스코는 핵심적인 공급업체들을 생산시스템으로 통합함으로써 공급체인을 철저하게 관리한다. 또한 핵심 기술에 있어서만은 적극적인 인수 정책으로 자원을 내부화해 1993년에서 2000년 사이에만 70개 업체를 인수한 바 있다. 네트워크 모델은 첨단 산업의 기업들에 국한되지 않는다. 대규모 생산설비를 중추로 수직적으로 통합된 전통적 대기업 모델의 전형으로 여겨지는 자동차산업 또한 변하고 있다. 예를 들어 BMW의 X3나 X7 모델의 70%는 BMW가 설계, 생산, 조립한 것이 아니라 전 세계 공급업체 네트워크의 산물이다. 많은 자동차업체들이 소프트웨어나 전자장비 등을 개선하는 데 점점 더 많은 연구개발비를 투자하고 있으며 직접 생산에 나서기보다는 디자인과 브랜드에 집중하고 있다. 항공업체인 보

## 시스코 시스템즈(Cisco Systems)

미국 실리콘밸리에 본사를 두고 있는 시스코 시스템즈(Cisco Systems, 이하 시스코)는 네트워크 장비 및 솔루션을 제공하는 기업으로 1984년 설립되었다. 다락방에서 라우터를 조립하는 것에서 시작해 세계 라우터 시장의 85%를 점유하는 대기업으로 성장했다. 시스코는 기업 활동의 전 과정을 인터넷을 기반으로 재구축하였는데, 고객서비스를 담당하는 '시스코 커넥션 온라인'(Cisco Connection Online: CCO), 네트워크화된 제조 환경인 '생산 커넥션 온라인'(Manufacturing Connection Online; MCO), 직원들 간의 정보공유와 커뮤니케이션을 위한 '시스코 직원 커넥션'(Cisco Employee Connection)이 유기적으로 결합된다. CCO는 고객과 공급업체, 판매자, 사업 파트너를 위한 창구로 공급자와 고객 양쪽에 개방된 네트워크를 중심으로 조직되어 있어 수요와 생산 간의 실시간 피드백이 가능하다. 고객이 재고 수준을 실시간으로 추적할 수 있으며, 공급업체들이 직접 고객의 주문을 확인하여 해당 제품을 제조, 선적하기 때문에 배송기간이 획기적으로 단축됨은 물론 고객의 요구사항이 즉각 보고됨으로써 생산 결함을 정확하게 수정할 수 있다. 주문 중 60%는 직원이 전혀 신경 쓸 필요가 없을 정도로 완전히 자동화되었다. 고객서비스와 기술지원도 대부분 자동화되어 있으며 기술 정보는 거의 모두 온라인에 올려져 있다. 시스코의 수많은 공급업체들과 물류 파트너들은 MCO를 통해 연결되어 있어 전자결제, 전자문서교환, 자동화된 재고 관리가 가능하다. 또한 전 세계 수천 명의 직원들은 CEC를 통해 실시간으로 정보를 공유하고 커뮤니케이션할 수 있는데, CEO로 인해 직원교육과 직원 간 커뮤니케이션에만 각각 2,500만 달러, 1,600만 달러를 절감했다고 한다. 시스코는 인터넷을 통해 단순히 제품을 판매하는 것을 넘어 e-비즈니스를 기업 가치 사슬 전반에 활용한 최초의 기업이라 할 만하다.

잉Boeing도 항공기를 구성하는 수백만 가지 부품과 기능에 대한 통제권을 공급업체에 대부분 넘기는 한편, 최우선 사업이라고 할 수 있는 차세대 항공기 개발에서도 한국의 대한항공을 포함, 총 6개국의 100개가 넘는 공급업체들과 수평적 네트워크를 구축하여 대규모 개발 프로젝트가 요구하는 광범위한 전문 지식과 기술을 확보하고 위험 부담을 분산시켰다.

보잉의 예가 보여주듯, 네트워크 모델에서는 전통적인 생산자-공급자의 관계(수직적 하청모델) 대신, 최고사령탑 격의 주도 기업(최고 시스템 통합자, 여기서는 보잉)과 참여 업체들이 새로운 제품의 전체 수명 주기 동안 비용과 위험을 같이 부담하며 설계, 생산, 장기적인 유지 보수, 지원 등 대부분의 사안에서 협력한다. 주도 기업은 이 같은 거대 협력 네트워크의 노드node로서, 이전보다 생산에 덜 관여하는 대신 시스템을 설계하고 협업을 조율하며 브랜드를 관리하는 일에 집중하게 된다.

## 보잉의 787 드림라이너(Dreamliner)

2007년 7월 일반에 처음 공개된 787(왼쪽), 에버렛의 보잉 공장에서 조립 중인 787(오른쪽)

과거에는 보잉이 항공기 사양을 설계하면 공급업체들이 이 설계를 구현했다. 그러나 787의 개발에서는 여러 항공기 제조사들로 구성된 국제적인 팀이 설계과정의 초기 단계부터 참여했다. 엔진은 GE와 롤스로이스와의 협력 하에 개발되었으며, 20개가 넘는 공급업체들(영국의 BAE, 일본의 마쓰시타, 한국의 대한항공 등)이 보잉 팀과 협력하여 다양한 시스템과 조립 반제품에 필요한 기술을 개발하고 개념을 설계했다. 생산 역시 달라졌다. 직전 모델인 777의 경우, 부품 1만 개를 워싱턴 주 에버렛에 있는 공장으로 납품받은 후 비행기를 조립했다. 그러나 787은 모듈화를 채택함으로써 공급업체들이 설계하고 생산하는 조립 반제품이 전체의 70~80%를 차지한다. 수직안정판은 워싱턴 주 프레드릭슨에 위치한 보잉 공장에서, 이동 트레일링은 호주 호커드 하빌랜드 공장에서, 날개에서 동체까지의 페어링은 캐나다 위니펙에서 만든다. 후지, 가와사키, 미쓰비시 등의 일본 협력업체는 787의 전체 구조 중 35%를 담당하며 날개와 동체 가운데 부분에 집중한다. 모듈화 덕택에 777의 경우 13~17일가량 소요되었던 최종 조립이 787의 경우 사흘 만에 가능하다고 한다.

전 세계에 흩어져 있는 다양한 전문 분야의 설계자들과 생산자들로 팀을 구성해 고도로 복잡한 개발 프로젝트를 진행한다는 것은 그 자체로 엄청난 기술적, 조직적 과제이다. 보잉은 이를 위해 실시간 협업시스템을 개발했는데, 제품 수명주기 관리도구 및 설계 데이터를 공유함으로써 보잉 및 협력업체들의 구성원들이 언제 어디서나 동일한 도면과 시뮬레이션에 접속하여 이를 검토하거나 수정할 수 있다. 덕분에 설계 과정의 능률성이 크게 향상되었는데, 일례로 이전 모델인 777의 경우 전자부품 공급업체에 보내던 문서 분량이 2,500쪽이었던 데 비해 787의 요구명세서는 겨우 20장에 불과했다고 한다. 또한 예전에는 순차적으로 설계했던 부품들을 동시적으로 설계함으로써 통상 6개월이 걸리는 작업을 약 6주에 완료할 수 있다고 한다(Tapscott · Williams, 2007: 349–358).

그러나 이러한 첨단시스템도 대규모 협력 프로젝트의 관리와 하위 구성 부분간의 조율이라는 난제를 해결해주지는 못했다. 전일본공수(All Nippon Airways)로의 첫 납품은 공급업체의 생산 지연, 소프트웨어 문제, 설계 결함 등으로 인해 반복적으로 지연되다가 결국 2년 이상 지체된 2011년 초에나 인도 가능하리라는 최근의 공식 발표가 있었다. 부품 조달에서 지속적인 차질을 빚자, 보잉은 생산체인에 대한 보다 직접적인 통제를 위해 원래 동체 부분 제작을 맡았던 협력업체인 보우트 에어로스페이스의 항공기 조립 공장을 매입하는 '고전적' 전략을 사용하기도 했다.

**합리화의 철창**
막스 베버(Max Weber)는 합리화의 원리가 사회의 점점 더 많은 분야를 지배함으로써 합리적 제도들로 이루어진 빈틈없는 그물망에 갇힌 사회를 '합리성의 철창(iron cage of rationality)'이라고 불렀다.

**네트워크 사회 (Network Society)**
미디어 및 커뮤니케이션 이론가인 마뉴엘 카스텔이 주창한 개념으로, 지역적·국가적·전지구적 차원에서 개인, 집단, 정부 등이 각기 하나의 노드(node)로서 연결되어 있는 사회를 의미한다. 카스텔은 『네트워크사회의 도래』, 『정체성의 힘』, 『밀레니엄의 종언』 3부작을 통해 근대사회를 지탱했던 정치·경제·문화의 원리가 총체적으로 붕괴하고 인터넷에 기반을 둔 네트워크가 모든 것을 지배하는 사회로 이행하고 있다는 것을 입증했다.

이러한 대규모 협력 네트워크를 운영하는 것이 말처럼 쉽지는 않다. 보잉의 경우, 첨단 시스템의 도움에도 불구하고 설계, 부품 조달, 생산 등 다양한 분야에서 어려움을 겪었다. 네트워크 기업이 직면하는 보다 근본적인 문제는 경쟁력의 핵심인 자사의 독점적 지식과 기술을 보호하면서도 협력에 필요한 정보를 참여 기업들과 충분히 공유하는 문제다. 실제로 보잉 내부에서는 포괄적인 기술 제휴와 정보공유로 인해 보잉이 엔지니어링 분야에서 경쟁 우위를 잃을 수 있다는 우려도 있었다. 결국, 보잉은 수직안정판만은 외부업체에 맡기지 않고 내부적으로 설계·제작하기로 했는데, 그 결과 보잉의 자체 설계팀은 이전에 비해 규모가 크게 축소되었지만 핵심 분야에 집중된 고도의 숙련 인력으로 구성되었다.

## |5| 네트워크 사회와 사회의 맥도널드화

정보통신기술의 발전은 기업이 급변하는 환경에 대처해 조직을 재구조화할 방편을 제공함으로써 보다 작고 분권화되고 유연한 조직 형태로의 변화를 촉진했다. 그 결과, 베버가 "합리화의 철창iron cage of rationality"으로 묘사했던 관료제는 네트워크 조직과 같은 덜 위계적인 조직 형태에 의해 도전받고 있다. 이전 세대가 소수의 관료제적 조직에서 직장 경력의 대부분을 보냈다면, 앞으로의 세대는 네트워크로 연결된 다수의 조직을 넘나들 확률이 크다.

기업 규모의 축소나 분권화와 같은 기업조직의 변화는 기업이 요구하는 인력의 변화와도 밀접히 관련되어 있다. 경험적 지식과 전문성에 기초한 자율적 판단을 통해 예측 불가능한 환경에 능동적으로 대응할 수 있는 능력을 갖춘 '자체 프로그램 가능한 노동자self-programmable labor'가 그것이다(Carnoy, 2000; Castells, 2009). 그러나 카스텔이 지적했듯이, 기업의 핵심 부문을 구성하는 이러한 노동은 전체 고용의 일부일 뿐이며 대부분의 사람들은 '일반노동자'로 남는다. 이들에게는 탈인격적이고 위계적이며 표준화된 관료제적 조직이 여전히 직장 경험의 대부분을 구성할 수도 있다. 예를 들어, 114나 각종 고객서비스의 대규모 콜센터에 근무하는 수많은 노동자들은 스스로의 판단이나 창의성을 발휘할 여지가 전혀 없는 엄격히 표준화된 절차를 따라야 하며, 매번의 통화가 품질관리를 위해 녹음되고 세밀하게 감독·평가된다.

모든 기업조직이 동일한 방향으로 변화하는 것은 아니며 관료제의 종말을 논하는 것은 더더욱 섣부르다. 아직도 많은 산업과 직종에서는 관료제가 가장 효율적인 조직방식으로 여겨지고 있으며, '효율성, 계산 가능성, 균일성, 자동화를 통한 통제'를 근간으로 하는 패스트푸드점의 운영 원리가 우리 사회 곳곳에서도 발견된다. 정보통신기술은 네트워크 사회로의 변화를 촉진하는 것에 못지않게 사회의 맥도널드화를 강화하는 데에도 효과적으로 활용될 수 있다.

**생각해볼 문제**

1. 혈연, 지연, 학연과 같은 연줄망에 기초한 조직들과 네트워크 조직 간에 어떤 차이가 있는가? 정보통신기술은 기존의 연줄망 조직에 어떤 영향을 미치는가?
2. 기업조직이 물리적 경계를 넘어 확장되고 재택근무나 가상업무팀 등의 조직형태가 일반화된다면 사람들은 특정한 기업을 위해 일한다기보다 특정 일과 상대한다고 생각함으로써 기업에 대한 소속감이 약화될 수 있다. 기업 입장에서 볼 때 이러한 현상이 갖는 문제점과 해결책으로는 어떤 것이 있을까?
3. 모든 기업에는 공식 조직 외에도 비공식적 관계와 조직이 존재하며, 때로는 비공식적 관계가 업무를 처리하는 데 공식적 관계보다 더 유용하거나 기업의 주요 의사결정에 큰 영향을 미치기도 한다. 그 이유는 무엇일까? 정보통신기술을 이용해 직원들 간의 비공식적 관계를 공식화함으로써 기업 운영에 활용하려는 시도가 낳는 문제점은 없을까?
4. 네트워크 모델에서 주도 기업과 참여 업체간의 관계는 기존의 대기업과 하청업체 간의 수직적 관계와 어떻게 다른가? 정보통신기술은 어떤 점에서 중소기업에게 유리한 기회를 제공하는가? 정보통신기술을 이용함으로써 중소기업이 대기업과 대등한 경쟁력을 발휘하는 국내 사례를 찾아보자.
5. 정보통신기술이 관료제를 강화시키는 데 활용되는 사례를 주변에서 찾아보자. 관료제가 무조건 나쁜 것인가? 관료제의 장점을 살리면서 단점을 보완하는 방향으로 정보통신기술을 활용할 방법은 없을까?

## 더 읽을 거리

존 브라운 · 폴 두기드(2001), 이진우 역, 『비트에서 인간으로』, 거름.

마뉴엘 카스텔(2004), 박행웅 역, 『인터넷 갤럭시』, 한울.

마뉴엘 카스텔(2008), 김묵한 외 역, 『네트워크 사회의 도래』, 한울.

돈 탭스코트 · 앤서니 윌리엄스(2007), 윤미나 역, 『위키노믹스』, 21세기북스.

조지 리처(2003), 김종덕 역, 『맥도널드 그리고 맥도널드화』, 시유시.

## 참고문헌


앤서니 기든스(2009), 김미숙 외 역, 『현대사회학』, 을유문화사.

조지 리처(2003), 『맥도널드 그리고 맥도널드화』, 시유시.

존 매들리(2004), 차미경 · 이양지 역, 『초국적기업, 세계를 삼키다』, 창비.

존 브라운 · 폴 두기드(2001), 이진우 역, 『비트에서 인간으로』, 거름.

조형제(2005), 「정보화와 기업조직의 변화」, 이종구 · 조형제 · 정준영 외 편, 『정보사회의 이해』, 미래M&B.

지식경제부 · 정보통신산업진흥원(2010), 〈2010 국내기업 e-비즈니스와 IT활용 조사결과〉, http://www.nipa.kr

마틴 카노이 외(1998), 정헌주 · 윤상우 역, 『정보화시대의 지구경제와 국가』, 일신사.

마뉴엘 카스텔(2008), 김묵한 외 역, 『네트워크 사회의 도래』, 한울.

마뉴엘 카스텔(2004), 박행웅 역, 『인터넷 갤럭시』, 한울.

마뉴엘 카스텔(2009), 「정보화주의, 네트워크, 네트워크 사회-이론적 청사진」, 박행웅 역, 『네트워크 사회: 비교문화 관점』, 한울.

돈 탭스코트 · 앤서니 윌리엄스(2007), 윤미나 역, 『위키노믹스』, 21세기북스.

Attewell, P. 1994. "Information Technology and the Productivity Paradox," in D. Harris (ed.). *Organizational Linkages: Understanding the Productivity Paradox.* Washington, DC: National Academy Press.

Bryonjolfsson and Hitt. 2003. "Computing Productivity: Firm-Level Evidence," in

*The Review of Economics and Statistics*, 85(4): 793-808.

Carnoy, Martin. 2000. *Sustaining the New Economy: Work, Family, and Community in the Information Age*. Cambridge: Harvard University Press.

Carnoy, M. . M. Castells, S. Cohen, F. H. Cardoso. 1993. *The New Global Economy in the Information Age: Reflections on Our Changing World*. PA: Pennsylvania State University Press.

Carvel, John. 2008. "Wave Goodbye to the Nine to Five, and Say Hello to Virtual Enterprise", *The Guardian*, 14 March 2008.

Orr, Julian. 1996. *Talking About Machines: An Ethnography of a Modern Job*. NY: IRL Press.

Lucas, Henry C. 1999. *Information Technology and the Productivity Paradox*. NY: Oxford University Press.

Wenger, Etienne. 1998. *Communities of Practice: Learning, Meaning, and Identity*. Cambridge: Cambridge University Press.

Zuboff, Shoshana. 1984. *In the Age of Smart Machine*. New York: Basic Books.

# 06 고용과 노동의 변화

## |1| 정보사회의 노동에 대한 두 가지 이미지

정보사회에서 인간의 노동은 어떻게 변화할 것인가? 사회의 다른 영역에서와 마찬가지로 이 질문에 대해서도 두 가지 상반되는 견해가 있다. 한쪽에서는 산업사회 포드주의 체제의 산물인 단순 반복적 노동에 종사하는 노동자는 소수가 되고, 지식 수준이 높고 일터에서의 자율성을 보장받는 노동자들이 다수가 될 것이라고 전망한다. 산업사회가 공장노동자의 사회였다면 정보사회는 전문가, 또는 '지식노동자'의 사회라는 것이다. 다른 한쪽의 견해는 비관적이다. 지식노동자의 수는 한정적이며, 더 많은 사람들이 단순노동자로 남아 있거나 주변적 노동자로 전락하게 될 것이라는 전망이다. 정보사회는 대량 실업의 사회가 될 것이라는 시각도 있다.

## |2| 고용구조의 변화

### 1) 산업별 취업자 구성의 변화

**서비스 부문 취업자의 증대** 정보사회에서는 2차 산업 대신 3차 산

**정보사회(Information Society)** 공업을 주체로 발전해온 공업사회에서 벗어나 정보산업을 주체로 하며 다양한 정보의 생산과 전달을 중심으로 전개되는 사회. 이러한 발상은 다니엘 벨의 '탈공업화사회(Post Industrial Society)', 앨빈 토플러의 '제3의 물결(The Third Wave)'에서 찾아볼 수 있다. 1970년대 오일쇼크로 물질적 자원의 유한성이 강조된 이후 정보사회의 개념이 널리 거론되게 되었다.

업, 즉 서비스산업 취업자의 비중이 커진다. 농경사회는 1차 산업 위주의 사회이고 산업사회는 2차 산업 위주의 사회라면, 정보사회 또는 탈산업사회는 3차 산업 위주의 사회라는 도식은 이미 잘 알려져 있다.

사실 서비스업 취업자의 비율이 늘어나는 현상은 정보사회에만 국한된 것은 아니며 산업사회에도 나타났던 것이다. 미국의 경우 전체 취업자에서 서비스업 취업자가 차지하는 비율은 1929년에 이미 40%였으며, 1967년에는 55%로 증대되었다(Fuchs, 1968). 그런데 정보사회가 되면 2차 산업 취업자는 정체하거나 감소하며, 서비스업 취업자가 더욱 빠르게 증가한다. 실제로 주요 선진국에서 1970년대 이후 제조업 취업자가 감소하는 대신 서비스업 취업자가 크게 증가해왔다. 2007년 기준 서비스업 취업자 비율을 보면 미국 78%, 영국 77%, 프랑스 73%, 독일 68%, 일본 68%이다.

현대 정보사회에서 제조업 취업자가 감소하고 서비스업 취업자가 증가하는 주된 이유는 서비스산업 노동생산성의 발전 속도가 느리기 때문이다. 제조업은 기계화나 자동화가 쉬운 반면 서비스업은 그렇지 않다. 정보기술은 제조업의 생산성을 비약적으로 증대시킨다. 컴퓨터 기술은 단위 기계나 생산라인 자동화를 넘어 공정 전체 또는 공장 전체의 자동화를 실현시키고 있다. '무인공장'은 더 이상 상상 속의 이야기가 아니다. 이런 기술혁신에 따라 2차 산업의 생산 규모가 계속 늘어나더라도 취업자 수는 감소하는 현상이 나타난다.

다만 제조업의 비중 축소가 과장되어서는 안 된다. 취업자가 아닌 생산량을 기준으로 보면 더 그러하다. 코언과 자이즈만은 제조업이 여전히 일국 경제에서 중요한 비중을 차지하고 있으며, 많은 서비스 업종들이 제조업에 의존하고 있다고 말했다(Cohen · Zysman, 1987). 그들에 따르면 미국 제조업자 취업자 비율이 20% 아래로 떨어진 1980년대 중반에도 미국 GNP의 24%가 제조업에서 생산되었고, 다른 25%는 제조업과 직접 연관되어 있는 서비스업에서 생산되었다.

모바일 로봇 및 자동화 시스템 설비로 생산, 조립하는 '공장 무인화' 시연 장면

**후기 산업적 서비스 부문의 증대** 서비스 부문의 비중이 크다는 것이 곧 정보사회의 특징인 것은 아니다. 왜냐하면 서비스 부문은 서로 이질적인 다양한 하위 부문들로 이루어져 있기 때문이다. 서비스 부문은 내적 동질성이 있는 하나의 산업 부문이라기보다는 1차 산업과 2차 산업의 잔여 범주이다. 경우에 따라서는 산업화가 지체되어 서비스 부문의 비중이 커지기도 하는데, 이런 현상은 1950~70년대의 중남미 국가에서 흔히 볼 수 있었다.

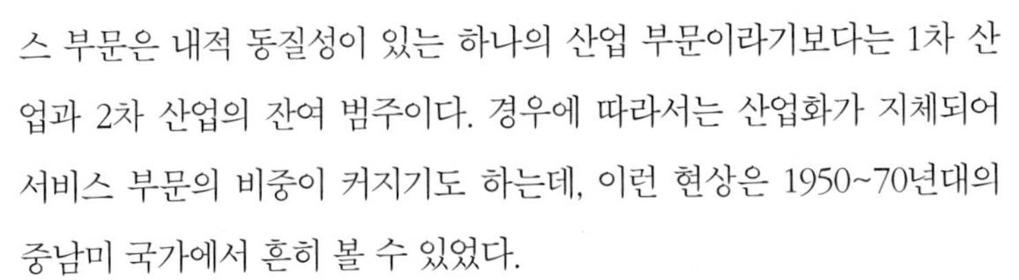

서비스 부문이 내적으로 다양하고 이질적이므로 이를 다시 나누는 것이 필요하다. 하나의 방식은 전통적 서비스업과 근대적 서비스업으로 나누는 것이다. 이중에 정보사회를 특징짓는 것은 물론 근대적 서비스업일 것이다. 다니엘 벨은 전前산업사회나 산업사회 단계에도 서비스산업이 있지만, 정보사회를 특징짓는 서비스산업은 다른 성격의 것이라고 말했다(Bell, 1981). 정보사회의 서비스산업은 교육, 건강, 사회 서비스를 포함하는 인적 서비스human service와 시스템 분석, 디자인, 정보처리 등의 전문 서비스professional service라는 것이다. 그에 의하면 1960년대 이후 새로이 고용이 증대된 부문은 바로 이 후기 산업적 서비스 부문이다.

그러나 정보사회라고 해서 후기 산업적 서비스 부문이 반드시 압도적인 비중을 차지하는 것은 아니다. 현대 선진국에도 도소매업이나 음식업, 숙박업과 같은 전통적 서비스업 취업자가 여전히 많다. 미국의 경우 2008년 현재 이 두 업종 취업자가 전체 취업자의 약 4분의 1을 차지하고 있다.

### 2) 직업별 취업자 구성의 변화: 전문직의 증가

정보사회에서는 취업자의 산업별 구성과 별도로 직업별 구성도 변화하는데, 단순 직종보다는 전문직과 기술직의 비율이 높아진다. 정보기술이 파급됨에 따라 이런 직종이 증가하는 이유는 얼마간 자명하다. 첫째, 정보화에 따라 새로이 등장하는 산업에는 높은 지식을 요구하는 일자리가 많다. 예를 들어 전통적 서비스업보다 근대적 서비스업에 고학력 인력이 많이 고용된다. 2차 산업에서도 컴퓨터나 반도체 같은 정보기술 산업에서는 단순한 제조 외에 연구·개발 기능이 중요하며, 여기에 종사하는 인력이 많다.

둘째, 기존 산업에서도 정보기술의 도입에 따라 전문적 지식을 가진 근로자의 비중이 커진다. 예를 들어 섬유산업에서 자동화가 진전되면 단순 육체노동자의 수는 감소하는 대신 자동화 장비를 운용하고 수리하는 엔지니어의 수는 증가한다.

전문 기술직의 증가에 대해서는 유보적 입장도 있다. 전문 기술직의 비중이 증가하긴 하겠지만 한계가 있다는 지적이다. 이런 시각에서는 정보화가 추진된다 하더라도 단순 노동은 계속 커다란 비중을 차지할 것이며 심지어 증가할 것으로 전망한다. 주보프가 말하듯이 정보기술은 '정보화informate'와 아울러 '자동화automate' 효과를 갖는다(Zuboff, 1984).

자동화는 단순 노동에서 더 쉽게 이루어지지만 반드시 그렇지는 않다.

### 한국의 고용구조 변화

한국의 고용구조 변화도 선진국에서와 유사한 모습을 보이고 있다. 전체 취업자 중 서비스업 종사자 비율을 보면 1980년에 37.0%, 1990년에 46.7%, 2000년에 61.2%, 2008년에 67.3%로 증가해왔다. 전체 취업자 중 전문 기술직(전문가, 기술공 및 준전문가)의 비율은 1985년에 5.8%, 1990년에 7.2%, 2000년에 11.6%, 2009년에 15.3%로 증가했다. 서비스업 중 후기 산업적 서비스업의 비중이 얼마나 증가했는가를 정확히 알 수는 없는데 그 이유는 산업 분류방식이 여러 차례 바뀌었기 때문이다. 단, 후기 산업적 서비스업에 속한다고 볼 수 있는 금융·보험·부동산 및 사회 서비스업 종사자 비율은 1980년 2.4%에서 2008년에는 13.7%로 크게 증가했다.

(출처: 한국노동연구원, 2010 KLI 노동통계)

단순 생산 노동자뿐만 아니라 숙련 노동자, 나아가 중간 관리자와 화이트칼라의 직무도 자동화될 수 있다. 이들의 일부만이 재훈련을 통해 전문 기술직으로 될 수 있을 뿐이며, 나머지는 단순 노동자가 될 가능성이 많다.

실제로 선진국에서 전문 기술직 취업자의 규모가 압도적으로 큰 것은 아니다. 국제노동기구ILO의 노동통계연감에 의하면, 2008년 현재 전체 취업자 중 전문 기술직의 비율은 미국 21%, 일본 15%, 영국 27%이다. 그렇지만 근래에 선진국에서 가장 빠르게 증가하고 있는 직종이 전문 기술직이라는 점도 분명하다.

## |3| 노동의 질의 변화

정보사회에서는 고용 구조가 변화하여 노동자의 '부류'가 변화하는 것과 동시에 같은 부류의 노동자가 하는 일에도 변화가 나타난다. 예를 들어 편의점에서 일하는 노동자는 계속 '판매 노동자'로 분류되지만, 그가 하는 일은 정보화를 통해 크게 달라질 수 있다. 즉, 그는 단순히 돈을 받고 거스름돈을 건네주기만 하는 것이 아니라 컴퓨터에 올라

**노동 소외(Alienation)**
생산수단의 소유와 노동의 분리가 이루어져 있는 자본제 경영체제 하에서 기계제에 의한 생산이 점차 늘어나고, 다시 경영조직의 대규모화가 진행됨에 따라 노동자가 인간적 가치를 상실하게 되어 무력감이나 좌절감을 갖게 되는 현상을 말한다. 마르크스는 이를 세 가지로 분류해 설명했다. 첫째, 노동 생산물로부터의 소외, 둘째, 노동 과정으로부터의 소외, 셋째, 자기 자신으로부터의 소외.

오는 정보를 이용하여 재고를 적정하게 유지하고 소비자의 정보를 본사에 보내는 역할을 하는 숙련 노동자 또는 지식 노동자가 될 수 있다. 과연 이런 변화가 일반적인 추세일까?

### 1) 숙련화 논쟁

**숙련화론** 많은 사람들은 기술 혁신이 노동자의 숙련 수준을 높일 것으로 보았다. 포드주의적 노동체제 하에서는 다수 노동자들이 단순 반복적인 작업을 담당했지만, 정보사회에서는 이런 일을 자동기계가 맡고 노동자는 기계 설비를 감시하거나 수리하는 숙련 노동자로 변화한다는 것이다. 케른과 슈만은 자동차, 기계, 석유화학, 전기전자 산업에 대한 조사를 토대로, 자동화에 따라 생산직 노동자들이 '시스템 컨트롤러system controller'로 바뀌는 경향이 있다고 말했다(Kern · Schumann, 1992). 시스템 컨트롤러는 기계 설비의 조작만이 아니라 프로그램의 작성도 하며, 이론적 지식과 경험적 지식을 겸비한 노동력이다. 이들은 스스로를 준전문가로 생각하며, 맡은 일에 대한 흥미도 높았다.

숙련화론에 따르면 마르크스를 위시하여 자본주의 비판가들이 항상 제기해온 '노동 소외' 문제가 정보사회에서는 크게 줄거나 해소된다. 이런 시각은 자본주의의 구조적 변화가 없어도 기술 혁신에 의해 노동 소외 문제가 해결될 수 있다는 함의를 담고 있기 때문에 주목된다.

**탈숙련화론** 기술 혁신이 노동자를 탈숙련화시킨다는 주장도 있다. 탈숙련화론의 대표적 이론가인 브레이버만은 독점자본주의에서는 생산노동뿐만 아니라 사무노동까지 탈숙련화된다고 주장하면서, 자동화 기술 도입을 그 주요 요인으로 들었다(Braverman, 1974). 그후에도 세

이른 등 여러 학자들이 기술의 탈숙련화 효과를 주장했다(Shaiken, 1989).

현대의 공장 자동화 라인

탈숙련화론의 핵심 주장은 기술 도입, 특히 자동화로 인해 노동자에게 소속되던 숙련이 기계로 이전되고 노동자는 단순한 보조 작업만을 하게 된다는 것이다. 예를 들어 쇠를 깎는 작업의 경우 수치 제어NC; Numerical Control 기계가 도입되기 이전에는 쇠를 깎는 각도와 깊이 등을 현장 노동자가 결정했고 이 때문에 노동자에게 상당한 숙련이 요구되었다. 그러나 NC 기계가 도입된 후에는 모든 것은 기계가 알아서 하고 노동자는 그저 재료를 기계에 집어넣고 빼기만 하는 단순 작업자로 전락한다. 작업자의 탈숙련화는 권력관계도 바꾼다. 과거엔 현장 작업자들이 숙련을 바탕으로 상당한 발언권을 가졌으나, 기계 설비의 운용과 수리가 엔지니어의 몫이 되면서 현장 노동자는 관리자나 엔지니어에 대해 매우 종속적인 위치에 놓이게 된다.

### 2) 기술 혁신과 노동의 관계

**기술결정론 비판** 기술 혁신이 인간의 노동에 어떤 영향을 미치는가는 산업사회학이 오래전부터 관심을 가진 문제이다. 블라우너Blauner는 '역U자 가설'을 제기하면서 자동화의 정도가 높아짐에 따라 처음엔 노동 소외가 증가하나 자동화의 정도가 더 높아지면 노동 소외가 낮아진다고 주장했다.

그런데 이런 주장은 기술이 노동의 내용을 결정한다고 보는 점에서 대표적인 기술결정론이다. 대부분의 학자들은 기술결정론을 받아들이지 않으며, 기술이 노동에 미치는 영향은 인간의 선택에 의해 다양하게 나타날 수 있다고 본다.

다시 쇠를 깎는 예로 가보면 자동화 이후 작업자의 숙련은 두 방향으로 나타날 수 있다. 하나는 생산 노동자가 과거의 숙련을 기계에 빼앗기고 보조 작업만을 하는 단순 노동자가 되는 것이다. 이것은 탈숙련화 경로이다. 다른 하나는 생산 노동자가 자동화된 기계를 작동시키기 위한 프로그램도 짜고 기계 설비가 고장 났을 때 응급 처치를 할 수 있는 능력도 익히는 것이다. 이것은 숙련화 경로이다. 이처럼 기술 혁신에 따른 노동의 질 변화는 사전에 결정되어 있는 것이 아니라 여러 방향으로 나타날 수 있다. 그리고 이 두 경로 중 어느 것이 현실화되는가는 인간의 선택에 달려 있다.

**기술 도입의 사회적 맥락** 자동화 기술이 노동에 미치는 영향이 인간의 선택에 달려 있다고 할 때 '인간'이란 누구인가? 그것은 여러 종류의 사람일 수 있지만 자본주의 사회에서는 역시 경영자의 선택이 가장 중요하다. 기술 도입이나 노동조직에 대한 기본적 의사결정권은 경영자에게 있기 때문이다.

그러면 경영자들은 자동화 기술 도입에 있어 어떤 의도를 가지고 어떤 선택을 하는가? 이 점에 대해서도 두 가지 대비되는 견해가 있다. 하나는 경영자가 자동화 기술을 도입하는 목적이 노동자들을 탈숙련화시키고 자본에 대한 종속성을 강화하는 데 있다는 견해이다. 이런 견해의 대표적인 사람은 노블인데, 그는 NC 기계 도입에 대한 유명한 연구에서 특정한 형태의 NC 기술이 도입된 이유는 그것이 효율적이어서가 아니라 그 기술을 통해 노동자를 탈숙련화하고 노동자에 대한

### 자동차산업에서 자동화가 노동자 숙련에 미치는 영향

우리나라의 현대자동차에서는 로봇을 중심으로 자동화와 정보화 기술이 대거 도입되었는데, 그것이 노동자의 숙련에 미친 영향은 '양극화'로 묘사된다(조형제 · 백승렬, 2010). 직접 생산라인에서 일하는 작업자들은 작업물을 기계에 넣는 정도의 단순하고 탈숙련화된 작업을 주로 담당하고 있다. 반면 일부 상층 노동자들은 기계 설비를 제어한다거나 고장을 방지하는 예방 보전 업무 등 높은 숙련의 일을 맡고 있다. 간접 부서 노동자들도 프로그램의 설치와 조정, 로봇 티칭 등을 담당하므로 높은 숙련이 요구된다.

자본의 통제를 강화할 수 있었기 때문이라고 주장했다(Noble, 1979).

다른 하나는 경영자들이 숙련화 경로를 선택한다는 것이다. 예를 들어 애들러는 기업 간의 경쟁 압력이 경영자로 하여금 탈숙련화 경로보다는 숙련화 경로를 선택하게 하고 있다고 주장했다(Adler, 1992). 상황 조건에 따라 경영자의 선택이 다양할 수 있지만 숙련화라는 전반적 추세는 뚜렷하며, 이런 경로를 선택하지 않는 경영자는 기업 간 경쟁에서 뒤처지게 될 것이라는 진단이다.

이 두 견해는 모두 일면적이라고 해야 할 것이다. 노블의 견해는 경영자의 의도와 전략을 너무 좁게 파악하고 있다. 근래의 노동 과정론자들도 인정하듯이, 노동을 숙련화시키고 자율성을 높이는 것이 자본 축적에 더 도움이 될 수 있다. 아들러의 견해도 경영자가 숙련화 경로를 택할 것이라는 것을 너무 낙관하고 있다.

경영자의 선택은 궁극적으로 개별 경영자의 몫이지만 나라별로 일정한 방향성을 가지는데, 그것을 결정하는 것이 사회적 맥락이다. 크게 보아 세 가지를 들 수 있다.

첫째, 시장 조건이다. 기업이 고가격 · 고품질 시장에서 경쟁하는가, 저가격 · 저품질 시장에서 경쟁하는가에 따라 노동 조직 전략이 상이하다. 전자의 경우에는 숙련화 경로를 선택할 가능성이 많고 후자의 경우에는 탈숙련화 경로를 선택할 가능성이 많다.

둘째, 노사관계의 성격이다. 노동자들이 생산방식의 결정에 참여할 수 있는 발언권을 가지고 있는 경우에는 숙련화 경로가 선택될 가능성이 높고, 그렇지 못한 경우에는 탈숙련화 경로가 채택될 가능성이 높다.

셋째, 사회제도이다. 여러 가지 사회제도가 영향을 미치겠지만, 중요한 것은 노동자 숙련 형성 제도이다. 예를 들어 독일에는 숙련 노동자를 공급하는 교육제도가 발전되어 있기 때문에 다른 나라에 비해 숙련화 경로가 널리 적용되고 있는 편이다.

## |4| 노동방식의 변화

### 1) 고용 유동화

**현대사회와 고용 불안** 현대사회의 특징을 고용 불안에서 찾는 것은 이제 상식처럼 되었다. 울리히 벡Ulich Beck은 고용 불안과 고실업을 현대 '위험사회'의 한 징후로 보았다. 지그문트 바우만Zygmunt Bauman도 현대 '유동적 근대사회'의 주요 특징으로 노동 유연성을 들었다. 카펠리Cappelli는 장기 고용을 특징으로 하는 내부화된 고용관계는 이미 과거의 것이며, 이제 고용관계는 시장 거래 관계에 지배된다고 말했다. '탈조직 커리어boundaryless career'라든가 '조직인의 죽음death of organization man'이라는 용어들도 현대의 고용관계를 특징짓는 문구로 제시되었다(Arthur · Rousseau, 1996; Bennett, 1990). 이제 평생직장은 옛말이고, 고용 안정job stability보다 고용 가능성employability이 중요한 시대이며, 이런 시대에 적응하기 위해 개인들은 끊임없이 자기 능력을 계발해

**위험사회(Risk Society)**
울리히 벡이 1986년에 출간한 『위험사회』에서 제시한 개념이다. 벡이 『위험사회』에서 주장한 핵심적인 내용은 "현대 산업사회가 무모한 모험(risk)을 체계적으로 재생산하고 있다"는 점이다. 전기(前期) 근대에서 모험은 부(富)를 위해 감수해야 하는 부수적 요인이었지만, 후기(後期) 근대로 가면서 '체제 자체가 무모한 모험'인 시대가 되고 말았다. 근대 초기의 무모한 모험은 '용기와 생산성'을 뜻했으나 후기 근대의 모험은 '모든 생명의 자기 파멸의 위협'을 의미한다. 울리히 벡은 이러한 위험이 과학기술과 이에 기반을 둔 군사-경제력에서 초래된다고 지적했다.

야 한다는 말도 흔히 들을 수 있다.

현대사회의 고용 불안이 과장되었다는 비판도 있다. 아우어와 까즈(Auer · Cazes, 2000)에 의하면, 1990년대 동안 선진국에서 근로자의 평균 근속 연수나 직장 유지율에는 별 변화가 없었다.

그러나 현대사회에서 고용 불안이 확산되고 있다는 사실 자체를 부인하긴 어

**현대자동차 비정규직 철폐 전국 노동자대회** 출처: 진보신당

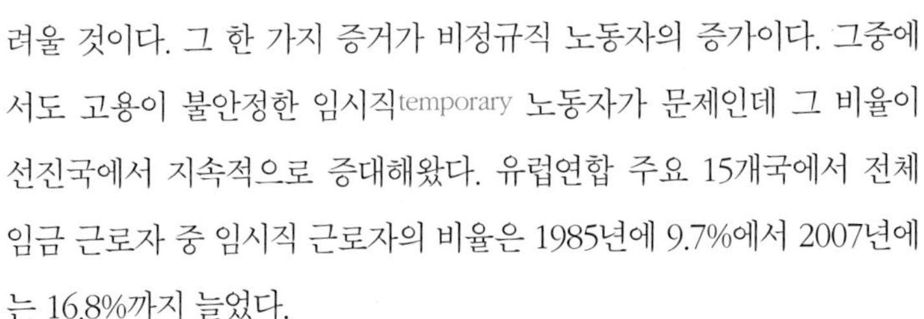
려울 것이다. 그 한 가지 증거가 비정규직 노동자의 증가이다. 그중에서도 고용이 불안정한 임시직temporary 노동자가 문제인데 그 비율이 선진국에서 지속적으로 증대해왔다. 유럽연합 주요 15개국에서 전체 임금 근로자 중 임시직 근로자의 비율은 1985년에 9.7%에서 2007년에는 16.8%까지 늘었다.

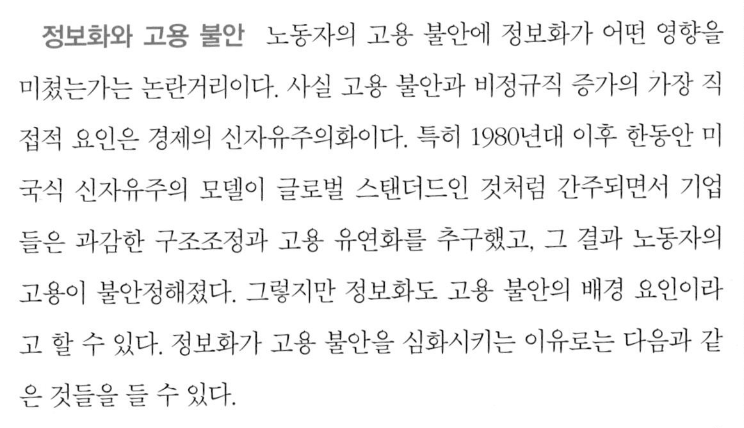
**정보화와 고용 불안** 노동자의 고용 불안에 정보화가 어떤 영향을 미쳤는가는 논란거리이다. 사실 고용 불안과 비정규직 증가의 가장 직접적 요인은 경제의 신자유주의화이다. 특히 1980년대 이후 한동안 미국식 신자유주의 모델이 글로벌 스탠더드인 것처럼 간주되면서 기업들은 과감한 구조조정과 고용 유연화를 추구했고, 그 결과 노동자의 고용이 불안정해졌다. 그렇지만 정보화도 고용 불안의 배경 요인이라고 할 수 있다. 정보화가 고용 불안을 심화시키는 이유로는 다음과 같은 것들을 들 수 있다.

**신자유주의(Neo-liberalism)**
국가권력의 개입 증대라는 현대 복지국가의 경향에 대하여 경제적 자유방임주의 원리의 현대적 부활을 지향하는 사상적 경향이다. 고전적 자유주의가 국가 개입의 전면 철폐를 주장하는 데 비해, 신자유주의는 강한 정부를 배후로 시장경쟁의 질서를 권력적으로 확정하는 방법을 취한다. 신자유주의는 1980년대의 영국 대처 정부에서처럼 권력기구를 강화하여 치안과 시장 규율의 유지를 보장하는 '작고도 강한 정부'를 추구한다.

첫째, 기업 내 숙련의 퇴화이다. 기업 내에서의 경험과 교육을 통해 얻어지는 숙련은 기업 내 고용 안정의 경제적 기반이었다. 그런데 정보기술의 확산에 따라 경험적 숙련보다 지적 숙련의 중요성이 상대적으

### 한국 IT산업에서의 아웃소싱

우리나라 IT산업의 한 가지 특징이 하도급 관행이다. 대형 IT회사가 일감을 따면 자기 회사가 직접 처리하지 않고 일정한 마진을 제하고 일의 대부분을 중소기업에 넘긴다. 이 중소기업은 다시 마진을 제하고 일의 상당 부분을 영세 업체에 넘긴다. 영세 업체는 다시 마진을 제하고 일을 프리랜서에게 넘기는 식이다. 이런 하도급 구조는 IT산업 발전을 가로막고 있다. 사람들은 첨단 IT산업에 전통 산업인 건설업의 악습이 남아 있다고 개탄한다. 일단 타당한 지적이다. 그러나 IT 기술이 이런 외주화를 용이하게 하는 것도 사실이다.

로 증가한다. 기업 내에서 장기 근속한 고참 노동자보다는 학교에서 최신 교육을 잘 받은 젊은 신참 노동자가 훨씬 업무 처리를 잘하는 일이 벌어지는 것이다. 게다가 기술 혁신이 빨라지면 기존의 숙련은 금방 쓸모없게 된다. 이런 상황에서 기업들은 근로자를 장기 고용하면서 기업 내에서 숙련을 양성하기보다는 외부 시장에서 그때그때 필요한 인력을 충원하는 방식을 선호한다. '인력 양성'보다 '인력 조달'이 주된 고용방식이 되며, 고용관계는 더욱 시장 지배적인 관계로 변화한다. 구체적 방법으로는 인력을 단기 계약직으로 채용한다거나 아예 외주화하는 것을 들 수 있다. 컴퓨터산업 등 첨단산업에서 이런 경향이 두드러진다.

둘째, 정보화에 따른 서비스업 취업자 증가도 고용 불안의 조건이 된다. 서비스업의 고용이 불안한 다양한 이유가 있다. 우선 서비스업은 대체로 기업 규모가 작다. 따라서 내부 노동시장이 크게 발달하지 못하고 기업 자체가 시장에 오래 존속하지 못하므로 근로자의 고용도 불안정하다. 또한 서비스업은 최종 상품을 저장할 수 없으므로 수요의 변화에 따라 산출량이 즉각 변동되어야 한다. 이를 위해서는 인력의 유연성이 필요하다. 그리고 서비스업의 숙련은 제조업에 비해 기업 특수적 성격이 약한 편이다. 따라서 기업으로서도 장기 고용관계를 유지할 인센티브가 적다.

셋째, 정보화로 인한 기업조직의 변화도 한 가지 요인이다. 정보사회에서는 조직형태가 위계적 조직에서 평판형flat 조직으로 바뀌는 경향이 있는데, 이것은 사무직 및 중간 관리직의 내부 노동시장을 약화시키고 이들의 고용 불안을 심화한다. 또한 정보사회에서는 거래비용transaction cost의 감소로 아웃소싱이 활성화되고 기업조직 규모가 작아지는데, 이 역시 고용 불안의 원인으로 작용할 수 있다. 그 가장 극단적 형태는 프리에이전트free agent이다. 정보기술 발전에 따라 개인 간 네트워크가 발전하고 이것은 일종의 생산수단이 되는데, 이런 경향은 프리에이전트가 증가할 수 있는 사회적 기반이 된다(Pink, 2001).

### 2) 원격근무의 확산

정보사회를 가장 잘 표상하는 고용 형태가 원격근무telework이다. 산업사회의 노동자들은 정해진 작업장에 같은 시간에 모여 일을 했고, 이것은 토플러가 산업사회 문명의 6가지 기본 원리에 동시화synchronization와 집중화concentration를 포함시킨 주된 근거였다. 이에 비해 정보사회의 노동자들은 원격근무를 통해 노동의 시간적, 공간적 제약을 뛰어넘을 수 있다.

원격근무는 단지 근무 형태만을 바꾸는 것이 아니라 다양한 장점을 가질 것으로 기대되었다. 원격근무라는 용어를 처음 유행시킨 잭 닐스Jack Nilles는 원격근무가 확산되면 통근의 필요성이 줄어들어 에너지를 절약할 수 있을 것으로 보았다. 토플러는 『제3의 물결』에서 '전자주택electric cottage'이라는 용어를 사용하면서 앞으로 사무실 대신 가정이 생산활동의 중심이 될 것이라고 전망했다(Toffler, 1991). 원격근무는 일과 생활의 균형work-life balance을 실현할 수 있을 것이며 나아가 지역

**산업사회 문명의 기본 원리**
앨빈 토플러는 『제3의 물결』(1980)에서 '제2의 물결'인 산업사회를 지배해온 기본 원리로, 다음의 6가지를 꼽았다. 표준화, 전문화, 동시화, 집중화, 극대화, 중앙집권화. 토플러는 전자정보산업혁명이 이끄는 '제3의 물결'로 이러한 6가지 원리가 붕괴되며, 인간관과 노동, 가족, 사회, 정치 형태가 근본적으로 달라진다고 주장했다.

원격근무의 이상적인 면을 강조한 그림

공동체에도 중요한 영향을 미칠 것으로 기대되었다(Haddon · Silverstone, 1995).

그러나 현실에서는 원격근무의 많은 문제점들이 드러났다. 노동자들이 고립감을 느낄 수 있고, 장시간 근무에 시달릴 가능성이 있으며, 근로 조건 · 승진 · 교육 훈련 등에서 통상적 근로자에 비해 차별을 받을 수 있고, 업무 스트레스가 가정생활에 곧바로 투영되어 가족 내 긴장이 높아진다는 점 등이 그것이다. 노동 조건이 열악한 가내 노동과 원격 노동이 잘 구분되지 않는다는 점도 지적되었다. 심지어 원격 노동은 노동의 유연화, 주변화, 착취 강화의 수단에 불과하다는 비판도 제기되었다.

그렇다고 원격근무가 부정적으로만 평가되고 있는 것은 아니다. 잘만 활용되면 일과 생활의 균형을 가져올 수 있기 때문이다. 원격근무가 노동과 삶의 질에 미치는 영향은 양면적이고 복합적이며, 노동자 집단에 따라 다르다(Haddon · Brynin, 2005). 선진국의 노동조합들도 원격근무에 대해서 대체로 조건부 지지 입장을 표명하고 있다.

과연 원격근무는 얼마나 확산되고 있는가? 경험적 연구들은 지난 30년간 원격근무가 기대만큼 빠르게 늘어나지 않았다는 것에 대체로 동의한다. 미국과 캐나다의 경우 원격근무자는 전체 노동자의 5~12% 정도일 것으로 추산되며(Chalmers, 2008), 더 낮다는 연구도 있다. 한편 2005년에 실시된 유럽 노동조건 조사European Working Conditions Survey에 의하면, 유럽 27개국을 대상으로 볼 때 자기 노동시간의 대부분을

### 스마트폰아, 내 휴가를 돌려다오!

한 통신업체 임원은 여름휴가를 맞아 가족들과 부산 광안리 해수욕장을 찾았다. 하지만 상사는 물론이고 같은 사무실에 근무하는 직원 몇 명을 빼고는 그가 휴가를 다녀온 사실조차 모른다. 휴가지에서도 스마트폰을 사용해 이메일로 보내오는 업무 협조 요청을 모두 처리하고 결재까지 마쳤기 때문이다. 그는 "내 업무와 관련된 것인데 외면할 수 없어 가족들이 쉬는 시간을 이용해 처리했다"고 말했다.

회사원 정 아무개(41) 씨도 강원도 강릉시 한 계곡의 농촌체험마을에서 휴가를 보냈다. 휴가 이틀째 되는 날, 팀장이 전화를 걸어 "휴가 중에 일을 시켜 미안하지만, 회사 통신망에 올려진 업무 보고서 내용을 확인하고 수정해 달라"고 부탁했다. "노트북을 갖고 오긴 했지만 인터넷이 연결 안 되는 곳이라 당장은 힘들다"는 그의 말에, 팀장은 "테더링 서비스를 이용하면 가능하다"고 방법까지 알려 주었다. 결국 정씨는 회사 업무 시스템에 접속해 일처리를 하느라 한나절을 보냈다.

스마트폰이 직장인의 출·퇴근 시간 개념을 없앤 데 이어, 아예 휴가지의 모습까지 바꾸고 있다. 올해 여름휴가를 다녀온 직장인들 가운데는 스마트폰 탓에 휴가지에서도 회사 업무를 처리해야만 했다고 하소연하는 경우가 많다. 지난해까지만 해도 외진 곳으로 휴가를 떠나면 노트북이 없다거나 인터넷 연결이 안 된다거나 하는 핑계를 댈 수 있었던 것과는 딴판이다.

(출처: 한겨레신문 2010년 8월 18일 기사)

원격근무로 일하는 근로자의 비율은 1.7%, 자기 노동시간의 1/4 이상을 원격근무로 일하는 근로자의 비율은 7%로 집계되었다. 참고로 이 조사에서 원격근무란 '정보기술을 이용하여 통상적 근무처와 별개의 장소에서 이루어지는 근로형태'로 정의되었다. 원격근무자를 성별로 보면 여성보다는 남성이 많았으며, 주된 업종은 부동산업과 금융중개업이었고, 직종별로는 관리·전문·기술직에서 많았다.

원격근무의 전형적인 형태는 근로자가 정보기술을 이용하여 자기 집에서 일을 하는 재택근무이다. 그러나 원격근무는 다장소 노동multi-location work이나 이동사무실mobile office이라는 형태로 나타나기도 한다(Hislop and Axtell, 2009; Hardill and Green, 2003). 다시 말해 근로자들이 사무실이나 자기 집뿐만 아니라, 자동차나 전철 안, 공항, 호텔, 카페 등 어디서나 일을 할 수 있게 되는 것이다. 최근에는 스마트폰이 보급되면서 직장인은 어디서나 회사의 네트워크에 접속하여 업무를 볼 수 있게 되었다. 노동의 공간적 제약이 거의 완전히 극복되는 것이다. 노동이 공간적 제약을 벗어난다는 것은 시간적 제약도 벗어난다는 것을 의미한다. 즉, 낮이고 밤이고 언제 어느 때나 출근해 있는 것과 마찬가지인 셈이 된다.

노동이 시공간의 제약을 벗어나게 되면 노동자의 자율성이 커질 수 있지만 동시에 노동 강도가 강화될 공산이 크다. 과거 직장인들은 일터를 벗어나면 상사의 직접적 지시가 닿지 않으므로 쉴 여유가 있었다. 그러나 휴대폰과 스마트폰이 발달하면서 그런 여유는 사라졌다. 돌이켜보면 전화, 팩스, 컴퓨터, 인터넷 등 정보기술은 모두 노동 강도 강화에 기여해왔다. 회사는 근무를 마치고 집에서 쉬고 있는 근로자를 전화로 호출할 수 있게 되었고, 팩스를 통해 작업 지시를 전달할 수 있게 되었고, 인터넷을 통해 회사 일을 처리하도록 지시할 수 있게 되었다. 이제 스마트폰은 근로자에게 아주 조금 남아 있는 여유 시간마저 제거하고 있다.

## |5| 노동자 내부 불평등 확대

정보사회에서는 노동자 내부의 불평등이 심화될 가능성이 크다. 노동자 내부의 불평등은 정보화가 본격적으로 추진되기 이전부터 있던 현상이고, 1차 노동시장과 2차 노동시장의 분리가 그 대표적인 것이었다. 정보사회에서는 이런 불평등이 더 확대되고 새로운 모습으로 나타나는 경향이 있다.

노동자 내부 불평등이 확대되는 가장 큰 요인은 부가가치의 원천이 직접 생산노동으로부터 지식과 정보로 이동해 가고 있는 것이다. 앞에서 보았듯이 정보사회가 된다고 해서 모두 지식 노동자가 되는 것은 아니며 단순 또는 반숙련 노동자들이 커다란 규모로 존재한다. 대량생산 시대에는 단순 또는 반숙련 생산 노동자가 생산에서 차지하는 비중이 컸기 때문에 이들의 사회경제적 지위가 유지되었다. 그러나 정보사회에서는 이들의 중요성이 감소하고 이들이 얻게 되는 경험적 숙련의 가치도 퇴색된다.

여기에 세계화에 따라 단순 노동이 개도국으로 아웃소싱되는 경향도 더해져 단순 노동자의 지위는 더 낮아진다. 그 결과 전문기술 노동자와 단순·반숙련 노동자 간의 임금 격차가 확대된다. 예를 들어 미국의 임금 통계를 보면 1980년대 이후 전문 기술직 노동자와 생산직 노동자의 임금 격차가 지속적으로 증가해왔다.

정보사회에서 기업 규모가 작아지고 고용 불안정이 증가하는 추세 역시 불평등을 확대시키는 요인으로 작용한다. 과거에는 대기업을 중심으로 기업 내부 노동시장이 발전되어 노동자들이 적나라한 시장 경쟁으로부터 보호되었고, 임금 결정에도 시장 논리보다는 조직 내 평준화 논리가 상당히 작용했다. 그러나 기업 내부 노동시장의 보호막이 약화되면 숙련 수준이 낮은 노동자의 노동 조건은 악화되며 주변적 노동자층이 증가한다.

전통적으로 노동시장 불평등 정도가 낮던 유럽에서도 근래에 이런 현상이 확산되고 있다. 독일 통신산업에 대한 연구에 의하면 통신기업들은 많은 사업 부서를 외주화하고 있다. 그런데 외주화된 사업체에는 노조가 없거나, 설령 있어도 모기업에 적용되는 단체협약의 적용 대상에서 배제되어 모기업에 비해 낮은 임금과 근로조건을 적용받는 경우가 많다. 그 결과 노동자 내부의 임금·근로조건 격차가 확대되고 있다(Doellgast, 2009).

그러나 불평등의 확대가 정보사회의 필연적 결과인 것은 아니다. 정보기술이 노동의 질에 미치는 결과가 인간의 선택에 달려 있듯이 불평등의 확대 여부도 인간의 선택에 달려 있다. 정보기술 수용에 뒤처져 낙오자가 되는 사람들에게 실효성 있는 재훈련 교육이 시행되고, 노동시장에서의 임금격차를 제어하는 제도적 장치가 작동되고, 적극적인 사회복지제도가 시행된다면 불평등은 크게 완화될 수 있다.

**생각해볼 문제**

1. 자동화 기술이 비약적으로 발전함에 따라 기계가 사람을 대체하는 일이 많아지고 있다. 이런 추세가 계속되면 일은 기계가 하고 사람들은 놀고먹을 수 있을 것 같지만, 대량 실업이 문제가 될 것 같기도 하다. 이것은 기우에 불과할까? 기우가 아니라면 어떤 해결책이 있을까?
2. 현대의 고용 불안은 어디까지가 정보기술의 발전 때문이고, 어디까지가 신자유주의적 구조 변화 때문일까?
3. 평생직장이 옛말이 되었다면 개개인은 어떻게 적응해야 할까? 사회는 개인의 적응을 위해 무엇을 해줄 수 있을까?
4. 원격근무가 삶의 질을 높이기 위해서는 어떤 조건들이 필요할까?
5. 정보화 사회에서의 숙련 격차 때문에 초래되는 불평등을 제어할 수 있는 구체적 제도나 정책에는 어떤 것들이 있을까?

**더 읽을 거리**


조형제(2005), 『한국적 생산방식은 가능한가?』, 한울.

제레미 리프킨(1996), 이영호 역, 『노동의 종말』, 민음사.

울리히 벡(1999), 홍윤기 역, 『아름답고 새로운 노동세계』, 생각의나무.

돈 탭스코트 · 앤서니 윌리엄스(2007), 윤미나 역, 『위키노믹스』, 21세기북스.

## 참고문헌


박형준(1991), 『현대노동과정론: 자동화에 대한 연구』, 백산서당.

조형제 · 백승렬(2010), 〈유연자동화와 숙련 성격의 변화: 현대자동차 차체 공장의 시스템 조정 노동자를 중심으로〉, 『산업노동연구』 16(1): 275-306.

다니엘 핑크(2001), 석기용 역, 『프리에이전트의 시대가 오고 있다』, 에코리브르.

앨빈 토플러(1991), 김태선 · 이귀남 역, 『제3의 물결』, 기린원.

울리히 벡(1997), 홍성태 역, 『위험사회』, 한울.

울리히 벡(1999), 홍윤기 역, 『아름답고 새로운 노동세계』, 생각의나무.

제레미 리프킨(1996), 이영호 역, 『노동의 종말』, 민음사.

지그문트 바우만(2009), 이일수 역, 『액체근대』, 강.

Adler, Paul. 1992. "Introduction." in P. Adler (ed.). *Technology and the Future Work*. Oxford University Press.

Arthur, Michael and Denise Rousseau. 1996. *The Boundaryless Career*. Oxford University Press.

Auer, Peter and Sandrine Cazes. 2000. "The Resilience of the Long-Term Employment Relationship: Evidence from the Industrialized Countries." *International Labour Review* 139(4): 379-408.

Bell, Daniel. 1973. *The Coming of Post-Industrial Society*. New York: Basic Books.

Bell, Daniel. 1981. "The Social Framework of the Information Society." in T. Forester (ed.). *The Microelectronics Revolution: the Complete Guide to the New Technology and its Impact on Society*. MIT Press.

Bennett, Amanda. 1990. *The Death of the Organization Man*. New York: William Morrow and Company.

Braverman, Harry. 1974. *Labor and Monoply Capital*. New York: Monthly Review Press.

Cappelli, Peter. 1999. *The New Deal at Work*. Harvard Business School Press.

Chalmers, Lee. 2008. "Using IT in Work at Home: Taking a Closer Look at IT Use in Home-located Production." *New Technology, Work and Employment* 23(1-2): 77-94.

Cohen, Stephen S. and John Zysman. 1987. *Manufacturing Matters: The Myth of the Post-Industrial Economy*. New York: Basic Books.

Doellgast, Virgoinia. 2009. "Still a Coordinated Model? Market Liberalization and the Transformation of Employment Relations in the German Telecommunication Industry." *Industrial and Labor Relations Review* 63(1): 3-23.

Fuchs, Victor. 1968. *The Service Economy*. Cambridge, MA: National Bureau of Economic Research.

Haddon, Leslie and Malcolm Brynin. 2005. "The Character of Telework and the Characteristics of Teleworkers." *New Technology, Work and Employment* 20(1): 34-46.

Haddon, Leslie and Roger Silverstone. 1995. "Telework and the Changing Relationship of Home and Work." in N. Heap, R. Thomas, G. Einon, R. Mason and H. Mackay (eds.). *Information Technology and Society*. London: Sage.

Hardill, Irene and Anne Green. 2003. "Remote Working—Altering the Spatial Contours of Work and Home in the New Economy." *New Technology, Work and Employment* 18(3): 212-222.

Hislop, Donald and Caroline Axtell. 2009. "To Infinity and Beyond? Workspace and the Multi-location Worker." *New Technology, Work and Employment* 24(1): 60-75.

Kern, Horst and Michael Schumann. 1992. "New Concepts of Production and the Emergence of the System Controller." in Paul Adler (ed.). *Technology and the Future Work*. Oxford University Press.

Noble, David. 1979. "Social Choice in Machine Design: The Case of Automatically Controlled Machine Tools." in A. Zimbalist (ed.). *Case Studies on the Labor Process*. New York: Monthly Review Press.

Shaiken, Harley. 1989. "The Automated Factory: Vision and Reality." in T. Forester (ed.). *Computers in the Human Context*. MIT Press.

Zuboff, Shoshana. 1984. *In the Age of Smart Machine*. New York: Basic Books.

# 07

# 일-가족-개인생활의 변화

## |1| 정보사회에서 일-가족-개인생활의 변동

일과 가족 영역을 결합하는 하나의 형태로서 남성 생계 부양자 모델은 19세기 이후 발전된 산업자본주의의 산물이다. 노동자 가족의 삶의 공간에 통합돼 있던 일과 가족생활이 분리되어 각각의 영역은 성별에 따라 할당되었고, 가정 바깥에서 주로 남성이 수행하는 임금노동은 자본주의 사회에서 유일하게 가치를 인정받는 특권적 영역이 되었다. 가족생활이나 여가 활동을 임금노동의 부속물로 여기는 일 중심 패러다임, 가사와 돌봄을 전담하는 여성의 주변적 지위를 당연시하는 성별 분업 체계는 이러한 산업사회의 근간을 이루었다.

그러나 탈산업사회, 정보사회에서 일과 가족, 개인생활의 관계는 변화하고 있다. 정보통신기술의 발달은 근대적 시공간의 제약을 없애고 실시간으로 통합된 세계 시장은 기업 조직과 일 자체의 변화를 초래했다. 지난 반세기 동안 여성의 노동시장 진출은 유연성과 성 평등이 경합하는 노동 세계의 새로운 장을 열었다. 남성은 임금노동, 여성은 가사와 보살핌을 전담한다는 고정관념이 옅어지고, 남녀 모두가 일-가족-개인생활을 다양하게 배치하는 삶의 방식을 시도하게 되었다.

**남성 생계 부양자 모델**
남성이 가족의 생계를 책임지는 부양자이며, 여성 배우자는 피부양자로서 가사와 양육을 전담하는 형태의 가족을 말한다. 이는 산업사회 가족의 보편적 형태를 지칭하는 개념이자 전후 서구 복지국가 모델의 전제로 간주되어왔다. 그러나 이러한 가정은 남성 가장이 벌어온 '가족임금'으로 생계를 유지할 수 있는 가족이 앞서 산업화된 몇몇 국가의 중간계층 이상에서나 가능했다는 점에서 남성 중심 가족/사회구조를 유지하는 이데올로기에 불과하다는 비판도 제기되어왔다.

## |2| 여성 노동력 증가와 근대적 가족 형태의 쇠퇴

20세기 중반 이후 여성의 노동시장 진출 확대는 전 세계 경제에서 공통적으로 나타난 현상이다. 2009년 현재 OECD 국가의 여성 경제활동 참가율은 61.3%에 이르며, 스웨덴 등 북유럽 국가들은 이미 80년대 중반 70%를 넘어서 현재 전체 여성의 4분의 3이 임금노동에 종사하고 있다. 한국에서 여성의 노동시장 진출은 이보다 더디지만 1980년 41.6%이던 참가율은 2009년 현재 49%로 증가했고, 맞벌이 가족의 비중도 전체 2인 이상 가구의 3분의 1을 차지하게 되었다.

이로써 남성 가장이 임금노동을 통해 가족 전체를 부양하고, 여성은 가정에서 부불 노동을 전담하는 산업사회의 보편적 가족 형태는 점차 쇠퇴하고 있다. 이는 변화하는 경제에서 여성의 역할이 확대되고 있음을 의미하는 것이기도 하지만, 그동안 가족 안의 여성에게 의존했던 사회 재생산의 방식이 더 이상 원활하게 작동할 수 없게 되었다는 것이기도 하다. 그렇다면 여성의 노동시장 진출, 특히 기혼 여성이 가족을 경제적으로 부양하기 위한 활동에 나서게 된 지난 50여 년간의 변화는 어떻게 가능했을까?

### 1) 고용 유연화와 여성 노동력의 활용

지구화된 시장, 격화된 기업 간 경쟁 속에서 기업은 노동에 투여되는 비용을 최소화하고 시장의 순환에 대응하여 노동력을 신축적으로 조정할 수 있는 고용체계를 확립해왔다. 관료적으로 조직되었던 거대 기업 조직들은 하청과 외부화를 통해 규모를 축소하고 정규직 노동력을 임시직, 파트타임 등 탄력적으로 동원할 수 있는 노동력으로 대체했다.

이러한 고용 유연화는 고용과 소득의 불안정성, 노동계급 내부의 불평등을 증대시켰지만 역설적으로 여성이 노동시장에 진출할 수 있는 기회가 되기도 했다. 여성 고용률의 증가가 주로 파트타임 노동력의 확대에 기인한다는 것이 대표적인 예다. 2009년 현재 OECD 국가의 평균 여성 파트타임 비율은 26.1%로 남성(8.4%)에 비해 3배가량 높다. 여성 파트타임 비중이 60%로 가장 높은 네덜란드를 비롯하여 대다수 유럽 국가에서 파트타임은 여성 노동력의 3분의 1을 상회한다.

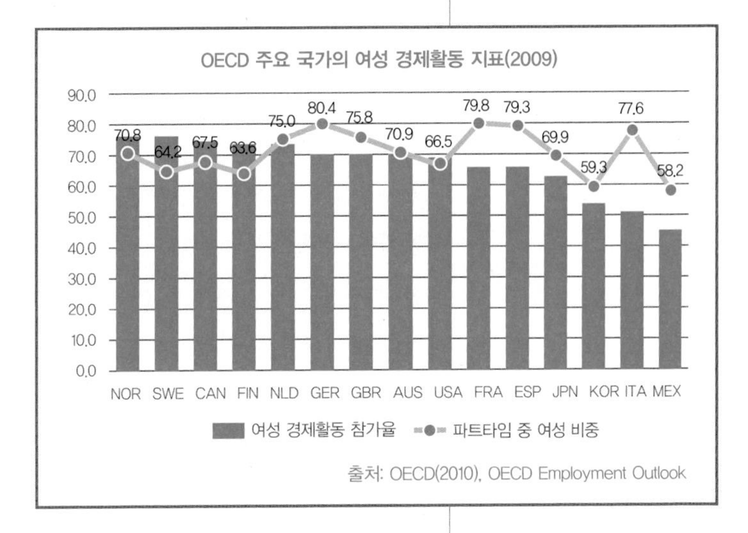

출처: OECD(2010), OECD Employment Outlook

기혼 여성의 노동시장 진출이 풀타임을 파트타임으로 대체하거나 파트타임 일자리를 추가로 확대하는 과정과 동시에 이루어진 것은 파트타임이 가족 돌봄과 소득 활동을 병행해야 하는 여성에게 적합한 고용 형태로 여겨졌기 때문이다. 직장과 가족에서 다중적인 역할을 수행해야 하는 여성의 조건과 고용 유연화라는 기업의 요구가 적절히 들어맞은 셈이다(Castells, 2000). 그러나 이는 여성이 불안정한 저임금 일자리를 채울 수 있는 주요한 집단으로 등장했다는 의미이기도 하다. 유연고용 체계는 더 많은 여성들을 노동시장으로 유인했지만, 여성 일자리의 상당수는 파트타임이나 사무직, 판매·서비스직의 질 낮은 일자리들로 채워졌다. 여전히 가족 내에서도 여성은 구성원들을 돌보는 1차적인 책임을 지고 있으며 이것이 노동시장에서 주변적 지위를 결정하는 요인이 되고 있다.

### 2) 노동의 탈남성화

기술 발달과 노동의 탈물질화가 초래한 일의 성격 변화는 여성의 노동시장 진출을 촉진하는 또 다른 요인이다. 산업사회에서도 여성은 전통적인 서비스 산업에 많이 종사했지만, 서비스 부문의 확장은 '여성적' 특성을 지닌 노동력을 더 많이 필요로 하게 되었고 여성에게 적합하다고 여겨지는 새로운 일을 임금노동으로 흡수해왔다.

먼저 생산 기술이 발전하면서 제조업을 비롯한 여러 직종에서 강한 육체적 힘을 요하거나 유해 위험 요인을 감수해야 하는 직업 요건들은 점차 줄어들었다. 중장비가 물건을 들거나 옮기는 작업을 대체하면서 전통적인 블루칼라 직종에도 여성들이 많이 진입할 수 있게 된 것이다(Hakim, 2004). 지식 집약적 노동에 대한 수요가 늘어난 것도 여성에게 새로운 기회를 제공한다. 남성 중심이던 전문·관리직의 확대는 성별 고정관념을 뛰어넘은 고학력 여성들을 흡수하며 점차 성 중립화되고 있다.

이 밖에 대다수 직종이 사람을 상대로 하는 기술을 필요로 하게 되었다는 점도 여성의 진입 가능성을 높이는 요인이다. 고객 서비스 custom service; CS 부문이 고객을 편안하게 응대하고 보살피는 '여성적' 기술을 요하는 일자리로 전 산업에 확산된 것이 대표적인 예다.

교육, 보건 등 사회 서비스 부문은 특히 탈산업사회에서 늘어난 대표적인 여성 일자리다. 우리나라에서도 교육 서비스, 보건·사회복지 서비스는 여성이 다수를 차지하는 직종이면서 고용이 가장 빠르게 증가하고 있는 분야이다. 보건·사회복지 서비스업은 최근 5년간 종사자 수가 15% 이상 증가했으며 이중 여성이 차지하는 비중은 2009년 현재 77.6%(120만 명)에 달한다. 이는 여성의 노동시장 진출 확대와 동전의 양면을 이루는 현상으로, 어린 자녀나 노인, 환자의 돌봄, 자녀 교육이 가족에서 시장이나 공공부문으로 이전된 결과이기도 하다.

### 3) 여성운동과 성 평등, 가족 지원정책의 발전

마지막으로 근대적 가족 형태가 초래한 성별 불평등을 제거하고 여성의 사회·경제적 시민권의 보장을 요구한 여성운동의 확산과 그 결과 등장한 사회정책의 효과를 들 수 있다. 1970년대 서구에서 일어난 제2물결second wave 페미니즘 운동은 남녀의 성 역할을 고정하고 여성을 가족에 머물게 해온 사회구조에 도전하며, 여성의 임금노동을 가로막는 장애물을 제거하기 위한 다양한 활동을 전개했다. 각국에서 임금차별을 규제하고 동등한 고용 기회를 보장하는 법률이 제정되기 시작한 것도 이때부터다.

나아가 페미니스트들은 가장인 남성 노동자를 전제로 한 노동·사회보장체계가 여성의 주변적 지위를 유지시켜왔다고 비판했다. 전후 서구 국가의 사회보장제도는 임금노동자가 실업, 노후 생활, 질병 등으로 노동이 불가능하여 생계에 위협을 받을 경우를 대비하는 체계로 정착되어왔다. 그러나 남성 가장이 '가족 임금'과 이러한 사회보장의 수혜 대상이 되고 여성은 그 남성의 아내나 어머니로서 간접적인 혜택을 받는 한 여성은 시민으로서 온전한 지위를 인정받을 수 없다(Pateman, 1992). 이러한 문제 제기는 여성이 독자적으로 임금노동에 참여함으로써 경제적 자립과 시민적 지위를 획득할 수 있게 하고, 여성이 수행해온 가족 돌봄을 사회화해야 한다는 주장으로 이어졌다. 1970년대부터 공공 부문에서 여성 일자리를 창출하고 공공 보육 서비스 확충, 부모 휴가 도입 등 가족 지원 정책을 시행한 북유럽 국가들은 이를

**제2물결 페미니즘 운동**
19세기 중반부터 20세기 초 여성 참정권 운동으로 대표되는 제1물결 페미니즘과 구별되는 개념으로, 1960년대 후반부터 80년대 중반 사이 서구에서 일어난 일련의 여성운동을 지칭한다. 이 시기 여성운동은 법과 제도는 물론 여러 비공식 영역의 불평등 문제를 제기하고 가족, 섹슈얼리티, 재생산권 등 광범위한 영역에서 여성해방을 지향하는 다양한 활동들로 나타났다.

## 일-가족 균형(Work-Family Balance)

'일-가족 균형'은 개인이 일과 가족생활을 조화롭게 양립하는 삶에 대한 지향이자, 이것이 가능하도록 지원하는 정부와 기업의 정책 의제를 일컫는 표현이다. 그러나 개인의 삶에서 갈등을 빚는 영역은 무엇이며 각 영역 간의 관계를 어떻게 이해하는 게 바람직한가에 대한 견해 차이를 반영하여 다양한 표현들이 함께 사용되고 있다. 예컨대 '일-생활 균형(work-life balance)'은 일과 양립하는 영역이 가족에 국한된 것이 아니며 가족이 없는 사람이라 하더라도 자기 돌봄과 여가 활동에 충분한 시간을 쏟을 수 있어야 한다는 의미에서 '가족' 대신 '생활'이라는 용어를 사용한다. 여기서 생활을 '개인생활'이라는 용어로 대체해야 한다는 주장도 있는데 이 표현이 일을 '생활'에서 분리된 것으로 간주함으로써 일과 가족, 개인생활에 대한 통합적 이해를 저해한다는 것이다(Lewis · Gambles · Rapoport, 2007). '균형' 또한 논란의 대상이다. 이는 일과 가족(또는 생활)을 한쪽이 늘어나면 다른 한쪽이 줄어드는 관계, 상호 대당의 관계로 가정한다는 점에서 일과 가족, 개인생활이 개인의 삶에 통합되어 하나의 전체를 구성하고 있는 현실을 간과하게 만든다는 것이다(Lewis & Cooper, 2005). 이에 최근에는 이러한 현실을 적절히 표현하는 용어로 일과 가족, 개인생활의 '통합(integration)'이 제안되고 있다(Lewis et al., 2007).

가장 적극적으로 수용한 사례다.

여성에게 동등한 소득 기회를 보장하면서 가족 내 보살핌의 공백을 메우는 이러한 전략은 남성 생계 부양자 가족 형태를 지양하는 새로운 모델로 나아간다. 대안적 복지국가에 대한 페미니스트 논의는 남성과 여성 모두가 임금노동자이자 보살핌의 제공자가 되는 평등한 가족 모델과 그것을 확립하기 위한 국가의 역할을 제시했다(Fraser, 2000; Orloff, 1993). 그럼에도 새로운 일-가족 결합 모델의 실현은 지연되고 있다. 대체로 여성은 남성에 비해 임금이 낮고 고용이 불안정한 일자리에 종사하고 있어 완전한 경제적 부양자이자 임금노동자로서의 지위를 누리지 못하고 있다. 가족 돌봄의 책임도 여전히 여성'만'의 몫으로 남아 있다. 돌봄은 일부 공공 서비스나 시장의 상품으로 대체되었지만 정부, 기업, 그리고 남성의 역할은 여전히 미미하다. 맞벌이 부모의 생활을 지원하는 제도적 장치의 부족, 가사와 돌봄을 분담하지 않으려는 남성의 태도가 새로운 가족 모델의 출현을 지연시키고 있다(Hochschild, 1989).

## |3| 유연근무제, 새로운 일-가족-개인생활의 배치

그렇다면 무엇이 변화를 자극할 수 있을까? 페미니스트들은 그동안 일 영역에 뿌리내려온 규범의 전환에 주목한다. 노동자라면 가족 돌봄의 책임도 개인생활도 없는 사람처럼 자신의 모든 시간과 에너지를 일에 쏟아 부어야 한다는 전제를 바꾸지 않으면 안 된다는 것이다. 이는 돌볼 가족도 없고 자기 스스로를 보살피는 것마저 타인에게 의존하는 경우에나 가능한 것으로, 결국 '노동자=남성 가장'이라는 공식을 당연시하기 때문이다. 80년대 이후 정부와 기업의 정책 의제로 확산된 일-가족 균형work-family balance은 남녀 노동자 모두가 일과 가족 돌봄, 여가 활동의 조화를 추구하도록 지원함으로써, 일을 우위에 두고 가족과 여가 활동은 개인이 알아서 할 문제로 여겨온 관행에 도전한다. 유연근무제flexible work arrangement는 그중 하나로, 노동자가 일-가족-개인생활의 시공간을 필요에 따라 유연하게 배치할 수 있게 하는 제도로 자리 잡아왔다.

### 1) 유연근무제의 도입과 확산

유연근무제는 노동의 장소와 시간을 유연하게 적용하여 노동자가 직장과 가정, 노동시간과 개인생활의 시간을 보다 자유롭게 넘나들 수 있게 하는 제도로, 원격근무teleworking나 재택근무telecommuting, 유연노동시간flextime이 대표적이다. 이는 업무가 아침 9시부터 저녁 6시까지 사무실이나 공장이라는 정해진 공간에서 수행되어야 하며, 이러한 규칙은 서로 다른 가족 상황에 관계없이 모든 노동자에게 일괄 적용되어야 한다는 근대적 노동 관행에 도전한다. 유연근무제가 시행되는 기업

**유연근무제 (Flexible Work Arrangement)**
일정한 시간과 장소 형태를 요구하는 정형화된 근무제도에서 탈피한 신축적인 근무제도로, 근무의 시간과 장소를 어떤 방식으로 배치하느냐에 따라 달라지는 여러 유형들을 포함한다.

**표 7-1 유연근무제의 유형과 내용**

| 유형 | 내용 |
|---|---|
| 원격 및 재택근무 | 근로자가 직장과 가족에 설치된 컴퓨터 또는 팩스와 같은 통신수단을 이용하여 직장으로 출근하지 않고도 업무를 수행하는 제도. |
| 시차출근제 | 근로자들이 1일 근무시간을 유지하면서 시업 시간과 종업 시간을 자신이 선택하도록 하는 제도로, 가령 아침과 저녁 시간을 자녀를 위해 사용하거나 출퇴근 시간의 시간낭비와 혼잡 비용을 줄이고 업무 집중도를 높이고 여가 및 자기계발 시간을 늘리도록 하는 제도. |
| 집중 근로 시간제 | 근로자가 주 5일 모두 근무하는 것이 아니라 근무 요일을 줄여서 일주일 근무시간을 유지할 수 있는 근무 형태. 일반적으로는 주 40시간이 5일 이내로 압축되는 것으로 가령 4일간 하루 10시간씩 일하는 형태. |
| 직무 공유 | 하나의 직무를 두 사람 이상의 근로자가 공유하여 직무 공유자 간에 업무시간을 탄력적으로 조정하는 제도. |
| 풀타임·파트타임 전환제 | 풀타임으로 근무하던 근로자가 파트타임으로 전환할 수 있도록 하는 제도. 근무시간을 단축하는 대신에 이에 상응하여 임금은 줄어듦. |

출처: 김혜원 외(2007), 『저출산 및 인구고령화 대응 연구: 가족친화적 고용정책의 기업 수용성 연구』, 한국보건사회연구원

에서 취학 자녀를 키우는 노동자가 있다면 출퇴근 시간을 앞당겨 자녀가 귀가하는 시간에 맞춰 집에 돌아갈 수 있다. 보다 집중적인 보살핌이 필요한 어린 자녀를 둔 어머니라면 일정 기간 파트타임으로 일하다 풀타임으로 복귀할 수도 있다.

미국을 비롯한 여러 나라에서 유연근무제는 빠르게 확산되어왔다. 글로벌 경영컨설팅회사인 휴이트 어소시에이츠Hewitt Associates에 따르면 미국 기업의 유연근무제 도입 비율은 1996년 31%에서 2005년 74%로 10년 사이 두 배 이상 증가했으며, 미국 노동통계국은 노동시간을 유연하게 조정할 수 있는 노동자가 전체 노동자의 30%에 이른다고 보고하고 있다. 2007년 영국에서 진행된 사업체 조사에 따르면 풀타임·파트타임 전환제를 실시하는 기업이 74%였으며, 시차출근제나 직무공유제를 실시하는 곳도 절반 이상이었다. 일본에서도 2008년 현재 유연노동시간 등 탄력적 근무제도를 도입한 기업의 비율이 절반을 넘어

섰다.

반면 우리나라에서 유연근무제를 시행하는 기업은 5% 미만으로 추정되어 아직까지 널리 활용하지 않고 있는 편이다(김혜원 외, 2008). 그러나 저출산·고령화에 대응하는 일-가정 양립 정책의 확산과 더불어 최근 정부와 기업이 유연근무제에 많은 관심을 갖기 시작했다. 2010년 8월부터 중앙정부·지자체 전 공무원을 대상으로 유연근무제가 실시되었고, 같은 해 7월 정부가 발표한 '스마트워크smart work 활성화 전략'은 정보통신기술을 활용하여 시간·장소의 제약을 받지 않는 근무 환경을 조성, 2015년까지 전체 노동자의 30%가 원격 근무 등 유연근무제를 활용할 수 있게 한다는 목표를 제시했다.

### 2) 기업의 유연근무제 도입 배경과 전략

우리나라에서도 이미 많은 노동자들이 스마트폰으로 회사나 집, 출퇴근 시간이나 여가 활동 중에도 업무를 처리하고 있다. 언제 어디서든 인터넷을 통해 정보망에 접근할 수 있다면 그 시간 그 장소가 곧 업무 시간이자 사무실이 되는, 말 그대로 '모바일 오피스'가 가능해진 것이다. 혁신적인 정보 기술은 이처럼 시공간상의 제약을 제거함으로써 일과 가족, 개인생활의 경계를 흐리고 유연한 재배치를 가능하게 했다. 기업은 이러한 변화에 기반하여 신축적이고 탈중심화된 조직에 적합한 노동력을 확보하고 그들의 역량을 극대화하는 데 유연근무제를 활용한다.

오늘날 기업에서는 경험적 지식과 전문성을 바탕으로 예측 불가능한 시장 환경에 능동적으로 대응할 수 있는 전문·관리직 노동력이 핵심 부문을 차지하고 있다(Carnoy, 2000). 이들의 참여와 헌신이 기업의

'일과 놀이'를 기조로 디자인된 구글(Google) 취리히 사무실. 호텔 같은 식사를 제공하는 것은 물론 각종 여가, 유흥, 건강관리를 위한 시설을 갖추고 있다.

성과를 좌우할 만큼 중요해지면서 기업은 안정적인 고용을 보장하지 않는 대신 유능한 인재를 확보할 수 있는 다른 혜택을 제공하지 않을 수 없게 된다. 이른바 고헌신high commitment 관리체계는 기업의 인사 전략에서 중요한 비중을 차지하게 되었고, 유연근무제라는 선택도 그 일환이 되었다. 이는 기업이 노동자에게 충분한 자율성을 부여하고 있을 뿐 아니라 노동자의 삶의 질에 많은 관심을 가지고 있다는 징표가 될 수 있기 때문이다.

여러 글로벌 기업들이 '가정 같은 직장'을 만드는 것도 이러한 전략의 일환이라고 할 수 있다. 여가 시설을 갖춘 사무 공간, 가정에서 제공되는 것보다 한층 높은 수준의 휴식과 건강관리, 식사 등의 편의를 제공하는 근무 환경은 노동자들의 창조적인 아이디어와 함께 기업에 대한 헌신을 이끌어 낼 수 있는 적절한 기제로 활용된다. 이처럼 과거 직장과 가정이라는 공간적 구분에 따라 이루어진 일과 여가, 개인생활은 경계를 넘나들며 노동자의 생활 패턴에 변화를 가져오고 있다. 언제든 가정이 직장이 될 수 있고 반대로 직장이 가정이 되는 경험이 노동자의 일상생활에서 더 이상 낯설지 않게 된 것이다.

또한 유연근무제는 기업의 생산 비용을 절감할 수 있는 유력한 방법이 되기도 한다. 육아휴직, 양육 보조 수당과 같은 다른 가족 지원 프로그램에 비하면 유연근무제는 큰 비용을 들이지 않고도 직원들의 일-가족-개인생활 균형을 지원할 수 있는 제도적 수단이다. 원격 근무, 재택근무를 통해 사무실 유지 비용을 획기적으로 줄인 기업의 사례도 유연근무제에 대한 관심을 유도하고 있다. 미국에서 향후 10년 내 전체 노동자의 10%가 추가로 원격 근무를 실시할 경우 사무실 공간이 33억 평방피트(약 3억$m^2$) 절약될 것으로 예상되고 있다. 실제로 글로벌 IT 기업인 선마이크로시스템즈는 전 직원의 절반 이상이 참여하는 원격근무 시스템인 'OpenWork'를 통해 사무공간 비용을 3억 8,700만 달러 절감하는 효과를 거두었다고 한다(홍효진, 2009).

## |4| 새로운 불평등과 일 중심의 삶

유연근무제가 보다 자율적인 노동과 보다 효율적인 경영, 나아가 남성과 여성의 일-가족 책임을 평등하게 재배치하는 데 기여할 수 있다는 기대는 과연 얼마나 실현되고 있을까? 유연근무제는 정말로 노동자의 일-가족-개인생활이 조화를 이루는 데 도움이 되고 있을까? 여러 논의들은 유연근무제가 초래한 또 다른 불평등에 주목하며 오늘날 기업 조직과 노동의 변화가 오히려 일 중심성을 강화했다고 주장한다. 이는 유연근무제가 확산되는 특정한 정치·경제적 맥락, 즉 신자유주의의 지배와 전지구적 자본주의라는 조건과 관련된다. 지구화된 자본은 새로운 불평등의 경계를 양산할 뿐 아니라 일과 가족, 개인생활을 통틀어 노동자의 삶 전반에 밀착된 보다 강력한 통제력을 행사하고 있기 때문이다.

### 1) 유연근무제를 둘러싼 불평등의 경계

유연근무제의 활용에서 가장 눈에 띄는 제약 중 하나는 정작 이 제도를 사용할 수 있는 노동자가 일부 특권적인 지위를 누리고 있는 집단에 국한된다는 점이다. 유연 고용체계 하에서 분절된 노동자 집단 간의 경계가 유연근무제에 대한 접근 가능성으로 인해 더 뚜렷해지고 있는 셈이다. 미국 노동시장에서 누가 유연근무제를 더 많이 활용하고 있는가에 대한 조사 연구들은 성별과 인종, 학력 등 노동자의 개인적 특성이나 직업적 특성이 어떤 차이와 불평등을 만들어내고 있는지 검토한다. 백인이 아닌 노동자, 여성 노동자들이 유연근무제에 접근할 수 있는 가능성은 백인, 남성 노동자에 비해 더 적게 나타났다(Gorden, 2001). 또 학력 수준이 낮고 임금이 적을수록, 간부나 관리직에서 지위가 낮은 직업으로 갈수록 유연근무제를 활용하기는 더욱 어려워진다(Swanberg · Pitt-Catsouphes · Drescher-Burke, 2005).

때문에 안정적인 소득과 지위가 보장되는 노동자들은 가족생활에 문제가 생기더라도 유연근무제를 활용하여 풀타임 고용을 유지할 수 있지만, 인적 자본이 부족하고 지위가 낮은 노동자들은 파트타임이나 야간근무 등 불안정한 일자리를 옮겨 다니는 것으로 일-가족 갈등에 대처할 수밖에 없다. 이러한 불평등은 일을 줄이고 싶지만 장시간 노동을 해야 하는 사람과, 더 많은 시간 일하고 싶지만 그럴 기회가 주어지지 않아 단시간 노동을 하는 사람 간의 격차를 심화시킨다(Jacobs · Genson, 2004). 결국 이들 중 누구도 자신이 원하는 일과 가족생활의 균형에 이르기 어렵지만, 오늘날 유연 노동시장에서 더욱 문제가 되는 이들은 능력과 자원이 부족한 노동자들이다. 유연근무제가 제도의 취지와 달리 파트타임 일자리의 무분별한 확산으로 이어져 불안정

노동자들을 양산할 수 있다는 우려가 제기되는 것도 이런 맥락에서 이해될 수 있다(박재범, 2010).

**유연근무제 등 여성노동자의 현실을 고발한 풍자극 〈대한여성늬우스〉의 한 장면**
출처: 민주노총 여성위원회

### 2) 24시간 경제, 24시간 노동

모든 기업의 활동은 24시간 중단 없이 작동하는 전 지구적 시장에 민감하게 반응하게 되었다. 이는 노동시간이 시장의 변화에 따라 끊임없이 조정될 수 있으며 결국 조정의 키 역시 '시장'이 쥐게 된다는 것을 의미한다. '24시간 경제'는 노동자가 24시간 일에 대한 긴장을 놓지 못하게 하며, 이런 조건에서 유연근무제도는 이전보다 더한 일 중심의 생활을 강제할 수 있다. 일-가족-개인생활의 신축적 조정이 가족과 개인생활에 할애하는 시간마저 일에 투여하게 하는 명분에 불과하게 되는 것이다.

최근 몇 년 사이 미국 노동시장에서 전문·관리직의 노동시간은 계속 증가해왔다(Jacobs·Genson, 2004). 일례로 글로벌 시장의 영향을 가장 직접적으로 받는 금융업 관리직의 일과 가족생활을 연구한 블레어-로이와 제이콥스(Blair-Loy·Jacobs, 2003)는 유연근무시간이 오히려 장시간 노동을 촉진하는 데 활용되는 사례들을 보여준다. 24시간 긴박한 시장 변화에 대응해야 하는 이들에게 유연근무시간이란 곧 일을 가족, 개인생활의 시공간으로 연장하는 것을 의미할 뿐이다. 경쟁의 압력 하에서 노동자들은 점점 더 일을 생활의 중심에 두도록 재조직되며 그만큼 성공적인 커리어와 가족 돌봄의 조화는 기대하기 어렵게 된다.

이처럼 전지구적 시장의 가족 친화적이지 못한family unfriendly 영향력 때문에 유연근무제를 비롯한 기업의 가족 지원 프로그램은 바람직한 사용자라는 평판을 얻기 위한 제스처에 불과하다는 비판도 제기된다(Kelly, 1999; Crompton, 2001). 페미니스트들은 노동시간의 탄력성을 강화하여 풀타임 정규직 남성 가장을 전제로 한 '이상적 노동자' 규범을 남녀를 불문하고 일과 가족생활을 조화롭게 병행하는 노동자 모델로 대체해야 한다고 주장해왔다(Lewis, 1996; Williams, 2000). 그러나 세계 시간을 활용하여 생산력을 증대시키려는 글로벌 경제는 잠도 자지 않고 소비도 하지 않으며, 돌볼 아이도 없고 직장 밖에서 사회활동을 전혀 하지 않는 노동자를 이상적인 노동자상으로 제시하고 있다(Carnoy, 2000). 과거의 규범은 보다 성 중립적으로 변화했을지 모르지만 그 결과는 남녀 노동자 모두에게 가족과 개인생활을 더 많이 포기하도록 종용하고 있다.

## |5| 자기 통제를 통한 일-가족-개인생활 관리

문제는 위와 같은 변화가 가져오는 일-가족-개인생활 간의 갈등을 노동자 스스로 관리하게 하는 논리들이 새로운 노동 규범으로 확산되고 있다는 점이다.

노동자의 자기 관리 능력을 인정과 보상의 중심에 두는 경영 기술들은 노동자들이 능동적으로 기업과 시장의 요구에 부합하여 자신의 삶을 재조직하게 만들고 있다. 이른바 '지식 기반 경제'는 자율적·자발적으로 업무에 몰입하는 노동자를 이상적인 노동자상으로 제시하며, 다종다양한 업무를 통합적으로 수행할 수 있는 자기 프로그래밍self-programming 능력을 기준으로 노동자를 평가한다(서동진, 2009). 따라서

**지식 기반 경제(Knowledge-based Economy)**
지식의 생성, 분배, 활용에 직접적인 기반을 둔 경제, 즉 자본이나 노동력보다는 지식이 경쟁력과 성장의 원천이 되는 경제를 말한다. OECD 회원국의 경우, 전체 국내총생산(GDP)의 절반 이상이 교육, 정보, 통신서비스와 같은 지식기반 산업 활동에 의한 것으로 추정되고 있다. 그러나 생산과정에서 노동자를 배제시키고, 세계화와 자유화라는 신자유주의 경제를 뒷받침하는 이데올로기로 작용한다는 비판도 있다.

'능동적 주체'가 될 것을 강조하며 노동자들이 자기 통제와 동기 부여를 스스로 책임지게 하는 것, 나아가 이러한 주체화 과정이 외견상 노동자의 자율성을 저해하지 않도록 직접적인 통제나 명령 없이 이루어지게 하는 것이 오늘날 기업 경영의 주된 관심사가 되었다(Lazzarato, 2005).

### 1) 일-가족-개인생활을 관리하는 규칙들

노동자들은 스스로를 역량 있는 인적 자원으로 계발해야 하는 주체로 호명되고 그에 따라 자신의 삶을 관리·통제하는 일련의 목표를 설정할 것을 요구받는다. 쉼 없는 자기계발은 일생의 과제가 되었고 그러한 기술을 코치하는 자기 경영, 기업가 정신, 시時테크 등의 담론은 일뿐 아니라 가족과 개인생활을 관리하는 규칙들을 제안한다.

이러한 논의들은 공통적으로 일과 개인생활의 문제를 균형/불균형의 문제로 바라보는 '구태의연한' 시각에서 벗어나야 한다고 지적한다(Donkin, 2010). 일과 개인생활은 분리된 서로 다른 영역이 아닐뿐더러 삶에서 이 둘이 완벽한 균형을 이루는 순간은 결코 오지 않기 때문이다. 따라서 제로섬 게임이나 윈-루즈 관계를 가정하는 '균형'에 대한 환상을 버리고 이 둘의 관계를 어떻게 바람직한 방향으로 관리할 것인지, 자신만의 방법을 터득하고 실천하라고 주문한다(Kossek · Lautsch, 2008). 이런 관점에서 보면 유연근무제를 비롯한 기업의 지원 프로그램은 별반 고려의 대상이 되지 않는다. 가족과 개인의 생활이 일에 방해가 되지 않도록 또는 일에 도움이 되도록 재조직하는 기술을 코칭하는 것만으로 기업의 역할은 충분하다는 것이다.

예컨대 프리드만(Friedman, 2002)은 일과 개인생활 조화의 원칙으로 노동자들이 업무와 개인생활 각각의 목표와 우선순위를 명확하게 이

## 가족의 비즈니스화

미국의 사회학자이자 젠더 연구자인 알리 러셀 혹실드는 『시간 압박(The Time Bind)』(1997)에서 유연노동 시스템 안에서 살아가는 남녀 노동자의 일과 가족생활을 조망하며 '일터가 가정이 되고 가정이 일이 되었을 때 어떤 일이 벌어지는가'라는 질문을 던진다. 일 가정 양립 지원 정책이 실시되는 기업에서도 일하는 부모들은 더 많은 시간을 일에 투여하고, 그로 인해 줄어든 가족생활 시간은 보다 압축적으로 보내야 한다. 경영 기술을 가족생활에 적용하는 것은 일의 요구와 가족 및 개인생활의 요구가 불균형한 '시간 압박'에 대응하는 방식 중 하나가 된다. 예컨대 직장에서 업무를 범주화하고 시간을 세분화하는 규칙들은 가사일을 추려내고 범주화하며 일부는 아웃소싱하는 등 계획을 수립하는 데 활용된다. 요리 시간을 단축할 수 있는 인스턴트식품을 활용하고 자녀와 짧지만 밀도 있는 시간을 가지려고 노력하는 과정에서 '효율성'은 삶의 방식이자 목표 자체가 되어버린다. 이처럼 가족과의 시간을 연기 내지 포기하거나 고도로 조직해야 한다는 압박은 부모에게 직장일, 가사일과 다른 제3의 일을 부과한다. 부모의 시간 관리 계획을 좀처럼 수긍하지 않으려는 자녀의 불만을 잠재우고 감정을 달래줘야 한다는 부담은 부모 노동자를 더욱 지치게 만드는 요인이 된다.

해하게 하는 것을 강조한다. 구체적인 목표가 제시되는 한 중요한 것은 노동자 스스로 여러 가지 목표를 모두 충족시킬 수 있는 자기 계획을 수립하는 것이며, 정확한 목표가 정확한 산출물로 구현된다면 목표 달성 방법에 대해서는 얼마든지 자율성을 부여할 수 있기 때문이다. 여기서 기업의 관리자가 노동자에게 지시를 내리고 노동시간이나 업무를 직접 통제하는 것은 적절치 않다. 노동자들이 스스로를 효과적으로 관리할 수 있는 전략을 안내함으로써 업무에 몰입할 수 있는 여건을 조성하는 것만으로 관리자의 역할은 충분하다는 것이다.

나아가 기업은 가족과 개인생활에서 발생하는 갈등이나 심리적 불안을 적절하게 관리하는 데 경영 기술을 활용할 것을 제안한다. 업무 때문에 가족생활에 충실하기 어렵다면 막연한 불만을 갖지 말고 가족생활을 효율적으로 관리할 수 있는 목표와 과제를 세우라고 조언한다. 이를테면 '아이와 더 많은 시간을 보낸다'는 과제보다는 '아이와 적어도 일주일에 3시간 이상 야구를 한다'는 식의, 구체적으로 측정과 평가가 가능한 과제가 더 효과적이라는 것이다(Bartolome, 2002). 의식적으로 이런 방침을 채택하지 않더라도 일을 하는 과정에서 내면화되는 효율성의 원리는 자연스럽게 가족과의 관계, 함께 보내는 시간, 가사노동을 관리하는 데 적용된다.

### 2) 삶 전체를 지배하는 경영 권력

이러한 흐름 속에 오늘날 노동자에게 주문되는 최고의 덕목은 '내 인생의 CEO가 되자'는 것이다. 가족생활에 실패한 사람은 직장에서도 성공할 수 없으며 그 반대도 마찬가지다. 두 영역 모두에서 성공한 '온전한 사람'이 되려면 자신의 삶에 대해 점차 CEO다운 통제력을 지니게 해주는 일과 개인생활의 새로운 규칙들을 이해해야 한다는 것이다 (Kossek · Lautsch, 2008).

점점 더 많은 노동자들이 그날그날 자신의 업무, 가족 책임, 몸과 마음 관리를 얼마나 충실히 수행했는지 점검하는 생활 방식을 능동적으로 수용하고 있다. 일-가족-개인생활의 여러 활동 중에서 어디에 우선순위를 둘 것인가보다 어떻게 모든 활동을 잘 조정할 것인가에 관심이 집중된다. 문제는 어느 하나의 계획에 차질이 생기거나 각 영역 간에 갈등이 발생한다면 이는 자기 경영에 실패한 노동자 개인의 책임이 된다는 것이다.

노동자 스스로 기업과 개인의 목표를 일치시키고 효율의 가치로 일-가족-개인생활을 재배치하게 함으로써 일터 안의 삶뿐 아니라 가족, 여가, 개인생활은 큰 틀의 경영 관리 대상에 포함된다. 자본의 영향력이 작업장 안의 생산 관계는 물론 모든 사회적 관계망을 포괄하는 시대에 가족과 개인생활은 이전과 다른 방식으로 다시 일의 영역에 통합되는 것이다.

노동자들이 일하지 않는 시간을 자기계발이나 자녀의 자기계발에 투자하고 있는 정보사회에서 임금노동과 여가의 분리는 시대착오적이라는 마틴 카노이(Carnoy, 2000)의 지적은 오늘날 새로운 일-가족-개인생활의 결합 모델이 처한 현실을 적절히 설명하고 있다.

## |6| 자율, 조화, 평등을 다시 생각하기

유연근무제로 대표되는 일-가족-개인생활의 재배치로 노동자들은 더 많은 자율성을 갖게 되었는가. 전지구적 자본주의가 초래한 새로운 일 중심성과 불평등이 이들의 삶의 질을 더욱 악화시키는 것은 아닌가. 확산되고 있는 자기 관리 규범들은 노동자의 삶에서 모든 시공간에 대한 경영권력의 지배를 강화하고 있지 않은가. 그렇다면 근대적 성별 분업체계를 해소하고 평등한 일-가족-개인생활의 조화를 추구했던 페미니스트 문제의식은 어디를 향해야 하는가.

이러한 문제들에 대해 뚜렷한 전망이나 해법을 제시하기란 쉽지 않다. 그러나 정보사회로의 이행이 일과 가족생활의 의미와 관계, 그 관계를 오가며 살아가는 노동자 개인의 주체성에 적지 않은 변동을 초래하고 있다는 점은 분명하다. 자율성, 조화로운 삶, 평등의 문제가 복잡한 쟁점들로 그 안에 자리 잡고 있다. 산업사회를 지탱해온 근대적 규범과 관행에 도전하면서 그것을 넘어서는 새로운 원리들이 가져올 수 있는 위험과 가능성 모두를 충분히 고려하지 않으면 안 될 것이다.

**생각해볼 문제**

1. 정보사회에서 늘어나는 여성 일자리들은 어떤 공통적인 특징을 갖는가? 이른바 '여성적' 특성이 강조되고 있는 일자리는 어떤 것들이며, 각각의 일에서 특히 주목받고 있는 여성적 특성은 무엇인가?
2. 남녀의 일-가족-개인생활의 균형을 위해서는 남성의 가사와 돌봄 분담이 필수적이지만, 그러한 역할을 적극적으로 수용하는 남성들은 많지 않다. 그렇다면 남성의 가사와 돌봄 참여를 독려할 수 있는 효과적인 방안은 무엇인가?
3. 기업에서 제공하는 일-가족 양립 프로그램과는 별도로 노동자의 일-가족 균형을 지원하기 위한 정부의 정책에는 어떤 것들이 있는가? 특히 한국 사회에서 우선적으로 필요한 정책은 무엇이며, 계층 간 불평등이나 성별 불평등을 완화하기에 가장 적합한 제도는 무엇인가?
4. 우리나라 기업에서 유연근무제도가 활발하게 도입되지 않은 이유는 무엇인가? 이는 다른 문화권과 다른 한국 사회만의 특별한 노동 관행이나 규범과 관련이 있는가?
5. 오늘날 노동자 또는 예비 노동자인 학생들에게 자기 계발, 자기 관리의 중요성이 강조되는 배경은 무엇인가? 이러한 실천에 개인들은 어떻게 능동적으로 동참하게 되는가?

**더 읽을 거리**


강이수(2010), 『일 · 가족 · 젠더: 한국의 산업화와 일-가족 딜레마』, 한울.

서동진(2009), 『자유의 의지 자기계발의 의지: 신자유주의 한국사회에서 자기계발하는 주체의 탄생』, 돌베개.

낸시 폴브레(2001), 윤자영 역, 『보이지 않는 가슴: 돌봄의 경제학』, 또하나의문화.

알리 러셀 혹실드(2001), 백영미 역, 『돈 잘 버는 여자 밥 잘하는 남자: 맞벌이 부부의 가사분담 이야기』, 아침이슬.

제리 제이콥스 · 캐슬린 거슨(2010), 국미애 · 김창연 · 나성은 역, 『시간을 묻다: 노동사회와 젠더』, 한울아카데미.

## 참고문헌

김혜원 · 김경희 · 김향아 · 유계숙(2007), 『저출산 및 인구고령화 대응 연구: 가족친화적 고용정책의 기업 수용성 연구』, 한국보건사회연구원.

박재범(2010), 「유연근무제 도입 현황 및 문제점」, 전국민주노동조합총연맹 · 전국공무원노동조합 · 공공운수노조(준) 주최 '유연근무제 진단 및 대응방향 토론회' 자료집 6~21.

서동진(2009), 『자유의 의지 자기계발의 의지: 신자유주의 한국사회에서 자기계발하는 주체의 탄생』, 돌베개.

정지은(2009), 〈창조경영과 유연근무제〉, 《SERI 경영노트》 25, 삼성경제연구소.

홍효진(2009), 『IT기반 원격근무 재조명과 정책이슈』, 한국정보화진흥원.

페르난도 바톨로메(2002), 「개인생활의 불만을 업무 탓으로 돌릴 수 있는가」, 이상욱 역, 『회사와 개인생활의 조화』 115~142, 21세기북스.

마우리찌오 랏자라또(2005), 「비물질노동」, 조정환 역, 『비물질노동과 다중』 181~206, 갈무리.

프리드만 · 크리스첸센 · 데그루트(2002), 「업무와 개인생활: 제로섬 게임의 종말」, 이상욱 역, 『회사와 개인생활의 조화』 15~51, 21세기북스.

Blair-Loy, Mary and A. J. Jacobs. 2003. "Globalization, Work Hour, and the Care Deficit among Stockbrokers." *Gender and Society* 17(2): 230~249.

Carnoy, Martin. 2000. *Sustaining the New Economy: Work, Family, and Community in the Information Age*. Cambridge: Harvard University Press.

Castells, Manuel. 2000. *The Rise of the Network Society*. (김묵한 · 백행웅 · 오은주 역. 2003, 『네트워크 사회의 도래』, 한울)

Crompton, Rosemary. 2001. "Gender Restructuring Employment, and Caring." *Social Politics Fall*: 266~291.

Crompton, Rosemary. 2006. *Employment and the Family: The Reconfiguration of Work and Family Life in Contemporary Societies*. Cambridge: Cambridge University Press.

Donkin, Richard. 2010. *The Future of Work*. (구건서 역, 2010, 『퓨처 오브 워크: 일과 직장에 대한 미래예측 보고서』, 한울아카데미)

Fraser, Nancy. 2000. "After the Family Wage: a Postindustrial Thought Experiment." pp.1~32 in Barbara Hobson(ed.). *Gender and Citizenship in Transition*. New York: Macmillan Press.

Golden, Lonnie. 2001. "Flexible Work Schedules: Which Workers Get Them?" *American Behavioral Scientist* 44(7): 1157~1178.

Hakim, Catherine. 2004. *Key Issues in Women's Work: Female Diversity and the Polarisation of Women's employment(2nd Edition)*. London: The Glasshouse Press.

Hochschild, Arlie Russell. 1989. *The Second Shift*. (백영미 역, 2001, 『돈 잘 버는 여자 밥 잘하는 남자: 맞벌이 부부의 가사분담 이야기』, 아침이슬)

Hochschild, Arlie Russell. 1997. *The Time Bind*. New York: Metropolitan Books.

Jacobs, A. J. and K. Gerson. 2004. *The Time Divide: Work, Family, and Gender Equality*. (국미애 역, 2010, 『시간을 묻다: 노동사회와 젠더』, 한울아카데미)

Kelly, Erin. 1999. "Theorizing Corporate Family Polices: How Advocates Built the 'Business Case' for 'Family-Friendly' Programs." *Research in the Sociology of Work* 7: 169~202.

Kossek, E. E. and B. A. Lautsch. 2008. *CEO of Me: Creating a Life that Works in the Flexible Job Age*. (이진만 · 곽승웅 · 신재욱 역, 2009, 『내 인생의 CEO가 되자』, 럭스미디어)

Lewis, Suzan. 1996. "Rethinking Employment: an Organizational Culture Change Framework." pp.1~19 in S. Lewis and J. Lewis(eds.). *The Work-Family Challenge: Rethinking Employment*. London: SAGE.

Lewis, Suzan. 2001. "Rethinking Workplace Culture: The Ultimate Work-Family Challenge?" *Women in Management Review* 6(1): 21~29.

Lewis, Suzan & C. L. Cooper. 2005. *Work-Life Integration: Case Studies of Organizational Change*. Chichester: John Wiley & Sons.

Lewis, Suzan, R. Gambles and R. Rapoport. 2007. "The Constraints of a 'Work-Life Balance' Approach: an International Perspective." *International Journal of Human Resource Management* 18(3): 360~373.

Orloff, A. Shola. 1993. "Gender and the Social Rights of Citizenship: The Comparative Analysis of Gender Relations and Welfare States." *American Sociological Review* 53(June): 303~328.

Swanberg, E. Jennifer, M. Pitt-Catsouphes and K. Drescher-Burke. 2005. "A Question of Justice: Disparities in Employees' Access to Flexible Schedule Arrangements." *Journal of Family Issues* 26(6): 866~895.

Pateman, Carol. 1992. "Equality, Difference, Subordination: the Politics of Motherhood and Women's Citizenship." pp.17~31 in B. Gisela & S. James(eds.). *Beyond Equality & Difference: Citizenship, Feminist Politics, Female Subjectivity*. New York: Routledge.

Williams, Joan. 2000. *Unbending Gender: why family and work conflict and what to do about it*. Oxford: Oxford University Press.

# 08 혁신과 집단지성

## |1| 정보사회와 혁신

정보사회에서는 정보통신을 통해 국경을 넘는 거래가 손쉽게 이루어져 글로벌 경쟁이 강화되고 있으며, 국내적으로도 자유로운 정보 공개로 기업 및 조직 간의 경쟁이 강화되고 있다. 또한 정보통신을 통해 많은 대상들과 빠른 속도로 교류가 가능해져 새로운 현상의 전파와 도입이 가속화된다. 이런 상황에서 기존 관행에 안주하는 사람은 정보사회에서 뒤처진다. 따라서 정보사회에서 혁신은 남과의 경쟁에서 이기기 위한 수단만은 아니며 사회에 적응하기 위한 수단으로, 누구에게나 필요한 과정이다.

또한 정보통신기술을 혁신 과정에 적용함으로써 과거보다 한층 과감한 혁신이 가능하게 되었다. 정보기술을 활용하여 기업체에서는 효율적인 생산 및 공정 과정의 재설계, 그리고 조직 내 부서 및 개인 간의 의사소통을 원활하게 하는 조직 재설계도 가능하다. 또한 정보기술을 활용하여 문서를 효율적으로 생성·관리하는 문서 관리 재설계, 나아가 정보기술 기반의 협업 지식 생산이라는 새로운 지식 생산 등도 가능하다. 이와 같이 정보통신을 활용함으로써 기업 및 조직활동뿐만 아니라 개인의 일상생활, 나아가 상거래 방식 및 정치·문화 등 생활의 전 분야에서 새로운 변화와 혁신이 나타날 것으로 생각된다.

혁신은 과거부터 있어왔지만 정보사회에서 혁신은 어떤 의미를 갖는가? 이에 답하기 위해서는 왜 정보사회에서 혁신이 필요한지, 그리고 혁신 과정에 정보통신을 어떻게 활용할 수 있는지를 살펴보는 것이 도움이 될 것이다. 또한 최근 이슈가 되고 있는 웹 2.0과 집단지성을 활용한 혁신, 기업과 정부의 혁신 사례를 살펴보고, 혁신의 성공 요인 및 장애 요인은 무엇인지, 그리고 지속적인 혁신을 위해서는 무엇이 필요한지 살펴보기로 한다.

## |2| 혁신이란

혁신은 한문으로 고칠 혁革과 새로울 신新으로 구성되어 있어 새롭게 고친다는 의미이다. 그리고 라틴어 innovare의 본뜻은 새로운 무언가를 만드는 것이라고 하며, 혁신은 창조적 파괴라고 불리기도 한다. 따라서 혁신innovation이란 묵은 제도나 방식을 고쳐서 새롭게 하는 것이라고 간단히 정의할 수 있다. 혁신은 개인 생활에서부터 조직, 나아가 국가 혹은 국제사회에 이르기까지 모든 활동 영역에 적용이 가능하다. 또한 영리 조직뿐만 아니라 비영리 조직, 정부 조직에도 혁신은 적용될 수 있다.

혁신과 관련된 기존 연구들은 크게 네 가지에 초점을 맞추어왔다. 첫 번째는 조직이 혁신을 하기 위해서는 무엇을 어떻게 해야 하는가에 대한 연구이다. 기존의 연구들에 의하면 분권화된 의사 결정, 능력 중심 선발, 내부 경력 개발 기회 제공, 다양한 교육 훈련 제공, 성과 지향 평가 및 성과 중심의 보상, 종업원 참가 확대, 고용 안정성 유지 등과 같은 제도들을 도입한 기업들에게 조직 내 신뢰, 조직 몰입, 이직 감소,

### 기업의 성공적 혁신 사례: 유한킴벌리

윤리 경영 및 신뢰 경영의 기업철학을 바탕으로 인간 존중, 고객 만족, 사회 공헌, 가치 창조, 혁신 주도의 경영방침을 갖고 있는 유한킴벌리는 1989년 이후 동종 해외 기업의 한국 진출로 인한 시장 점유율 감소를 경험하였으나 기업 혁신을 통해 이를 극복하고 현재는 지속적인 시장 지배적 상품 개발, 높은 생산성과 만족도, 낮은 산업 재해율과 이직률을 유지하고 있다.
유한킴벌리의 혁신은 지속적인 교육과 혁신적인 인사 제도 및 노사 협력 파트너십으로 특징지을 수 있는데, 그 구체적인 내용은 아래와 같다.
**인재 교육**: 업무에 도움이 되는 숙련 기술 수준을 높이기 위한 일반적인 교육이 아니라 직원의 일반적인 능력 향상 및 경력 개발 강화. 왜 생산성을 높여야 하는지, 왜 혁신을 해야 하는지에 대해 직원 스스로 답을 할 수 있게 하는 혁신의 동기 강화. 특이하게 생산직에게 사무직보다 더 많은 교육 기회 제공.
**인사제도의 혁신**: 직능 자격제도 도입(학력과 근무 연수가 아니라 직무의 종류 및 수행 능력과 성과에 기반을 둔 임금 지급).
**노사 협력 파트너십**: 기업 경영 상태에 대한 정보 공개 및 경영자와 직원 간의 의사소통을 증진시키기 위한 다양한 중층적 의사소통 채널 유지, 교육을 통한 주인 의식 강화.
**현장형 연구 개발**: 연구 개발 부서뿐 아니라 마케팅, 생산 부서 등 전사적 참여를 통한 신제품 개발.
위와 같은 노력을 통해서 인력 감축과 같은 구조조정을 통한 혁신이 아니라 직원의 참여를 강조하는 참여형 혁신을 다른 기업들에게도 전파하고 있다(김현정 외, 2009).

매출액 및 순이익 증대 등이 많이 나타난다고 한다. 아울러 조직의 혁신이 성공하기 위해서는 기존 방식에 비해 상대적 이점이 높아야 하고, 혁신이 지나치게 복잡하지 않으며, 기본 방식과의 호환성이 있어야 하고, 결과의 가시성과 시도 가능성이 높아야 하며, 경쟁 업체의 도입·활용 여부, 시장 변화의 속도, 정부·유관 기관의 정책적 지원 등도 도움이 된다고 한다. 그리고 혁신 장애 요인으로는 예산 부족, 혁신에 대하여 평가할 수 있는 자체 능력 부족, 관련 지식 부족, 관련 내·외부 전문 인력 부족, 혁신 도입에 대한 직원의 저항, 정부·유관 기관의 정책 지원 부족 등을 들 수 있다. 이처럼 조직 혁신이 기대한 성과를 거두기 위해서는 다각도의 노력이 필요함을 알 수 있다(허찬영·이현도, 2006).

두 번째는 신제품(혁신적인 제품)이 소비자들에게 어떻게 수용되고 판매되는가에 대한 연구이다. 신제품은 인지, 관심, 평가, 시용, 수용의 단계를 거쳐 채택된다고 한다. 인지 단계에서는 신제품에 대한 인지가 이

## 한국전력의 혁신 수용

한국전력의 경우 종업원에게 불이익이 초래될 수 있는 여러 가지 혁신(인력 삭감과 같은 공기업 구조조정, 자회사 정리 및 신설 억제, 전자 조달을 통한 비용 절감 및 투명성 제고, 과도한 사내 복지기금 삭감, 경상 경비 및 섭외성 경비 지출 억제 등)에 대한 종업원의 수용 태도를 조사하였다. 그 결과 연령별로는 32세 이하가 가장 수용도가 높았으며, 그다음이 33-39세, 그리고 47세 이상이었으며, 40-46세 집단의 수용도가 가장 낮았다. 근속 연수는 나이와 밀접하게 관계가 있어 근속 연수가 7년 이하인 집단의 수용도가 가장 높았다.

학력별 혁신 수용도를 살펴보면, 대졸이 가장 높았고, 그다음이 대학원졸, 전문대졸 그리고 고졸 순으로 나타났다. 직급별로 혁신 수용도를 살펴보면, 3급 이상 고위급의 수용도가 가장 높았으며, 그다음으로는 6급이었고, 4-5급의 혁신 수용도가 낮았다. 직군별로 혁신 수용도를 비교한 결과 기술직이 가장 높았고, 그다음이 사무직, 별정직 및 기타, 그리고 가장 낮은 직군은 기능직인 것으로 나타났다.

개인의 성격 유형(조직의 산출이나 결과의 책임을 자기 자신에서 찾는 경향이 있는 내재형, 그리고 이를 외부 환경이나 조건에서 찾는 경향이 높은 외재형으로 구분)에 따라 살펴본 결과 차이가 없는 것으로 조사되었다. 반면 업무 몰입도는 혁신 수용과 관련이 있는 것으로 조사되었는데, 업무 몰입도가 높을수록(즉, 현재 하고 있는 일이 차지하는 비중이 높을수록) 혁신 수용도가 낮게 나타났다. 하지만 업무 만족도는 혁신 수용도에 아무런 영향이 없는 것으로 조사되었다.

이처럼 혁신 수용 태도는 개인의 태도나 업무 만족도 같은 가치관의 문제라기보다는 혁신의 결과가 개인에게 미치는 이해관계에 따라 좌우됨을 알 수 있다. 즉, 조직의 혁신으로 인해 고용 불안이나 복지 삭감, 업무 과중 등과 같은 불이익에 민감한 층(기능직, 저학력층, 중간 정도의 직급, 40대 초반 등)이 혁신에 대한 거부감이 가장 높았다(김태형 · 강대성, 2001).

루어지나 제품에 대한 정보는 작은 상태이다. 관심 단계에서는 신제품에 대한 정보 탐색이 시작되며, 평가 단계에서는 신제품을 사용해볼 것을 고려하고, 시용 단계에서는 이를 시범적으로 사용해본다. 그리고 최종 단계에서는 신제품을 완전히 그리고 정규적으로 사용하는 수용 상태가 되는 것이다. 신제품의 수용을 촉진하는 조건으로는 과거 제품에 비해 신제품이 갖는 상대적 이점, 적합성(소비자의 욕구, 신체적 특성, 관심 등에 적합), 단순성, 관찰 가능성(소비자의 과시 욕구를 채울 수 있음), 시용 가능성(샘플을 무료로 보급한다든지) 등을 들 수 있다. 신제품의 수용을 억제하는 요인으로는 가치 장벽(기존 가치와 충돌), 사용 장벽(사용이 어렵다), 위험 장벽(신제품 이용 시 예상되는 위험) 등을 들 수 있다. 이와 같은 연구들은 신제품 확산을 위해 어떤 전략이 필요한지에 대한 시사점을 제공한다

### 피터 드러커의 '프로페셔널의 조건'

피터 드러커는 시대의 변화에 낙오하지 않고 자신의 일과 인생에서 성공하는 사람이 되려면 다음과 같이 하라고 조언한다.

**1)목표와 비전을 가져라**—자신의 삶이 추구하는 바가 무엇인지 그리고 이를 달성하기 위한 목표가 무엇인지를 설정해야 한다.

**2)신들이 보고 있다**—주위에 아무도 없더라도 '신'이 보고 있다고 생각하며 완벽을 추구해야 한다.

**3)끊임없이 새로운 주제를 공부하라**—새로운 주제와 새로운 시각 그리고 새로운 방법에 대해 개방적인 자세를 가져야 한다.

**4)자신의 일을 정기적으로 검토하라**—잘한 일, 잘하지 못했으나 잘하려고 노력한 일, 잘하려고 노력도 하지 않은 일, 잘못된 것이나 실패한 일이 무엇인지 늘 되돌아보아야 한다.

**5)새로운 일이 요구하는 것을 배워라**—새로운 직무에서 효과적인 사람이 되려면 새로운 일이 요구하는 것을 배워야 한다.

**6)피드백 활동을 하라**—피드백 활동은 자신의 장점이 무엇인지를 밝혀주고, 한 개인이 무엇을 개선해야 될 것인지, 또 어떻게 개선해야 하는지를 알려준다.

**7)어떤 사람으로 기억되기를 바라는가?**—자신이 어떤 사람으로 기억되기를 바라는가? 세월이 흐르면서 그 대답은 바뀌게 되지만, 정말로 중요한 것은 주위 사람들의 삶의 변화에 기여할 수 있어야 한다는 것이다.

고 하겠다(서상혁 외, 2008; 이종호 · 김문태, 1998).

세 번째는 조직 혁신에 대한 조직 구성원의 수용에 대한 연구이다. 조직 혁신이 조직의 생산성과 이익 창출에는 기여하지만 조직 구성원의 개인적 이익과는 상충되는 경우가 많다. 기업체의 경영 혁신의 가장 큰 실패 요인으로 실행 부서의 이해 및 참여 부족과 직원의 공감대 부족을 들고 있다. 따라서 어떻게 직원들의 공감대를 확보하느냐가 기업(공기업 포함) 혁신의 관건이라고 생각되므로, 성공적인 조직 혁신을 위해서는 어떤 사람들이 조직에 가장 소극적인가를 파악하여 이를 대상으로 한 대책 마련이 필요하다고 생각된다.

마지막으로 개인이 자신의 생활을 변화시키고자 혁신을 하기 위해서는 무엇을 해야 하는가에 관한 것이다. 혁신 전도사로 불리는 피터 드러커의 저작들이 대표적이다(위의 글상자 참조).

## |3| 정보, 지식, 혁신

주어진 자료를 분류·가공하여 어떤 의미를 전달하게 될 때 정보가 되며, 이를 다시 취사선택하여 문제 해결에 실질적 도움이 되는 가치를 갖게 될 때 지식이 된다. 따라서 가치의 측면에서 볼 때 가장 낮은 수준은 자료이며, 그다음이 정보이며, 최종 단계가 지식이라고 할 수 있다.

폴라니Polanyi는 지식을 암묵지tacit knowledge와 형식지explict knowledge로 구분하기도 한다. 암묵지는 학습과 체험을 통해서 개인이 습득하지만 외부적으로 드러나지 않고 언어로 상술되지 않은 지식이다. 반면 형식지는 외부로 표출되어 한 개인뿐만 아니라 사회 내 타인이 공유할 수 있게 언어나 문자로 정리된 지식이다. 따라서 지식의 사회적 활용 측면에서는 많은 암묵지를 형식지화시켜서 많은 사람이 활용하게 하는 것이 필요하다.

이런 측면에서 스펜더Spender는 지식 분류에 사회적 활용과 개인적 활용 측면을 부가하여 다음과 같이 분류하고 있다. 습관화된 지식은 개인이 활용하고 있는 지식이지만 스스로도 잘 인식하지 못하고 사용하는 지식을 의미하며, 의식하고 있는 지식은 개인이 의식하면서 활용하는 지식을 의미한다. 그리고 집단화된 지식은 집단적으로 활용되고 있는 지식이지만 명시적으로 표출되지 않은 지식이며, 객관화된 지식은 많은 사람이 활용하면서도 언어적·체계적으로 잘 기술된 지식을 의미한다. 이 분류에 의하면, 암묵적 지식을 형식적 지식으로 그리고 개인적 활용을 사회적 활용으로 변화시키는 것이 사회적 과제라고 하겠다.

현대 사회를 지식정보사회라고 부르는 것은 현대 사회에서 정보와 지식이 혁신의 원천으로서 중요하다는 차원을 넘어 정보통신기술을 잘 활용함으로써 암묵지를 형식지로, 그리고 지식의 개인적 활용을 사

**암묵지와 형식지**

암묵지(Tacit Knowledge)는 학습과 체험을 통해서 개인이 습득하지만 외부적으로 드러나지 않고 언어로 상술되지 않은 지식이다. 반면 형식지(Explict Knowledge)는 외부로 표출되어 한 개인뿐만 아니라 사회 내 타인이 공유할 수 있게 언어나 문자로 정리된 지식이다. 따라서 지식의 사회적 활용 측면에서는 많은 암묵지를 형식지화시켜서 많은 사람이 활용하게 하는 것이 필요하다.

**표 8-1 스펜더의 지식 분류**

| 구분 | 개인적 활용 | 사회적 활용 |
|---|---|---|
| 형식적 지식 | 의식하고 있는 지식<br>(Conscious Knowledge) | 객관화된 지식<br>(Objectified Knowledge) |
| 암묵적 지식 | 습관화된 지식<br>(Automatic Knowledge) | 집단화된 지식<br>(Collective Knowledge) |

출처: 김희연(2007), 〈웹에서 유통되는 정보·지식의 신뢰 연구〉, 《정보통신정책》 19(8)

회적 활용으로 쉽게 전환시킬 수 있다는 의미를 동시에 갖고 있다. 달리 말해서 정보통신기술이 무작위로 산재해 있는 자료들을 분류·가공하여 정보를 만들고 이를 다시 문제 해결에 도움이 되는 가치를 갖는 지식으로 만드는 과정에 활용됨으로써 정보 및 지식 생성의 기본적인 패러다임이 바뀌고 있다.

과거에는 정보와 지식은 전문가에 의해서만 생성될 수 있는 것으로 생각하였으나, 최근 정보통신기술의 발달은 일반인들이 보유한 단편적이고 조각난 지식들을 하나로 엮어 과거 전문가들이 만들어내던 지식 이상의 지식을 만들 수 있게 하고 있다. 최근 집단지성이 주목을 받고 있는 이유가 이것이다. 과거 전문가들의 지식을 일반인에게 실시간으로 쉽게 전달하던 인터넷 공간은 웹 1.0이라고 부른다면, 최근 일반인들의 지식을 모아서 더 큰 지식을 만들어가는 인터넷 공간은 웹 2.0이라고 부르고 있다(〈표 8-2〉 참조). 오른쪽 그림은 웹 2.0에서는 정보 제공자와 수용자 간

**웹 1.0과 웹 2.0의 비교**

출처: 1977–2005 Infraware, Inc.

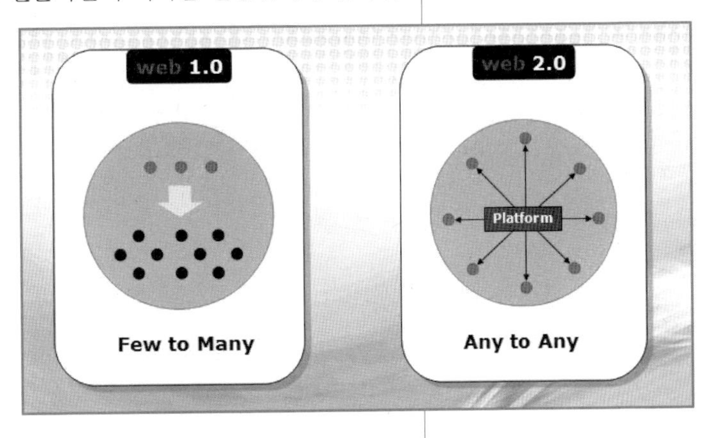

**표 8-2 웹 1.0과 웹 2.0의 비교**

| 구분 | 웹 1.0 | 웹 2.0 |
|---|---|---|
| 기본 특징 | 미디어로서의 웹<br>상호작용성이 낮은 정적인 웹 | 플랫폼으로서의 웹<br>상호작용성이 높은 동적인 웹 |
| 관리 방식 | 하향식(Top Down) | 상향식(Bottom Up) |
| 의사소통 관계 | 사람과 기계 | 기계와 기계<br>사람과 사람 |
| 정보 탐색 방법 | 검색과 브라우징 | 네트워킹을 통한 정보 수신 및 송신 |
| 콘텐츠 구조 | 정태적 문서, 페이지 | 꼬리표 달린 개체, 가변적 문서 |
| 활용 구조 | 폐쇄적, 독점적 | 개방적, 공동 활용 지향 |
| 사례 | 하이퍼링크 중심의 기존 웹사이트 | Wikipedia, Yahoo의 Answers, 네이버의 지식iN, Twitter나 Facebook 같은 SNS |

출처: 김강민(2006), 〈웹 2.0과 소셜 네트워크〉, 《인터넷 이슈리포트》 11, 한국인터넷진흥원

의 관계가 플랫폼 제공자와 참여자의 관계로 변화됨을 보여주고 있다.

## |4| 집단지성을 활용한 혁신

집단지성collective intelligence은 다수가 참여하여 상호협력 혹은 경쟁하는 과정을 통해 얻게 되는 지적 능력이다. 사회적 동물인 인간은 협업을 통한 지식 생성을 늘 해왔지만, 최근 집단지성이라는 이름으로 이것이 주목받는 이유는 정보통신기술을 활용함으로써 과거와는 질적으로 다른 협업을 통한 지식 생성이 가능하기 때문이다.

### 1) 집단지성의 유형

집단지성은 공유형sharing, 기여형contributing, 공동창조형co-creating으

## 오픈소스 기반의 S/W 개발

S/W 개발자들이 자신이 보유한 소스 코드를 서로 공개하고 협업을 통해 S/W를 공동 개발하는 것 역시 집단지성의 한 사례로 볼 수 있다. 오픈소스 기반의 S/W를 개발하는 동기나 주체는 다양하다. 어떤 소프트웨어는 카피레프트(copy-left) 같은 정보공유 정신을 가진 열성 개발자들이 개발하기도 하고, 어떤 S/W는 영리 목적의 기업들이 자기 회사 S/W 이용자 및 시장 확대를 위해 소스 코드를 개방하기도 한다. 또는 국가 및 공공기관이 오픈소스 기반으로 S/W를 개발하여 배포하기도 한다. 따라서 현재 여러 가지 종류의 S/W가 오픈소스 기반으로 개발되고 있는데, 운영체제로는 Linux, 응용프로그램으로는 웹 서버인 Apache, S/W 개발 환경인 Eclipse, 그리고 사용자 이용 도구로는 웹브라우저인 Mozilla Firefox, 오피스 도구인 Open Office 등이 있다. 최근에는 독점 기반의 S/W 개발 회사들도 소스를 일부 개방하여 외부의 개발자들도 개발과정에 참여할 수 있게 하거나, 개별 사용자들이 자신이 처한 다양한 환경에 맞게 변경하는 것이 가능하도록 하고 있다. 따라서 향후에는 오픈소스와 독점 기반을 병행하여 S/W를 개발하는 것이 일반적인 추세가 될 것으로 생각된다.

로 구분할 수 있다. 공유형은 특정 주제에 대한 자료나 정보를 공유하여 누구나 열람 활용할 수 있게 하는 게시판 같은 것이며, 기여형은 상호 질문을 주고받는 형식을 통해서 특정 문제에 대한 해결책을 찾는 토론방이나 '지식iN' 같은 것이며, 공동창조형은 '위키피디아'처럼 많은 사람이 참여하여 지속적으로 중립적이고 체계적인 지식을 축적해가는 과정을 의미한다.

기여형과 공동창조형은 유사해 보이지만 근본적인 차이점이 있다. 기여형에서는 각자의 의견이 독립적으로 존재할 뿐, 이에 대한 평가나 추천은 가능하지만 의견의 차이나 모순을 조율하지는 않는다. 그러나 공동창조형에서는 내용을 보완하거나 수정하는 자율적인 상호 조율을 통해 진정한 의미의 새로운 지식 창출이 가능하다. 따라서 공동창조형이 가장 고도로 진화된 집단지성이라고 할 수 있다. 하지만 기여형에서는 개인 의견의 경험 공유가 가능하지만 공동창조형은 주관적인 판단은 완전히 배제한 객관적인 사실의 정리에만 활용될 수 있다는 한계도 있다.

집단지성은 여러 가지 방식으로 혁신에 활용될 수 있는데, 기업체의

**집단지성의 유형**

집단지성은 공유형(sharing), 기여형(contributing), 공동창조형(co-creating)으로 구분할 수 있다. 공유형은 특정 주제에 대한 자료나 정보를 공유하여 누구나 열람 활용할 수 있게 하는 게시판 같은 것이며, 기여형은 상호 질문을 주고받는 형식을 통해서 특정 문제에 대한 해결책을 찾는 토론방이나 '지식iN' 같은 것이며, 공동창조형은 '위키피디아'처럼 많은 사람이 참여하여 지속적으로 중립적이고 체계적인 지식을 축적해가는 과정을 의미한다.

## 기업의 집단지성 활용 사례

제품의 기획 단계에서 미국의 컴퓨터 제조회사인 델은 제품에 대한 아이디어를 게시하고 투표에 참여하며 관련 아이디어에 대한 토론을 진행하는 사용자 커뮤니티 사이트인 '아이디어스톰(Ideastorm)'을 운영했는데, 아이디어스톰은 'post→promote→discuss→see'라는 4단계 프로세스로 고객들의 아이디어가 구체화되어 사업이 실현되도록 했다. 그리고 네티즌으로부터 높은 평가를 받은 아이디어는 제품 개발에 적극 적용하고 채택된 아이디어를 낸 소비자에게 1,000달러의 인센티브를 제공했다.
개발 단계에서 기업이 당면한 문제를 외부 전문가를 활용해 해결한 사례로는 골드코프의 '금맥 찾기 콘테스트'를 들 수 있다. 2003년 3월 금광 개발에 어려움을 겪던 골드코프는 50만 달러의 상금을 걸고 '금맥 찾기 콘테스트'를 개최하였는데, 이를 위해 직원들의 강한 반대를 무릅쓰고 50년간 축적한 핵심 자산인 지질 데이터를 일반인에게 공개했다. 이 결과 지질학자를 비롯해 대학원생, 수학자, 군 장교 등의 참가자들이 110곳의 새로운 금맥 후보지를 제안했고 이중 80% 이상에서 금맥을 발견했다. 55억 달러 가치의 금광을 제시한 사람은 지질학자가 아닌 컴퓨터 엔지니어였다고 한다. 이 행사를 계기로 연매출 1억 달러에 불과하던 골드코프는 90억 달러 규모의 거대 광산업체로 부상했다(홍선영, 2009).

경우에는 제품의 기획 단계에서 제품의 미래 사용자 집단인 소비자 집단의 집단지성을 활용할 수 있고, 제품의 개발 단계에서는 다양한 전문가 집단의 집단지성을, 시제품의 평가 단계에서는 프로슈머의 집단지성을, 그리고 상용화 단계에서도 프로유저의 집단지성을 활용하여 출시된 제품의 개선이 가능하다. 이외에도 정치·경제·문화 등 다양한 영역에서의 지식 습득 및 문제 해결 도구 또는 교육 현장에서의 학습 도구 등 활용 가치는 무한하다.

**프로슈머와 프로유저**
프로슈머(Prosumer)는 producer와 consumer의 합성어로, 소비자이면서 생산 과정에 개입하고자 하는 사람들을 말한다. 앨빈 토플러가 『제3의 물결』에서 처음 사용했다. 프로유저(Prouser)는 professional과 user의 합성어로, 제품에 대한 전문 지식과 창의적 아이디어를 가진 소비자를 말한다.

### 2) 집단지성의 신뢰성

그렇다면 다양한 양질의 집단지성을 생성할 수 있는 조건은 무엇인가? 집단지성에 참여하는 개인들의 동기는 무엇이며, 어떤 사회적 혹은 기술적 조건에서 집단지성에 많이 참여하는가? 집단지성의 정확성과 신뢰성을 어떻게 확보할 것인가?

벤클러(Benkler, 2006)는 우리가 시장 중심의 지식 생산에 대한 지나친 맹신으로 지식의 사회적 생산 가능성에 대하여 무관심하다고 지적한다. 그러나 노력에 대한 시장적 대가가 없어진 상황에서도 기여를 통한 심리적 보상이나 타인의 칭찬, 그리고 사회적 연결성 등과 같은 개인적 동기가 작용하여 익명의 다수가 참여하는 집단지성이 가능하다고 한다. 레비(Levy, 1997)는 개인의 지식이 집단지성으로 전환되기 위해서는 다양한 의견의 존재, 개별 주체들의 독립성과 전문 지식의 분산화, 그리고 개인 지식과 판단을 집단적 결정으로 전환시키는 조정과 통합의 과정이 필요하다고 말한다.

집단지성과 관련된 또 다른 쟁점은 집단지성의 신뢰성이다. 다수의 참여에 의해 만들어진 지식이라고 해서 언제나 정확하고 올바른 지식일 수는 없다. 집단지성의 대표적인 성공 사례로 알려진 위키피디아에서도 전직 언론인 존 세이건 탈러가 로버트 케네디와 존 F. 케네디의 암살에 관여했다는 잘못된 내용이 4개월간 수록되었던 것으로 알려져 있다. 위키피디아는 제공하는 정보의 신뢰성 확보를 위해 중립적 관점, 검증 가능성, 독창적 연구 배제라는 편집 원칙을 고수하고 있다. 중립적이라고 해서 관점이 없음을 의미하는 것은 아니며, 어떤 관점이 더 우월하고 열등하다는 것을 단정해서는 안 된다는 것을 의미한다. 검증 가능성은 독자들이 내용의 진위 여부를 스스로 판단할 수 있게 정보를 제공해야 한다는 것, 다시 말해 신뢰성 있는 기관의 자료를 사용하고 자료의 출처를 밝히는 것을 의미한다. 마지막으로 독창적 연구의 배제는 검증되지 않은 사실, 주장, 생각, 관념, 분석의 수록을 배제한다는 것이다. 그러므로 독창적인 연구보다는 기존에 발표된 문헌을 종합하고 재조직하는 것을 권장한다.

아울러 위키피디아에는 많은 사람이 올리는 글을 검증하고 수정하는 열성 편집자들이 존재한다. 이들은 오류나 반달리즘Vandalism을 방

**반달리즘(Vandalism)**
다른 문화나 종교, 예술 등에 대한 무지로 그것들을 파괴하는 행위. 5세기 초 유럽의 민족 대이동 시기에 로마를 침입하여 약탈과 문화유적 파괴를 자행했던 반달족의 활동에서 유래되었다. 여기서는 다수가 참여할 수 있도록 공개된 문서의 내용을 훼손하거나 엉뚱한 제목으로 변경하고 낙서를 하는 행위를 일컫는다.

공동창조형 집단지성의 대표적 사례인 위키피디아

지하기 위해 문서 수정 시 이를 자동으로 알려주는 소프트웨어인 밴덜프루프VandalProof라는 소프트웨어를 사용하기도 하고, 어떤 사람이 어떤 내용의 글을 작성했는지 알려주는 위키스캐너Wikiscanner, 오탈자 등의 오류를 자동으로 감지하는 로봇인 안티밴덜봇AntiVandalBot을 활용하고, 밴덜리즘을 바로잡기 위한 사용자 조직인 클린업 태스크포스Cleanup Taskforce, 뉴 페이지 패트롤New Page Patrollers, 최근 수정 패트롤Recent Change Patrollers, 카운터-밴덜리즘 유닛Counter Vandalism Unit을 운영한다고 한다. 그리고 동료 심사제도를 강화하고 우수 기사Wikipedia: Good Articles나 특집 기사Wikipedia : Featured Article 제도를 통해 양질의 기사들에 대한 인센티브를 부여하고 있다(한국정보문화진흥원, 2009). 이와 같은 기술적·사회적 장치들을 통해 집단지성의 신뢰성이 제고된다면 집단지성이 갖는 위력이 더욱 향상될 것이다.

### 3) 한국의 집단지성

한국에서도 집단지성을 활용하여 지식을 습득하고 문제를 해결하는 사례들이 늘고 있다. 특히 우리나라는 우수한 정보통신 기반 설비를 갖추고 있으며, 정보통신기기의 이용 욕구도 높은 편이다. 따라서 이를 기반으로 다양한 양질의 집단지성이 구축된다면 우리 사회의 지식 수준 향상과 함께 우리 사회가 당면한 여러 가지 문제 해결에도 도움이 될 것이다. 하지만 한국의 집단지성을 연구한 학자들은 네이버의 지식iN과 야후의 answers 같은 기여형(개별형) 집단지성은 활발한 데 비해 위키피디아와 같은 공동창조형(협업형) 집단지성은 아직 미흡하다고 지적한다. 한국의 인터넷 이용 보편화와 비교하면 위키피디아 이용률은 매우 저조한데, 인터넷 이용자 대비 위키 이용자 수의 비율은 0.25%로 22개 조사 대상국 중에서 가장 낮다고 한다(황주성 외, 2009). 우리의 당면 과제 중 하나는 여러 사람의 협업과 장시간의 공동 노력으로 가능한 공동창조형 집단지성의 활성화이다.

## |5| 혁신의 제도화

조직의 혁신을 위해서는 혁신에 대한 학습, 혁신을 이끌고 갈 조직, 혁신을 지도할 수 있는 지도자의 중요성이 강조된다. 그리고 혁신이 성공하기 위해서는 필요한 혁신이 아니라 할 수 있는 혁신을 추진해야 할 것이며, 큰 목표보다는 당장 실천할 수 있는 목표를 찾는 것이 필요하다. 그리고 개인의 목표, 조직의 목표, 국가의 목표 간 조화, 개인들이 가진 다양한 가치관(예를 들어 일 중시, 개인 생활 중시, 성공 출세 지향, 개인 만족 추구 등)을 어떻게 조화시킬 것인가도 중요한 과제이다.

그러나 무엇보다도 개개인의 혁신에 대한 동기 부여가 중요하다. 그렇다면 어떻게 동기 부여를 할 것인가? 혁신의 결과가 본인에게 개인적으로 불이익을 초래할 경우 이를 쉽게 수용할 사람은 많지 않을 것이다. 어떤 경우에는 본인이 원치 않더라도 조직의 요구에 의해 강압적으로 수용할 수밖에 없는 상황이 발생할 수도 있다. 이는 그 조직의 생산성과 효율성 관점에서는 목적을 달성하였다고 볼 수 있으나, 부적응 혹은 불만 집단의 양상으로 사회적 비용을 발생시킬 수 있다. 따라서 강압적 수용이 아니라 자발적 수용이 될 수 있도록 혁신의 필요성

## 공공부문 혁신 사례: 참여정부의 인사 혁신

참여정부(2003-2007)는 국가혁신지방분권위원회를 설치하여, 모든 정부 조직 및 공공기관에 혁신 팀을 신설하고 혁신 매뉴얼을 제작·보급하는 등 어느 정부보다 정부 혁신에 많은 관심을 기울였다. 행정, 인사, 재정, 기록 관리 등의 전 분야에서 혁신을 추진하였지만 여기서는 인사 부분의 혁신을 살펴볼 것이다. 흔히 공무원은 높은 직업 안정성, 연공서열 중심의 보수와 인사, 낮은 생산성 등이 문제점으로 지적되고 있는데, 이를 극복하기 위해 고위공무원단제도 도입, 직무성과계약제 도입, 근무평정제도 개선 등을 추진하였다. 고위공무원단제도란 공무원 가운데 1급부터 3급까지의 고위직(공무원의 직급은 1급부터 9급까지이며, 흔히 행정고시라고 불리는 시험에 합격하면 5급에 임용됨)을 급수나 연공서열에 구애받지 않고 개인의 능력에 따라 효율적으로 활용하는 제도이다. 따라서 1급부터 3급까지의 공무원은 모두 고위공무원단에 속하게 되며, 각 행정부처의 국장과 실장에 해당되는 고위직의 50%는 관행대로 기관장이 임명하지만, 30%는 공모를 하여 지원자 중에서 선발하며, 나머지 20%는 개방직으로 민간에서도 선발할 수 있게 했다. 그리고 고위직에 임명된 공무원은 매년 상급자와 성과 계약을 체결하고 이에 따라 평가를 받게 되며, 고위 공무원에 속한 공무원 전체에 대하여 적격심사를 주기적으로 실시하여 연속적으로 부적격 판정을 받게 되면 직권면직이 가능하도록 했다. 직무성과계약제란 관리직에 있는 공무원들이 자신이 맡은 직무와 역할을 분명하게 설정하고 이를 평가할 수 있는 평가 지표와 달성 수준을 사전에 제시하여 상급자와 직무성과계약을 체결하는 것을 의미한다.

그리고 연말에는 제시한 달성 수준을 어느 정도 달성했는가를 평가함으로써 공무원에 대한 평가가 주관적, 즉흥적으로 이루어지는 것을 막도록 했다. 근무평정제도 개선은 평가 시기를 연 1회에서 2회로 늘리고, 평가 항목도 현실에 맞게 조정하였으며, 평가의 공정성 확보를 위해 상급자와의 평가 면담 절차를 도입하여 평가자는 평가 대상자의 업무 수행 과정과 추진 상황을 점검하며 고충 사항을 해결해주고 업무 전반에 대한 피드백을 통해서 개인의 부족한 부분을 도와주거나 역량 향상에 조언을 할 수 있게 했다. 아울러 과거에는 승진 시 평가 결과보다 경력이 더 중요시되었으나 평가 결과의 반영 비율을 높여 경력이 낮더라도 평가 결과가 지속적으로 우수한 사람이 더 빨리 승진할 수 있도록 했다(정부혁신지방분권위원회, 2007).

**정부의 경쟁력과 행정서비스의 질 제고**

**고위공무원의 성과와 역량 향상**

| 현 재 | | 개 선 |
|---|---|---|
| 신분중심 | 인사관리 | 일중심 |
| 연공서열 | 인사관리 | 성과중심 |
| 폐쇄적 | 충원 | 개방적 |
| 계급에 따른 보수 | 보상 | 업무·성과에 따른 보수 |

출처: 정부혁신지방분권위원회(2007), 〈참여정부의 혁신과 분권〉

과 정당성에 대한 충분한 교육이 선행되어야 하며, 혁신으로 인한 개인의 손실이 발생할 경우 이를 적절히 치유할 수 있는 제도가 마련되어야 한다.

강요에 의한 획일화된 혁신의 문제점은 참여정부(2003~2007)가 추진한 혁신 사례에서 이미 드러났다. 참여정부는 혁신을 국정 핵심 과제로 선정하고 혁신 매뉴얼 배포, 혁신 부서 신설, 혁신 평가 등을 수행했다.

나름의 성과도 있었지만, 혁신을 지나치게 강조하다 보니 상부에 보고하기 위한 혁신, 평가를 위한 혁신, 혁신을 위한 혁신도 많았다.

모든 사람과 조직 및 기관이 동일한 방법과 절차에 따라 혁신할 수는 없으며, 혁신은 자발적으로 각각이 처한 현실에 맞게 추진되어야 한다. 아울러 혁신을 추진하고 평가하는 절차 그 자체에 대해서도 혁신이 필요하다고 하겠다.

## 생각해볼 문제

1. 학생으로서, 청년으로서 자신의 생활에 혁신이 필요한 부분이 있는가? 그렇다면 혁신을 어떻게 추진할 것이며 혁신의 결과로 무엇을 기대할 수 있을까?
2. 조직의 혁신을 위해서는 무엇이 필요할까? 자신이 경험한 조직생활(학교, 아르바이트, 인턴 등)을 토대로 혁신이 필요한 부분을 생각해보자.
3. 웹 2.0이라 불리는 최근의 인터넷 공간에서 이루어지는, 개인 간 정보공유를 통한 문제 해결 사례를 찾아보자. 또한 집단지성과 관련되어 발생할 수 있는 문제점과 집단지성의 신뢰성 확보 방안에는 어떤 것이 있을까?
4. 한국 집단지성의 특성은 무엇인지, 한국에서 취약한 것으로 알려진 공동창조형 집단지성의 활성화를 위해서는 무엇이 필요한지를 생각해보자.
5. 조직이 혁신을 통해서 얻고자 하는 것(생산성 향상, 경쟁력 강화)이 개인의 이해 관심(직업 안정성, 높은 보수, 안락한 생활 등)과 상충될 수 있다. 자신이 이런 상황에 처한다면 어떻게 대처해야 할까?

## 더 읽을 거리


피터 드러커(2001), 이재규 역, 『프로페셔널의 조건』, 청림출판.

황주성 · 최서영 · 김상배(2009), 『소셜 컴퓨팅 환경에서 집단지성의 사회적 생산 메커니즘 연구』, 정보통신정책연구원.

김희연(2007), 〈웹에서 유통되는 정보 · 지식의 신뢰 연구〉, 《정보통신정책》 19(8), 정보통신정책연구원.

정부혁신지방분권위원회(2004), 〈정부 혁신 관리 매뉴얼〉.

## 참고문헌


김태형 · 강대성(2001), 〈한전 구성원의 경영 혁신 수용 태도에 관한 연구〉, 《경영연구》(안동대) 5(1): 99-122.

김현정 · 김영생 · 장영철(2009), 〈유한킴벌리의 지속적인 변화와 혁신〉, 《창조와 혁신》 2(1): 227-263.

피에르 레비(2002), 권수경 역, 『집단지성: 사이버 공간의 인류학을 위하여』, 문학과지성사.

서상혁 · 고종욱 · 조성복(2008), 〈신제품의 소비자 수용 영향 요인에 관한 탐색적 연구〉, 《기술혁신학회지》 11(4): 450-475.

이종호 · 김문태(1998), 〈하이테크 혁신 수용에 있어 수용자의 특성에 대한 이론적 고찰〉, 《경영경제연구》 17(1): 137-160.

정부혁신지방분권위원회(2007), 〈참여정부의 혁신과 분권〉.

한국정보문화진흥원(2009), 『집단지성의 신뢰성 제고 방안—위키피디아 사례를 중심으로』.

허찬영 · 이현도(2006), 〈고성과 지향의 전략적 인적 자원 관리와 기술 혁신: 노동자 태도의 매개 효과〉, 《노동정책연구》 6(4): 195-231.

황주성 · 최서영 · 김상배(2009), 『소셜 컴퓨팅 환경에서 집단지성의 사회적 생산 메커니즘 연구』, 정보통신정책연구원.

홍선영(2009), 〈제품 혁신의 숨겨진 원동력: 집단지성〉, 《SERI 경영노트》 14.

Benkler, Y. 2006. *The Wealth of Networks: How Social Production Transforms Markets and Freedom*. CT: Yale University Press.

06

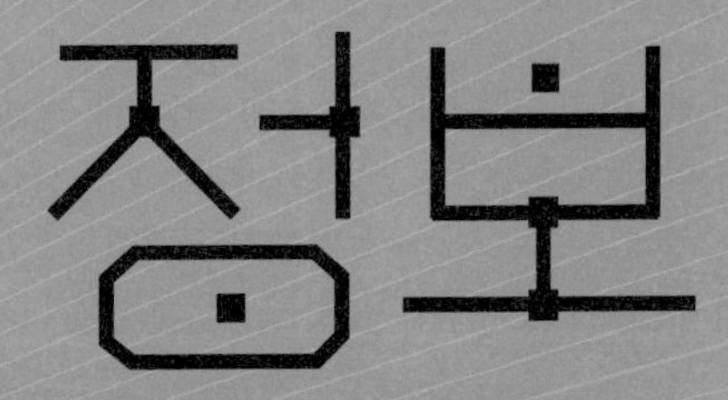

3부에서는 정보사회에서 새롭게 등장한 다양한 쟁점들을 다룬다. 정보사회가 초래한 여러 문제점과 이를 둘러싼 이슈들을 상세하게 소개한다. 9장(홍성태)은 저작권을 둘러싼 이슈와 쟁점을 다룬다. 저작권의 개념과 역사를 살핀 후, 현행 저작권의 문제점을 파헤친다. 10장(백욱인)은 인터넷의 발전으로 초래된 전자감시와 프라이버시 문제를 집중적으로 논의한다. 페이스북이나 트위터에서의 프라이버시 문제를 포함하여, 전자감시체제에 대응하는 운동전략으로 정보공유와 공개를 위한 운동을 제안한다. 11장(이창호)

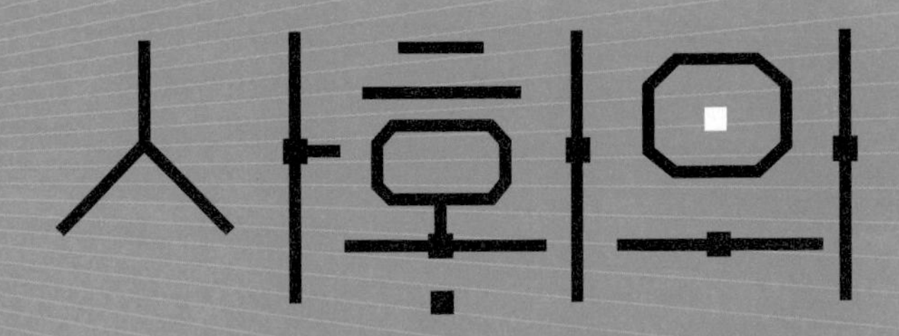

은 급속하게 증가하고 있는 사이버일탈 및 범죄행동에 초점을 맞춘다. 악성댓글, 개인정보 유출 등 사이버일탈 및 범죄 현황과 이를 설명하는 이론들을 고찰한 뒤, 사이버폭력을 예방하기 위한 노력과 대안들을 제시한다. 12장(고영삼)은 정보화 역기능의 주요 양상인 정보격차와 인터넷중독의 문제를 다룬다. 한국정보화진흥원에서 매년 조사·분석하고 있는 정보격차의 실태를 자세하게 소개한다. 아울러 심리학적·사회학적 시각을 통해 인터넷중독이 발생하는 원인과 그 현상에 대한 폭넓은 관점을 보여준다.

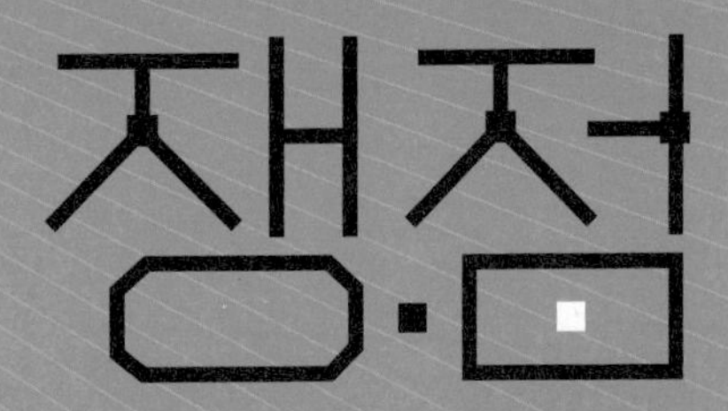

# 09
# 정보공유와 저작권

## |1| 저작권의 형성

정보사회는 단순히 정보기술이 널리 활용되는 사회가 아니라, 정보기술을 활용해서 다양한 정보의 생산과 이용이 크게 촉진되는 사회이다. 재화의 면에서 보자면, 정보는 정보재에 해당된다. 정보재는 물질재와 달리 소유할 수 없으며, 따라서 물질재의 방식으로 그 권리를 보호할 수 없다. 이러한 정보재를 보호하기 위해 고안된 제도가 바로 '지적재산권'이다. 지적재산권은 크게 발명에 대한 권리인 특허권과 저작에 대한 권리인 저작권으로 나뉜다. 인터넷의 대중화와 함께 '저작의 폭발'이라고 해도 좋을 정도로 저작물의 생산과 이용이 폭증했다. 이 때문에 저작권의 중요성이 크게 부각되었고, 이와 함께 저작권을 둘러싼 논쟁도 세계적으로 크게 격화되었다.

저작권著作權은 영어의 'copyright'를 한자로 옮긴 것이다. 그대로 옮기자면 저작권이 아니라 '복제권' 또는 '복사권'이라고 해야 옳을 것이다. 또한 저작권이라는 용어보다는 '판권版權'이라는 용어가 귀에 더 익숙한 사람도 많을 텐데, 이 용어는 일본의 근대화를 이끈 가장 중요한 사상가인 후쿠자와 유키치福澤諭吉가 만들어낸 것이다. 그러나 일본에서도 19세기 말에 저작권법이 제정되면서 법률용어로는 판권이라는 말을 더 이상 사용하지 않게 되었다. 아무튼 판권도 '출판의 특권'이라

### 구텐베르크 혁명

좁은 의미에서 구텐베르크 혁명이란 독일의 구텐베르크가 1450년에 발명한 '활판 인쇄술'을 가리킨다. 이것은 미리 주물로 떠놓은 금속활자를 판 위에 재조합하는 방식으로 인쇄하는 기술이다. 이 인쇄술이 발명되기 이전에는 손으로 한 자씩 써서 책을 만들거나 목판이나 금속판으로 책의 판을 만들어서 찍어야 했다. 구텐베르크는 이 인쇄술을 이용해서 1454년에 라틴어 성경을 찍었다. 그리고 1500년 무렵에는 유럽에 1천 곳이 넘는 인쇄소가 생겨, 성경이며 각종 고전문헌을 값싸게 찍어 널리 보급할 수 있었다. 이렇게 각종 책이 널리 보급되었다는 사실은 '지식과 정보의 민주화'가 이루어지기 시작했음을 뜻한다. 소수의 특권층이나 수도사들만이 가질 수 있었던 책을 이제는 일반인들도 손쉽게 구해볼 수 있게 되었으며, 당연하게도 그 결과 세상이 돌아가는 이치를 훨씬 더 많은 사람들이 쉽게 알 수 있게 되었다. 넓은 의미에서 구텐베르크 혁명은 지식과 정보의 민주화가 이루어져 '사회의 민주화'를 촉진하게 되었음을 뜻한다. 민주주의를 기본이념으로 하는 근대사회는 이러한 기술·사회적 변화를 통해 나타났다.

는 뜻을 담고 있기 때문에 'copyright'라는 영어의 본래 뜻에 가깝게 옮긴 것이라고 할 수 있다.

저작권이라는 용어는 무엇보다 저작물에 관한 권리를 뜻하는데, 사실 이 권리는 저작물의 복제기술과 밀접한 연관을 맺고 있다. 이런 점에서 보자면, 저작권보다는 복제권이나 판권이 역사적 상황을 더욱 명확하게 담고 있다고 할 수 있다. 한 저작물을 대량으로 생산할 수 있는 길이 열리면서, 대량으로 생산된 복제물에 관한 권리의 문제가 나타났기 때문이다. 요컨대 인쇄술이 발달함에 따라 저작자의 권리와 복제자의 권리를 구분해서 보호하여 저작과 복제를 동시에 촉진할 필요가 나타났던 것이다. 이런 점에서 저작권이라는 새로운 권리의 모태는 바로 '구텐베르크 혁명'이었다.

'구텐베르크 혁명'에 의한 민주화를 막기 위해 강력한 금서 정책이 펼쳐졌다. 이와 함께 저작물을 규제하고 보호하는 새로운 제도로서 저작권이 만들어졌다. 그 효시는 1496년 베네치아에서 만들어진 '출판특허제도'였다. 이 제도는 형식적으로 저작권법의 출발이라고 할 수 있지만, 아직 '저작자의 권리'라는 개념이 나타나지는 않았다. 저작자의 권리를 보호하기 위한 근대적 저작권법은 1710년에 제정된 영국의 '앤 여왕 법'으로 출발했다. 계몽주의가 성숙함에 따라 봉건군주의 검열이 약화되고 저작자의 권리의식이 싹트면서 이러한 제도 변화가 이루어지게 되었다. 요컨대 근대적 저작권법은 봉건군주가 몰락하고 근대사회가 나타나면서 저작자와 출판사의 이익을 보호하기 위한 제도로 나타나게 되었던 것이다. 그러므로 저작권법은 서구에서도 각 나라의 발전 정도에 따라 시기를 달리하며 나타난다. 예컨대 미국은 1790년에, 프랑스는 1793년에, 그리고 독일은 1871년에 저작권법을 제정했다.

( 261 ) Cop 19

Anno Octavo

Annæ Reginæ.

An Act for the Encouragement of Learning, by Veſting the Copies of Printed Books in the Authors or Purchaſers of ſuch Copies, during the Times therein mentioned.

Whereas Printers, Bookſellers, and other Perſons have of late frequently taken the Liberty of Printing, Reprinting, and Publiſhing, or cauſing to be Printed, Reprinted, and Publiſhed Books, and other Writings, without the Conſent of the Authors or Proprietors of ſuch Books and Writings, to their very great Detriment, and too often to the Ruin of them and their Families: For Preventing therefore ſuch Practices for the future, and for the Encouragement of Learned Men to Compoſe and Write uſeful Books; May it pleaſe Your Majeſty, that it may be Enacted, and be it Enacted by the Queens moſt Excellent Majeſty, by and with the Advice and Conſent of the Lords Spiritual and Temporal, and Commons in this preſent Parliament Aſſembled, and by the Authority of the ſame, That from and after the Tenth Day of April, One thouſand ſeven hundred and ten, the Author of any Book or Books already Printed, who hath not Transferred to any other the Copy or Copies of ſuch Book or Books, Share or Shares thereof, or the Bookſeller or Bookſellers, Printer or Printers, or other Perſon or Perſons, who hath or have Purchaſed or Acquired the Copy or Copies of any Book or Books, in order to Print or Reprint the ſame, ſhall have the ſole Right and Liberty of Printing ſuch Book and Books for the Term of One and twenty Years, to Commence from the ſaid Tenth Day of April, and no longer; and that the Author of any Book or Books already Compoſed and not Printed and Publiſhed, or that ſhall hereafter be Compoſed, and his Aſſignee, or Aſſigns, ſhall have the ſole Liberty of Printing and Reprinting ſuch Book and Books for the Term of Fourteen

6 Ttt 2

**근대적 저작권법의 효시인 영국 '앤 여왕 법'(1710)**
출처: 위키피디아

## |2| 저작권과 현실 정보사회

서구의 각 나라가 저작권법을 제정하자, 이제는 나라마다 다른 저작권법을 국제적으로 관리하는 문제가 제기되었다. 그 결과 1886년에 '문학·예술 저작물의 보호를 위한 베른협약'이 체결되었다. 그리고 1892년에는 1883년에 체결된 산업재산권에 관한 '파리협약'과 '베른협약'을 효율적으로 관리하기 위한 '지적재산권 보호 국제합동사무국'이 설치되었다. 그 뒤 1970년에 '세계지적재산권기구WIPO'라는 새로운 국제기구가 설립되었다. 이후 1990년대에 들어와서 1994년에 '세계무역기구의 무역관련 지적재산권 최종협약안WTO/TRIPs'이 설립되었고, 이어 1996년에는 '세계지적재산권기구 저작권조약'과 '세계지적재산권기구 실연·음반조약'이

**스위스 제네바에 있는 세계지적재산권기구(WIPO) 본부**

만들어졌다.

이처럼 정보의 생산과 이용을 보호하기 위한 새로운 제도는 저작권으로 시작되어 지적재산권으로 확대되었다. 이러한 변화를 우리는 '자본주의의 정보적 확장'으로 규정할 수 있다. 이것은 유형의 물리재뿐만 아니라 무형의 정보재도 통상적인 거래의 대상이 되었음을 뜻한다. 자본주의는 지리적 확장을 통해 계속 성장했을 뿐만 아니라 정보적 확장을 통해 계속 성장했다. 지리적 확장이 종료된 정보사회의 단계에서 자본주의의 성장을 위해 정보적 확장은 더욱더 중요한 의미를 갖는다. 이것은 정보사회에서는 우리의 정신활동마저 자본의 강력한 지배를 받기 쉽다는 것을 뜻한다. 이런 점에서 '자본주의의 정보적 확장'은 현실 정보사회의 구조적 특징으로서 현대 자본주의를 이해하기 위한 필수적 개념이다(홍성태, 2002).

이러한 변화에서 가장 두드러지는 것은 1990년대에 이루어진 변화이다. 특히 지적재산권 최종협약안은 종래에 특수한 영역으로 다루어지던 지적재산권을 일반 무역의 의제로 다루기 시작한 것이라는 점에서 대단히 중요한 의미를 갖는다. 이 바탕에는 이른바 '정보사회화'라는 구조적 변화가 놓여 있다. 정보사회는 단순히 정보기술을 많이 사용하는 사회가 아니다. 자본주의의 지배 아래서 이루어지는 정보사회화는 정보의 경제가치가 갈수록 커지는 사회적 변화를 뜻하기도 한다. 따라서 자본주의의 지배 아래 놓인 현실 정보사회에서는 정보의 독점적 사용을 보장하는 지적재산권이 갈수록 강화된다. 정보의 생산과 이용을 법이라는 강제적 규범을 통해 보장하지 않는다면 정보재의 경제가치는 쉽게 사라질 수 있기 때문이다.

정보재의 경제가치는 두 가지 방식으로 보존될 수 있다. 첫째, 다른 사람에게 알리지 않는 것이다. 두 사람밖에 모른다는 코카콜라의 제조법이나 며느리에게도 알려주지 않는 신당동 떡볶이 할머니의 양념법이 그 예다. 둘째, 다른 사람에게 알리되 마음대로 이용할 수 없게 하는 것이다. 지적재산권을 통한 법적 규제가 바로 여기에 해당된다. 정보재는 물질재와 달리 쓸수록 줄어들지 않고, 또한 다른 사람들과 함께 쓸 수도 있다. 이러한 '비소모성'과 '비경합성'이라는 물리적 특성 때문에 정보재는 그 자체로 경제재가 되기 어렵다. 또한 정보는 '무한'하다. 그러나 바로 이 때문에 정보는 경제적 거래의 대상이 되기 어렵다. '무한'한 것을 누가 돈을 주고 사겠는가? 그런데 '정보의 무한성'은 사실 '정보복제의 무한성'을 뜻한다. 지적재산권은 국가의 강제력을 이용해서 '정보의 무한성'을 인위적으로 없앰으로써 정보를 경제적 거래의 대상으로 만드는 제도이다.

그러나 우리는 여기서 지적재산권의 목적이 사회의 지적 자산을 풍부하게 해서 사회의 발전을 도모하는 데 있다는 사실에 유의해야 한다. 지적재산권이 이처럼 '공익'을 강조하는 것은 정보의 사회적 특성과 긴밀하게 연관되어 있다. 정보의 물리적 특성이 비소모성과 비경합성에서 비롯되는 '무한성'에 있다면, 그 사회적 특성은 이 세상의 어떤 정보도 완전히 새로운 것은 없다는 '역사성'에 있다. 모든 새로운 정보는 언제나 다른 정보와 연관해서 만들어진다. 아무리 뛰어난 '창작자'라도 무에서 유를 낳는 '창조자'가 아니라 유에서 유를 낳는 '생성자'인 것이다. 이런 사실을 무시하고 물질재처럼 정보재에 대해서도 완전한 독점권을 허용해서는 안 된다. 이 때문에 지적재산권에는 일반적인 소

**지적재산권**
**(Intellectual Property)**
발명·상표·디자인 등의 '산업재산권'과 문학·음악·미술 작품 등에 관한 '저작권'의 총칭. 지식재산권 또는 지적 소유권이라고도 한다. 산업재산권은 특허청의 심사를 거쳐 등록해야 보호되며, 저작권은 출판과 동시에 보호된다. 그 보호기간은 산업재산권이 10~20년 정도이고, 저작권은 저작자의 사후 30~50년까지다. 이와 관련된 한국의 법률로는 특허법·저작권법·실용신안법·디자인법·상표법·발명보호법 등이 있다.

## 미키마우스 법(Mickey Mouse Protection Act)

미키마우스 법을 풍자한 그림

디지털 기술에 대한 저작권의 확대만이 아니라 기존의 저작권도 크게 강화되고 있다. 이러한 변화는 미국이 주도하고 있다. 미국은 이미 1980년대 초 레이건 행정부 때부터 지적재산권의 강화를 미국 경제의 활로로 설정했다. 이런 점에서 레이건 이후 미국 경제의 변화를 금융자본의 강화에 초점을 맞춘 신자유주의로만 파악하는 것은 잘못이다. 자본주의의 정보적 확장이야말로 사실상 1980년대 이후 미국 경제에서 나타나는 가장 명확한 새로운 특징이기 때문이다.

미키마우스의 저작권 연한을 연장한 '미키마우스 법(정식 명칭은 Copyright Term Extension Act)'은 '디지털 밀레니엄 저작권법'과 함께 미국이 추구하고 있는 길을 잘 보여준다. 베른협약은 저작권의 연한을 '저작자 사후 50년'으로 규정하고 있다. 이에 따라 미키마우스의 저작권 연한은 2004년에 종료될 예정이었다. 그러나 월트 디즈니 사의 로비에 따라 미국 의회는 '미키마우스 법'을 제정해서 미키마우스의 저작권 연한을 '저작자 사후 70년'으로 연장했다. 미국이 시작한 이런 변화는 머지않아 지구 전역으로 확산될 것이다.

유권과는 달리 '권리의 연한'이 있고, '공정 이용권'과 같은 '권리의 제한'이 따르는 것이다.

그러나 1990년대 이후 자본주의의 정보적 확장이 크게 강화되면서 '정보재의 생산을 촉진한다'는 수단이 '사회의 발전을 이룬다'는 목표보다 우선시되는 전도현상이 크게 강화되었다. 이로부터 이미 많은 문제가 빚어졌다. 특허권과 관련해서는, 예컨대 백혈병 치료제인 글리벡을 둘러싼 논란에서 잘 드러났듯이, 특허권을 보유하고 있는 초국적기업의 부당한 독점이윤을 보호하기 위해 가난한 환자들을 죽음으로 내몰아서 '특허를 통한 살인'이라는 비난마저 일어났다. 저작권의 경우도 사정은 비슷하다. 인터넷이 대중화함에 따라 인터넷을 통한 각종 저작물의 무단이용이 활성화되자 이를 막기 위해 강력한 조치들이 취해졌다. 대표적인 예는 미국이 1998년에 제정한 '디지털 밀레니엄 저작권법'이다. 이런 상황에서 인터넷의 대중화와 함께 많은 시민들이 저작권을 침해한 범죄자가 되는 기막힌 현상도 빚어졌다.

## |3| 저작권과 한국사회

오늘날 우리는 정보재의 역할이 갈수록 중요해지는 '정보 자본주의 사회'로서 '현실 정보사회'에서 살아가고 있다. 미국과 마찬가지로 한국에서도 인터넷의 대중화와 함께 저작권의 강화가 강력히 추진되었다. 그리고 그 실효성을 높이기 위해 불법복제 문제를 개선하기 위한 다양한 문화적 활동들이 정부와 기업에 의해 적극적으로 펼쳐지고 있다. 저작권은 저작물의 생산과 이용을 촉진하기 위한 제도로서 큰 의미를 지닌다. 그러나 저작권의 강화를 일방적으로 추구하면 부당한 독점이윤의 확대, 이용자 권익의 침해, 그리고 궁극적으로 사회 발전의 저해라는 심각한 문제를 일으키게 된다. 저작권은 극히 신중하게 다루어져야 하는 것이다. 저작권의 변화를 통해 그 내용을 살펴보자.

1957년 1월에 제정된 한국의 저작권법은 1986년에 처음 개정되었으며, 그 뒤 최근까지 저작권법은 거의 매년 계속 개정되고 있다. 저작과 저작물을 둘러싼 각종 기술과 사회적 여건이 계속 빠르게 변화하고 있기 때문이다. 1986년 12월에 이루어진 첫 개정은 전부개정이었는데, 그 이유는 다음과 같다(법 관련 인용은 모두 법제처 홈페이지 참조).

> 文化의 발달에 따라 著作權의 내용과 그 이용관계가 複雜 多樣하여졌으나, 현행 著作權法은 1957年 1月 28日 制定·公布된 후 그대로 施行되고 있어 法의 解釋 및 適用上에 여러 가지 어려운 점이 많을 뿐 아니라 著作權者 및 著作物利用者의 이익을 보호하는 데도 미흡한 사항이 많아, 著作權關係 國際條約의 加入을 전제로, 國際的으로 인정되고 있는 制度를 도입하여 著作權者의 權益을 보호·伸張하면서 그 權利의 행사를 公共의 利益과 調和시킴으로써 文化의 향상발

전에 이바지할 수 있도록 全面的으로 整備하려는 것임.

여기서 알 수 있듯이 가장 중요한 개정 이유는 문화의 발달로 제시되었다. 그러나 실제로 가장 중요한 개정이유는 '저작권 관계 국제조약의 가입'이었다. 이에 따라 '국제적으로 인정되고 있는 제도를 도입'하지 않을 수 없게 되었다. 이 무렵 미국의 레이건 행정부는 지적재산권의 강화에서 미국 경제의 활로를 찾았고 지적재산권의 보호를 강력하게 요구하기 시작했다. 이 때문에 한국도 1987년부터 지적재산권 보호를 강화할 수밖에 없었고, 그 결과가 저작권 관계 국제조약의 가입과 저작권법의 개정으로 나타났던 것이다.

첫 개정 뒤에 계속 이어진 저작권법 개정에서 특히 두드러지는 것은 2000년과 2003년의 개정이다. 2000년 개정에 바로 앞선 1997년의 개정은 행정절차법의 개정에 따라 기존 저작권법을 약간 다듬는 정도에 머물렀다. 이와 달리 2000년의 개정에서는 기술 발달의 영향을 받아들여 저작권 보호를 대폭 강화했다.

멀티미디어 디지털기술의 발달과 새로운 複寫機器의 보급확대로 인하여 著作者의 權利侵害가 날로 증가함에 따라 著作者의 權利保護를 강화하고 著作物의 이용관계를 개선하는 한편, 著作權의 不法侵害로부터 著作者를 보호하기 위하여 著作權侵害에 대한 罰則을 강화하여 著作權 보호의 실효성을 높임으로써 급변하는 國內外의 著作權 환경변화에 효율적으로 대처하려는 것임.

요컨대 컴퓨터와 인터넷의 대중화가 이루어지면서 디지털 저작물의 유통이 급속히 늘어나게 된 현실에 대응하는 것이 중요한 정책적 과제

**디지털 밀레니엄 저작권법**
미국 의회는 1998년 10월에 디지털 밀레니엄 저작권법(Digital Millenium Copyright Act; DMCA)을 제정했다. 이 법은 각종 디지털 저작물의 저작권을 강화하기 위해 제정된 것으로 '1998 WIPO 저작권조약 및 실연·음반조약 이행법', '온라인 저작권 침해 책임제한법', '컴퓨터 유지 경쟁보장법' 등으로 이루어져 있다.

### 저작권 강화의 부작용

저작물의 무단 이용, 불법 복제는 사회적으로 큰 문제를 낳는다. 그것은 막대한 비용을 들여 저작물을 제작한 사람들에게 큰 피해를 입히고, 나아가 창작욕을 크게 저하시킬 수 있다. 그러나 저작권의 강화도 사회적으로 큰 문제를 낳는다. 그것은 권리자에게 막대한 독점이윤을 제공하는 한편, 이용자의 권리를 크게 침해하고 저작물의 제작을 크게 위축시킬 수 있다. 최근 블로그나 미니홈피를 만들면서 다른 사람들의 저작물을 저작권 침해인 줄 모르고 가져다가 사용하는 사람들이 많다. 이런 사람들을 표적으로 해서 기획소송을 하는 법률회사들도 나타났다. 이런 상황에서 2005년에는 1만여 건이었던 저작권법 관련 고소·고발건수가 2007년에는 무려 7만 7,853건으로 급증했다. 저작권을 일방적으로 강화한다면, 대부분의 블로그에서 음악을 이용할 수 없을 것이며, 거의 모든 '사진 합성'과 '퍼 나르기'가 불법으로 처벌받을 것이다. 이렇게 되면 '선의의 범죄자'와 '악의의 권리자'를 양산하는 것을 넘어 표현의 자유라는 자유민주주의의 근원조차 심각한 위협을 받게 된다. 저작권은 결코 저작권에만 그치는 문제가 아니다. 우리의 모든 생각과 표현이 바로 저작권의 대상이 되기 때문이다.

로 떠올랐던 것이다. 또한 1986년과 마찬가지로 이번에도 미국의 압력이 크게 작용했는데, 1998년에 제정된 미국의 디지털 밀레니엄 저작권법에 따라서 저작권법을 개정해야 할 필요성이 생겨났던 것이다. 이리하여 미국처럼 기존의 저작권을 새로운 디지털 기술환경에도 적용해 저작권 보호를 강화한다는 원칙이 법으로 확립되었다.

2000년 개정에서 나타난, 정보기술의 발달에 대응해 저작권의 보호를 대폭 강화한다는 원칙은 그 뒤의 저작권법 개정에서 분명히 확인된다. 2003년 개정에서는 본래 저작권의 보호대상이라 할 수 없는 '데이터베이스의 제작 등에 드는 투자 노력을 보호'하게 되었고, 2006년 개정(제2차 전부개정)에서는 친고죄인 저작권 침해에 예외조항을 두어 권리자의 고소가 없더라도 정부가 수사를 할 수 있게 했고, 2009년 개정에서는 종래 특수하게 취급했던 컴퓨터프로그램보호법을 저작권법으로 통합했다. 이렇듯 저작권이 계속 강화되면서 여러 부작용이 발생하고 있다. 개인의 자유로운 저작물 이용이 크게 제약받는 것은 물론이고 '선의의 범죄자'가 양산되는 문제까지 나타났다. 저작권이 극히 신중하게 다루어져야 한다는 것은 이미 한국사회에서 여실히 증명되었다.

## |4| 저작권과 정보공유

지적재산권 전체로 확장될 수 있는 것이기도 하지만, 저작권과 관련된 논란은 크게 두 가지 축을 가지고 있다. 하나는 저작권을 강조하는 것이고, 다른 하나는 이용권을 강조하는 것이다. 저작권법은 둘 사이의 조화를 목표로 내세우고 있으며, 실제로 이 목표를 이룰 수 있도록 해야 한다. 또한 현실의 실태를 보면, 두 가지 축 내부에도 여러 흐름이 있다. 먼저 저작권을 강조하는 축에는 실제 창작자의 권리를 강조하는 쪽과 그것을 인수한 유통업자의 권리를 강조하는 쪽이 있다. 다음으로 이용권을 강조하는 쪽에도 모든 지적재산권을 부정하는 흐름이 있는가 하면, 지적재산권의 일방적인 강화에 반대하는 흐름이 있다.

그러나 1990년대 이후 저작권법은 미국의 주도 아래 저작권을 일방적으로 강화하는 방향으로 나아가고 있다. 이에 대한 시민사회의 대응은 크게 두 가지 방향으로 이루어질 수 있다. 첫째, 저작권법의 문제를 드러내고 저작권법의 올바른 개정을 요구하는 것이다. 법이 강제 규범이라는 점에서 저작권법의 개정은 무엇보다 중요한 실천적 목표이다. 시민들이 저작권법의 효용과 문제에 대해 더 많은 관심을 가져야 한다. 둘째, 자유롭게 공유할 수 있는 저작물을 늘리는 것이다. 자본주의 경제 질서 하에서 작동하는 현실 정보사회에서 저작권법은 근본적으로 자본주의의 요구에서 벗어나기 어렵다. 이런 상황에서 저작권법의 강화에 대한 시민사회의 대응은 새로운 대안을 추구해야 하며, 그것은 불법 복제와 같은 '무임승차'를 훌쩍 넘어선 정보공유운동의 전개로 나타나야 한다.

정보공유운동은 "정보를 자유롭게 공유한다"는 목표를 추구한다. 그러나 이 운동의 목표는 사실 이러한 차원을 훨씬 넘어선다. 정보를

**저작권 삼진아웃제**

2009년 7월 23일부터 시행된 개정 저작권법에 따르면, 문화체육관광부 장관은 온라인서비스 제공자에게 반복적으로 불법 복제물을 전송하는 사람에 대해 경고를 하도록 명하거나 복제물의 삭제를 명할 수 있다. 또한 이러한 경고가 3회 이상인 해당 서비스 이용자의 이용자 계정(해당 이용자의 다른 계정 포함)을 6개월 이내에 삭제하도록 명령할 수 있으며(이용자 계정 삼진아웃), 3회 이상 반복적으로 경고 대상이 된 게시판도 6개월 이내에서 정지시키도록 명할 수 있다(게시판 삼진 아웃). 인터넷 이용자의 사생활과 표현의 자유를 심각하게 훼손한다는 비판이 제기되고 있다.

## ‘정보공유운동’의 주요 양상

본격적인 정보공유운동은 1984년 미국의 소프트웨어 전문가인 리처드 스톨먼이 시작한 ‘자유소프트웨어(Free Software) 운동’에서 시작된 것으로 볼 수 있다. 스톨먼은 ‘Copyright’의 문제에 맞서서 ‘Copyleft’라는 새로운 권리 개념을 제안했다. 전자가 ‘사유 저작권’이라면, 후자는 ‘공유 저작권’이다. 2000년대에 들어와서 콘텐츠의 공유가 크게 중요해지면서 미국의 법학자인 로렌스 레식 교수가 ‘창조적 공유재(Creative Commons) 운동’을 시작했다. 2000년대 중반에 시작된 ‘위키백과(WikiPedia)’는 물론이고 최근에 시작된 ‘위키누설(WikiLeaks)’도 콘텐츠 분야의 정보공유운동으로서 대단히 중요하다. 국내에서는 1998년 마이크로소프트의 흔글 인수계획에 맞서서 ‘열린흔글 프로젝트’가 추진되었으며, 2002년에 지적재산권 전반을 대상으로 정보공유를 추구하는 ‘정보공유연대’가 창립했다. 필자(홍성태)는 ‘정보공유연대’의 초대 대표를 맡아서 활동하면서 ‘정보공유 라이선스’를 제안하고 추진한 바 있다.

자유롭게 공유한다는 목표를 이루기 위해서는 정보공유를 막는 제도를 고쳐야 하고, 또 그 제도를 요구하는 세력과 싸워야 하기 때문이다. 이런 점에서 정보공유운동은 “정보를 자유롭게 공유할 수 있는 정보사회를 만들고자 하는 사회운동”으로 정의할 수 있다. 이러한 정보공유운동은 저작권과 관련해서 보자면 소프트웨어와 콘텐츠 분야로 크게 나누어 살펴볼 수 있다. 또한 사적 영역과 공적 영역으로 나누어 살펴볼 수도 있다. 이렇게 본다면, 정보공유운동은 저작권의 영역에서 네 부문으로 나누어 살펴볼 수 있는 셈이다.

정보공유의 공익성에 비추어보자면, 분야의 차이를 떠나서 공적 영역의 역할이 무엇보다 중요하다고 할 수 있다. 그러나 공적 영역인 정부는 사적 영역의 반발 때문에 공적인 역할을 제대로 수행하지 못하는 경우가 많다. 이런 점을 감안한다면, 사적 영역의 자발적 활동이 훨씬 더 중요하다고 할 수 있다. 여기서 사적 영역은 기업으로 대표되는 영리영역과 NGO로 대표되는 비영리영역으로 나뉜다. 이렇게 나누어놓고 보면, 비영리영역의 정보공유운동이 무엇보다 중요하다는 것을 쉽게 알 수 있다. 비영리영역에서 적극적으로 나서서 영리영역과 공적 영역의 변화를 이끌어내야 하는 것이다. 세계적으로는 미국의 ‘자유소프

| 배너 | 정보공유 라이선스 | |
| --- | --- | --- |
| 심볼 | 허용 | 개작금지 |
| | 영리금지 | 영리금지·개작금지 |

**정보공유연대에서 개발한 '정보공유 라이선스' 표시법**

트웨어운동'과 '창조적 공유재 운동'이 널리 알려졌고, 한국에서는 '진보네트워크센터'와 '정보공유연대'의 활동이 활발하다.

한국의 정보공유운동에서 가장 중요한 단체는 '정보공유연대'이다. 그 활동은 '지적재산권의 오남용 반대와 정보의 공유를 위한 정책 추구'로 요약할 수 있다. 이 가운데 후자는 정보공유연대에서 추진한 가장 독자적인 운동으로서 '정보공유 라이선스'의 개발을 가장 큰 성과로 제시할 수 있다. 그 핵심은 권리자가 다른 사람과 정보를 공유할 수 있는 방법을 제시하는 것이다. 요컨대 '정보공유 라이선스는 저작권자가 저작물의 자유이용 범위를 정하는 약관'이다.

'정보공유연대'는 저작물을 이용한 영리의 취득과 개작의 가능성이라는 두 가지 기준을 교차시켜 네 가지 정보공유 라이선스를 만들었다. 일부에서는 정보공유 라이선스를 '창조적 공유재'에서 자극을 받아 개발한 것으로 생각하고 있으나 사실은 전혀 그렇지 않다. 사실 운동의 이력으로 보더라도, '창조적 공유재' 쪽보다 정보공유연대 쪽이 더 오래되었다.

인터넷으로 대표되는 새로운 정보통신기술의 발달과 이 기술의 이용을 규제하는 저작권 사이의 모순은 결국 저작권의 강화라는 쪽으로 해소되고 있다. 그러나 일방적인 저작권 강화가 계속 관철된다면, 현실 정보사회는 정보의 자유로운 소통과 공유를 원천적으로 봉쇄하는 괴물로 변할 수 있다. 이에 맞서서 새로운 기술이 개발되고 새로운 활동이 계속 펼쳐지고 있다. 그러나 저작권과 이용권의 올바른 조화를 이루기 위해 가장 중요한 것은 저작권을 비롯한 지적재산권의 문제에 대한 진지한 성찰이 사회적으로 확산되어야 한다는 것이다. 이러한 점에서 주체인 시민의 노력이 무엇보다 중요하다.

저작권은 표현의 자유와 연결되며 세계무역과도 깊이 연결된다. 이렇듯 사회적으로 중요한 저작권의 일방적 강화는 큰 문제를 낳을 수밖에 없다. 그러나 단순한 '무임승차'는 결코 정보공유가 아니다. 그것은 괴물이 되어버린 현실 정보사회의 또 다른 얼굴일 뿐이다. 정보공유는 일방적인 것이 아니라 상호적인 것이다. 자유로운 개인들의 자발적 참여와 실천이 결국 정보공유의 길을 넓히는 가장 강력한 원천이다. '트위터'나 '페이스북'으로 대표되는 '소셜 네트워크'도 이런 사실을 잘 보여준다. 시민들이 적극적으로 참여하고 공유하지 않는다면 사실 '소셜 네트워크'는 불가능하다.

## 생각해볼 문제

1. 저작권의 목표는 무엇이며, 그 수단은 무엇인가?
2. 인터넷 등의 정보기술과 저작권은 어떻게 충돌하는가?
3. '세계무역기구'의 지적재산권 관련 조항은 어떤 문제를 지니고 있는가?
4. 한국의 저작권법은 어떤 문제를 지니고 있는가?
5. 정보공유운동은 어떤 의미를 지니고 있는가?
6. 현실 정보사회는 어떤 상태에 있으며 어떻게 발전되어야 하는가?

## 참고문헌 및 더 읽을 거리


류종현(2009), 『현대 저작권의 쟁점과 전망』, 커뮤니케이션북스.

오익재(2009), 『당신은 지금 저작권 침해 중』, 성안당.

최영묵 외(2009), 『미디어 컨텐츠와 저작권』, 논형.

홍성태(2002), 『현실정보사회의 이해』, 문화과학사.

홍성태(2009), 『현실정보사회와 정보사회운동』, 한울.

# 10 프라이버시와 전자감시

## |1| 인터넷과 프라이버시

### 1) 사이버세계의 인권

20세기 후반 들어 정보통신기술은 아주 빠른 속도로 발전하였다. 컴퓨터와 네트워크의 발전은 일상적인 생활환경을 크게 변화시켰다. 정보통신기술은 개개인의 사생활과 사회생활을 모두 변화시키고 있다. 인터넷을 포함한 새로운 정보통신기술이 일상화되면서, 정보통신의 기술적 차원뿐 아니라 그 사용과 관련된 사회적 차원의 문제들이 발생하게 된다. 사용자의 참여를 바탕으로 이루어지는 정보통신 네트워크는 새로운 사회 영역을 만들어내기 때문에 그것에 이해와 관심을 가진 사람들의 참여도가 크고 그만큼 복잡한 문제가 발생한다.

교육행정정보시스템National Education Information System; NEIS, 등급제, 몰래카메라, 인터넷실명제, 음란물, 스팸메일 등은 인터넷의 사용이 일반화됨에 따라 새롭게 등장한 말들이다. 인터넷실명제는 익명성을 토대로 전개되던 초기 인터넷이 누렸던 사상과 표현의 자유를 위협한다. 음란물을 빌미로 한 등급제는 사상과 표현의 자유를 심각하게 위협할 뿐만 아니라 새로운 검열과 통제를 합리화한다. 스팸메일과 몰래카메라는 개인의 프라이버시를 여지없이 짓밟아놓는다. 이런 사태는 대한 민국 헌법이 보장하고 있는 기본권 가운데 많은 부분이 위험에 처하게 됨을 보여준다.

정보기술과 관련하여 나타나는 인권 문제는 사적 영역과 공적 영역으로 나누어 살펴볼 수 있다. 현실사회의 공적 영역과 사적 영역은 윤리적인 차원에서는 가정, 공간적으로는 집이라는 울타리로 보호된다. 집과 가정은 가족과 개인의 사생활을 보호하는 울타리인 것이다. 그리고 집과 가정에서 이루어지는 일은 사적인 영역으로 보호되고 있다(헌법 16조, 17조). 한마디로 현실세계의 집은 프라이버시 보호의 성채라 할 수 있다. 사적 영역과 공적 영역을 엄격하게 분리하는 방식은 근대 자본주의 사회의 기본적인 틀을 이룬다. 현실세계의 집은 사적인 휴식과 재생산이 이루어지는 공간으로서 사회와 타자로부터 보호되고 격리되어 있다.

그러나 사이버세계의 집(홈페이지)은 공개성으로 나가는 길목이다. 현실세계의 집은 외부의 공적인 장소와 차단하는 공간이지만, 사이버세계의 홈페이지는 개인을 다른 개인들과 이어주는 매개체이다. 공적 영역과 사적 영역을 이어주는 통로인 것이다. 그래서 사이버세계의 사적 영역과 공적 영역은 현실세계처럼 엄격하게 구분되지 않는다. 사적인 것과 공적인 것 사이의 구분이 흐려지고 경계가 불투명해지며 상호이동과 소통이 쉽게 이루어진다.

사이버세계의 인권 영역

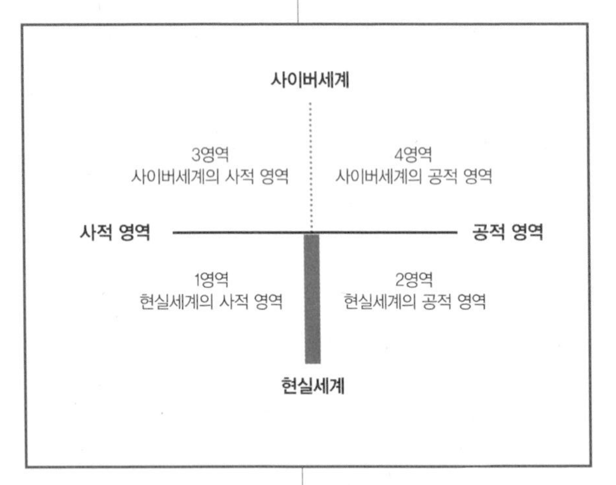


이처럼 현실세계의 사적 영역과 공적 영역에 대비되는 사이버세계의 사적 영역과 공적 영역을 표시하면 왼쪽 그림과 같다.

이 그림의 '1영역'(현실세계의 사적 영역)은

개인의 자유와 권리가 프라이버시 보호를 중심으로 이루어진다. 주거의 자유(16조)와 신체의 자유(12조) 및 사생활의 비밀(17조)이 이 영역에서 이루어지는 주요한 인권들이다. 1영역과 2영역 사이에는 비교적 분명한 구분이 형성되고 있으며, 이에 따라 공적인 일과 사적인 일이 비교적 명확하게 분리되고 법률의 틀에서도 민사와 형사로 구분되어 있다. '2영역'의 인권은 교육권(31조), 사회보장(34조), 환경권(35조) 등의 사회적 권리로 이루어진다. 최근에는 정보기술 발전과 더불어 정보접근권이나 정보공개권 등의 새로운 권리들이 주요한 인권으로 부각되고 있다.

한편 사이버세계의 권리는 개인 정보 발신자의 권리로부터 출발한다. 자신의 집을 만들고 남들과 소통할 수 있는 권리는 사이버세계를 구성하는 가장 기초적인 요소이다. 그래서 사상과 표현의 자유는 사이버세계에 존재하는 집의 대들보이다. 그리고 사상과 표현의 자유는 집회와 결사의 자유에 의해 확보되므로, 국가권력이나 특정 집단이 사상과 표현의 자유를 억압할 경우에 대비하여 사이버세계에서의 집회와 결사의 자유를 확보해야 한다. 정보화와 관련하여 사상과 표현의 자유가 제일 먼저 이슈로 떠오르는 이유는 컴퓨터 네트워크가 새로운 미디어이자 영토territory이기 때문이다. 사상과 표현의 자유 및 집회와 결사의 자유라는 기본적인 권리는 사이버세계의 사적 영역(3영역)과 공적 영역(4영역)을 이어주는 매개이자 통로 역할을 한다.

정보통신기술이 일상생활에 폭넓게 활용되고 컴퓨터 네트워크의 이용이 늘어나면 인간의 기본적인 권리를 침해하는 새로운 문제들이 발생하게 되는데, 프라이버시 침해와 지적재산권을 통한 정보와 지식의 제한이 그것이다. 컴퓨터 네트워크를 통해 이동하는 자료와 정보는 개인의 활동으로부터 빠져나간 것이기 때문에 이에 대한 의도하지 않은 통제와 활용이 이루어질 경우 프라이버시와 관련된 문제가 발생할 수 있다.

국가와 자본, 혹은 다른 개인이 사적 정보를 도용하거나 오용할 때, 그 개인의 프라이버시는 심각한 위험에 처하게 된다. 자본과 국가는 데이터베이스를 활용한 감시와 통제를 강화할 수 있다. 이런 데이터베이스를 통한 감시와 통제는 개인의 프라이버시와 관련된 정보를 이용하여 개인을 통제하기 때문에 개인은 이중적으로 인권을 침해당한다.

한편 자본은 사적 정보의 공적 활용과 공적 정보의 사적 활용을 통해 정보와 지식을 상업화하고 상품화하며, 이런 정보와 지식의 독점과 상품화는 곧바로 공적 영역에서 정보 불평등 문제를 불러일으킨다. 이것이 지적재산권을 둘러싼 문제 영역이다. 정보접근권 및 사용권이 사이버세계의 기본 권리로 등장하는 이유가 여기에 있다.

### 2) 네트와 법적 규제

사이버세계에서는 과거에 볼 수 없었던 새로운 문제들이 발생한다. 헌법에 보장하고 있는 기본적인 인권이 서로 상충하는 일도 벌어진다. 지적재산권과 표현의 자유가 서로 부딪치거나 언론의 자유가 사생활의 비밀과 모순되는 경우가 흔히 일어난다. 재산권이 사상과 표현의 자유를 억압하는 경우도 있고, 재산권의 행사가 공공복리와 위배되어 국민의 인권을 침해하는 사례도 많이 있다. 또한 국가와 시민사회 간의 대립뿐만 아니라 시민사회 내부에서 상호긴장과 대립이 심화되고 그것이 인권을 침해하는 경우도 점차 늘고 있다.

국가는 새롭게 형성되고 있는 사이버세계의 여러 가지 문제에 대해 법률적으로 개입한다. 국가의 법적 규제가 네티즌의 규범과 대립할 때

인권의 문제가 발생한다. 국가는 사이버 세계의 규범을 길들여 현실세계의 법적 규제로 대체하려 시도한다. 이에 대해 네트 사용자들은 자신들의 주권과 규범의 수호를 내걸며 대항한다.

자유주의와 규제주의의 일방적인 주장이 아니라 이미 만들어져 있는 네티즌의 규범과 국가의 법적 규제 간에 협약과 합의 과정이 필요함을 인정한다면 사이버세계에 대한 규제가 갖는 위상을 이해하는 데 한 걸음 더 가까이 접근할 수 있다.

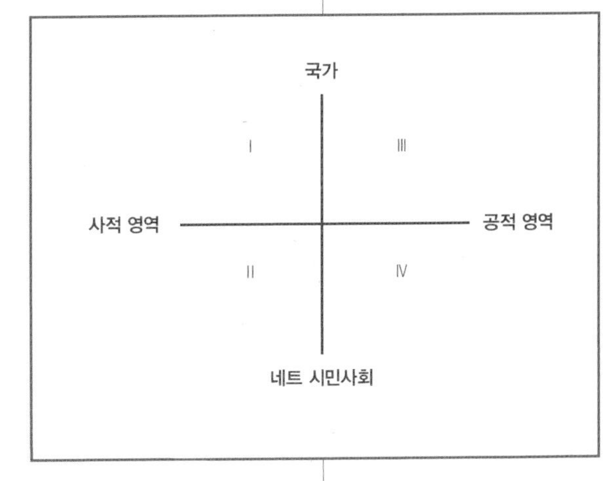


규제 주체와 대상 영역

그런데 네티즌의 규범이나 국가의 법률이 일방적으로 모든 영역에 걸쳐 관철되어야 한다는 식의 일방주의보다 각각의 영역별로 양자 간의 관계가 변화하는 유연한 모델을 설정할 필요가 있다. 현실세계와 마찬가지로 사이버세계도 사적 영역과 공적 영역으로 이루어진다. 규범과 법률이 각각 어떻게 관철되고 있는가를 도식화하기 위해, 사이버세계를 사적 영역과 공적 영역으로 구분한 후 네티즌의 자율적인 규범과 국가의 법률적 규제가 이루어지는 영역으로 분할해보았다.

위의 그림은 국가기관의 법적 규제와 네트 시민사회의 규범을 기준으로 하고 사적 영역과 공적 영역을 축으로 설정하여 작성한 모형이다. 국가 규제가 우세한 사적 영역 I은 이메일이나 개인정보에 관한 보호를 중심으로 이루어진다. 데이터베이스나 개인정보의 유출을 법적으로 보호하는 사적 정보의 보호 영역이기도 하다. 개인의 프라이버시가 침해당하거나 사적 정보가 공적으로 유출되는 것을 막는 일은 사회적으로 매우 중요하다. 그래서 프라이버시 보호를 중심으로 한 이 영역

**데이터베이스 기반 감시**
전자감시는 축적된 데이터베이스를 활용하여 사회 구성원의 생각, 행동, 소비 행태 등을 미리 예측하고 통제하는 것을 말한다. 데이터베이스 기반 감시(database based surveillance)는 사회 구성원의 생활과 활동에서 수집된 자료와 정보를 토대로 한 감시와 통제를 말한다.

에서의 규제는 쉽게 사회의 합의를 얻어낼 수 있다. 그리고 이 영역에서 이루어지는 국가기구의 규제는 사이버세계의 규범과도 크게 대립되지 않는다. 문제는 국가가 개인의 정보를 통제하거나 사적 정보를 정권의 차원에서 관리하거나 조작할 우려가 있다는 점이다. 이러한 우려를 막거나 감시할 사회의 안전망이 필요한 지점이기도 하다. 감시 사회에 대한 우려는 데이터베이스 기반 감시(Lyon · Zureik, 1996)로 이루어지는 I영역에서의 통제와 감시를 염두에 둔 것이다.

II영역은 사적 영역에 대한 시민사회의 자율적인 협약이 이루어지는 영역이다. 일대일의 양방향적 의사소통이 동시에 이루어지는 쪽지글이나 대화방 등은 이 영역에 속하는 대표적인 사례이다. 이메일을 통한 비동시적 의사소통도 자율적인 행위를 통해 상호 의사교환이 이루어지는 사적 공간이다. 이메일이나 대화방에서 오가는 이야기에 대한 개입과 규제는 사적 영역에 대한 감시만큼이나 위험하다. 그 이유는 그곳이 일대일의 대화와 의사소통이 이루어지는 공간이기 때문이다. 전화도청이나 감시가 불법인 것처럼 II영역에 대한 감시는 그 자체로 프라이버시 훼손 및 표현의 자유 침해라는 문제를 낳는다. 국가기관에서 이루어지는 감시뿐만 아니라 시민사회 내부에서 이루어지는 자율적 감시와 통제도 위험하기는 마찬가지이다. 사적 영역에 대한 존중과 보호가 부실할 경우 개인 프라이버시의 유출에 따른 사이버세계의 황폐화가 확대될 우려가 크다. 개인 프라이버시에 대한 I, II영역은 국가기관의 보호 정책을 중심으로 조심스런 개입과 규제의 틀을 모색할 필요가 있다. 단, 프라이버시를 침해하는 행위와 개인정보를 사익을 위해 활용하는 행위에 대해서는 법적인 규제가 강화되어야 할 것이다.

III영역은 공적 분야에 대한 국가의 규제 영역이다. 현재 인터넷 게시물의 내용을 규제하는 법안의 경우가 이 분야에 해당한다. 이 영역이 규제에 관한 논란에서 핵심을 차지하는 분야이다. 음란물에 대한 법적 규제나 불법 통신에 대한 감시 및 통제가 이에 속한다. III영역은 II영역과 달리 완결된 내용을 특정한 관점과 틀로 재단하여 규제하는 영역이다. 우리나라의 경우 규제 대상 내용이 주로 불법 통신이나 음란물에 집중되어 있지만 정치적인 이슈나 사상 자체를 통제하는 경우도 흔히 발생한다.

IV영역은 사용자들의 협약을 통해 공공성의 새로운 공간이 만들어지는 곳이다. 이 영역은 공적인 영역을 만들어나가기 위한 사회의 합의가 이루어지는 공간이자 규제 주체와 대상이 동일한 자율 규제의 영역이다. 정보의 발신 주체들은 공적 영역에서 자신의 생각과 사상을 자유롭게 펼쳐 보일 수 있어야 한다. 그래야 사이버세계에 공적 영역이 만들어질 수 있다. 만약 공적 영역에서 통제와 간섭이 이루어질 경우 사이버세계의 형성 자체가 위태롭게 된다. 새로운 공적 공간은 사상과 표현의 자유 없이 만들어질 수 없다.

## |2| 익명성과 프라이버시

### 1) 네트의 익명성과 정체성

1990년대 정보통신 관련 업체들의 광고를 보면 네트는 그야말로 자유의 공간이었다. 네트의 '나'는 현실 세계의 나와 달리 검열과 통제에서 자유로웠다. 그래서 '통제되지 않은 자아'들이 반영된 인터넷 세상은 현실세계의 검열과 통제로부터 자유로운 공간처럼 보였다. 수면에 비친 자기 모습에 도취되어 결국 물에 빠져 죽은 나르시스처럼 네티즌들은 컴퓨터 모니터에 비친 자신의 이미지를 지나치게 사랑한다. 그래서 모니터 안의 자신은 현실의 나를 뛰어넘어 포켓몬처럼 여러 가지 모양으로 변형되고 진화된다. 육체를 동반하지 않는 모니터 속의 나는 현실의 제약에서 자유롭다. 그래서 제약받지 않는 자아 정체성을 새롭게 만들기도 하고 다양한 정체성을 수시로 바꿔가며 과장하기도 하였다.

초기의 인터넷에서는 익명성이 어느 정도 조장되기도 하였다. 그래서 현실의 제약 때문에 못 하던 행동이나 생각도 과감하게 드러낼 수 있었다. 이것이 네트가 열어주는 검열받지 않는 새로운 정체성의 가능성이다. 익명성의 틀 안에서 현실세계의 수직적인 위계구조와 성, 연령, 지위에 따른 불평등한 제약을 쉽게 뛰어넘을 수 있다. 그래서 현실의 모순과 불합리함에 대해 자유롭게 의견을 펼칠 수 있었다. 그러나 이러한 익명성은 2000년대에 들어 적어도 한국에서는 더 이상 가능하지 않게 되었다. 국가가 사이버세계에 대한 개입을 강화하면서 '실명제'가 도입되었고 권력기관은 마음만 먹으면 언제든지 인터넷 안에서 누구든지 추적하여 그의 실명을 밝혀낼 수 있게 되었다. 더군다나 최근 유행처럼 번져나가는 소셜 네트워크 서비스SNS의 대명사인 페이스북은 스스로 실명을 사용하도록 인터넷 문화를 바꾸고 있다.

### 2) 페이스북과 익명성

페이스북이 사용자 6억 명에 이르는 최대 웹사이트이자 미디어 거물로 등극하고 있다. 구글이 제 돈 들여 기를 쓰고 디지털화하여 데이터 레이어를 불리는 데 반해, 페이스북은 이용자들이 알아서 콘텐츠를 만들고 사진을 퍼 나르면서 데이터 레이어를 불려준다. 사용자끼리 만든

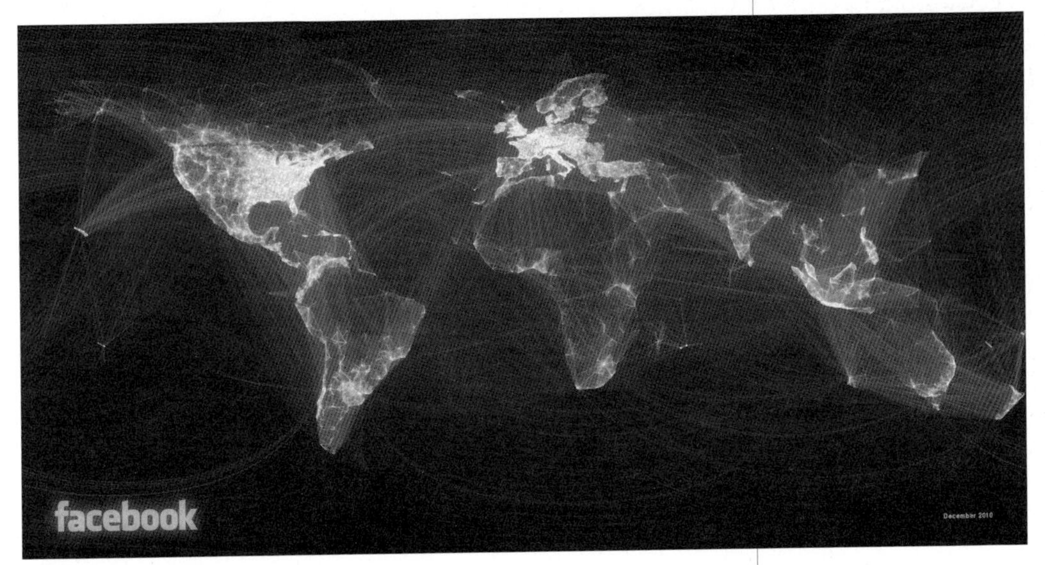


페이스북에서 공개한 세계 페이스북 유저들의 관계 지도
출처: 페이스북

내용물을 그들끼리 유통하니 분배망도 따로 필요 없다. 미디어의 생산과 유통 분배에서 굉장한 변화가 이루어지고 있는 것이다. 다양한 서비스와 역을 만들어 이곳저곳으로 사람들을 태워 보내고 더 많은 승객을 실을 수 있는 플랫폼을 유지하면 만사 오케이다. 어쨌든 내 생각과 활동이, 그리고 내 친구들의 활동과 생각, 상호작용이 구름 저 너머 페이스북 컴퓨터에 차곡차곡 쌓인다.

페이스북에서는 대부분 자신의 본명을 사용한다. 덕분에 이전에 아는 사람과 쉽게 온라인 소통을 할 수 있지만 반대로 다른 사람을 만나는 데 방해가 될 수도 있다. 거의 실명에 가까운 아이덴티티와 프로필 사진 때문에 자신이 하고자 하는 말이나 디지털 아이덴티티의 유연성도 떨어진다. 경우에 따라서는 내가 줄줄 흘린 데이터 부스러기들이 나중에 나를 심문하는 타자의 무기로 변환될 수도 있다.

서비스 제공자는 이용자가 앱이나 소프트웨어 기계에 더 많은 정보를 제공하면 할수록 개인화되고 편리한 서비스를 제공받을 거라고 유

**고프만의 '연기론(Dramaturgy)'**
미국의 사회학자 어빙 고프만은 『일상생활에서의 자아 표현』(1959)이라는 책에서 개인들이 익명의 타자들로 살아가는 현대 사회에 대해 '연극학적 분석'을 시도했다. 그는 매일의 사회생활을 하나의 무대 위의 연극에 비유하고, 개인이 어떻게 자신의 이미지를 조정·관리하여 관객들에게 가장 효율적으로 자아 표현을 하는가를 분석했다.

혹한다. 아예 서비스 플랫폼에 들어오기 전에 개찰구를 차려놓고 그런 확인 절차를 거치기도 한다. 신상 정보와 취미와 개인 식별 정보를 입력해야만 플랫폼으로 나갈 티켓을 얻을 수 있는 서비스가 늘고 있다. 그후 자신과 관련된 정보(인터넷 사용 자체, 그리고 그 흔적 모두가 나와 관련된 사적 정보를 자동으로 그들의 아카이브에 축적한다)를 많이 제공하면 할수록 그 결과로 개인화된 서비스를 보상받는다. 이런 페이스북식 서비스에 무조건 감사하고 축복할 수는 없다. 온라인 노출과 투명성은 스스로 벗기도 하지만 벗겨지기도 하는 이중적 관계다. 다 벗고 솔직한 모습으로 만난다고 투명성이 높아지고 좋은 것만은 아니다. 과다한 신분 노출과 과시가 마냥 좋을 리는 없다.

1990년대 인터넷 초창기에는 맥루한McLuhan이 부활하더니 이제 고프만Goffman이 소셜 미디어의 붐과 함께 리바이벌되고 있다. 페이스 관리의 시대가 된 것이다. 페이스북의 공간에서 사적인 것과 공적인 것의 구분은 무의미하다. 가짜와 진짜의 구분도 의미 없다. 진짜 같은 가짜, 가짜 같은 진짜가 서로 엉기다 보면 여기가 저기 같고, 저기가 여기 같다. 이제 익명성의 뒤에 숨었던 복수 정체성의 시대는 가고 페이스북류의 공사 융합, 위선 위악 혼합, 드러냄과 감춤의 관리, 표정에 대한 섬세한 매니지먼트의 시대가 도래한다. 자기관리라는 말은 이미 수도 없이 들어왔지만 그것은 이제 소셜 미디어에서 필수 요건이 된다.

### 3) 프라이버시와 전자감시

네트의 익명성과 실명을 내세운 페이스북의 유행 반대편에는 개인정보의 유출과 사생활 침해라는 어두운 그늘이 도사리고 있다. 정보화가 진전될수록 개인의 신상에 관한 정보는 정부와 기업의 거대 데이터베

### 인터넷의 프라이버시 단체들

EPIC(Electronic Privacy Information Center, http://epic.org)는 네트의 프라이버시를 보호하기 위해 만들어진 민간단체로서 암호, 컴퓨터 보안, 언론 자유, 정보의 자유 등의 문제를 다루고 있다. 이 단체는 1994년에 세워진 공공 이해를 도모하는 연구 센터로서 워싱턴에 본부를 두고 있다. 프라이버시를 보호하고 미국 수정 헌법 1조를 포함한 시민권을 수호하기 위해 여러 활동을 전개하고 있다. 1990년에 설립된 Privacy International(http://www.privacyinternational.org)은 정부와 기업의 감시를 관찰한다. 이 단체는 도청, ID카드, 비디오 감시, 데이터 조회, 경찰 정보 시스템, 의료와 관련된 프라이버시 등의 문제와 관련하여 전 세계에 걸쳐 캠페인을 전개하고 있다.

이스에 차곡차곡 모인다. 네트워크를 활용한 의사 교환과 상거래가 활발하게 이루어지면 개인의 신상에 관한 정보뿐만 아니라, 네트워크를 통해 이루어진 개인의 생각과 활동까지도 데이터베이스에 축적된다. 이렇게 수집된 데이터들은 정부나 기업의 목적에 따라 자의적으로 활용될 수 있다는 데 정보사회의 어두움이 있다. 정부는 이를 주민 통제의 도구로 사용할 수 있고 기업은 상업적 목적으로 소비자 정보를 활용한다. 이것이 '데이터베이스 기반 감시database based surveillance'이다. 정부가 보유한 방대한 양의 개인 신상 정보와 기업이 보유한 개인의 상거래 활동 및 소비 행태에 관한 정보가 연동merge되어 관리될 때 개인의 프라이버시는 여지없이 훼손될 것이다.

국가권력과 자본에 의한 감시와 통제는 자본주의 사회에서 일상적으로 이루어진다(Lyon · Zureik, 1996). 국가권력은 사회 구성원의 활동과 사회적 환경을 토대로 하여 그들이 무엇을 생각하는지, 어떤 행동을 할 것인지를 예측하고 통제한다. 네트의 감시는 사람들의 행동, 소비 행태, 의식 등을 전자적으로 추적해 다음 행동을 예측하고 감시하는 것을 말한다.

개인의 신상에 관한 주민등록 정보가 경찰청의 범죄 기록 데이터베이스와 연동되어 활용되기는 매우 쉬운 일이다. 우리는 대부분 최소한

**감시사회**

감시사회의 모습은 조지 오웰의 소설 『1984』에 잘 나타나 있다. 독재자 '빅브라더'는 '텔레스크린'을 통해 전국민을 감시한다. 감시사회의 또 다른 모습은 제러미 벤섬의 '파놉티콘(원형감옥)'에서도 살펴볼 수 있다. 1791년 벤섬은 이 감옥을 설계하면서, 감방은 환하게 한눈에 보이고 간수들이 있는 중앙의 감시탑은 어둡게 만들었다. 간수들은 죄수들을 한눈에 감시할 수 있지만, 죄수들은 지금 간수가 있는지 없는지 알 수 없다. 그래서 죄수들은 항상 간수들이 원하는 대로 규율을 지키고 복종하게 된다. 미셸 푸코는 이것이 감옥뿐 아니라 근대 권력이 유지되는 일반적인 메커니즘이라고 보았다. 감시당할 수 있다는 공포감 때문에 사람들은 권력이 정해놓은 규칙에 순종하게 된다. (출처: 진보네트워크센터)

한두 번 불심검문을 당한 경험을 갖고 있다. 경찰청으로 조회된 내 주민등록번호는 곧바로 경찰청의 범죄 기록 데이터베이스에서 내 범죄 기록과 대조된다. 우리는 자신의 과거가 축적된 데이터베이스를 활용한 전자 연고제에서 자유롭지 못하다. 공공질서의 유지와 사회 안녕이라는 명목 아래 공공연하게 이루어지고 있는 국가권력의 감시와 통제에서 자유롭지 못하다.

전자감시는 비단 국가권력에 의해서만 이루어지지 않는다. 정보기술이 생산에 도입되면서 각종 감시와 통제 기술이 발전하고, 작업장에서는 각종 신기술을 활용하여 노동자의 작업 과정을 낱낱이 감시하고 통제한다. 작업반장이나 감독의 부릅뜬 눈이 아니라 전자 눈으로 감시와 통제가 이전되고 있다. 감독관의 노골적 통제에서 정보와 기계를 활용한 통제와 감시로 옮겨가고 있다.

이러한 전자 눈의 감시와 통제는 생산 현장은 물론이고 생활 현장 곳곳에서 이루어진다. 은행 현금인출기 속에 감춰진 전자 눈은 나를 주시하고 있고, 슈퍼마켓 구석마다 구매자를 감시하는 카메라가 숨어 있다. 차를 몰고 나가면 속도 위반을 찍는 카메라가 돌아가고 골목마다 방범카메라가 사람들을 찍고 있다. 몰래카메라는 생산 현장과 생활 현장뿐만 아니라 사이버세계에서 더욱 공공연하게 이루어진다. 사이버세계는 컴퓨터 네트워크를 통해 이루어지는 정보와 생각의 나눔터이다. 이곳에서는 갖가지 생각이 오가고, 공동체가 만들어지고, 아이디어와 생각과 의견이 교환된다. 그러나 사이버세계는 전자기술을 활용하여 만들어지는 공간이다. 따라서 전자기술을 활용한 감시와 통제가 일상적으로 이루어질 수 있다. 내 신상에 관한 정보와 사이버세계에서 이루어진 내 생각과 활동에 관한 정보는 아주 손쉽게 통제될 수 있고 추적될 수 있다.

**네트와 프라이버시**
출처: VICNET(vicnet.net.au)

'쿠키cookies' 같은 컴퓨터 소프트웨어는 개인의 컴퓨터 사용 정보를 온라인으로 서버에 전달하는 역할을 한다. 물론 사용자의 편의를 도모한다고 하지만 이런 정보는 사용자 개인정보의 유출을 의미한다. '네가 누군지 알려주마'라는 사이트에 접속하면 접속한 사람의 컴퓨터 메모리 용량과 CPU, 운영체제, IP 주소에 이르기까지 사용자의 기초 정보가 곧바로 화면에 뜬다. 자유의 왕국이라 일컬어지는 네트에서 프라이버시는 감시로부터 결코 자유롭지 못한 것이다. 이에 대한 사회적 대책을 마련하지 않는다면 사이버세계는 자유의 왕국이 아니라 감시와 통제가 판치는 가짜 공간으로 전락할 수 있다.

위의 그림에서 보듯이 네트는 더 이상 개에게 익명의 자유를 보장해주지 않는다. 즐겨 찾는 사이트에 대한 정보가 수시로 유출되고 있으며 이런 정보는 네트의 어떤 서버 컴퓨터에 축적되고 있다. 사용자의 취향과 소비 행태를 포함한 다양한 정보가 연동되어 활용될 경우 개의 정체는 금방 드러난다. 뼈다귀를 좋아하고 푸줏간을 즐겨 찾고 고기 요리법을 내려받는 사용자는 개일 가능성이 높은 것이다. 어쩌면 어떤 사이트의 서버에서 우리는 우리도 모르는 사이에 개나 포르노광으로 분류되고 있을지도 모른다.

네트워크로 연결된 개인들

## |3| 페이스북과 소셜 그래프

페이스북이나 트위터를 하다 보면 자신이 작은 딱지 사진이 된 느낌이 들 때가 있다. 비트 딱지가 된 나는 다른 비트 딱지들과 함께 거대한 모자이크 작품을 만든다. 이 모자이크는 아주 유연하여 네트워킹의 조건이 달라질 때마다 수시로 자기 모습을 바꾼다. 마치 살아 있는 생물처럼 네트워크로 얽히는 상대와 처한 상황에 따라 그림판의 크기와 모양이 달라진다. 웰먼Wellman이 말하는 '네트워크 개인networked individual'은 '네트워크 집단networked collect'과 그리 멀리 있지 않다. 우리는 페이스북이나 트위터 같은 서비스를 이용할 때 네트워크로 연결된 개인이지만 매 시점마다 자동적으로 네트워크 집단을 이루게 된다. 개인은 네트워크 집단에 큰 관심을 가지지 않지만 기업의 입장에서 볼 때 개인보다는 개인의 네트워크로 만들어지는 네트워크 집단이 중요하다.

네트워크된 상태에서 개체와 집합이 어떻게 만나는가를 해명할 수 있어야 새로운 무리multitude의 정체를 드러낼 수 있다. 개체들은 인터넷에서 네트워크를 만들며 결합과 해체를 반복한다. 온라인 접속 후 자신의 친구와 접속하거나 트위터의 타임라인을 수놓는 친구들과 대화할 때 개체는 네트워크 집단으로 들어간다. 다른 사용자와 결합하고, 군집을 형성하다가 오프라인이 되면 네트워크 집단은 다시 해체된

## 소셜 그래프(Social Graph)

소셜 그래프는 소셜 미디어의 소셜 네트워크를 표현하기 위해 사용되는 구조다. 노드(Node)와 링크(Tie)로 이루어져 있다. 노드는 소셜 네트워크상에서 활동하는 각 개개인들을 나타내고, 링크는 이들 노드 간의 관계를 표현한다.

다. 그리고 다시 온라인으로 접속하여 친구를 넓혀 나가고 다른 친구와 맺고 끊고를 반복하면서 내가 만드는 네트워크 집단은 형성과 해체, 다른 군집으로의 변형을 반복한다.

'새로운 소셜 네트워크 체제new social network system'의 척추인 페이스북이나 트위터에서 프라이버시와 사적 공간을 찾는다는 게 어쩌면 말이 안 될지 모른다. 물론 개인 프로파일이나 이용자의 신상과 관련된 정보를 해당 회사가 유출하거나 약정된 방식과 다르게 활용할 경우에는 프라이버시와 관련된 문제를 제기할 수 있다. 우리가 프로필란에 별 생각 없이 기입하는 출신지, 거주지, 학력, 직장, 나이, 성별, 결혼 상태 등은 사회의 규격과 틀로 개인을 구분하는 기준이 된다. 이런 사회적 범주는 개인이 원하건 원치 않건 간에 그 사람을 판별하는 주요한 기준으로 작용한다. 페이스북은 사회적 범주화를 통해 개체에게 사회의 낙인label을 찍는다. S대 졸업, 37세의 남성, 현재 미국에서 박사 후 과정 이수 중, 미혼. 자, 이만하면 그 사람의 사회적 정체가 어느 정도 잡히게 마련이다. 이처럼 한 사람에 대한 프로필 정보는 사회적으로 구성되며 또 그렇게 이용된다. 당연히 사회적 범주화에 입각한 프로필 작성은 자신의 의지와 상관없이 자신을 분류하는 틀로 들어가는 행위가 되며, 그 결과 개체는 그 범주화된 체제의 일원으로 등록되어 체제가 제공하는 서비스 사용의 권한을 대가로 돌려받는다.

이런 맥락에서 보면 온라인에서 요구하는 프로필이라는 개인정보는 따지고 보면 특정한 개인만이 갖고 있는 그야말로 고유한 사적 정보는 아니다. 온라인 프로필 정보는 네트워크화된 다른 수많은 개인들의 정보와 믹싱되고 분류되어 범주화와 통계의 가공을 거치면 개인화된 정보로 모양이 바뀐다. 즉, '네트워크된 개체networked individuals'는 '네트워크 집합화networked grouping'를 통해 탈개체화된다. 페이스북의 설립자인 마크 저커버그는 이러한 현상을 '소셜 그래프social graph'라고 부른다.

탈개체화된 개체는 주체성을 상실하며 소셜 네트워크 체계 안에서 언제든지 조종되고 통제될 환경에 놓이게 된다. 주체적이고 자기 정체성을 갖고 있던 개인 사용자가 거대 소셜 미디어 회사의 정문에서 프로필을 작성하고 아이디를 건네받은 후 회원이 되는 순간, 그는 자동화된 프로파일링profiling과 '퍼스날리제이션personalization'을 거쳐 통제 가능한 대상이 된다. 개인의 정체성과 개성은 범주와 척도에 의해 적당하게 재단된 후 시장의 표적으로 전환된다. 이것이 포디즘 시대 이후에 온라인에서 적용되는 '동일성의 원리'이다.

프로파일의 개인정보란 개인에 대해 사회가 규정하는 인구학적 정보이다. 그것은 개인의 고유한 사적 정보는 아니지만 개인을 따라다니면서 규격으로 드러낸다. 개인에 대한 진짜 사적인 정보는 그 사람의 생각과 활동이 만드는 것이다. 그렇다면 우리는 페이스북에 나에 대한 엄청난 정보를 줄줄 흘리고 있는 게 된다. 더 나아가 프로필란에 스스로 "꽃과 파리를 좋아하며", "정치 성향은 매우 조급함"이라고 추가로 써 놓으면 한 개체에 대한 윤곽은 더욱 분명하게 드러나게 된다. 그러한 프로파일 정보보다 훨씬 더 중요한 것이 바로 우리가 담벼락에 올리는 각종 글과 사진들이다. 페이스북 플랫폼에서 이루어지는 나의 모든 행위는 자동적으로 페이스북 데이터베이스에 비트로 저장되어 남겨진다. 이 세상 어디에도 이러한 자동 아카이브는 없었다. 심지어 '좋아요'라는 문구와 댓글, 온라인 친구들만 추적해도 이용자의 성향을 웬만큼 알아낼 수 있다. 하물며 스스로 올린 사진과 글에는 그 개인의 정체와 틀이 고스란히 묻어 있을 수밖에 없다. 이것이 프라이버시를 구성하는 더 핵심적인 개인성이다.

이런 행위를 하지 않으려면 사실 소셜 네트워크 서비스에 들어올 필요가 없다는 데 딜레마가 있다. 스스로 자신을 드러내고, 드러낸 자신의 비트들이 거꾸로 자신을 구성하는 공간에서 더 이상 사적 공간은 의미가 없게 된다. 아무리 사적인 감정과 정서를 독백조로 읊더라도 이 공간에서 그것은 공적인 비트로 변형되어 운반되고 복제되고 확대된다. 사적인 것이 공적인 것으로 옮겨가고, 둘 사이의 간격이 아주 얇아지는 이런 특성을 잘못 파악하거나 오해하면 페이스북의 폐륜이 벌어질지도 모르겠다.

페이스북이나 트위터에는 안과 바깥, 사적 공간과 공적 공간, 공유와 독점, 참여와 배제, 친구와 소외 등 아주 모순적인 요소들이 동전의 양면처럼 붙어 있다. 친구들과 재미있게 이야기하거나, 글을 올리거나, 자료를 교환하다가도 문득 이것이 빼도 박도 못할 미래 시대의 거대 '사회체계social network system'가 될 것이라는 데 생각이 미치면 사실 좀 무섭다. 좀 과장하자면 페이스북 담벼락이 나를 비트로 바꾸어 빨아들이는 디지털 빨대처럼 느껴진다. 새로운 소셜 네트워크 체제가 우리를 네트워크로 옭아매어 모든 활동을 비트 지향적으로 만들면 영화 〈매트릭스〉에서처럼 현실과 사이버(통제, 조종되는) 세계가 전도될지도 모른다.

## |4| 사회적 테일러리즘과 프라이버시

### 1) 사회적 테일러리즘

정보사회에서는 개인정보의 상업적·정치적인 전유와 사회적 지식에 대한 상업적·정치적 전유가 이루어진다. 일상생활과 생활세계에 대한 통제와 감시는 정보가 단순히 객관적인 사실에 관한 물질적인 실체가 아니라 사회적 관계임을 보여주는 사례이다. 지식과 정보의 상품화는 탈숙련화를 가져오는 원인이자 탈숙련화의 결과이기도 하다. 개인에 관한 정보와 생활에서 만들어진 정보는 국가나 기업의 정보망으로 흘러가 하나의 거대한 정보체제의 구성물이 된다.

정보의 상업적·정치적 전유는 정보의 집중을 낳는다. 신용카드의 예를 들어보자. 상품과 서비스를 구입하는 내 소비 행위는 신용카드로 요금을 지불하자마자 정보로 바뀌어 카드회사의 컴퓨터에 축적된다. 내 행위가 정보로 바뀌어 상품과 서비스에 대한 지출액뿐만 아니라 취향과 소비 패턴까지 추적하는 용도로 사용될 수 있다. 그런가 하면 주민등록에 실린 내 가족 사항과 거주지 관련 정보는 정부의 전산망 안에서 다른 주민의 정보와 함께 전체 국민의 신상에 관한 거대한 정보의 체제를 이룬다.

정보의 상업적인 전유와 정치적인 전유가 융합될 때 한 개인은 자신의 육체와 행위에서 발생된 정보의 지배에서 벗어날 수 없다는 아이러니에 빠진다. 내 신상에 관한 정보와 지식은 내 의지와 무관하게 오용되거나 남용될 수 있다. 이러한 정보 오용과 남용, 더 나아가 정보 통제와 감시는 생활세계에서 이루어지는 개인의 자유로운 활동과 의식을 왜곡한다.

**테일러리즘(Taylorism)**
20세기 초 미국의 기계기사 프레드릭 테일러가 생산의 효율성을 높이기 위해 고안해낸 관리법. '시간-동작' 연구를 통해 가장 숙련된 작업자의 노동을 표준화하여 모든 작업자가 그것을 반복적으로 수행하도록 만든 생산방식이다. 테일러리즘을 '과학적 관리기법'이라고도 부르는데, 이것이 적용되면 모든 작업자는 자신의 머리를 쓰지 않은 채 고도로 분업화되고 표준화된 노동을 단순 반복적으로 수행하게 된다. 인간노동을 기계화하여 노동생산성을 높이는 데만 치중했기 때문에 인간의 심리적·생리적·사회적 측면에 대한 고려가 결여되었다는 비판을 받고 있다.

### 사회적 테일러리즘(Social Taylorism)

사회적 테일러리즘은 일상생활에서 이루어지는 사회 구성원의 지식과 정보가 문화 산업체로 수렴되어 그곳에서 일방적인 규칙과 법칙을 만들어내어 대중의 여가와 취미를 일률적으로 조정하고 조작하는 방식이다. 작업장의 테일러리즘이 포디즘으로 이어지면서 상품 생산과 관련된 자동화와 탈숙련화를 낳았다면, 사회적 포디즘은 대량생산-대량소비의 매스미디어를 통해 문화와 의식의 영역에서 그 지배력을 획득한다(Webster, 1988).

사회 구성원의 소비 행위나 신상 관련 정보가 한 곳에 집중되면 이는 한 개인에 관한 정보가 갖는 질과는 전혀 다른 사회적 의미를 지니게 된다. 양적 축적이 새로운 질을 낳는 것이다. 개인의 행위와 삶의 조건에 관한 정보가 전체 공동체적 차원에서 분석되거나 통계 처리될 경우 개인에 대한 사회 통제의 기본 자료로 전환된다. 대부분의 사회 통계는 이러한 기초 정보 분석에 입각하여 시뮬레이션이란 틀을 통해 사회에 대한 일상 통제를 감당하는 기제이다. 정보를 사용한 사회 통제는 물리력을 수단으로 하지 않는다. 그래서 겉으로는 전혀 폭력적이지 않다. 시뮬레이션을 사용하는 감시와 통제 방식은 일상생활에 대한 은밀한 조작이자 개입이다.

테일러리즘은 생산과 관련된 노동자들의 지식과 생활방식을 기록하고 표로 만들어 노동자들의 지식을 축적하고 분석한다. 이에 기초하여 작업장에서의 노동과정을 법칙화하고 규칙으로 만든다. 이는 개별 노동자들의 지식을 착복하여 작업장 단위에서 새로운 기술과 지식으로 노동자를 통제하고 지배하는 결과를 낳았다. 노동자들의 작업 관련 지식은 자신에게서 멀어진다. 이제 거꾸로 작업에 관한 자신들의 주체적인 지식이 상실된다. 곧 탈숙련화되는 것이다. 탈숙련화된 노동력은 노동과정에 대한 자율성이나 결정권을 갖지 못한다. 이들은 노동과정의 수인에 불과하다. 이와 유사한 방식이 사회적 차원에서 이뤄질 경우,

**포디즘(Fordism)**
포드 자동차 생산공장의 컨베이어 벨트 시스템에서 유래한 것으로, 조립라인 및 연속공정 기술을 이용한 표준화된 제품의 '대량 생산, 대량 소비 축적체제'를 일컫는 말이다. 노동 착취, 소외, 인간성 상실 등 포디즘의 부정적 측면은 찰리 채플린의 영화 〈모던 타임스〉에 잘 나타나 있다.

우리는 이를 '사회적 테일러리즘social taylorism'이라 부를 수 있다.

이것이 전체 사회 분야에서 이루어질 경우 일상생활의 모든 지식이 상품화되고 전문화되어 개인의 자율적이고 창의적인 지식은 고갈된다. 일반인의 생활에 필요한 지식을 구하려면 상품화된 정보를 다시 시장에서 구입하지 않으면 안 된다. 이것이 바로 정보자본주의 체제에서 이루어지는 사회적 테일러리즘이다.

이런 논리의 연속선상에서 보면 통신 혁명은 포디즘의 확장인 동시에 재구조화에 지나지 않는 것으로 평가할 수 있다. 그렇게 되면 디지털 혁명은 포디즘의 연속으로서 이에 특별히 기대를 걸 필요가 없고, 새롭게 전개되는 디지털 문화와 네트 문화도 자본의 꼭두각시로 놀아나는 한여름 밤의 꿈에 불과한 것이라는 결론에 이르게 될 것이다. 이러한 입장을 고수하면 정보의 상품화가 자본의 지배력을 강화하고 그에 따라 대중이 정보로부터 소외되는 현상은 더욱 확대될 것으로 전망된다. 정보자본주의를 사회적 테일러리즘으로 파악하는 것은 일상생활에 대한 자본의 지배를 명확하게 드러내주는 분석상의 장점을 지닌다. 그러나 이는 동시에 무기력한 자본 비판론에서 한 걸음도 전진하지 못한다는 맹점을 갖고 있기도 하다.

생활세계는 통제와 관리의 공간인 동시에 시민의 자율적인 활동과 결사가 이루어지는 공적인 세계이다. 생활세계는 자본과 노동, 노동과 노동이 만나는 장소일 뿐만 아니라 모든 계급이 서로 엉기는 생활의 장이다. 생활세계는 계급 관계가 발현되기도 하지만, 거꾸로 계급 관계가 소비와 생활을 통해 무뎌지는 공간이기도 하다. 따라서 사회적 테일러리즘을 숙명적으로 받아들이는 것이 아니라 정보통신 혁명이 빚어내는 새로운 사회관계 안으로 개입해 들어가는 실천적인 자세가 요구되는 것이다.

## 2) 전자감시사회의 역감시와 저항운동

그렇다면 전자감시체제에 대항하는 새로운 저항운동은 어떻게 이루어져야 할까? 이 운동에서는 프라이버시 보호와 정보공개의 요구를 결합하는 것이 가장 중요하다. 사생활의 보호와 공공정보의 공개는 동전의 앞뒷면 같은 것이다. 공공 기관과 권력이 수집한 시민에 관한 정보와 시민의 세금으로 만든 자료와 정보, 그리고 시민을 대상으로 수집한 통계자료 등은 공개되어야 하고 모든 사회 구성원이 자유롭게 사용할 수 있어야 한다. 그래야 공공 정보이다. 그렇지 않으면 그것은 권력의 정보이고 권력 유지를 위한 정보가 된다. 따라서 프라이버시를 충분히 보호하는 수준에서 모든 정부 관련 정보는 즉각적으로 공개되어야 한다. 그래야 투명한 권력이 가능하고 권력의 부패가 줄어들 수 있다. 감춰진 권력은 반드시 부패한다. 국가권력이 무엇을 하고 있는지, 어떻게 하고 있는지에 관한 정보가 명백하게 공개되어야 한다.

위키리크스 홈페이지

'정보의 공유와 공개'를 위한 운동은 사회적 차원에서 참여 대중의 여론을 만들고 이슈를 결집하는 것 이외에 즉각적으로 사이버세계 내에서 실천을 감행할 수도 있다. 정보의 공개를 촉구하는 해커의 이념과 전자기술을 이용한 교란의 전술 등을 활용하여 직접 네트의 교란을 도모할 수 있다. 2010년 말 '위키리크스'를 통한 미국 정부 외교 문건 유출 사건은 정보공개를 통한 역감시가 얼마나 효율적인가를 잘 보여주었다.

## 위키리크스, Anonymous와 역감시

호주 출신의 줄리언 어샌지가 미국의 외교 문건을 인터넷을 통해 유출한 후 스웨덴 검찰의 추적을 받던 중 영국에서 검거되었다. 애국심과 진실, 국가 안보와 언론 자유 사이에 팽팽한 대결장이 펼쳐지고 있는 것이다. 위키리크스는 인터넷 시대의 언론 자유 문제에 대해 도전장을 던졌다. 이제까지 언론은 사실을 취재하여 선택하고 배열했다. 언론사가 사실을 선택하고 편집하는 과정에 국가기관의 간섭과 검열이 끼어들 수 있었다. 정부가 국가 기밀이나 안보를 이유로 보도 자제 요청을 하거나 언론사 자체 내부의 판단에 따라 특정 보도의 수위를 조정할 수도 있었다.

그러나 인터넷을 통한 정부 관련 자료의 유출은 다르다. 한번 번져나가면 검열할 수도 없고 그 흐름을 막을 수도 없다. 일단 인터넷을 통해 정보가 공개되면 그것은 둑에 뚫린 작은 구멍이 순식간에 댐을 터뜨리는 것처럼 걷잡을 수 없는 정보의 격류를 낳는다. 응급처방이나 땜질식 대응으로는 한 번 터진 비트의 둑을 막지 못한다.

이번 위키리크스 사건은 네트 시대의 정보 유출과 언론 통제가 어떻게 이루어질 것인가를 보여주는 미래 언론 자유의 시험장이기도 하다. 과거 언론 검열과 보도지침은 이제 사이버전쟁과 해킹이라는 새로운 모양으로 나타난다. 위키리크스는 초국적 인터넷 저널리즘이 갖는 전지구 차원의 영향력을 보여준다.

자신들의 사생활이 새고 있는 것을 보고 당황한 미국 정부는 위키리크스의 외교 전문 디지털 유출에 대하여 이전의 아날로그적 방식으로 대응했다. 위키리크스에서 흘러나간 비트 액체가 인터넷을 떠돌자 미국 정부는 1900만 명에 달하는 연방 공무원들에게 유출된 외교 문건을 보지 말라고 명령했다. 위키리크스에 대한 디도스 공격이 이루어졌고, 에브리DNS넷(EveryDNS.net)은 접속 폭주를 핑계로 위키리크스 도메인 네임을 회수했다. 클라우드 컴퓨팅 서비스의 선두 주자 아마존은 위키리크스 웹호스팅을 중단했다. 아마존은 클라우드 컴퓨팅 서비스가 정치 천둥을 맞아 감전사할 수도 있음을 보여주었다. 아마존이나 도메인 대행회사 등 중간 전달자를 회유하거나 협박하는 검열 방식(intermediary censorship)은 왠지 우리에게 너무나도 익숙하다.

위키리크스 지지자들의 반격 또한 거셌다. '어나니머스(Anonymous)'라는 익명 단체의 해커들은 위키리크스의 도메인을 지워버린 에브리DNS넷에 대한 사이버 공격을 감행했다. 페이팔(Paypal)과 위키리크스 계좌를 막은 스위스 포스트파이낸스(Postfinance)에 대한 해커들의 공격으로 페이팔 블로그가 다운되고 포스트파이낸스의 웹페이지가 다운되었다. 위키리크스를 중심으로 국제적 차원에서 해커들 간의 전쟁이 이루어지고 있는 것이다.

이러한 운동방식은 뛰어난 기술적 소양을 갖춘 전문가나 엔지니어의 활동을 중심으로 전개되는데, 네트의 교란을 감행하고 직접적으로 특정한 흐름에 타격을 가할 수 있다. 그러나 대중의 지원과 지지를 확보하지 못하면 대중과 고립된 전위의 일탈로 전락할 가능성도 있다. 따라서 이러한 전위적 실천은 대중과의 접점을 확대하고 운동의 대중화를 위해 노력해야 할 것이다.

이러한 정보공개운동을 토대로 하면서 더 넓은 의미의 정보정의 실현을 위한 운동을 조직화하는 것이 필요하다. 정보정의운동은 현실 운동과 사이버세계 운동을 결합하여야 하고, 운동의 전문성을 기반으로 정책 대안을 마련해야 하며, 연대를 기반으로 한 공동 행동의 구체적 사안을 마련해야 한다. 이때 공적 분야의 요구를 먼저 확정하면서 그것을 추상적 주장이 아닌 구체적 사안을 중심으로 꾸려야 할 것이다.

시민의 공적 요구를 개인의 이해관계와 연결해야 정보정의를 위한 운동이 현실에 뿌리내릴 수 있다. 운동 방식에서도 종래의 타성에서 벗어나야 한다. 그래서 전문적 차원의 수많은 운동 거점을 마련하여 그들을 네트워크에서 서로 연결시켜야 한다. 이때 전문적 운동 거점 간의 연결 노드를 폭발의 기점으로 삼아 작지만 강력한 저항의 단위들을 충실한 네트워크로 엮어놓아야 할 것이다.

## 생각해볼 문제

1. 인터넷에서 익명과 실명의 장단점은 각각 무엇인가?
2. 생산 현장에서 이루어지고 있는 감시의 종류와 방식을 들고, 이에 대해 어떤 대안이 가능한지 생각해보자.
3. 생활 현장에서 이루어지는 감시의 종류를 들고, 프라이버시가 어떻게 침해되고 있는지를 논의해보자.
4. 페이스북에서 발생하는 프라이버시 문제를 구체적으로 들고, 그에 대한 대안을 어떻게 마련하면 될지 생각해보자.
5. 전자감시와 데이터베이스 감시체계에 대응할 수 있는 역감시의 구체적인 방안으로는 어떤 것이 실현 가능할까?

## 더 읽을 거리


고영삼(1998), 『전자감시사회와 프라이버시』, 한울.

다니엘 솔로브(2007), 이승훈 역, 『인터넷세상과 평판의 미래』, 비즈니스맵.

렉 휘테커(2007), 노명현 · 이명균 역, 『개인의 죽음』, 생각의나무.

한국언론재단 편집부(2003), 『미디어와 프라이버시 연구』, 한국언론재단.

이철(2005), 『전자정보적 노동감시와 노동통제』, 한국노총중앙연구원.

## 참고문헌


고영삼(1998), 『전자감시사회와 프라이버시』, 한울.

백욱인(1996), 〈디지털 혁명과 일상생활〉, 《문화과학》 10.

백욱인(1997), 〈디지털 경제와 지적 소유권〉, 《한국사회와 언론》 9.

백욱인(1999), 〈네트와 새로운 사회운동〉, 《동향과 전망》 43.

백욱인(2002), 〈정보사회와 전지구화: 정보사회에 관한 논의의 진전을 위하여〉, 《비평》 9.

홍성태(1999), 「정보화 경쟁의 이데올로기에 관한 연구: 정보주의와 정보공유론을 중심으로」, 서울대학교 사회학과 박사학위논문.

Barlow John P. 1994. "Selling Wine without Bottles: The Economy of Mind on the Global Net." *Wired*, Vol. 2 No. 3.

Bettig, Ronald V. 1997. *Copyright Culture: The Political Economy of Intellectual Property*. Westview Press.

Braverman, Harry. 1974. *Labor and Monopoly Capital*. New York: Monthly Review Press.

Boyle, James. 1997. "A Sense of Belonging," *Times Library Supplement*, July 4th 1997.

Boyle, James. 1996. *Shamans, Software, and Spleens: Law and the Construction of Information Society*. Harvard University Press.

Dyson, Esther. 1996. "Intellectual Property on the Net," *Release 1.0*, January 1996.

Dyson, Esther. 1995. "Intellectual Value," *Wired*. Vol. 3 No. 7.

Hauben, Michael. 1997. *Netizens: On the History and Impact of Usenet and the Internet IEEE*. Computer Society Press.

Information Infrastructure Task Force. 1995. "Intellectual Property and the National Information Infrastructure: The Report of the Working Group on Intellectual Property Rights."

Jordan, James M. 1996. "Copyrights in an Electronic Age," *Journal of Technology*,

*Law & Policy*, Vol. 2 No. 1.

Lessig, Lawrence. 1999. *Code*. New York: Basic Books.

Lyon and Zureik. 1996. *Computers, Surveillance, and Privacy*. University of Minnesota Press.

Mosco, Vincent. 1996. *The Political Economy of communication: Rethinking and Renewal*. London: Sage.

Negroponte, N. 1995. *Being Digital*. Knopf.

The Progress and Freedom Foundation(PFF). 1993. "Cyberspace and American Dream: A Magnacarta for the Knowledge."

Webster, Frank. 1988. "Cybernetic Capitalism: Information, Technology Everyday Life," *The Political Economy of Information*. The University of Wisconsin Press.

# 11 사이버일탈과 범죄

## |1| '트루먼의 진실'

최근 10대들의 인터넷문화를 잘 묘사한 것으로 알려진 『트루먼 스쿨 악플 사건』이란 책이 화제다. 이 책은 '트루먼 스쿨'이란 미국의 한 중학교에서 벌어지는 악플 사건을 다룬 것으로, 남의 약점을 들추어내거나 남을 비방하는 악성댓글(이하 악플)이 피해 학생들에게 얼마나 큰 상처를 주는지를 흥미진진하게 보여주고 있다. 이 소설의 줄거리는 다음과 같다.

> 트루먼 스쿨에 다니는 제이비는 교내신문인 〈트루먼의 소리〉 편집장을 맡고 있다. 하지만 이 신문은 학생들의 진솔한 이야기보다는 학교 자랑에 많은 지면을 할애한다. 결국 제이비는 친구인 아무르와 함께 〈트루먼의 진실〉이란 인터넷 사이트를 개설하고 누구나 이 사이트를 통해 글과 사진을 올릴 수 있도록 한다. 그들은 친구들이 이 사이트를 많이 방문하게 만들기 위해 '트루먼 최악의 선생님을 뽑아라!'란 제목의 글을 올리기도 한다.
>
> 그런데 어느 날 '우리 학교 최고의 왕재수는 누구일까요'란 글이 올라온다. 이 질문을 클릭하면 뚱뚱한 한 여학생의 초등학교 시절 사진이 나오게 되는데, 이 사진의 주인공은 다름 아닌 릴리였다. 사진

**인터넷 악플의 폐해를 다룬 소설 「트루먼 스쿨 악플 사건」**

이 공개된 후 릴리는 익명의 친구들로부터 "와, 너 정말 너무 뚱뚱했었구나!" "조심해, 릴리. 살이 더 찌고 있는 것 같은데…"라는 메일을 받는다. 그러던 중 또 하나의 충격적인 글이 올라온다. 밀크&허니란 아이디를 가진 아이가 '릴리 클라크는 레즈비언이다'란 제목의 글을 게재한 것이다. 이 제목을 클릭하면 릴리의 블로그로 연결돼 릴리의 레즈비언 경험담으로 이어지는데, 이 블로그는 릴리 자신이 만든 것이 아니라 릴리를 괴롭힐 목적으로 친구들이 만든 것이었다. 밀크&허니는 이후 '안티릴리카페'를 만들어 릴리를 싫어하는 글을 250자 이내로 올리면 최고의 글을 쓴 사람에게 5달러를 준다는 내용을 게시한다.

릴리는 자신을 괴롭히는 여러 글들로 인해 심한 정신적 충격을 받게 된다. 이를 알게 된 릴리의 부모는 경찰을 부르고, 릴리를 괴롭힌 일부 친구들이 징계를 받는다. 놀랍게도 밀크&허니란 익명을 사용한 사람은 트레버였다. 릴리는 2년 전 트레버의 어머니가 돌아가시기 전에 "넌 너무 못생겨서 너네 엄마가 널 낳은 걸 후회하며 돌아가실지도 모르겠다"는 말을 트레버에게 한 적이 있었다. 릴리의 말에 상처를 받은 트레버는 릴리를 괴롭히기 위해 밀크&허니란 익명을 사용한 것이다.

결국 둘은 서로 사과하고 〈트루먼의 진실〉 사이트는 폐쇄되기에 이른다. 새로운 학교로 전학을 가게 된 릴리는 사이트를 만든 제이비에게 왕따 문제에 대해 학생들이 토론할 수 있는 사이트로 〈트루먼의 진실〉을 재탄생시키자고 제안한다.

이처럼 처음에는 누구나 글과 사진을 올릴 수 있게 출발한 사이트가 결국에는 릴리라는 한 학생을 괴롭히는 글로 채워져 사이트 본래의 취지와 역할을 수행할 수 없을 지경에 이르게 되었다. 이런 점에서 이 책은 사이버폭력과 왕따라는 사이버상의 중요한 문제를 제기하고 있다. 구체적으로 이 책은 우리에게 다음과 같은 질문을 던지고 있다.

- 과연, 사이버공간은 누구나 자유롭게 자신의 의견을 표출할 수 있는 영역인가?
- 사이버공간에 올라온 글이 사실인지 아닌지를 어떻게 확인할 수 있는가?
- 사이트 운영자는 어느 정도까지 게시된 글에 대한 편집권을 행사해야 하는가?
- 실명을 사용하지 않고 익명을 사용해 글을 올리는 것이 과연 바람직한가?

이러한 문제들은 사이버상의 폭력이나 일탈행위에 접근할 때 고려해야 하는 중요한 이슈들이다. 위의 예에서 〈트루먼의 진실〉 운영진인 제이비와 아무르는 친구들이 이 사이트를 통해 자유롭게 글을 올릴 수 있게 했지만 허위 사실이나 남을 비방하는 이야기를 삭제하지 않고 그대로 둬 문제를 키웠다. 또한 그들은 친구들이 실명을 사용하지 않아도 글을 올릴 수 있게 했다. 그들은 친구들이 학교생활에서 느끼는 여러 불편함이나 건의사항 등 솔직한 이야기를 늘어놓을 것으로 기대했지만, 현실은 달랐다. 익명성을 교묘히 이용해서 남을 골탕 먹이는 글들이 올라오는가 하면 허위 사실이 마치 실제 사실인 것처럼 온라인공간에서 퍼지기도 했다. 제이비가 사이트를 폐쇄하면서 사이트 첫 페이지에 띄워놓은 글은 "사람들은 누구나 비열해질 수 있습니다"였다. 학교신문을 대신해 학교에서 일어나는 중요한 문제를 다루고자 했던 인터넷 사이트가 결국은 릴리라는 한 학생에게 큰 상처만 남기고 사라지게 된 것이다.

이처럼 이 사건은 사이버공간에서 야기될 수 있는 여러 이슈들을 제기하고 있다. 이같은 문제들을 깊이 고민하지 않고 사이트를 운영할 때 남을 비방하거나 타인의 명예를 훼손하는 악플들이 사이버공간을 지배할 가능성이 높다.

이 장에서는 이처럼 최근 사회적 문제가 되고 있는 악성댓글뿐 아니라 개인정보 유출 등 사이버범죄 현황을 살펴보고자 한다. 또한 사이버공간에서 발생하는 일탈행위 및 범죄를 설명하는 이론들을 고찰한 뒤, 사이버폭력을 예방하기 위한 노력과 대안으로 어떤 것이 있는지 논의하고자 한다.

## |2| 사이버일탈과 범죄의 유형 및 현황

### 1) 사이버일탈 : 악플을 중심으로

사이버일탈은 사이버상의 범죄행위뿐 아니라 온라인 욕설이나 폭언, 음란/폭력 사이트 접촉 등을 포괄하는 광범위한 개념이다. 각 부문에서 정보화가 빠르게 진행되면서 사이버일탈행위도 가파르게 늘어나고 있다. 특히 최근에는 연예인들을 타깃으로 한 사이버폭력행위가 증가하고 있다. 인기 탤런트 최진실 씨와 안재환 씨의 자살사건은 네티즌들의 악플과 관련이 깊은 것으로 알려져 있다. 심지어 안씨의 아내인 정선희 씨도 남편의 죽음과 관련한 악성 루머에 시달렸다. 가수 유니 역시 인터넷 악성댓글로 우울증까지 앓아 결국에는 스스로 목숨을 끊었다. 이처럼 악플은 한 개인을 죽음으로까지 몰고 갈 수 있는 사회적 흉기가 될 수 있다. 이러한 면에서 악플러(악플을 다는 사람)를 '키보드 워리어keyboard warrior'라고 부르기도 한다.

악플이 연예인에게만 집중되는 것은 아니다. 인터넷신문 등 여러 사

**사이버일탈(Cyber Deviance)** 컴퓨터 및 인터넷 등과 같은 사이버 공간에서 발생하는 일탈 또는 일탈 행위. 사이버상의 범죄행위뿐 아니라 온라인 욕설이나 폭언, 음란/폭력 사이트 접촉 등을 포괄하는 광범위한 개념이다.

### 키보드 워리어(Keyboard Warrior)

키보드 전사 혹은 인터넷 전사를 의미하는 이 말은 인터넷공간에서 말을 거칠게 하는 사람을 의미한다. 이들은 특정 연예인과 관련한 각종 루머와 악담을 퍼뜨리거나 일반인의 신상정보까지 신속하게 퍼 나른다. 언론은 이들을 '음해성 글을 올리는 자' '남의 프라이버시를 침해하는 자' 등으로 묘사하면서 부정적으로 서술해왔다. 하지만 이 말은 때로는 긍정적 의미로 사용되기도 했다. 가령, 2008년 촛불집회 때 집회 현장을 실시간으로 보고하면서 비판 여론을 형성했던 사람들을 '키보드 워리어'로 일컬었다. (출처 : 위키백과)

이트에서 악플이 달린 경우를 흔히 볼 수 있다. 즉 본질을 벗어난 말이나 남을 비방하는 모욕적인 글들이 쉽게 눈에 띈다는 데 문제의 심각성이 있다. 가령, 2010년 9월 7일 《미디어다음》에 게시된 한 기사(대통령이 외교통상부 장관 딸의 특혜 채용과 관련된 책임자 처벌을 지시함에 따라 문책 범위가 어디까지 미칠지 주목된다는 내용)에는 수백 건의 댓글이 달려 있었는데 다음과 같은 입에 담지 못할 댓글이 많았다.

"니놈만 뒈지면 돼!"
"너나 잘하세요 제발"
"널 끌어내릴 것이다..."
"도대체 왜 사냐?"

이러한 댓글들은 인터넷사이트에서 흔히 볼 수 있다. 실제로 포털 뉴스 댓글에 대한 인식을 조사한 결과, 40%가량의 응답자들이 댓글로 제시된 정보를 신뢰하지 않는다고 답했다. 또한 댓글은 대부분 아르바이트생들이 쓰는 것으로 여겼다(이창호 · 이호영, 2009). 10명 중 6명가량은 댓글이 의도적으로 작성되고 있다고 응답했다. 이러한 결과는 최근 문제가 되고 있는 악성댓글에 따른 개인의 명예훼손이나 인권침해 등 여러 폐해들로 인해 이용자들이 댓글에 부정적 이미지를 가지게 된 것으로 이해할 수 있다.

특히 청소년들은 댓글로 인한 피해 못지않게 가해 경험도 많은 것으로 조사됐다. 한국청소년정책연구원의 조사(2009)에 따르면, 타인의 댓글로 인해 공개적 모욕을 당한 적이 있다고 응답한 청소년은 전체 응답자의 5.5%에 달했고 성적인 욕설을 당했다고 대답한 청소년들도 4.8%였다. 반면, 댓글로 남을 공개적으로 헐뜯은 적이 있다고 응답한 이는 6.0%였고 성적인 욕설을 한 적이 있다고 답한 비율은 4.0%였다. 이러한 피해, 가해 경험과 더불어 댓글로 남을 공개적으로 헐뜯거나 성적인 욕설을 하는 것을 본 적이 있다고 응답한 비율은 각각 22.0%, 27.0%로 나타나 많은 청소년들이 악성댓글에 대한 간접경험을 한 것으로 조사됐다. 이성식(2008)의 조사에서도 청소년들은 악성댓글 피해 중 욕설을 가장 많이 경험했고 게시판 도배, 명예훼손과 비방, 허위사실 유포, 인신공격/협박 순으로 나타났다. 청소년들이 악성댓글의 피해를 가장 많이 경험하는 사이트는 게임/오락/성인사이트였고 커뮤니티/카페/동호회가 그 뒤를 이었다.

이렇게 해당 글과 관련이 없거나 남을 비방하는 내용들이 게시문에 달릴 경우 건전한 인터넷문화는 정착되기 어렵다. 이 때문에 댓글 기능을 아예 없애버려야 한다는 주장도 제기되고 있다. 또한 닉네임 대신 실명을 쓰도록 하는 인터넷실명제가 도입돼야 악플이 사라질 수 있다고 주장하는 사람들도 늘어나고 있다.

### 2) 사이버범죄의 유형 및 현황

일반적으로 사이버범죄는 사이버공간에서 일어나는 범죄를 총칭하는 뜻으로 사용된다. 사이버범죄는 원인 규명이 비교적 어렵고 그 피해

**표 11-1 사이버범죄의 8가지 유형**

| 유형 | 내용 | 대표적 사례 |
|---|---|---|
| 제1유형 | 해킹방법을 통해 사이버공간에 대한 직접적 침해를 야기함으로써 사회적 가치를 훼손하는 경우 | 폰 프리킹 (Phone Phreaking) |
| 제2유형 | 비해킹적 방법을 통해 사이버공간에 대한 직접적 침해를 야기함으로써 사회적 가치를 훼손하는 경우 | 정보시스템 파괴 (사이버테러리즘) |
| 제3유형 | 해킹방법을 통해 사이버공간을 전통적 범죄의 수단으로 활용함으로써 사회적 가치를 훼손하는 경우 | 경유지 이용 피싱 (Phishing) |
| 제4유형 | 비해킹적 방법을 통해 사이버공간을 전통적 범죄의 수단으로 활용함으로써 사회적 가치를 훼손하는 경우 | 음란, 도박, 자살, 마약밀매 사이트 |
| 제5유형 | 해킹방법을 통해 사이버공간에 대한 직접적 침해를 야기함으로써 개인적 가치를 훼손하는 경우 | 인터넷뱅킹 사기 |
| 제6유형 | 비해킹적 방법을 통해 사이버공간에 대한 직접적 침해를 야기함으로써 개인적 가치를 훼손하는 경우 | 보이스 피싱(Voice Phishing) |
| 제7유형 | 해킹방법을 통해 사이버공간을 전통적 범죄의 수단으로 활용함으로써 개인적 가치를 훼손하는 경우 | 개인정보 유출, 사이버스토킹 |
| 제8유형 | 비해킹적 방법을 통해 사이버공간을 전통적 범죄의 수단으로 활용함으로써 개인적 가치를 훼손하는 경우 | 사이버모욕 및 명예훼손 |

출처: 김계원 · 서진완(2009), 〈사이버범죄의 유형화에 관한 연구〉

범위가 넓고 피해 정도가 크다는 면에서 일반 범죄와 다른 특성을 지니고 있다. 또한 국경을 초월하는 인터넷을 통해 확산되기 때문에 그 전파 속도가 빠르고 광범위하다는 특징이 있다. 이러한 사이버범죄의 특성으로는 비대면성/익명성, 가치규범의 부재, 용이성, 광역성, 국제성, 전문기술성이 있다(이성식, 2007).

사이버범죄 유형은 학자들마다 다양하게 구분되지만 김계원·서진완(2009)은 침해수단, 침해성격, 침해가치기준 등 3개의 분류 기준으로 총 8가지 사이버범죄 유형을 도출했다. 침해수단은 해킹수단 여부, 침해성격은 사이버공간에 고유한 범죄 여부, 침해가치는 사회적 보호이익과 개인적 보호이익으로 구체화했다. 〈표 11-1〉은 그들이 분류한 사이버범죄 유형이다. 이처럼 사이버범죄는 분류 기준에 따라 다양하게

**표 11-2 사이버범죄 발생 현황**

| 연도 | 총계 | | 사이버테러형범죄 | | 일반사이버범죄 | |
|---|---|---|---|---|---|---|
| | 발생 | 검거 | 발생 | 검거 | 발생 | 검거 |
| 2003 | 68,445 | 51,722 | 14,241 | 8,891 | 54,204 | 42,831 |
| 2004 | 77,099 | 63,384 | 15,390 | 10,339 | 61,709 | 52,391 |
| 2005 | 88,731 | 72,421 | 21,389 | 15,874 | 67,342 | 56,547 |
| 2006 | 82,186 | 70,545 | 20,186 | 15,979 | 62,000 | 54,566 |
| 2007 | 88,847 | 78,890 | 17,671 | 14,037 | 71,176 | 64,853 |
| 2008 | 136,819 | 122,227 | 20,077 | 16,953 | 116,742 | 105,274 |

출처: 경찰청 사이버테러대응센터(http://www.ctrc.go.kr)

유형화될 수 있다. 경찰청은 사이버범죄를 사이버테러형범죄와 일반사이버범죄로 구분하고 있다. 사이버테러형범죄는 해킹을 통한 자료 유출, 폭탄메일, 사용자 도용, 악성프로그램 설치로 인한 바이러스 유포 등 정보통신망 자체에 대한 공격행위를 의미한다. 일반사이버범죄는 사이버성폭력 및 사이버스토킹, 불법복제, 개인정보 침해 등 사이버공간이 범죄의 수단으로 이용되는 것을 일컫는다.

경찰청에 따르면, 사이버범죄는 2003년도 6만 8천여 건이던 것이 5년 후인 2008년에는 13만여 건으로 2배가량 늘었다(〈표 11-2〉 참조). 유형별로 검거 현황을 살펴본 결과, 2008년도의 경우 불법복제 판매가 가장 많았고 인터넷사기, 해킹·바이러스의 순이었다(〈표 11-3〉 참조). 사이버폭력의 경우 2003년도에는 5천여 건이 검거됐지만 2008년에는 1만 3천여 건이 검거돼 5년간 3배가량 검거 건수가 늘었다. 불법사이트 운영 검거 건수도 최근 5년간 5배가량 증가했고 불법복제 판매는 이 기간에 무려 47배가량 늘었다.

사이버범죄 연령별 현황을 살펴본 결과 2008년도에는 10대가

**표 11-3 유형별 검거 현황**

| 구분 | 총계 | 해킹·바이러스 | 인터넷사기 | 사이버폭력 | 불법사이트운영 | 불법복제판매 | 기타 |
|---|---|---|---|---|---|---|---|
| 2003 | 51,722 | 8,891 | 26,875 | 4,991 | 1,719 | 677 | 8,569 |
| 2004 | 63,384 | 10,993 | 30,288 | 5,816 | 2,410 | 1,244 | 12,633 |
| 2005 | 72,421 | 15,874 | 33,112 | 9,227 | 1,850 | 1,233 | 11,125 |
| 2006 | 70,545 | 15,979 | 26,711 | 9,436 | 7,322 | 2,284 | 8,813 |
| 2007 | 78,890 | 14,037 | 28,081 | 12,905 | 5,505 | 8,167 | 10,195 |
| 2008 | 122,227 | 16,953 | 29,290 | 13,819 | 8,056 | 32,084 | 22,025 |

출처: 경찰청 사이버테러대응센터(http://www.ctrc.go.kr)

26.6%, 20대가 39.0%를 차지해 10대, 20대가 차지하는 비율이 전체의 65.6%에 달했다. 이러한 통계는 사이버범죄의 대부분을 저연령층인 10대나 20대가 저지르고 있다는 것을 보여준다.

특히 정보사회의 도래와 더불어 개인의 주민등록번호나 소득수준 등 개인정보가 무분별하게 수집되거나 오용되는 사례가 빈번히 발생하고 있다. '정보통신망이용촉진 및 정보보호 등에 관한 법률' 제2조는 개인정보를 "생존하는 개인에 관한 정보로서 성명·주민등록번호 등에 의하여 특정한 개인을 알아볼 수 있는 부호·문자·음성·음향 및 영상 등의 정보"로 명시하고 있다. 이 법 제22조는 정보통신서비스 제공자가 이용자의 개인정보를 이용하려고 수집하는 경우에는 다음 사항을 이용자에게 모두 알리고 동의를 받아야 한다고 명시하고 있다.

1. 개인정보의 수집·이용 목적
2. 수집하는 개인정보의 항목
3. 개인정보의 보유·이용 기간

이러한 법 조항에도 불구하고 개인정보 침해 신고 및 상담 사례는 꾸준히 증가하고 있는 추세다. 개인정보 보호규정이 제대로 이행되는지를 감시하는 공공기관인 한국인터넷진흥원이 국회에 제출한 자료에 따르면, 2007년 847건이던 개인정보 침해 신고 건수는 2008년 988건, 2009년 8월에는 1,303건으로 해마다 증가하고 있는 것으로 나타났다(김은미, 2009 참조). 개인정보침해신고센터에 접수된 상담 건수 또한 2005년 1만 8천여 건에서 2007년 2만 5천여 건, 2008년 3만 9천여 건, 2009년에는 3만 5천여 건으로 꾸준히 증가하는 추세다. 이러한 개인정보 침해 유형 중 가장 많은 비중을 차지하는 것은 이용자의 동의 없이 개인정보를 수집하거나 제3자에게 제공하는 것이다. 이처럼 개인정보 침해 사례가 늘자 관계기관에서는 개인정보 유출을 막기 위해 안전한 패스워드 입력 등 여러 노력을 하고 있다.

## |3| 범죄이론과 사이버일탈

사회학에서 사회일탈 및 범죄를 설명하는 전통적 이론으로는 차별적 교제이론, 사회유대이론, 하위문화이론, 낙인이론 등 여러 가지가 있다. 잘 알려져 있듯이, 서덜랜드Sutherland의 차별적 접촉이론은 일탈자들과 접촉하면서 그들의 문화와 행동을 습득한 결과로 사회적 일탈이 발생한다고 본다. 사회유대이론은 가족과 사회에서 강한 유대감을 형성하지 못한 사람들이 비행에 빠지기 쉽다고 본다. 허쉬Hirschi는 사회적 유대의 4가지 요소로 애착, 관여, 참여, 신념을 들었다(이해주·이미리·모경환, 2006 참조). 애착은 부모와 가족 등 타인에 대한 배려와 애정을 의미하며, 관여는 전통적인 목표와 수단을 수용하고 존중하며 본연의

### 에이커스(Ronald Akers)의 사회학습이론

에드윈 서덜랜드(Edwin Sutherland)의 차별적 접촉이론을 행동적 관점에서 재구성한 것으로 차별적 접촉, 차별적 강화, 정의, 모방에 초점을 두고 일탈행위를 설명하고 있다. 차별적 접촉은 범죄자와 얼마나 상호작용하고 일탈적 가치나 규범에 어느 정도 노출돼 있는지를 나타내주는 개념이다. 차별적 강화는 보상과 처벌 간의 균형을 의미하는데, 가령 일탈행동을 통해 긍정적인 보상이 얻어지면 그 행위가 강화되는 반면 강력한 처벌을 받게 되면 그 행위는 약화된다는 것이다. 정의는 특정 행위에 대해 좋다, 나쁘다를 정의하는 방향이나 태도를 말한다. 즉 모방이나 접촉 등을 통해 일탈행동에 우호적인 태도를 가질수록 일탈행위를 저지를 가능성이 높다는 것이다. 마지막으로 모방은 다른 사람의 행동을 관찰한 후 그에 따라 행동하는 것을 의미한다.

출처: 이현우(2009), 〈청소년의 사이버유해요인 경험이 사이버일탈에 미치는 영향: 구조방정식모형(SEM)을 중심으로〉

역할에 충실한 상태를 나타낸다. 참여는 일상적인 활동에 적극적으로 참여하는 것을 일컫고, 신념은 사회의 규범이나 가치를 적극적으로 받아들이는 것을 의미한다.

이러한 고전 범죄이론들은 사이버상의 범죄 및 일탈행위를 설명하는 데 유용하다. 가령, 이현우(2009)는 에이커스Akers의 사회학습이론과 허쉬의 사회유대이론을 적용해 청소년들의 사이버일탈에 사이버유해요인 경험과 사회적 유대가 어떻게 영향을 미치는지를 구조방정식을 이용해 분석한 바 있다. 그 결과 사이버유해환경에 많이 노출되고 이를 경험할수록 사이버일탈행위가 증가하는 것으로 나타났다. 또한 청소년들의 사회적 유대(가족응집성, 부모관계, 친구관계)는 사이버일탈에 부적인 영향을 미치는 것으로 나타나 사회적 유대가 강할수록 사이버일탈 행위는 줄어드는 것으로 분석됐다.

이성식(2007)은 기존의 범죄이론을 개인수준, 주위관계수준, 사회문화수준, 상황기회수준으로 구분하여 사이버범죄를 설명하는 요인들을 도출하고 있다. 개인수준에는 개인의 부정적 감정(화 혹은 우울 등), 낮은 자긍심 등이 포함되고 주위관계수준에는 범죄친구와의 접촉, 부모와의 유대 등이 포함된다. 사회문화수준은 사이버하위문화, 네티즌 참여와 관련돼 있고 상황기회수준은 사이버공간의 익명성, 이득, 인터넷 사용시간 등과 연관돼 있다. 이 같은 이론을 바탕으로 청소년들의 사이버범죄 원인을 분석한 결과 개인 수준의 요인은 중요한 요인이 아니었고 개인을 둘러싼 환경이나 상황적 요소가 중요한 것으로 드러났다. 즉 사이버범죄친구와의 접촉이나 부모와의 갈등, 익명상황, 인터넷 사용시간이 사이버범죄의 주요 원인으로 분석됐다.

이성식(2008)은 또한 사회유대이론을 적용해 악성댓글의 피해요인을 분석했다. 그는 사회유대가 낮고 자기통제력이 낮은 청소년이 사이버공간에서도 악성댓글과 같은 범죄 피해를 당할 가능성이 높을 것이라는 가설을 세웠다. 특히 부모와의 유대에 초점을 맞춰 부모의 애정과 관심, 그리고 청소년들이 부모에 대해 갖는 애착이 낮을수록 청소년들이 악성댓글의 피해를 더 경험할 것이라고 예측했다. 연구 결과, 이러한 가설은 통계적으로 유의미한 것으로 판명되었다. 즉 부모와의 유대가 낮은 청소년들과 자기통제력이 낮은 청소년들이 악성댓글의 피해를 더 경험하는 것으로 나타났다. 그 밖에 인터넷 이용시간이나 익명성은 악성댓글 피해에 영향을 미치지 않았다.

한종욱(2001)도 마찬가지로 허쉬의 사회유대이론을 청소년의 사이버비행행위에 적용했다. 그는 사회유대이론이 제시한 애착, 수용, 참여, 신념 등에 관한 기본적 요소가 과연 한국 청소년 사이버비행에 얼마나 적용될 것인지에 관심을 가졌다. 연구 결과, 사이버비행청소년들은 일반청소년에 비해 부모와의 친밀도, 가정화목도, 학교수용도, 사회활동 참여가 낮은 것으로 나타났다. 다만 규범신념요소에서 두 집단 간의 차이는 통계적으로 유의미하지 않았다. 이 같은 결과를 바탕으로 그는 사회유대이론이 청소년들의 사이버비행을 설명하는 데 상당히 설득력 있는 이론이라고 주장한다.

이처럼 전통적 범죄이론은 사이버공간의 비행과 일탈, 범죄행위를 설명하는 데 여전히 강력한 이론이 되고 있다. 특히 차별적 접촉이론과 사회유대이론이 사이버공간의 일탈을 설명하는 데 많이 인용되고 있다. 앞서 기술한 여러 연구 결과에서도 드러나듯이, 부모의 관심과 애정, 가족의 지지가 청소년의 사이버일탈을 막는 데 중요한 요소가 되고 있다. 이 같은 결과는 부모가 자녀들의 뉴미디어 이용 습관에 더욱 많은 관심을 갖고 자녀들과 허심탄회한 대화를 자주 나눌 때 청소년들의 사이버일탈행위는 줄어들 수 있다는 것을 암시하고 있다.

## |4| 사이버폭력 예방 및 대책

앞서 살폈듯이, 사이버공간을 이용한 사이버일탈 및 범죄는 더욱 지능화, 다양화하고 있다. 특히 연예인과 같이 특정인을 겨냥한 폭언이나 악플 등 사이버폭력은 더욱 늘어나고 있다. 이 같은 사이버폭력을 예방하기 위해서는 여러 대책들이 필요하겠지만 여기서는 크게 인터넷실명제, 선플달기캠페인, 정보통신윤리교육강화의 3가지를 중심으로 논의하기로 한다.

### 1) 인터넷실명제

'개똥녀 사건'이나 악플로 고통 받는 연예인 사례에서 나타나듯이, 개인에 대한 인신공격과 폭언, 프라이버시 침해 등의 문제가 발생할 때마다 등장하는 것이 인터넷실명제의 강화다. 이 제도를 지지하는 사람들은 글쓴이의 신원이 확인된 경우에만 글을 쓰도록 해야 악플이 사라질 수 있다고 주장한다. 이러한 인터넷실명제의 대표적인 예가 '인터넷 제한적 본인확인제'다. 2007년 7월 시행된 이 제도에 따르면, 일일 평균 이용자 수가 10만 명 이상인 사이트를 이용하는 이용자는 실명, 주민등록번호 등의 개인정보를 인터넷서비스 사업자에게 제공해야 하며, 사업자는 이용자의 개인정보를 이용해 본인 여부를 확인해야 한다(김정완, 2010).

하지만 이렇게 수집된 개인정보가 무분별하게 유출되는 경우가 많아서 인터넷실명제의 실효성에 대한 논란이 계속되고 있다. 또한 과연 인터넷실명제 도입 이후 악플이 줄었는지에 대한 의문도 여전히 사라지지 않고 있다. 실제로 김경년·김재영(2005)이 《오마이뉴스》 기사 독자의견란에서 게시판 유형(등록회원게시판과 익명게시판)에 따라 비방성 언어의 사용 정도가 어떻게 다른지 분석한 결과, 큰 차이가 발생하지 않았다. 이 결과는 신분이 드러나지 않는 익명적 공간에서 욕설이나 속어 등의 비방성 언어를 더 많이 사용할 것이라는 주장과 다른 것이다. 하지만 조사 결과 욕설이나 속어를 비롯한 비방성 언어가 포함된 독자의견이 전체의 41.2%를 차지한 것으로 나타나, 여전히 많은 수의 독자의견이 비방성 언어를 사용하고 있음을 보여주고 있다.

**리플 예절**

- 욕, 저속어, 비속어는 삼갑니다.
- 상대방이 뜻하는 의미를 정확하게 이해한 상태에서 답합시다.
- 상대방의 뜻을 이해한 상태라면 뜻을 존중하면서, 양보 표현으로 합시다.
  예: '님께서 뜻하는 바는 일면 그러한 면은 있지만, 그렇다고 반드시 ~한다고 할 수는 없습니다' 라고 밝히면서 가능한 한 그 이유를 설명하는 것이 좋습니다.
- 자신의 의견을 리플할 때에는 인신공격, 감정적인 표현, 너무 주관적인 표현은 삼갑니다.
- 상대에 대한 격려, 인사, 행운의 말을 잊지 맙시다.

### 2) 선플 달기 캠페인

인터넷공간이 합리적이고 비판적인 논의의 장이 되기 위해서는 앞서 언급한 인터넷실명제의 도입과 더불어 선플(선한 댓글) 달기 캠페인 등 자율적 정화 노력도 중요하다. 이런 면에서 《학생신문》이 청소년들의 건전한 인터넷문화 창달을 위해 벌이고 있는 '악플로 No 선플로 Yes 캠페인'은 주목할 만하다. 이 캠페인은 리플 예절로 욕과 저속어 삼가

**(사)선플달기국민운동본부 출범식 장면** 출처: 선플달기운동본부

기 등 다섯 가지를 제시하고 있다(왼쪽 '리플 예절' 참조).

근래에는 선플달기운동본부(이사장: 민병철)도 발족돼 선플문자보내기, 선플달기서명운동, 선플제안방 등 다양한 행사와 캠페인을 펼치고 있다. 흥미롭게도 이 본부의 공동대표는 탤런트 유동근, 영화배우 안성기, 방송인 김제동 등 연예인들이 많다. 이는 연예인들이 최근 악플로 인해 많은 상처와 고통을 받고 있기 때문이다. 선플달기운동은 인터넷 악플로 인해 고통을 받는 사람들에게 용기와 희망을 주는 댓글, 즉 선플을 달아주자는 운동이다(오른쪽 '선플의 정의' 참조).

이처럼 선플달기운동본부는 우리 사회에 뿌리내린 악플을 추방하기 위해 선플을 장려하는 방향으로 캠페인을 전개하고 있다.

### 3) 정보통신윤리교육

사이버폭력을 예방하기 위해서는 어린 나이 때부터 정보통신윤리교육을 실시할 필요가 있다. 가령, 가까운 일본의 경우 초등학교 1~2학년 때부터 정보통신윤리교육을 실시하고 있다고 한다(이호영 외, 2008).

**선플의 정의**

**善플** 악플에 대한 반대어로 선의적인 댓글을 의미

**先플**
- 칭찬이 필요한 사람에게 먼저 다는 칭찬 선플
- 격려가 필요한 사람에게 먼저 다는 격려 선플
- 친절을 베푼 사람에게 먼저 다는 감사 선플
- 슬픔을 겪고 있는 사람에게 먼저 다는 위로 선플
- 사과하고 싶은 사람에게 먼저 다는 사과 선플
- 용서하고 싶은 사람에게 먼저 다는 용서 선플
- 화해하고 싶은 사람에게 먼저 다는 화해 선플

지금의 청소년들은 디지털, 정보화세대로 불릴 만큼 어릴 적부터 디지털 기기에 익숙해 있다. 따라서 초등학교 저학년부터 구체적으로 정보통신기술을 사용하는 데 뒷받침이 되는 윤리교육을 강화해야 한다. 가령, 재량활동시간 등을 활용해 인터넷의 여러 기능에 대해 알아보고 댓글을 직접 달아보는 시간을 가질 수 있다.

이 같은 시간을 통해 학생들은 어떤 것이 좋은 댓글이고 나쁜 댓글인지를 함께 논의하는 기회를 가질 수 있다. 또한 인터넷에 실린 수많은 댓글 중 좋은 댓글을 골라 공유하는 시간을 갖는 것도 필요하다. 이처럼 어릴 때부터 좋은 댓글에 많이 익숙해져야 꾸준히 좋은 댓글을 쓰는 습관을 가질 수 있다.

학교뿐 아니라 가정에서도 인터넷윤리교육이 강화돼야 한다. 부모의 양육태도는 청소년들의 인터넷 이용에 많은 영향을 미치고 있다. 가령, 부모의 양육태도가 독재적이거나 방임적일수록 청소년들의 댓글로 인한 피해, 가해 경험이 많은 것으로 나타났다(성윤숙·이춘화·유의선, 2009). 이러한 결과는 부모와 자녀 관계가 민주적이고 개방적일수록 청소년들이 인터넷을 비교적 건전한 방향으로 활용한다는 것을 암시하고 있다. 부모 역시 자녀들의 인터넷 이용 및 활용에 관심을 가지고 자녀들이 어떤 사이트를 자주 방문하는지, 어떤 사이트에 글을 자주 남기는지 정도는 알 필요가 있다. 또한 부모들은 자녀와의 꾸준한 대화를 통해 혹시 자녀가 악플로 인해 정신적 고통을 받거나 따돌림을 당하고 있는지 확인해야 한다. 부모들이 직접 인터넷 게시판에 올라온 게시문 중 좋은 댓글을 찾아 자녀에게 추천하는 것도 자녀들의 좋은 글쓰기 습관 형성에 많은 도움을 줄 것이다.

## |5| 깨끗한 사이버세상을 꿈꾸며

앞서 논의했듯이, 현재의 사이버공간은 그 긍정적인 측면에도 불구하고 역기능도 많다. 사이버공간이 공론장으로 기능하기 위해서는 무엇보다 이용자들의 인터넷에 대한 인식이 긍정적으로 바뀔 필요가 있다. 이는 곧 성숙한 인터넷문화의 발전을 의미한다. 잘 알려져 있듯이, 웹 2.0 시대의 특징은 개방, 공유, 참여다. 이는 사이버공간이 누구에게나 열려 있고 어떤 정보든 공유되며 누구나 참여할 수 있는 곳이라는 것을 의미한다. 이러한 웹 2.0의 특징을 잘 이해해 인터넷을 사용한다면 사이버공간은 특정 담론이 지배하거나 특정인을 겨냥한 글들이 판을 치기 어렵다.

또한 악성댓글이 난무하는 것을 막으려면 댓글 달기의 본래 기능을 잘 이해할 필요가 있다. 특정 글에 대한 댓글은 글쓴이나 그 글을 비난하기 위해 존재하는 것이 아니라 처음 글을 더욱 풍성하게 하는 데 주목적이 있다. 가령, 누군가 새롭게 출시된 스마트폰에 대한 이용자들의 후기를 올려달라는 글을 게재할 경우 많은 사람들이 이용 경험담을 댓글로 단다면 처음 글은 훨씬 풍성한 내용을 담은 글로 발전하게 된다. 이처럼 인터넷의 여러 기능들은 많은 이용자들이 참여함으로써 정보가 더욱 알차고 풍성해진다는 원리에 기반을 두고 있다. 따라서 인터넷의 여러 기능들을 긍정적인 방향으로 활용한다면 더욱 깨끗한 사이버세상이 만들어질 것이다.

인터넷 대화 예절에 관한 만화

출처: 마린블루스 (www.marineblues.net)

아직까지 우리 사회에서 인터넷 토론방은 민주적이고 성찰적인 공론장으로 정착되었다고 보기 어렵다(김종길, 2006). 토론 참여 공간도 확대되고 게시문 구조도 다양해졌지만 합의 도출과 관용의 수준이 낮을 뿐만 아니라 합리적인 근거 제시 노력도 부족하다. 따라서 상호 이해가 모색되기보다는 근거 없는 정보와 추측, 논리성과 객관성이 결여된 펌글과 댓글이 압도하고 있다. 또한 상반되거나 상이한 의견들을 조정하거나 중재하려는 노력도 미흡한 것으로 나타났다. 인터넷 토론방에서 다뤄지는 주제도 다양한 의제에 대한 폭넓은 토론보다는 정치 관련 토론이 압도하고 있다. 성숙한 인터넷 토론문화를 위해서는 오프라인 토론문화가 발전할 필요가 있다. 학교 수업과정이 암기식 위주에서 토론식으로 바뀐다면 학생들은 수업시간을 이용해 다양한 사회적 문제, 이슈에 대해 논의하는 기회를 가질 수 있다. 이러한 기회를 통해 학생들은 민주사회의 기본 소양과 시민의식을 함양할 수 있다. 이처럼 학교 현장에서 토론풍토와 문화가 활성화된다면 온라인공간에서도 더욱 품위 있고 민주적인 토론문화가 싹틀 수 있다고 본다.

온라인문화는 오프라인문화의 뒷받침 없이는 성숙할 수 없다. 현실세계에서 합리적이고 민주적인 토론 분위기가 조성되어야 가상세계에서도 합리적이고 민주적인 토론문화가 생성될 것이다. 온라인과 오프라인의 문화가 잘 조화되어야 건전하고 깨끗한 사이버문화가 발전하리라고 본다.

## 생각해볼 문제

1. 『트루먼 스쿨 악플 사건』에 나오듯이, 악플은 피해자에게 심각한 정신적 상처를 줄 수 있다. 그런데도 사람들이 악플을 다는 것은 왜일까?
2. 인터넷실명제, 선플달기캠페인, 정보통신윤리교육 외에 악플을 방지할 수 있는 대책으로 무엇이 있을까?
3. 댓글 달기 기능이 가지고 있는 긍정적인 측면은 무엇일까?
4. 낙인이론으로 사이버일탈 및 범죄 현상을 어떻게 설명할 수 있을까?
5. 인터넷토론문화의 질을 높이기 위해서는 어떤 노력들이 필요할까?

## 더 읽을 거리

허경미(2009), 『현대사회와 범죄학』, 박영사.

존 팰프리 · 우르스 가서(2010), 송연석 · 최완규 역, 『그들이 위험하다: 왜 하버드는 디지털 세대를 걱정하는가?』, 갤리온.

## 참고문헌


김경년 · 김재영(2005), 〈「오마이뉴스」 독자의견 분석: '난장으로서의 공론장' 가능성 탐색〉, 《한국방송학보》 19(3): 7~41.

김계원 · 서진완(2009), 〈사이버범죄의 유형화에 관한 연구〉, 《한국공공관리학보》 23(4): 95~118.

김은미(2009. 10. 13), 〈개인정보침해신고, 53.8% 급증〉, 《뉴시스》.

김정완(2010. 09. 07), 〈개인정보유출원흉 '인터넷실명제' 폐지돼야!〉, 《보안뉴스》.

김종길(2006), 〈시민참여 미디어로서의 인터넷 미디어 토론방: 가능성과 한계〉, 《담론 201》 9(3): 33~79.

박형민(2005), 『인터넷 유해사이트의 실태와 대책에 관한 연구』, 한국형사정책연구원.

성윤숙 · 이춘화 · 유의선(2009), 『인터넷 댓글에서의 청소년인권침해현황과 대응방안』, 한국청소년정책연구원.

이성식(2007), 『청소년 사이버범죄 유형별 원인 및 통제요소에 관한 통합적 연구』, 한국형사정책연구원.

이성식(2008), 〈인터넷게시판 악성댓글 피해요인에 관한 연구〉, 《피해자학연구》 16(1): 67~85.

이창호 · 이호영(2009), 〈포털이용자들의 포털뉴스이용 패턴 및 포털의 언론역할에 관한 인식〉, 《한국언론정보학보》 46: 177~211.

이해주 · 이미리 · 모경환(2006), 『청소년문제론』, 한국방송통신대학교출판부.

이현우(2009), 〈청소년의 사이버유해요인 경험이 사이버일탈에 미치는 영향: 구조방정식 모형(SEM)을 중심으로〉, 《사이버커뮤니케이션학보》 26(2): 163~198.

이호영 · 정은희 · 서문기 · 이창호(2008), 『인터넷 포털사이트의 사회적 영향력 확대에 따른 대응방안 연구』, 정보통신정책연구원.

한종욱(2001), 〈청소년 사이버비행자의 사회유대요인에 관한 연구〉, 《한국경찰학회보》 3: 357~384.

도리 H. 버틀러(2009), 『트루먼 스쿨 악플 사건』, 미래인.

# 12

# 정보격차와 인터넷중독

## |1| 정보화의 빛과 그늘

연전 독일의 시사주간지 《슈피겔Der Spiegel》은 한국의 정보화를 특집으로 다루면서 한국만큼 인터넷이 일상생활 속으로 급속하게 확산되는 곳은 없다고 보도한 바 있다. 그리고 네트워크로 연결된 세계 최고의 하이테크 국가인 한국은 인터넷 대혁명을 발판으로 하여 경제위기를 극복하고 있다고 소개했다. 실로 우리 사회에서 정보화는 단순히 기술 도입 이상의 의미를 지닌다. 돌이켜보면 '산업화는 뒤졌지만, 정보화는 앞서자'라는 구호가 말하듯이, 우리는 세계 최고의 정보통신 인프라 구축을 통해 국가경제를 활성화하는 데 성공해왔다. 그러나 모든 기술이 그러하듯 정보기술에도 순기능과 역기능이 함께 있다. 우리는 이 시점에 300여 년 전 산업혁명기의 제조기술이 당시 사람들의 평균수명을 늘린 반면, 사회를 더 불안정하게 하고 제3세계 사람들의 육체적·심리적 고통을 증가시켰다는 그레이엄(G. Graham, 2003)의 진단을 되새김해야 할지도 모르겠다.

이 장에서는 정보화의 역기능 현상인 정보격차와 인터넷중독 문제를 다루고자 한다. 정보격차는 정보화를 통해 사회불평등이 더 심화되어 공동체가 분열될 수 있다는 점에서 심각한 쟁점이다. 인터넷중독은 정보격차가 심각한 사회에서 특정한 사람들이 인터넷 사용에 대한 자기통제력을 잃어 정신적 문제를 앓는 현상으로, 우리가 반드시 극복해야 할 문제이다.

## |2| 정보격차

### 1) 초기 정보격차 개념과 유형

**정보격차의 개념** 뒤르켐E. Durkheim, 마르크스K. Marx, 베버M. Weber 등의 초기 사회학자들은 산업사회 및 자본주의사회의 출현에 따라 발생한 사회불평등 문제를 지적하면서 사회학적 관점의 필요성을 인류 공동체에 일깨워주었다. 그러나 이제까지 인류는 이 문제를 해소하지 못한 채 다시 디지털 기술혁명이 수반하는 새로운 불평등 문제를 맞고 있다.

정보기술이 사회불평등을 증대시킬 것인지, 감소시킬 것인지는 정보화 초기부터의 논쟁거리였다. 어떤 이들은 정보기술이 도입되고 난 어느 시기에는 이것이 대중적으로 수용되고 보편화됨으로써 사회불평등을 감소시킬 것이라고 낙관한다(Toffler, 1990; Naisbit · Aburdene, 1990). 반면 다른 이들은 정보기술이 일부 계층에는 배제되는 반면 일부 계층에는 독점 활용됨으로써 기존의 불평등을 더욱 심화시킬 것이라고 비판한다. 예를 들어 쉴러Schiller는 정보통신기술이 정보의 풍요를 낳는 한편 정보부자information-rich와 정보빈자information-poor를 만들 것이라고 주장하며, 정보불평등information inequality의 가능성을 예견했다(Schiller, 1996). 도시사회학자 카스텔(Castells, 1999)은 정보화가 학력수준 간의 소득격차를 벌릴 뿐 아니라, 도시와 지역 간의 땅값 차이를 확대시켜 결

**정보격차(Digital Divide)**
새로운 정보기술에 접근할 수 있는 능력을 보유한 자와 그렇지 못한 자 사이에 경제적·사회적 격차가 심화되는 현상. 정보격차에 관한 다양한 정의들을 종합하면, 정보격차는 ①기존의 사회경제적 불평등 구조의 기반 위에서, ②정보기술이 확산되는 과정에서 발생하며, ③이로 인해 기존의 불평등 구조가 확대 혹은 감소되거나 ④새로운 불평등이 나타나는 현상을 통칭하는 것으로 이해할 수 있다.

국에는 사회불평등을 더욱 심화시킬 것이라고 지적하기도 했다.

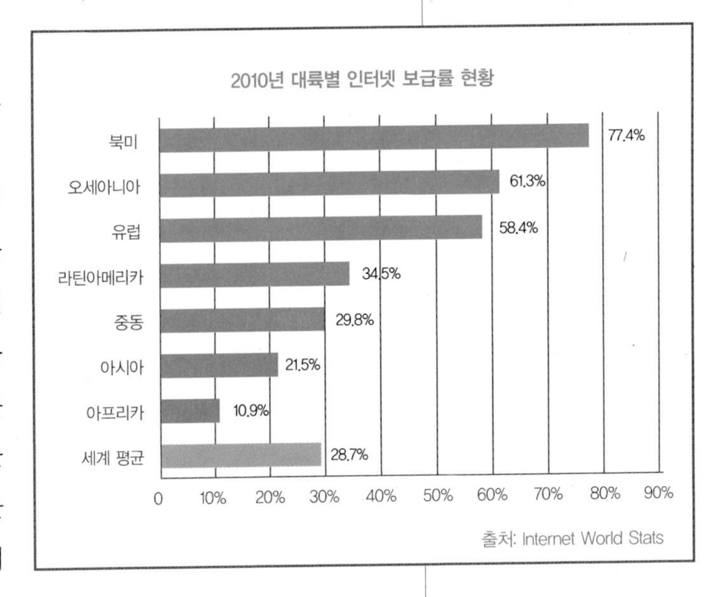


현재 정보기술이 사회불평등을 심화시킬 것인지에 대한 합의할 만한 증거는 없는 것 같다. 사회불평등에 영향을 끼치는 요인이 너무 많을 뿐 아니라, 정보기술의 급격한 발전에 따라 정보격차를 판단하는 개념도 변화하고 있기 때문이다.

애초 정보격차의 개념은 1995년 미국 상무부 산하 국가통신정보위원회NTIA의 보고서 〈Falling Through the Net〉에서 다뤄진 것이다. 이 보고서는 정보격차를 "새로운 기술에 접근할 수 있는 사람과 그렇지 못한 사람 간의 단절"로 정의했다. 그후 경제협력개발기구OECD에서는 "개인, 가정, 기업 및 지역들 간의 서로 상이한 사회경제적 여건에서 비롯된 정보통신 기술에 대한 접근 기회와 다양한 활동을 위한 인터넷 이용에 있어서의 차이"라고 정의했다.

우리나라는 정보화를 IMF 경제위기를 돌파하기 위한 국가적 좌표로 삼고 추진하면서, 혹시 나타날 수 있는 정보격차를 예방하고 해소하기 위해 2001년 정보격차해소법을 개별법으로 제정했다. 이 법은 2009년 국가정보화기본법으로 개정되었는데, 이에 따르면 정보격차는 "사회적, 경제적, 지역적 또는 신체적 여건으로 인하여 정보통신 서비스에 접근하거나 정보통신 서비스를 이용할 수 있는 기회에 차이가 생기는 것"이라고 정의되어 있다. 이 다양한 정의들을 종합하면 정보격차는 ①기존의 사회경제적 불평등 구조의 기반 위에서, ②정보기술이 확산되는 과정에서 발생하며, ③이로 인해 기존의 불평등 구조가 확대 혹은 감소되거나 ④새로운 불평등이 나타나는 현상을 통칭하는 것으로 이해할 수 있다.

그런데 정보격차를 이상과 같이 정의할 수 있을지라도, 이 개념으로 실제 특정 대상을 경험적으로 분석하고자 할 경우 다양한 형태의 유형이 있다.

**정보격차의 유형과 정보접근** 정보격차의 유형을 일단 주체에 따라 분류할 수 있다. 정보주체에 따른 분류는 예를 들어 성별, 연령, 세대, 학력, 계층, 직업, 지역, 민간/공공, 장애인/일반인, 국가/개인, 국가 간 등이 있다. 이와 같은 분류는 가장 일반적인 분류법인데, 이중에서 특히 국가와 개인 간의 정보격차 유형은 전통적 사회불평등 분석에서 존재하지 않던 수준으로서 '정보'격차만이 가진 특수한 유형이라 할 수 있다. 즉 국가와 개인이 가진 정보의 양과 질의 차이가 사회문제가 될 수 있다는 시각은, 국가와 개인 간에 소유한 물질적 부의 차이가 '문제'되지 않았던 것이기에 전통적 관점과 차이가 있는 것이다. 이 분석수준은 개인 '정보'가 가진 인간의 자유 및 존엄성 문제가 외면될 때 국가와의 관계에서 일어날 수 있는 문제에 대한 통찰력을 감시사회surveillance society와 연관하여 느낄 수 있게 한다.

정보격차의 개념을 세분화함으로써 정보격차의 유형을 나눌 수도 있다. 예를 들어 모스버거와 톨버트, 스텐스버리(Mossberger · Tolbert · Stansbury, 2003)는 정보격차를 접근격차access divide, 기술격차skills divide, 경제적 기회격차economic opportunity divide, 민주적 격차democratic divide

의 네 영역으로 구분했다. 접근격차는 인터넷 등 정보기기를 어디서나 접근하여 사용할 수 있는지 여부와 관련된 개념이다. 기술격차는 기술적 사용능력과 정보 해독능력을 말하는 것으로 이른바 정보 리터러시 information literacy와 동일한 개념이다. 경제적 기회격차는 경제적으로 우월한 집단이나 개인이 그렇지 않은 집단이나 개인에 비교하여 경험, 신념, 태도 등에서 격차가 있는지 여부에 관련된 개념이다. 민주적 격차는 선거, 투표, 정치적 참여 등 민주적 시민활동에 관련된 이용 경험 및 태도에서 나타나는 격차를 말하는 것이다.

이상과 같이 정보격차를 분석할 때는 다양한 차원에서 접근할 수 있으나, 가장 기본적인 것은 무엇보다 정보접근digital technological access에서 나타날 수 있는 격차이다. 즉 정보통신기술에 접근할 수 있는 사람 have과 없는 사람have-not 간의 격차이다. 그러나 정보화의 진전에 따라 정보격차의 개념뿐만 아니라, 정보접근의 개념도 더 세분화하여 분석해야 한다는 주장이 있다.

부시와 뉴하겐(Bucy · Newhagen, 2004)이 이러한 시도를 했다. 이들은 정보화가 많이 진전된 사회에서는 물리적 접근만이 아니라, 네트워크 공간에서 생성되는 의미에 대한 접근이 중요하다고 하면서 이를 위해 수용자의 인지적 접근을 접근격차의 지표에 포함시켜야 한다고 주장했다. 이때 인지적 접근을 위해서는 정보의 의미와 가치를 인지하고 활용할 수 있는 지적 능력과 이에 따른 비용이 필요한 것은 당연하다. 이러한 시도는 인터넷의 제공과 사용법의 교육을 넘어, 정보의 가치 인지와 활용을 위한 교육을 정보격차 해소정책의 초점으로 간주해야 한다는 것을 지적한 점에 의의가 있다고 하겠다.

접근 개념의 확대를 주장한 대표적인 사례로 다이크(Dijk, 2005)가 있다. 그는 수용자의 커뮤니케이션 능력과 환경에 따라서 정보기술의 사

**정보 리터러시(Information Literacy)**
컴퓨터나 인터넷 등을 이용하여 정보를 수집하거나 선택하거나 활용하는 능력을 말한다. 이와 비슷한 개념으로 컴퓨터를 사용할 줄 알고, 컴퓨터를 이해하고 활용할 수 있는 능력을 컴퓨터 리터러시(Computer Literacy)라고 한다. 컴퓨터의 보급 확산에 따라 정보량이 폭발적으로 늘어나고, 그로 인해 정확하게 정보를 처리하는 능력이 매우 중요시되고 있다. 고도 정보화 시대에는 컴퓨터를 이해하고 활용하는 능력이 글을 쓰고 읽는 능력과 마찬가지로 필수적인 소양이 된다는 뜻이다.

용에 대한 동기적 접근motivational access, 인터넷과 콘텐츠에 대한 물리적 접근material access, 디지털 기기의 숙련도에 관련된 기기 사용능력 접근skill access, 목적 수행을 위해 기기를 사용하는 시간 등에 관련된 활용접근usage access 등 네 종류의 접근 개념을 제시했다. 이러한 분류방법에서 특징적인 점은 개인의 내적 자원internal resources과 외적 자원external resources을 구분하여 설명하고 있음이다. 기존의 관점이 교육수준이나 경제적 수준이 인터넷 기기에의 접근에 방점을 둔 정보격차를 어떻게 확대시키는지를 고려했다면, 이 관점은 동일한 외적 자원(교육, 경제수준)을 가졌다 할지라도, 개인의 취향과 경험, 동기, 노력 등 내적 자원에 따라서 정보격차가 발생할 수 있음을 지적하고 있다.

### 2) 정보화 진전과 정보격차 분석틀의 변화

학자들 사이에서는 '정보접근'의 개념을 확대함으로써 정보격차를 정밀하게 분석하고자 하는 시도는 한계가 있다는 지적도 있다. 정보격차의 초점을 이제 '접근을 넘어beyond access' 인터넷 이용에 맞춰나가야 하며, 기술적 접근을 넘어 리터러시 개념과 나아가, 사회참여의 개념을 포함해야 한다는 것이다.

이러한 관점에서 몰나(Molnar, 2002)는 정보격차의 유형을 정보화의 발전단계에 따라 세 종류로 구분한다. 제1유형은 정보기술의 초기 도입기early adaptation에 발생하는 것으로서 접근격차이고, 제2유형은 도약기take-off에 발생하는 것으로서 활용격차이다. 활용격차는 정보기술을 통해 원하는 정보를 획득 · 가공 · 처리하며, 이러한 행위를 통해 편리한 생활을 할 수 있는 기회와 연관된 격차로, 이용자와 비이용자 간에 발생한다. 제3유형은 정보기술의 포화기saturation에 발생하는 이용자 간

## 표 12-1 정보화 발전단계에 따른 격차 유형

| 구분 | 제1유형(접근격차) | 제2유형(활용격차) | 제3유형(참여격차) |
|---|---|---|---|
| 정보화 수용단계 | 초기 도입기<br>(Early Adaptation) | 도약기<br>(Take-off) | 포화기<br>(Saturation) |
| 격차 대상 | 디지털 기기에 접근 가능한 사람과 그렇지 않은 사람 사이의 격차 | 디지털 기기의 이용자와 비이용자 사이의 격차 | 디지털 기기의 이용자 간 격차 |
| 핵심 쟁점 | 기기에의 접근기회의 존재 여부 | 기기의 양적 활용 정도 | 삶의 기회에의 참여 및 공유 정도 |
| 주요 요인 | 컴퓨터, 인터넷 등 기기에의 접근기회 여부<br>구매력 여부<br>필요성 인식 여부 | 기기 활용능력 여부<br>일상생활상의 기기 활용 시간량<br>디지털 마인드 여부 | 소셜 네트워크 참여 여부 및 정도<br>인터넷 시민 참여 정도<br>–인터넷 지배언어 활용도<br>–정보신뢰도 파악능력 |

출처: 몰나(Molnar, 2002)의 주장을 근거로 정리

질의 차이에 따른 격차로, 네트워크를 활용하여 새로운 성격의 사회에서 삶의 다양한 기회에 배제되지 않는 것과 관련된 격차이다.

각 국가에서 쟁점으로 삼을 정보격차 유형은 해당 국가의 정보화 수준에 따라 다를 것인데, 한국에서는 현재 제3단계 유형에 관심이 모아지고 있다. 즉 인터넷을 기술적인 측면에서 잘 활용하느냐 마느냐의 문제(제2유형)가 아니라, 인터넷이 가진 고유한 특성인 신뢰와 공유의 정신을 살려서 새로운 사회관계를 맺거나 사회참여 및 봉사 등을 할 수 있는가, 그리고 그뿐만 아니라 네트워크에 연결해 비즈니스, 교육, 금융 등 각종 이익을 얻을 수 있는 기회를 활용할 수 있는가(제3유형)에 관심이 모아지고 있다. 이 단계에서는 콜비(Colby, 2001)의 주장과 같이 각 개인이 중요하다고 여기는 가치를 '의미화하는 능력'도 중요하다(김종길, 2008: 315-6 ). 중요한 것은 정보기술 환경의 구비 정도가 아니라, 정보기술을 활용하여 개인이 얼마나 의미 있는 관계를 맺고, 가치를 발산하는 주체가 될 수 있는가 하는 것이다.

제3단계에서는 심리적인 측면도 중요하다. 사실 '모든 사람들이 다

인터넷을 원한다'는 가정은 문제가 있다. 그러한 가정은 되도록 많은 사람들에게 되도록 많은 정보기술 서비스를 주어야 한다는 발상을 가능하게 한다. 그러나 인터넷중독과 디지털치매 등의 예에서 보듯이 이제 우리에게는 원할 때 필요한 만큼 혜택을 볼 수 있게 하는 정책이 필요하다.

### 3) 우리나라 정보격차의 실태와 시사점

**정보격차의 실태** 우리나라에서는 전담기관인 한국정보화진흥원에서 2004년 이후 정보격차를 매년 조사·분석하고 있는데, 정보격차를 접근, 역량, 활용의 3단계로 분류하고 있다. 여기서 접근은 컴퓨터와 인터넷에의 접근 가능성을 말한다. 역량은 컴퓨터 및 인터넷 사용능력을 말하고, 활용은 양적 활용(컴퓨터 및 인터넷 사용 여부와 시간)과 질적 활용(검색, 전자거래 등 일상생활에서 도움 받는 정도)을 의미한다. 한국정보화진흥원에서는 매년 장애인, 저소득층, 농어민, 그리고 장노년층의 4대 정보소외집단을 설정하고 이들 집단이 일반 국민들과 비교하여 어떠한 격차가 있는지를 조사·분석하고 있다. 즉 이 네 집단이 〈표 12-2〉에서 보듯이 접근, 역량, 그리고 활용 등 각 부문에서 어느 정도 격차를 보이고 있는지 조사·분석하는 것이다.

이 표에서 정보격차에 관한 몇 가지 시사점을 얻을 수 있다.

첫째, 전반적으로 정보격차는 연도별로 점차 감소되어왔는데 그중 특히 접근격차는 뚜렷이 감소되어왔다. 역량 및 활용격차는 감소 경향에도 불구하고 아직도 정책 대응이 더 필요한 것으로 나타났다.

둘째, 계층별로 볼 때, 특히 장애인과 저소득층의 정보격차는 유의할 만큼 감소 추세에 있으나, 농어민과 장노년층은 여전히 정책적 고

**표 12-2 4대 소외계층의 정보격차 지수**

| 구분 | | 장애인 | 저소득층 | 농어민 | 장노년층 | 평균 |
|---|---|---|---|---|---|---|
| 종합 | 2004년 | 42.5 | 44.4 | 66.2 | 59.1 | 55.0 |
| | 2005년 | 34.8 | 35.8 | 58.3 | 50.7 | 46.7 |
| | 2006년 | 26.1 | 27.0 | 50.2 | 41.6 | 38.0 |
| | 2007년 | 24.0 | 24.5 | 45.4 | 37.4 | 34.1 |
| | 2008년 | 21.2 | 21.9 | 42.1 | 35.8 | 32.0 |
| | **2009년** | **19.7** | **20.5** | **39.7** | **34.1** | **30.3** |
| 접근 | 2004년 | 27.0 | 38.9 | 48.7 | 33.7 | 36.3 |
| | 2005년 | 22.4 | 30.2 | 42.1 | 26.5 | 29.0 |
| | 2006년 | 14.6 | 20.4 | 30.5 | 17.1 | 19.8 |
| | 2007년 | 11.2 | 15.8 | 23.3 | 9.9 | 13.5 |
| | 2008년 | 7.4 | 12.1 | 19.1 | 7.5 | 10.3 |
| | **2009년** | **7.3** | **11.6** | **15.9** | **6.4** | **9.0** |
| 역량 | 2004년 | 58.9 | 50.1 | 81.7 | 82.3 | 72.5 |
| | 2005년 | 50.0 | 41.7 | 75.0 | 76.7 | 65.8 |
| | 2006년 | 39.0 | 32.9 | 70.9 | 67.6 | 57.1 |
| | 2007년 | 36.6 | 32.4 | 69.5 | 66.3 | 55.5 |
| | 2008년 | 34.0 | 30.9 | 66.8 | 65.5 | 54.3 |
| | **2009년** | **27.8** | **25.3** | **64.8** | **63.0** | **51.1** |
| 활용 | 2004년 | 51.9 | 47.5 | 77.6 | 75.6 | 66.9 |
| | 2005년 | 42.9 | 40.1 | 70.0 | 67.6 | 59.0 |
| | 2006년 | 33.9 | 31.9 | 63.8 | 58.9 | 50.8 |
| | 2007년 | 33.3 | 30.9 | 60.6 | 56.7 | 48.6 |
| | 2008년 | 31.2 | 29.0 | 57.5 | 55.1 | 46.9 |
| | **2009년** | **29.4** | **27.9** | **56.1** | **52.8** | **45.2** |

*격차지수 = 일반국민 정보화수준(100으로 가정) − 일반국민(100) 대비 취약계층 정보화수준

*격차지수는 0~100(점) 범위의 값을 가지며, 100(점)에 가까울수록 정보격차가 크다는 것을 의미함

*평균은 취약계층별 규모를 고려한 가중 평균임

*저소득층은 기초생활수급층, 장노년층은 50대 이상 연령층 기준임

*종합 격차지수 = 〈1−(소외계층의 종합지수/일반국민의 종합지수)〉 × 100

*종합지수는 접근·역량·활용 부문의 종합적 정보화수준 측정 점수를 의미하며 100점 기준의 점수임

려가 필요한 것으로 보인다. 농어민과 장노년층은 디지털기기에 대한 인지능력이 취약하고 일상생활에서 인터넷을 잘 활용하지 않기에, 이들 집단을 대상으로 역량교육을 하거나 활용도 제고를 위한 홍보가 필요하다.

셋째, 장애인과 저소득층의 경우 개인에 따라서 격차 해소 차원을 넘어 경제적 기회를 부여받을 수 있는 방법으로 교육이 나아가야 한다. 물론 이들 계층의 역량과 활용이 여타 소외계층보다는 높지만 일반 국민의 약 70% 수준이라는 점에서 특별한 조치가 필요하다.

넷째, 정보화 환경 변화를 수렴하여 정보격차 분석틀을 더 발전시켜야 한다. 앞서 살펴본 대로, 정보격차 분석틀은 접근, 역량, 활용의 3가지 유형을 사용하고 있다. 하지만 정보화의 발전단계에 따라 격차의 양상이 달라질 수 있기 때문에 이 같은 사실을 감안해야 한다. 현재 사용하고 있는 실태조사에서는 사용 역량과 양적 활용 시간의 비중이 너무 강조되어 있는 반면, 질적 활용 혹은 소셜 네트워크 참여기회를 통해 혜택을 받는지 혹은 배제되는지 하는 것의 비중이 약했다. 따라서 디지털기기 활용능력 여부와 시간의 양, 그리고 디지털 마인드 여부, 소셜 네트워크 참여 여부 및 정도, 인터넷 시민참여 정도 등이 새롭게 분석틀에 포함돼야 할 것이다.

**정보기술 환경의 변화와 중층적 정보격차** 이상과 같은 논의 외에도 정보격차를 실제 분석하는 데 어려움이 있을 수밖에 없는 변화가 발생하고 있는 것이 사실이다. 첫째, 모바일 정보기술의 일상화에 따른 변화 때문이다. 스마트폰은 인터넷에의 접근성 기회를 아예 다른 차원으로 변화시키고 있을 뿐 아니라, 트위터와 페이스북 등의 소셜 네트워크 서비스에서 보듯이 인터넷이 가능하게 한 사회관계망을 넘어서는 기회를 순식간에 제공한다. 그러나 여전히 이러한 기기의 사용기회는 특정 계층에만 제공되고 있다.

둘째, 유비쿼터스 기술의 도입에 따른 변화 때문이다. 유비쿼터스 사회는 모든 사물이 지능화되어 인간이 인식하지 못하는 사이에 사물과 사물, 사물과 인간이 상호소통 가능한 인터넷 이후의 정보화 단계이다. 문제는 인간이 장소와 시간에 구애받지 않고 편리한 서비스를 받을 수 있는 이러한 환경에서 경제적 능력에 따라 기회가 극단화될 것이라는 점이다. 이른바 u-격차가 우려되는 것이다.

셋째, 안정임(2007)이 디지털 차이digital difference를 인식하는 관점의 확장이 필요하다고 지적한 바와 같이 패러다임이 달라지는 변화가 발생하고 있다. 특히 디지털 의존도를 염려해야 하는 변화 때문이다. 우리 주변에는 언제부터인가 정보접근의 평등한 기회 여부가 사회적 이슈가 되는 시대를 지나, 인간을 압도하는 정보환경이 전개되는 현실에 불편함을 느끼는 사람이 늘고 있다. 사람보다는 컴퓨터와 의사소통하는 것이 더 편하거나, 컴퓨터에 너무 심하게 의존해 있는 환경, 그리고 너무 많은 정보에 압도당하는 환경에서 불편함을 경험하고 있다.

위와 같은 제반 상황을 종합해보면, 정보격차 문제는 매우 중층적으로 얽혀 있다. 즉, 정보격차의 쟁점이 수용격차 단계로 나아가고 있으나 새로 도입되는 스마트 정보화와 유비쿼터스 정보화는 접근격차의 단계를 맞이하고 있다. 그리고 인터넷중독, 정보 프라이버시, 디지털 의존 등 인간의 통제능력과 관련된 이슈가 증가함에 따라 적정 정보화의 수준을 고려해야 하는 상황이다.

**유비쿼터스(Ubiquitous)**
컴퓨터와 정보통신의 발달로 모든 사물과 상품, 인간의 활동이 언제 어디서나 서로 연결되는 환경을 말한다. '언제 어디에나, 동시에 존재한다'는 뜻의 라틴어로, 1988년 미국의 사무용 복사기 제조회사인 제록스의 마크 와이저가 '유비쿼터스 컴퓨팅(ubiquitous computing)'이라는 용어를 사용하면서 처음으로 등장했다. 유비쿼터스 컴퓨팅 기술로는 센싱, 네트워크, 인터페이스/인터랙션, 보안/프라이버시, 하드웨어 플랫폼, 임베디드 소프트웨어, 애플리케이션 등이 있다(전자신문사, 〈2005 유비쿼터스 백서〉).

## |3| 인터넷중독

### 1) 인터넷중독의 개념과 유형

#### 인터넷중독의 개념

> 인터넷 게임에 중독돼 생후 3개월 된 딸을 굶겨 죽인 비정한 부모가 정작 사이버 공간에서는 가상의 딸을 키워온 것으로 드러나 충격을 주고 있다. 이들 부부는 자신의 아기에게 우유는 주지 않은 채 매일 밤 PC방에서 여자아이를 키우는 '육성 롤플레잉 게임'을 해왔다는 것이다. 자식보다 가상의 딸을 더 사랑한 셈이다. 이들은 2008년 인터넷 채팅사이트를 통해 만나 결혼했고, 부인은 임신 중에도 남편과 PC방을 전전한 것으로 전해져 '예고된 살인'이라는 지적이 나온다.
>
> —대전일보, 2010년 3월 5일자 기사

현대사회에서 인터넷중독으로 인해 발생하는 사건은 이미 특별한 관심을 끌지 않을 정도가 되어버렸다. 하지만 위의 사건은 상상을 넘어서는 충격적인 사건이었기에 많은 사람들의 우려를 자아냈다. 또 지난 2010년 10월 미국에서는 게임에 중독된 한 여인이 페이스북의 팜빌 게임을 하던 중 3개월 된 아기가 계속 울자 화를 참지 못하고 아기를 던져서 죽게 한 혐의로 체포되었다. 인터넷중독은 이미 고도 정보시대로 나아가는 현대사회의 공통 문제인 것이다. 여기서는 인터넷중독의 개념과 유형, 특성과 위험성, 원인과 실태 등에 대해 알아보고자 한다.

미국 정신과의사 골드버그Goldberg는 1995년 DSM-IV(Diagnostic and Statistical Manual of Mental Disorders, 정신장애 진단 통계 매뉴얼)의 물질중독 기준을 준거로 하여 '인터넷중독 장애internet addiction disorder'라는 용어를

최초로 개념화했다. 그 뒤 심리학자 영K. Young이 1996년 논문에서 인터넷중독을 인터넷 시대가 오면서 나타날 수 있는 새로운 임상장애 유형으로 규정하고, DSM-IV(1994)에 정의된 도박중독 판정 기준을 응용하여 인터넷중독자를 판별하는 기준을 처음으로 만들면서 이 분야의 이정표를 세웠다. 한편 우리나라에서 인터넷중독 논의는 1990년대 후반에 들어서 시작되었다. 그리고 2002년 세계 최초로 국가 대응과제로 간주되어 국가정보화추진기관에 인터넷중독상담센터가 설립되었다.

하지만 인터넷중독은 아직까지 전문가 사이에서 정신병리학적으로 공인된 개념은 아니다. 2007년 미국의학협회는 인터넷중독이 독자적으로 분류할 만한 질병이 아니며 단지 충동조절장애의 증상일 뿐이라고 발표했다. 물론 독자적인 질병으로 간주해야 한다는 주장도 없지 않다. 그러나 상황이 이렇다 보니 인터넷중독은 컴퓨터중독, 게임중독, 인터넷과몰입, 인터넷증후군, 병리적 인터넷 사용pathological computer use 등 다양한 용어로 지칭되고 있다. 어떤 용어로 지칭되든 독자적인 공식 용어를 가지기 위해서는 인터넷중독의 임상사례가 더욱 보완되어야 할 것이다.

이와 같이 인터넷중독은 정신의학적으로 명확히 정의되지는 않았지만, 우리나라에서는 인터넷중독을 일반적으로 "인터넷을 과다 사용하여 인터넷 사용에 대한 금단과 내성을 지니며, 이로 인해 일상생활 장애가 유발되는 상태"로 말한다(한국정보화진흥원, 2003). 이상과 같은 정의에서 초점은 '금단', '내성' 그리고 '일상생활 장애'인데, 사실 이와 같은 증상은 물질중독에서 나타나는 중요한 증상과 동일하다. 즉 행위중독으로서의 인터넷중독은 모든 물질중독과 동일한 정신질환 증세를 보이는 것으로 가정하여 다뤄지고 있다.

## 중독이란?

중독은 일반적으로 "약물의 사용에 과도하게 얽매이고, 약물의 공급을 계속 원하고, 약물을 사용하는 것을 중지시킨 후에도 금단현상이 나타나며, 재발하는 충동적인 약물 사용 패턴"(Feedman, 1992)이라고 정의된다. 이 정의에서 보듯이 중독은 애초 알코올, 담배, 마약 등과 같이 물질에 대한 병리적 의존현상 즉 물질중독을 의미했다. 그렇지만 19세기 말부터 정신·육체적 건강이나 사회생활에 지장을 초래함에도 불구하고 강박적으로 반복되는 특정 행위도 중독으로 볼 수 있다는 주장이 제기되었다. 그 결과 1980년에 들어서 도박중독이 '병리적 도박'으로서 행위중독(behavioral addiction)의 한 유형으로 DSM-IV에 포함되었다. 물질중독은 알코올, 담배, 마약, 가스 등 화학물질에 의해 중독되는 것을 말하는데, Albrecht & Kirschner & Grüsser(2007)는 행위중독을 병리적 도박, 강압적 구매, 강압적 운동, 일, 비디오게임, 인터넷, 섹스 등 행위 자체에 의한 금단과 내성이 심해져 일상생활의 장애를 받는 것으로 유형화한다.

**인터넷중독의 진단** 인터넷중독에서 핵심적인 것 중 하나는 중독자를 어떻게 판별할 것인가이다. 한국정보화진흥원에서는 인터넷중독자를 판별하는 척도로서 'K-척도K-Scale'라는 한국형 진단척도를 개발했다. 해외에서는 심리학자 K. 영이 개발한 영척도Young-Scale가 많이 사용되고 있다. 그러나 이 척도는 도박중독자를 판별하는 척도를 원용하여 만들어진 것으로 심리측정이론의 검증을 거치지 않았다는 점에서 타당성에 문제가 있다는 지적이 있었다(Davis, 2001b). 이러한 문제를 해결하고, 한국인들의 인터넷 과다 몰입으로 인한 문제를 선행요소 및 후행요소가 진행과정으로 나타날 수 있게 만든 것이 K-척도다.

K-척도 청소년용 진단척도는 중독증상을 7개 요인으로 분류할 수 있는 4점 리커트 척도로 만들어졌다. 7개 하위요인은 일상생활 장애disturbance of adaptive functions, 현실구분 장애disturbance of reality testing, 긍정적 기대addictive automatic thinking, 금단withdrawal, 가상적 대인관계 지향성virtual interpersonal relationship, 일탈행동deviant behavior, 내성tolerance이다.

한편 인터넷중독이 정신질환으로 공인되지 않았을지라도 상담치료 현장에서는 다양한 유형의 중독자를 만날 수 있는 것이 사실이다. 영

**표 12-3 인터넷중독 진단 K-척도**

| | 내 용 | 전혀 그렇지 않다 | 때때로 그렇다 | 자주 그렇다 | 항상 그렇다 |
|---|---|---|---|---|---|
| 1 | 인터넷 사용으로 인해 건강이 이전보다 나빠진 것 같다. | 1 | 2 | 3 | 4 |
| 2 | 인터넷을 너무 사용해서 머리가 아프다. | 1 | 2 | 3 | 4 |
| 3 | 인터넷을 하다가 계획한 일들을 제대로 못 한 적이 있다. | 1 | 2 | 3 | 4 |
| 4 | 인터넷을 하느라고 피곤해서 수업시간에 잠을 자기도 한다. | 1 | 2 | 3 | 4 |
| 5 | 인터넷을 너무 사용해서 시력 등에 문제가 생겼다. | 1 | 2 | 3 | 4 |
| 6 | 다른 할 일이 많을 때에도 인터넷을 사용하게 된다. | 1 | 2 | 3 | 4 |
| 7 | 인터넷을 하는 동안 나는 더욱 자신감이 생긴다. | 1 | 2 | 3 | 4 |
| 8 | 인터넷을 하지 못하면 생활이 지루하고 재미가 없다. | 1 | 2 | 3 | 4 |
| 9 | 인터넷을 하지 못하면 안절부절못하고 초조해진다. | 1 | 2 | 3 | 4 |
| 10 | 인터넷을 하고 있지 않을 때에도 인터넷에 대한 생각이 자꾸 떠오른다. | 1 | 2 | 3 | 4 |
| 11 | 인터넷을 할 때 누군가 방해를 하면 짜증스럽고 화가 난다. | 1 | 2 | 3 | 4 |
| 12 | 인터넷에서 알게 된 사람들이 현실에서 아는 사람들보다 나에게 더 잘해준다. | 1 | 2 | 3 | 4 |
| 13 | 오프라인에서보다 온라인에서 나를 인정해주는 사람이 더 많다. | 1 | 2 | 3 | 4 |
| 14 | 실제에서보다 인터넷에서 만난 사람들을 더 잘 이해하게 된다. | 1 | 2 | 3 | 4 |
| 15 | 인터넷 사용시간을 속이려고 한 적이 있다. | 1 | 2 | 3 | 4 |
| 16 | 인터넷 때문에 돈을 더 많이 쓰게 된다. | 1 | 2 | 3 | 4 |
| 17 | 인터넷을 하다가 그만두면 또 하고 싶다. | 1 | 2 | 3 | 4 |
| 18 | 인터넷 사용 시간을 줄이려고 해보지만 실패한다. | 1 | 2 | 3 | 4 |
| 19 | 인터넷 사용을 줄여야 한다는 생각이 끊임없이 들곤 한다. | 1 | 2 | 3 | 4 |
| 20 | 주위 사람들이 내가 인터넷을 너무 많이 한다고 지적한다. | 1 | 2 | 3 | 4 |

출처: www.iapc.or.kr

(Young, 1999)은 인터넷중독의 하위유형을 사이버섹스중독, 사이버관계중독, 네트워크강박, 정보과부하, 컴퓨터게임중독의 5가지로 설명했다. 포괄적으로 언급되고 있는 인터넷중독에는 인터넷의 서비스 유형별로 중독의 하위 유형이 있다는 것이다. 데이비스(Davis, 2001a)는 인터넷중독을 병리적 인터넷 사용pathological internet use이라고 칭하면서 특정 병리적 사용과 일반 병리적 사용으로 분류하기도 했다. 특정 병리적 사

용은 섹스, 도박, 게임, 채팅, 쇼핑 등과 같이 특별한 인터넷 서비스를 병리적으로 사용하는 것을 말한다. 일반 병리적 사용은 특별한 서비스에 대한 지나친 욕구가 부재한 상태에서 인터넷에 과다 몰입함으로써 병리적 상태에 빠진 것을 말한다. 한편 우리나라에서는 상담센터에 내방하는 이를 대상으로 경험적으로 인터넷게임중독, 인터넷채팅중독, 인터넷검색중독, 인터넷커뮤니티중독 등을 유형화하여 사용하고 있다.

### 2) 인터넷중독의 위험성과 시각

**심리학적 시각** 인터넷중독자들은 다음과 같은 정신병리적 특성을 보이는 것으로 조사되고 있다.

첫째, 인터넷에 대한 강박적 사용과 집착이다. 예를 들어 '메일을 확인해보고 싶은 생각이 자꾸 떠오른다'거나 '컴퓨터를 다시 하게 될 때가 몹시 기다려진다' 등과 같이 인터넷을 하지 않고 있을 때, 극단적 우울이나 초조감과 답답함을 느낀다. 그리고 다른 이유로 이런 불쾌한 기분을 갖게 되었을 때도 습관적으로 인터넷을 찾게 되는 등 인터넷 사용에 강박적 집착을 보인다.

둘째, 내성과 금단이다. 내성이란 이전과 똑같은 만족을 얻기 위해서는 인터넷에 몰두하는 시간 및 자극을 더욱 증가시켜야 하는 것을 말한다. 내성을 가지게 되면 보통 사람들로서는 상상하지 못할 정도로, 예를 들어 9시간 이상 혹은 1박 2일 잠자지 않고 계속 인터넷을 하게 된다. 금단이란 인터넷을 사용하지 않으면 왠지 허전하고 안절부절못하는 것을 의미한다. 인터넷을 사용하지 않을 때에도 게임이나 채팅 생각에만 몰두하고 이로 인해 집중력이 떨어지는데, 그대신 인터넷에 접속하는 순간 불안하고 초조한 현상은 사라진다.

셋째, 일상생활의 기능장애이다. 인터넷중독자들은 학교나 직장생활 능력이 현저히 저하되며 친밀한 대인관계를 형성하는 능력이 떨어진다. 가족이나 주변 사람들로 인한 스트레스에 취약하여 정신적으로 고통에 민감하고 신체적인 고통 증상을 호소하며, 자신의 기분을 잘 조절하지 못하는 경향으로 인해 심각한 갈등을 반복하는 경향이 있다.

넷째, 일탈행동 및 현실구분 장애이다. 인터넷을 과도하게 사용하거나 인터넷 사용에 집착하게 되면 인터넷과 현실을 명확히 구분하는 데 어려움을 겪게 되며, 인터넷 속의 가상세계가 실제인 것처럼 착각하게 된다. 언론에 보도되는 사건들은 이러한 결과로 이해할 수 있다. 예를 들어 부모나 가족 등에게 폭력을 행사하거나 살해를 하고, 스스로는 자살한다든지, '현피' 행위를 하는 것은 가상공간과 현실공간을 구분하지 못하고 게임을 하듯이 현실에서 행동함으로써 발생한 결과이다 (이상 고영삼, 2007: 270~272 참조).

다섯째, 물질중독과 매우 유사한 증세를 보이거나 여타 정신병리 현상과 유관성이 있다. 예를 들어 분당 서울대병원에서는 인터넷 중독자의 뇌를 영상으로 촬영했는데, 뇌의 활성화 부위 및 상태가 코카인 중독자와 유사한 것으로 나타났다. 인터넷중독은 단순히 특정한 행동이 반복적으로 계속되는 것을 넘어서, 마약중독과 유사한 뇌 질환, 정신질환의 일종으로 봐야 한다는 결론이었다(YTN). 그리고 많은 연구에서 인터넷중독자들은 충동조절장애, 우울, 불안증세와 관련 있는 것으로 나타났다. 현재 각 병리적 현상 간에 인과관계가 밝혀지지는 않았지만 상호연관이 있다는 것은 증명되고 있다. 즉 우울하고 외로움을 많이 느끼는 등의 특성을 해소하고자 인터넷을 더 사용하게 되는지, 혹은 인터넷을 많이 사용하기 때문에 더 고립되어 우울감과 외로움이 증가하는지 등의 인과관계를 설명하는 신뢰할 만한 연구들이 부족하다. 그

**현피**
'현실 PK'(現實+Player Kill)의 줄임말. 게임 혹은 온라인상에서 일어난 갈등이나 다툼이 온라인에서의 충돌로 그치지 않고, 당사자들이 온라인 바깥 즉 현실에서 직접 만나 폭력이나 살인 등을 일으키는 것을 가리키는 인터넷 신조어.

러나 이들 간의 정적 상관관계는 분명히 있는 것으로 보고되고 있다. 특히 고위험 인터넷중독자에게서 나타는 현상으로서 공존질환적 증세는 주의대상이다(고영삼 · 엄나래, 2007: 4~5 참조). 공존질환이란 인터넷중독이라는 병리적 증상 외에도 우울, 충동성, 불안, 공격성 등의 증상을 동시에 가지는 경우를 말한다. 이 경우는 약물치료가 필요하기도 하며 까다로워서 회복기간도 매우 길어진다.

**사회학적 시각** 인터넷중독은 일종의 정신질환 혹은 심리적 부적응 현상을 가리키는 용어이지만 사회학적 시각에서도 설명이 가능하다. 우선 인터넷중독자를 일탈행위자로 설명할 수 있다(고영삼 · 엄나래, 2007: 5~7 참조). 사회학적 관점에서 일탈행위를 연구한 머튼(Merton, 1959)은 일탈행동이 사회구조와 어떤 관계를 맺고 있는지를 연구했다. 그는 일탈행동은 행동 그 자체보다는 특정한 사회구조와의 관련성 속에서 파악될 수 있다면서, 이를 이론화하기 위해 해당 사회의 문화적 목표와 제도적 수단 간의 괴리현상에 주목했다. 그 결과 일탈행동의 유형을 동조conformity, 혁신innovation, 의례주의ritualism, 도피주의retreatism, 반역rebellion 등으로 구분했다. 이중에서 도피주의는 사회적으로 공인된 목표와 수단을 거부하고 은둔한다는 점에서 인터넷중독자의 행동 특성과 유사하다. 인터넷중독자들은 사회적으로 공인된 가치뿐 아니라, 자기 자신에 대한 통제력조차 매우 취약하다. 또한 현실세계와 인간관계에 대해 성실하려는 자세를 철회한 채 가상공간에 지나친 기대감을 가진다. 그러나 일반적인 도피주의와 다르게 병적인 집착 속에서 이루어진다는 점에서 차이가 있다.

낙인이론labeling theory은 도덕과 질서에 대한 가치관이 상이한 다원주의 사회에서 특정한 행위에 대해 어떤 이가 어떻게 규정하느냐에 따라서 일탈과 범죄가 판결난다는 이론이다. 이 이론은 일탈을 누가 규정하는가에 초점을 두고 있기에 사회적 권력을 가진 이가 누구인가에 비중을 두고 있다. 특히 레머트(Lemert, 1967)는 '이차적 일탈'의 개념을 상용한다. 그는 누구든지 의도하지 않더라도 일탈을 일으킬 수 있다면서, 이러한 일탈이란 규정에 대해 자신들이 어떻게 규정하는가가 문제라고 주장한다. 일차적 일탈을 일으킨 사람에 대한 사회적 시선을 자신이 수용한다면, 스스로를 일탈자로 규정하여 이차적 일탈을 하게 된다는 것이다. 이 이론은 인터넷중독자에 대한 관찰자로서 부모의 진단 및 판단에 따른 양육 태도와 관련하여 시사하는 바가 있다.

한편, 인터넷중독자가 되는 과정 및 중독자의 행위를 설명하는 설득력 있는 이론으로 차별적 교제이론differential association theory이 있다. 서덜랜드(Sutherland, 1939)에 따르면, 일탈행동은 유전적이거나 특별히 나쁜 것으로서 고안되는 것이 아니라, 다른 이와의 차별적인 교제 및 사회화 과정에서 자연스럽게 학습되는 것이라고 한다. 우리나라와 같이 인터넷이나 게임을 해야만 친구와의 대화가 가능해지는 문화권에서는 교제를 위해서라도 인터넷을 하게 되고, 그러한 생활이 절제되지 않을 경우 중독상태에까지 이를 수 있다.

마지막으로 계층이론의 관점에서 인터넷중독을 설명할 수 있다. 경험적으로 볼 때, 인터넷중독은 특정 계층에서 더 많이 발생한다. 예를 들어 일반인보다는 장기 실업자, 일반 청소년보다는 장애 청소년, 양부모 가정의 아이보다는 한 부모 가정 아이들의 중독률이 더 높게 나타나고 있다.

### 3) 인터넷중독의 원인과 실태

**인터넷중독의 원인** 인터넷중독의 원인 및 중독에 이르는 과정을 파악하는 것은 중독자 양산을 예방하는 공공정책을 만드는 데 매우 중요하다. 데이비스(Davis, 2001a)는 인터넷의 중독적 사용은 근접원인과 원격원인에 의해 영향을 받는다고 설명했다. 개인의 심리적 취약성과 그의 가정 및 학교 환경 등과 같은 것은 원격원인이고, 과다 사용에 관련된 개인적 기대는 근접원인이다. 그의 설명은 특정 인터넷 사용자가 중독자가 되는 데 미치는 요인을 직접요인과 간접요인으로 구분하여 파악할 수 있게 해주는 특징이 있다.

인터넷중독의 원인

상담현장의 경험으로 볼 때, 인터넷중독의 원인은 그림에서 보듯이 사회환경 요인, 가정환경 요인, 심리적 요인, 그리고 인터넷 요인의 4가지로 분류할 수 있다.

사회환경 요인은 학교 및 직장의 지나친 경쟁 분위기, 학생들의 입시 위주 교육환경, 보편적 인터넷 사용환경 등과 같은 것이다. 신기술에서 국가적 생존 가능성을 발견하려는 문화도 정보화의 역기능으로서 인터넷중독자 양산에 기여했을 것으로 보인다. 특히 1997년 국가 경제위기 이후 정보화는 우리에게 유일한 탈출구로 간주되어 공격적이고 압축적인 정보화로 나타났다. 그 결과 기술의 도입 속도가 워낙 빨라 적정 문화 형성이 지체됨으로써 프라이버시 침해, 저작권 침해, 디지털 감시사회화 등과 함께 문화지체 현상으로서 중독이 만연하게 된 것이다.

가족환경 요인은 가족 및 가정의 전반적 환경을 말한다. 국내외 연구들을 보면, 부모의 권위주의적 양육 태도, 부모의 지나친 통제와 이로 인한 갈등, 의사소통의 감소, 가족 응집력의 약화, 가족 내 사랑의 결핍, 가족 신뢰의 부재 등이 인터넷중독에 친화적인 환경인 것으로 보고되고 있다. 특히 부모가 독재형이나 방임형으로 자녀를 양육할 때 자녀들의 중독 정도가 높은 것으로 나타났다. 문현실(2010)이 질적 연구를 통해 가족 및 또래들과의 대화가 치료 요인이 될 수 있음을 밝혔듯이, 가족은 인터넷중독의 원인 요건이기도 하고 치료 요인이기도 하다.

어떤 이상심리가 인터넷중독과 연관성이 있는지도 주요 연구 대상이다. 그동안의 연구 결과를 보면, 인터넷중독자들은 일반인보다 높은 우울성향, 충동 조절능력의 저하, 낮은 자아존중감 등이 나타나는 것을 발견할 수 있었다. 대만 카오슝 의학대학의 연구에 의하면, 인터넷중독 남학생은 주의력결핍/과잉행동장애ADHD, 우울증, 반항과 관계가 있고 여학생은 우울증과 관계가 있는데, 양 집단 모두에게서 사회적 불안 증세가 나타났다고 한다(《Insight Journal》). 인터넷중독상담센터 내담자를 대상으로 한 국내 조사에서도 인터넷중독자들이 우울

**표 12-4 연도별 인터넷중독자의 비율과 수**

| 구분 | | 2005 | 2006 | 2007 | 2008 | 2009 | 2010 |
|---|---|---|---|---|---|---|---|
| 전체 | 중독률<br>중독자 수 | 12.6<br>2,862 | 9.2<br>2,074 | 9.1<br>2,042 | 8.8<br>1,999 | 8.5<br>1,913 | 8.0<br>1,743 |
| 청소년 | 중독률<br>중독자 수 | 15.3<br>1,170 | 14.0<br>980 | 14.4<br>1,047 | 14.3<br>1,035 | 12.8<br>938 | 12.4<br>877 |
| 성인 | 중독률<br>중독자 수 | 9.9<br>1,692 | 7.0<br>1,094 | 6.5<br>995 | 6.3<br>964 | 6.4<br>975 | 5.8<br>866 |

출처 : 한국정보화진흥원 내부 자료

수준과 정적 상관관계가 있는 것으로 보고되었다. 또한 중독 고위험자들이 일반인에 비해 우울감을 훨씬 더 많이 느끼며, 자기통제의 실패, 낮은 자아존중감, 낮은 자아존중감으로 인해 만들어지는 인지 오류, 더 많은 외로움, 공격성의 증가, 그리고 높은 충동성을 가지는 것으로 나타났다.

마지막으로 인터넷 요인도 주요한 환경 요인이다. 인터넷 요인은 인터넷의 속도, 익명성, 상호작용성 같은 인터넷 그 자체의 특성과 인터넷 콘텐츠의 특성으로 분류된다. 영(Young, 2000)은 청소년들이 인터넷에 빠져드는 이유를 익명성, 편리성, 현실 탈출 가능성의 3가지 요소로 설명했다. 그리피스(Griffiths, 1996)는 인터넷이 인터넷 이용자에게 상호작용을 통해 자기 존재를 확인시키고, 자극을 통해 만족감을 주는 오락 등의 강화물을 계속 제공함으로써 인터넷에 접속하게 만든다고 설명했다. 한편 영(Young, 1996)은 중독자와의 상담을 통해 도박, 경매, 사이버 섹스, 검색, 프로그램 짜기, 채팅, 그리고 게임 등의 서비스가 중독과 연관되어 있다는 것을 증명했다.

**인터넷중독의 실태와 시사점** 〈표 12-4〉에서 나타나듯이, 2010년

**표 12-5 인터넷중독자의 비윤리적 행동 경험률**

| 구분 | 타인 주민번호로 회원가입 | 댓글·게시판에 타인 비방 등 좋지 않은 내용 작성 | 연령에 맞지 않는 서비스 사용 | 신분(나이, 성, 학벌) 속이기 | 라이센스 구매 없이 S/W 빌려 쓰기 |
|---|---|---|---|---|---|
| 인터넷 중독자 | 59.3 | 30.1 | 21.7 | 35.3 | 25.0 |
| 일반사용자 | 36.4 | 13.8 | 10.3 | 20.9 | 16.8 |

출처: 한국정보화진흥원(2010)

현재 한국의 인터넷 중독자는 청소년의 경우 전체의 12.4%이며, 성인은 전체의 5.8%로 추정된다. 이러한 비율을 인구로 환산하면 9세~39세의 이용자 중 약 170만 명 이상이 인터넷중독자인 셈이다. 이를 분석해보면 다음과 같은 경향이 있음을 알 수 있다.

첫째, 연도별로 중독자 수는 감소하고 있으나 중독자들의 저연령화 현상에 대한 대응이 필요한 것으로 나타났다. 예를 들어 청소년 중독률은 성인의 2배 이상이며, 고위험중독자는 2.3%(2008년), 2.6%(2009년), 3.1%(2010년)로 증가했다. 또한 초등학생의 중독률은 14.0%로 중·고등학생(각각 11.8%, 11.4%)보다 높을 뿐만 아니라(한국정보화진흥원, 2010), 중·고등학생의 하향화 추세와 반대로 상승 추세에 있다. 그러므로 향후 초등 저학년 및 취학 전 아이들의 중독률도 문제가 될 것으로 예상된다.

둘째, 인터넷중독에 취약한 계층이 드러났다. 예를 들어 한 부모 가정의 고위험자군(7.3%)이 양부모 가정(3.0%)보다 2배 이상 높으며, 다문화 가정(37.6%)은 일반 가정(12.3%)보다 3배 이상 높았다(한국정보화진흥원, 2010: 59). 또한 장애 청소년의 중독률은 19.1%로 일반 청소년 14.3%보다 높게 나타났다(고영삼·김정미, 2009).

셋째, 스마트폰 등 뉴미디어 중독에 대한 대응도 필요한 것으로 나

**인터넷중독 예방 포스터**
출처: 한국정보화진흥원

타났다. 조사 대상의 24.2%가 스마트폰을 과다 사용하고 있으며, 11.1%(청소년의 25.2%, 성인의 9.4%)는 스마트폰 중독자인 것으로 나타났다(한국정보화진흥원, 2010). 디지털 융합 기기인 스마트폰은 소형이라 휴대가 편리해서 과다 사용으로 중독에 빠져들기 쉽기 때문에 특히 주의할 필요가 있다.

넷째, 인터넷중독자의 윤리 파괴 행동이 일반인보다 높아서 이들에게 중독치료뿐만 아니라 윤리교육이 필요한 것으로 나타났다. 〈표 12-5〉에서 보듯이, 타인의 주민번호를 무단 사용하거나 타인을 비방하는 비율도 높게 나타났다. 이들의 사이버공간 윤리 훼손에 대한 대책이 필요하다.

## |4| 고도 정보사회로 가는 길

정보격차와 인터넷중독은 고도 정보사회로 나아가는 우리 사회의 어두운 면이다. 물론 우리나라는 이 문제에 대해 국가 차원의 정책을 시행해왔으며, 이러한 정책은 많은 나라의 모범적 사례로서 벤치마킹의 대상이 되고 있다. 그러나 그렇기 때문에 우리가 이 문제에 대해 더 이상 노력하지 않아도 된다는 뜻은 아니다. 앞서 언급했듯이 정보화 환경의 변화에 따라서 새로운 접근격차가 발생할 가능성이 있는 가운데, 통합된 공동체 내에서 마땅히 누려야 할 삶의 기회를 제약받는 참여격차의 수준도 결코 간과할 수 없을 정도이기 때문이다.

인터넷중독은 '중독'이란 말이 붙은 데서 알 수 있듯이 정신질환의 일종이다. 그러나 인터넷중독자가 발생하는 원인을 찾아보면 이 문제가 지극히 사회학적인 문제라는 것을 알 수 있다. 우리 사회의 지나친 경쟁과 이로 인한 스트레스, 가족 해체, 대화 부재, 소외감 등 사회학적인 원인들이 그 밑바닥에 자리해 있다. 더구나 인터넷중독에 취약한 계층이 상존하고 있다. 사회학이 산업사회 형성기에 사회 변화를 설명하기 위해 탄생했던 것에서 알 수 있듯이, 고도 정보화를 향해 나아갈 때 사회학의 활용도는 더욱 확대될 것이다.

## 생각해볼 문제

1. 정보격차가 왜 문제인지를 사회학적 상상력으로 설명해보자.
2. 정보격차를 해소하기 위해 국가 혹은 나는 어떤 일을 할 수 있을까?
3. 새로운 정보기기를 통해서 만들 수 있는 나눔과 베품의 활동들은 어떤 것이 있을까?
4. 인터넷중독이 왜 문제인지를 사회학적 관점에서 설명해보자.
5. 인터넷중독자에게 이해되는 우리 사회는 어떤 모습이며 우리는 어떤 개입을 할 수 있을까?

## 더 읽을 거리

고영삼(2011), 『인터넷중독의 이해』, 미래인.

김종길(2008), 『사이버 트랜드 2.0』, 집문당.

van Dijk, J. 2005. *The Deepening Divide: Inequality in the Information Society*. Thousand Oaks, CA: Sage.

## 참고문헌


고영삼 · 엄나래(2007), 〈청소년 인터넷중독 특성 연구: KADO 내담자를 중심으로〉, 《KADO ISSUE REPORT》 45(07-08), 한국정보문화진흥원. www.iapc.or.kr

고영삼(2007), 〈한국형 인터넷중독 진단척도로서 K척도의 개발과 적용〉, 《청소년 인터넷 중독 상담과 치료에 관한 국제 심포지움》 270~272, 국가청소년위원회.

고영삼 · 김정미(2009), 〈장애청소년의 인터넷중독과 인터넷이용 특성연구: 비장애청소년과의 비교를 중심으로〉, 《KADO ISSUE REPORT》 64(09-03), 한국정보문화진흥원. www.iapc.or.kr

김종길(2008), 『사이버 트랜드 2.0』, 집문당.

문현실(2010), 《해결중심 집단상담 프로그램에 참여한 인터넷중독 청소년들의 치료적 경험》, 백석대학교 대학원 박사논문.

서이종(1999), 〈디지털 정보격차의 구조와 사회문제화〉, 《정보와사회》 2.

안정임(2007), 「디지털 빈곤」, 『디지털 마니아와 포비아』, 커뮤니케이션북스.

YTN, 2009년 12월 9일. http://news.nate.com/view/20091209n04065?mid=0602

김청택 · 김동일 · 박중규 · 이수진(2002), 『인터넷중독 예방상담 및 예방프로그램 개발 연구』, 한국정보문화진흥원 · 정보통신부. www.iapc.or.kr

한국정보화진흥원(2010), 『2010년 인터넷중독 실태조사』. www.iapc.or.kr

고든 그레이엄(2003), 이영주 역, 『인터넷 철학』, 동문선.

앨빈 토플러(1992), 김진욱 역, 『제3의 물결』, 범우사.

킴벌리 영(2000), 김현수 역, 『인터넷중독증』, 나눔의 집.

Albrecht, U. & N. E. Kirschner & S. M. Grüsser. 2007. "Diagnostic Instruments for Behavioural Addiction: an Overview." *GMS Psycho-Social-Medicine*, Vol. 4. pp. 1-11.

Bucy, E. P., & J. E. Newhagen. 2004. *Media Access: Social and Psychological Dimensions of New Technology Use*. Mahwah, NJ: Lawrence Erlbaum.

Castells, M. 1999. "The Informational City is a Dual City: Can It Be Reversed."

Schon, D., B. Sanyal, and W. J. Mitchell(eds.) *High Technology and Low-income Communities: Prospects for the Positive Use of Advanced Information Technology*. MIT Press. pp: 25-42.

Davis, R. A. 2001a. "A Cognitive-Behavior Model of Pathological Internet Use(PIU)." *Computers in Human Behavior, 17(2). pp: 187-195.*

*Davis, R. A. 2001b. "Internet Ad*dicts Think Differently: An Inventory of Online Cognitions." www.internetaddiction.ca/scale.html

Griffiths, M. D. 2003. "Internet abuse in workplace - Issues and concerns for employers and employment counselors." *Journal of Employment Counseling*, 40. pp: 87-96.

*Insight Journal*. 2007. 6. 20.

Lemert, E. M. 1967. *Human Deviance, Social Problems, and Social Control, Englewood Cliffs*. NJ: Printice-Hall.

Merton, R. K. 1959. "Social Conformity, Deviation, and Opportunity Structures: A Comment on the Contributions of Dubin and Cloward." *American Sociological Review* 24. pp: 177-189.

Molnar, S. 2002, "Explanation Frame of the Digital Divide Issue." *Information Society*, Vol. 4.

Mossberger, K., Tolbert, C. J., & Stansbury, M. 2003. *Virtual Inequality: Beyond the Digital Divide*. Washington, DC: Georgetown University Press.

Naisbitt, J. 1982. *Megatrends: Ten New Directions Transforming Our Lives*. New York: Warner Books.

Naisbit, J. & P. Aburdene. 1990. *Megatrends 2000: Ten New Directions for the 1990's*. William Morrow and Company, Inc.

Schiller, D. 1996. *Information Inequality: The Deeping Social Crisis in America*. New

York: Routledge.

Sutherland, E. H. 1939. *Criminology*. NY: J. B. Lippincott.

van Dijk, J. 2005. *The Deepening Divide: Inequality in the Information Society*. Thousand Oaks, CA: Sage.

Young, K. 1996. "Addictive use of the internet: A case that breaks stereotype." *Psychological Reports*, 79. pp: 899-902.

Young, K. 1999. "Internet addiction: Symptoms, evaluation and treatment." In L. VandeCreek & T. Jackson(Eds.). *Innovations in Clinical Practice: A Source Book*. Sarasota, FL: Professional Resource Press, pp: 9-31.

04

# 정보사회의 변동과 이론

4부에서는 정보사회를 전체적으로 조망하고, 정보사회로의 사회변동을 거시적 맥락에서 역사적이고 이론적으로 설명하는 관점들을 다룬다. 13장(김종철)은 정보통신기술의 발전과정을 역사적으로 살핀다. 네트워크사회로의 사회변동과정에 대한 검토와 함께, 기술은 사회 구성원들에 의해 끊임없이 수용·변용·재구성되는 과정이라는 기술사회학의 기본명제는 이 책의 필자들이 공유하는 관점이다. 14장(이항우)은 세계화와 정보화의 관계를 인터넷주소자원관리기구의 사례를 통해 흥미롭게 제시한다. 기존의 논의들이 정보통신기술이 세계화의 정보적·기술적 토대를 제공한다는 점에 주목해온 반면, 여기서는 세계화가 정보사회의 발전에 어떻게 작동해왔는지를 글로벌 인터넷 거버넌스 작동의 구체적 사례를 통해 보여준다. 15장(김해식)은 정보사회를 바라보는 균형적 관점을 모색한다. 정보사회를 하나의 고정된 개념으로 과잉되게 사용하기보다는, 현대사회에서 일어나고 있는 주요 변동들을 설명하기 위한 용어로 사용하자는 그의 실사구시적 제안은 우리 모두가 주목해야 할 것이다.

# 13 정보기술의 발전과 사회변동

## |1| 바늘구멍을 통과한 코끼리

대형 강의실 전체를 가득 채우고 있는 30톤의 거대한 물체를 상상해 보자. U자형 자세를 취하며 3미터 높이의 42개 마디로 구성된 괴물체는 3,000여 개에 이르는 온갖 종류의 스위치와 조작장치를 몸에 달고, 서로를 수많은 케이블로 연결한 채 0.1MHz의 규칙적인 숨을 쉬고 있다. 마디마디 연결된 전체 길이는 25미터에 이르고, 스스로 내뿜는 열을 식히기 위해 별도의 대형 에어컨이 필요하다. 냉방장치가 있지만 괴물체가 열을 참지 못해 자신을 구성하고 있는 1만 9,000개의 유리진공관 세포를 터뜨리면, 주변의 사제priest들은 200KW의 전기를 먹고사는 괴물체를 살려내기 위해 또다시 분주히 움직이기 시작한다(Weik, 1961; Richey, 1997).

위의 괴물체는 1946년 펜실베이니아 대학의 모클리John W. Mauchly와 그의 조교인 에커트J. Presper Eckert가 개발하여 세계 최초의 전자식 디지털 컴퓨터로 널리 알려진 에니악Electronic Numerical Integrator And Computer; ENIAC이다. 다음의 그림은 펜실베이니아 대학에 설치되어 작동되고 있는 에니악의 사진이다. 사진 전면의 미군 하사 어윈 골드스타인Irwin Goldstine이 에니악의 펑션테이블을 조작하고 있고, 사진 오른쪽에 있는 두 명의 여성은 각각 펀치카드 장치와 펑션테이블을 조작하

**세계 최초의 전자식 디지털 컴퓨터, 에니악**
출처: U. S. Army Photo

고 있다. 1997년 펜실베이니아 대학에서는 에니악 개발 50년을 기념하여 에니악을 새끼손톱만 한 크기(7.44×5.29mm)의 칩에 구현함으로써 지난 50년 동안의 기술 발전을 보여주었다(ENIAC-on-a-Chip). 이는 지난 반세기 동안 정보기술이 코끼리가 바늘구멍을 통과하는 것과 같은 비약적인 발전을 이루었음을 보여준다. 그리고 오늘날 우리는 2차 세계대전 당시 탄도 계산을 위해 개발되고 수소폭탄 방정식을 풀었던 30톤 에니악의 성능을 훨씬 능가하는 반도체를 휴대폰 속에 몇 개씩이나 갖고 다닌다.

조금만 주의를 갖고 둘러보면 이제 주변의 구석구석에서, 일상생활의 순간순간에서 정보기술을 발견할 수 있다. 0과 1의 디지털신호로 정보를 처리하는 반도체를 발견하지 못하는 경우에도, 우리는 정보기술에 의해 변형된 시간·공간·자연에서, 정보기술을 이용해 생산·제공되는 재화와 서비스를 소비·이용하고, 정보기술을 갖고 싸우고 투쟁하며, 정보기술로 의미를 찾고, 만들고, 전달하고, 또 정보기술(생명공학)로 조작된 생명을 이어간다. 우리는 정보기술에 온통 휩싸여(유비쿼터스) 있고, 현대사회는 정보기술 없이는 조금도 움직이지 않을 것처럼 보인다. 정보사회란, 이렇게 정보기술 영역의 확장에 의해, 정보기술과 떼어놓고는 생각할 수 없게끔 되어버린 현대사회를 일컫는 것인가? 다

### 최초의 컴퓨터

컴퓨터 기술 발전의 연속성이라는 측면에서 에니악(ENIAC)을 최초의 컴퓨터로 봄에 무리가 없다. 하지만 역사적 순서로 볼 때, 에니악이 출현하기 전에 이미 2진연산능력과 논리회로를 갖춘 컴퓨터가 있었다. 1937년부터 1942년 사이 아이오와 주립대학 물리학과 교수인 아타나소프와 대학원생 베리가 만든 ABC(Atanasoff Berry Computer)는 범용컴퓨터가 아닌 선형대수방정식을 푸는 특수 목적의 컴퓨터였지만, 전자공학, 재생식 메모리, 논리작용에 의한 계산, 2진수 체계 등 오늘날의 컴퓨터가 가지고 있는 네 가지 기본 개념을 구현한 최초의 컴퓨터였다.

에니악의 발명자인 모클리는 1941년 아타나소프를 방문하여 이진법으로 작동하는 전자계산기에 대한 내용이 담겨 있는 「선형대수방정식을 풀기 위해 고안된 계산기」라는 논문을 얻고, 이 논문에서 얻은 아이디어를 에니악 개발에 적용한다. ABC의 존재는 에니악 특허와 관련된 소송에서 처음으로 일반 대중에 널리 알려지게 되었고, 미국 법무부는 1973년 ABC를 최초의 전자식 디지털 컴퓨터로 인정하였다(법률적 소송과 관련된 구체적 내용은 참고문헌의 ABC Trial을 참조). 한편, 정보처리 능력에서는 1971년 출시된 최초의 마이크로프로세서(Intel 4004)가 이미 에니악에 육박하는 성능을 가졌던 것으로 평가된다.

시 말해 정보기술의 발전이 정보사회를 가져왔는가?

다른 한편, 정보는 인류 역사에서 언제나 중심적이었다. 정보기술이 본질적 의미에서 정보처리 방법의 구체화를 의미하는 한, 정보기술은 인류의 삶과 불가분의 관계를 이어왔다. 인쇄술과 전기통신기술의 예처럼, 정보기술의 발전은 인류의 삶을 획기적으로 꾸준히 바꾸어왔다. 정보와 정보기술이 인류 역사를 통해 언제나 중심적 위치에서 삶의 조건을 규정해왔다면, 오늘의 사회를 정보사회로 볼 수 있는 이유는 무엇일까?

만약 정보기술의 발전과 정보기술의 영역 확장으로 정보사회를 바라보게 되면, 우리는 인쇄술의 발명, 신문의 보급, 전화, 라디오·TV·인공위성의 등장 등 역사의 수많은 결절지점에서 과거와 상대적인 의미에서의 정보사회를 발견할 것이다. 그러므로 정보사회를 과거와 질적으로 다른 사회로 이해하기 위해서는 정보사회를 정보기술의 발전, 영역의 확대를 넘어 사회구조와 역학에서의 본질적 변화와 관련지어 보아야 한다. 이러한 사회구조와 역학에서 변화의 내용은 무엇인가?

지난 60여 년간 있었던 정보기술의 혁명적 발전이 오늘의 정보사회를 구성하는 핵심 요소임에는 분명하다. 그러나 기술이 사회를 규정하지 않듯이, 정보기술의 발전이 정보사회를 직접적으로 가져오지는 않는다. 그럼에도, 증기기관의 발명이 산업혁명의 기관차가 되었고, 전기의 발명이 제2차 산업혁명을 이끌었던 것처럼, 기술 발전과 사회 발전은 불가분의 관계를 맺는다.

기술과 사회는 부단한 상호작용을 통해, 기술체계는 그 속성을 사회에 투영하고, 사회는 기술체계의 속성을 반영하며 서로를 구성해간다. 정보기술과 정보사회와의 관계를 이러한 상호구성의 관점에서 바라볼 때, 정보사회를 구성하는 기술 발전의 구체적 내용은 무엇이고, 정보기술체계가 이전의 기술체계와 다른 특성은 무엇인가? 또 정보기술체계의 특성은 사회에 어떻게 투영되었고, 사회는 어떻게 반응했으며, 어떠한 조합의 결과로 정보사회가 등장하게 되었는가? 다시 말해 기술과 사회가 상호작용한 결과 사회구조와 역학에 어떠한 변화가 나타났는가? 다음에서는 정보기술과 정보사회 사이의 관계에서 제기되는 다양한 질문에 대한 해답의 실마리를 정보기술의 형성, 발전, 수용, 변용의 역사 속에서 찾아보도록 한다.

## |2| 마이크로일렉트로닉스 혁명과 컴퓨터의 진화

### 1) 폰 노이만 아키텍처

컴퓨터는 원래 방정식을 푸는 '사람'을 의미했다. 1945년경 에니악의 발명을 전후한 시기에 와서야 기계에 대해 컴퓨터라는 명칭을 부여하기 시작했으며, 이전 시기의 기계들은 단지 계산기calculator로 일컬었다(Ceruzzi, 2000: 1). 전자식 컴퓨터 발명의 목적이 방정식을 풀기 위한 것이었음을 생각하면, 새로운 계산기계에 컴퓨터라는 명칭을 부여한 것에 특별한 의미를 덧붙일 필요는 없다. 하지만 기계와 달리 사람이 무한한 가능성을 갖고 있는 것처럼, 컴퓨터는 이후 단순히 방정식을 푸는 기계에 머무르지 않고, 무한한 능력을 펼쳐가는 꿈의 기계로 발전해나갔다.

컴퓨터의 발전과정에는 기술적으로 몇 가지 주요한 계기들이 있었다. 하지만 오늘날까지 지속되고 있는 컴퓨터의 기본구조는 이미 1945년에 확립되었다. 1944년 에니악 개발과 함께 진행된, EDVACElectronic Discrete Variable Automatic Computer 개발 프로젝트에 참여하게 된 헝가리 태생 물리학자 폰 노이만John von Neumann은 1945년 「에드백에 관한 보고서」라는 이론적 논문을 발표한다. 이 논문에서 그는 컴퓨터의 다섯 가지 구성요소(연산장치, 제어장치, 메모리, 입력장치, 출력장치)와 효율적 작동을 위한 방법(2진수 사용, 전자식 작동, 순차적 연산실행)을 제시했는데, 이후 '폰 노이만 아키텍처'로 일컬어지게 된 컴퓨터의 기본구조와 작동원리는 오늘에 이르기까지 지속되고 있다.

특히 폰 노이만 컴퓨터는 프로그램을 컴퓨터에 내장함으로써 사람의 힘을 빌리지 않고 프로그램을 변경할 수 있고, 필요에 따라 다양한 프로그램을 실행할 수 있게 함으로써 본격적인 범용컴퓨터의 길을 연 것으로 평가된다. 에니악도 범용컴퓨터로 알려져 있지만, 다른 프로그램을 실행하기 위해서는 며칠에 걸쳐 수많은 케이블을 새롭게 연결하고 스위치를 재조정해야 했다. 그러므로 프로그램을 바꾼다는 것은 컴퓨터를 다시 만드는 것과 같았다. 이를 반영하여, 에니악을 운영할 당시에는 새로운 문제 해결을 위해 컴퓨터를 새롭게 프로그램할 경우, 프로그래밍이라는 말 대신 재배치set up라는 용어를 사용했다(Ceruzzi,

**아키텍처(Architecture)**
아키텍처라는 용어가 컴퓨터와 관련되어 사용되는 경우, 아키텍처는 컴퓨터 시스템의 전체 구성과 각 부분 사이의 관계 정의를 의미한다. 마찬가지로 인터넷 아키텍처는 인터넷 시스템의 전체 구성과 인터넷을 구성하는 각 부분 네트워크 사이의 관계를 의미한다(Abbate, 2000: 113 fn.1).

2000: 20-21).

폰 노이만이 논문에서 제시했던 프로그램 내장형 범용컴퓨터는 1949년 케임브리지 대학의 EDSACElectronic Delay Storage Automatic Computer을 거쳐, 1951년 최초의 상업용 컴퓨터인 UNIVACUNIVersal Automatic Computer에서 구현된다. UNIVAC 이후 컴퓨터는 대형컴퓨터(메인프레임), 미니컴퓨터, 마이크로컴퓨터, 포켓PC로 진화해왔는데, 이러한 컴퓨터 발전의 역사는 나름대로 일관된 흐름을 갖고 있다.

즉, 더 작은 컴퓨터가, 더 많은 데이터를, 더 빠르게 처리할 수 있도록, 동시에 컴퓨터와 이용자 간 상호작용과 컴퓨터 이용자의 편이성이 증대되도록 발전해왔다. 컴퓨터의 성능 향상과 관련해서는 하드웨어 기술의 발전이, 컴퓨터 이용의 편이성 증대와 관련해서는 하드웨어 발전에 기반을 둔 소프트웨어 개발의 진전이 있었다. 특히, 폰 노이만이 제시한 컴퓨터의 구성요소 중, CPU(연산장치+제어장치)와 메모리의 기술 발전이 하드웨어 발전을 이끌었는데, 이는 모두 대용량·고밀도 집적 기술의 혁명적 진보에 기초한 것이었다.

### 2) 마이크로일렉트로닉스 혁명

마이크로일렉트로닉스 혁명으로 일컬어지는 대용량·고밀도 집적 기술의 발달은 1947년 트랜지스터의 발명과 함께 시작되었다. AT&T 벨연구소의 브래튼Walter H. Brattain과 바딘John Bardeen, 쇼클리William B. Shockley는 반도체의 전도성에 관한 연구를 수행하던 중 트랜지스터를 발명했다. 그러나 최초의 트랜지스터는 진공관에 비해 비싼 가격과 신뢰성 문제 때문에 실용적인 면에서 큰 흥미를 끌지 못했다. 그러다 1954년 텍사스 인스트루먼트 사에서 게르마늄을 대신한 저렴한 실

## 트랜지스터(Transistor)

1947년 AT&T 벨연구소의 브래튼, 바딘, 쇼클리는 1925년 릴리엔펠트(J. E. Lilienfeld)에 의해 제시된 전기장효과 트랜지스터에 관한 연구 수행 중, 게르마늄으로 만들어진 반도체에 도체선을 연결하면 전기신호가 증폭된다는 사실을 발견하고, 이를 트랜지스터라고 명명했다. 3층의 반도체로 구성되는 트랜지스터의 기본 역할은 전기신호를 증폭해주는 것이다. 예를 들어 공중을 통해 전달되는 미약한 라디오신호는 스피커를 통해 큰 소리로 증폭되는데, 이렇게 입력신호의 파형을 바꾸지 않고 전압이나 전류의 크기만을 확대하여 신호를 증폭시키는 것이 트랜지스터의 역할이다. 또한 라디오의 경우는 아날로그신호이지만, 컴퓨터 등에 사용되는 디지털신호의 경우 트랜지스터는 0과 1을 설정하는 스위치의 역할을 한다. 즉, 3층으로 구성된 트랜지스터의 바깥쪽 반도체 계층들에서의 전류, 전압의 변화는 안쪽 계층에 있는 전류, 전압에 영향을 미쳐 마치 전자 게이트를 여닫는 결과를 가져온다. 트랜지스터는 수많은 트랜지스터들이 서로 연결되어 있는 집적회로(IC)의 단위 구성요소가 된다. 트랜지스터는 인쇄술, 전화와 더불어 역사상 가장 중요한 발견의 하나로 평가되고 있으며, 브래튼, 바딘, 쇼클리는 반도체에 대한 연구와 트랜지스터효과의 발견으로 1956년 노벨물리학상을 공동으로 수상했다.

리콘 트랜지스터를 발명하면서 광범위하게 이용되기 시작했다. 컴퓨터 역사가들은 트랜지스터의 이용과 더불어 제2세대 컴퓨터가 등장했다고 평가한다.

1958년 텍사스 인스트루먼트 사의 킬비Jack Kilby가 트랜지스터, 저항, 축전기를 하나의 회로로 통합하는 데 성공했고, 킬비와는 별도로 1959년 페어차일드 사의 노이스Robert Noyce 역시 회로 통합작업에 성공함으로써 집적회로Integrated Circuit: IC의 시대를 열었다. 특히 노이스의 IC는 트랜지스터를 평평하게 만드는 기법Hoerni's planar process을 도입함으로써 IC 대량생산의 길을 열었고, 결국 반도체 가격의 지속적 하락과 IC의 대량 보급을 이끌어냈다. 1961년부터 상용화되기 시작한 IC는 초기에는 대륙간탄도탄Minuteman II과 아폴로 프로그램에 주로 사용되었다. IC를 이용한 컴퓨터는 1966년을 전후로 등장하는데, IC 기술이 LSILarge Scale Integration, VLSIVery Large Scale Integration로 진전함에 따라, 더 작고 빠르고 안정적이며 전력 소모가 적은 컴퓨터가 지속적으로 나오게 된다. 이러한 집적기술의 발전은 '무어의 법칙Moore's Law'으

**집적회로(Integrated Circuit: IC)**
칩 혹은 마이크로칩으로 불리는 집적회로는 수많은 트랜지스터와 저항, 축전기들이 하나의 기판 위에 집적되어 있는 것이다. 집적회로는 용도에 따라 증폭기, 컴퓨터 메모리, 마이크로프로세서 등 다양한 형태로 응용이 가능하다. 집적회로는 흔히 하나의 칩에 집적되어 있는 트랜지스터의 수에 따라 분류되기도 한다. 즉, 소규모 집적회로(Small Scale Integration: SSI)는 100개 미만, 중규모 집적회로(Medium Scale Inte-gration: MSI)는 100~1,000개, 대규모 집적회로(Large Scale Integration: LSI)는 1,000~10만 개, 초대규모 집적회로(Very Large Scale Integration: VLSI)는 10만 개 이상의 트랜지스터가 집적되어 있는 칩을 의미한다.

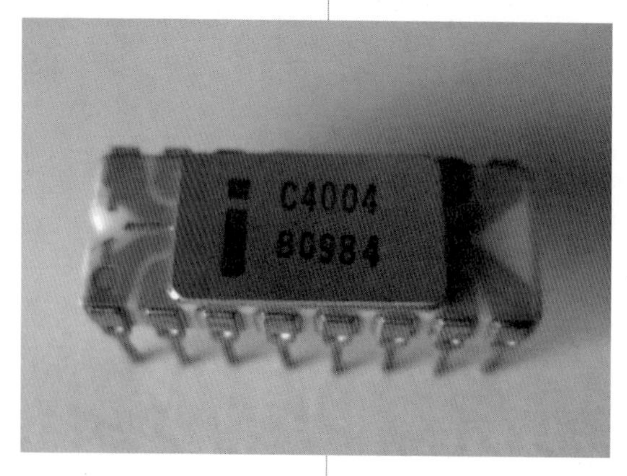


**Intel C4004**
출처: www.dentaku-museum.com

로도 표현되는데, 이는 1958년 IC의 개발 이후 칩의 용량이 매년 2배로 증가하는 것을 보고, 후에 인텔의 공동 설립자가 된 고든 무어Gordon Moore가 칩의 용량이 매년 2배로 증가한다고 예측한 데서 유래한 것이다. 이러한 증가 속도는 1975년 24개월로 수정되었고, 이후 18개월로 단축되었다(Ceruzzi, 2000: 217).

집적기술의 지속적 발전과 함께, 1971년에는 인텔 사의 엔지니어인 테드 호프Ted Hoff가 2,300여 개의 트랜지스터를 손톱만 한 크기(3×4mm)에 집적하고, 메모리 및 연산, 논리, 제어회로 등을 하나의 칩에 담은 마이크로프로세서(Intel 4004)를 개발했다. 이는 집적기술이 진보를 거듭한 결과 마침내 하나의 칩에 컴퓨터가 구현되었음을 의미한다. 이 칩은 원래 일본 비지콤Busicom 사의 휴대용 계산기를 위해 만들어졌다.

인텔은 발명 초기, 마이크로프로세서 발명이 갖는 의미와 새로운 가능성을 완전히 파악하지 못한 채, 당시 회사의 주력품이던 메모리의 판매량을 증가시키는 방편으로, RAMRandom Access Memory, ROMRead Only Memory 등과 더불어 하나로 구성되는 패키지 상품의 일부로서 세계 최초의 마이크로프로세서를 출시한다. 그러나 마이크로프로세서와 함께 PC의 등장이라는 컴퓨터 역사의 새로운 장이 열리게 된다.

### 3) PC의 등장

PC의 등장은 컴퓨터의 역사에서 일대전환이었다. PC와 더불어, 컴퓨터가 일반인들에게 다가가게 되었고, 과거에는 보지 못했던 거대한 창조와 혁신의 에너지가 폭발하기 시작했다. 그러나 PC는 그때까지의 컴퓨터 기술혁명과 달리 아마추어 컴퓨터 마니아들로부터 시작되었다. 1974년을 전후하여, 컴퓨터 마니아들 사이에서는 마이크로프로세서를 이용하여 적은 비용으로 컴퓨터를 만들어보고자 하는 움직임이 전자제품 잡지를 중심으로 나타났다.

먼저 라디오 조립키트와 같은 형태로 마이크로프로세서를 탑재한 컴퓨터키트가 소개되었다. 이중 1975년 《파퓰러 일렉트로닉스Popular Electronics》를 통해 소개된, MITSMicro Instrumentation and Telemetry Systems 사의 알테어Altair는 새로이 개발된 인텔 8080 프로세서를 탑재했고, 당시 널리 보급되어 있던 미니컴퓨터의 1/10 가격과 확장성, 소형 디자인 등으로 선풍적 인기를 얻으며 일반인들에게 빠른 속도로 보급되었다. 그러나 정작 더 중요한 변화는 알테어 보급 이후에 나타난다.

알테어 자체는 초보적인 수준의 불안정한 시스템이었지만, PC에 매료된 이들은 뉴스레터, 이용자그룹, 잡지, 컴퓨터클럽 등의 여러 모임과 교류를 통해 각종 주변기기를 개발하고, PC가 갖고 있는 가능성을 개척해간다. 이런 와중에 1975년 당시 대학생이던 게이츠Bill Gates와 앨런Paul Allen이 알테어용 컴파일러 베이직BASIC을 개발하고, 1977년에는 마이크로소프트 베이직을 출시한다. 베이직의 개발로 다양한 PC 프로그램의 작성이 가능해짐에 따라, PC용 소프트웨어 개발과 소프트웨어 산업 발전의 길이 본격적으로 열리게 된다.

또한 알테어의 영향을 받은 워즈니액Steve Wozniak과 잡스Steve Jobs가 1977년 애플컴퓨터Apple II를 출시하여 대규모의 상업적 성공을 거둔다. 메인프레임을 고집하던 IBM 역시 새로운 물결에 밀려, 1981년 마이크로소프트의 MS-DOS를 채용한 IBM PC를 개발함으로써 PC 대중화의 길을 연다. 1983년에는 컴팩Compaq과 피닉스Phoenix Technologies

**PC의 기원**

PC(Personal Computer)라는 용어는 원래 IBM의 마이크로컴퓨터에 붙여진 이름이었다. 그러나 이후 IBM PC가 복제되기 시작하면서, IBM PC와 호환되는 마이크로컴퓨터를 의미하게 되었다.

에 의해 IBM PC가 복제되고, 이후 PC는 눈덩이가 불어나듯 기하급수적으로 늘어난다. 이제 PC의 앞날에는 네트워크를 통해 다른 컴퓨터와 이야기하는 것만이 남아 있을 뿐이었다.

## |3| 디지털통신 혁명과 인터넷의 등장

**프로토콜(Protocol)**
프로토콜은 원래 외교에서의 의례 또는 의정서를 의미하지만, 네트워크에서의 프로토콜은 표준화된 통신규약으로서 네트워크가 효율적으로 기능할 수 있도록 상호간에 합의한 규약을 의미한다. 즉, 통신을 하고자 하는 상호간에 무엇을, 어떻게, 언제 전달하고 받을 것인가를 약속한 규약으로, 일종의 네트워크 통신을 위한 공통언어라고 할 수 있다.

### 1) 패킷스위칭과 아르파넷

PC 사이의 통신은 인터넷과는 별도로, 파일 전송을 위한 XMODEM 프로토콜의 개발(1977년)과, 우리에게는 PC통신으로 더 잘 알려진 BBS 시스템의 등장(1978년)과 더불어 가능해졌다. 하지만 PC가 통신수단으로서 갖고 있는 모든 가능성은 1990년대 들어 인터넷과 결합함으로써 만개하게 된다. 한편, 말 그대로 '네트워크의 네트워크'를 의미하는 인터넷은 1990년대 중반 이후 PC로 인터넷에 직접 접속하는 것이 가능해짐으로써 대중적으로 알려지고 인터넷 혁명을 불러왔지만, 인터넷의 기원은 멀리 1950년대 후반으로까지 거슬러 올라간다.

**패킷스위칭(Packet Switching)**
패킷스위칭이란 메시지를 일정한 단위로 쪼개고, 각각의 조각에 목적지의 주소를 붙여 네트워크를 통해 전송하면, 수신처에서 조각들을 재조합하여 메시지를 재생하는 방법을 말한다. 예를 들어 "패킷스위칭이란 어떤 사람이 편지에 담을 내용이 너무 길어 편지의 내용을 일정하게 분할한 다음, 각각의 부분에 일련번호를 붙이고 별개의 봉투에 넣어 우체국에 가서 발송하는 것과 같다. 수신자는 여러 통의 봉투에 든 편지를 개봉하여 일련번호에 따라 짜 맞추어 편지를 읽으면 된다." (윤영민, 1996: 25)

1950년대 후반 미·소 냉전의 한가운데에서, 미국의 군사전략기술연구소 중 하나인 랜드RAND의 엔지니어 바란Paul Baran은 적의 핵공격에도 버틸 수 있는 통신네트워크 기술을 연구하던 중, 일련의 보고서를 통해 패킷스위칭packet switching 개념을 제시한다. 이는 적의 공격으로 네트워크의 일부가 파손되더라도, 작동되는 부분을 통해 각각의 패킷이 목적지를 찾아가면 결국 전체 메시지가 전달된다는 것이다. 이와 함께, 1960년대 초반 영국 물리학연구소National Physical Laboratory의 데이비스Donald W. Davies 역시 시분할컴퓨팅time sharing에 관한 연구 중 패킷스위칭을 개념화하고, 이를 이용한 전국적 컴퓨터 네트워크를 제시한다. 하지만 그의 제안은 연구소 내의 실험적 네트워크Mark I로 제한되고, 전국적 컴퓨터 네트워크는 대서양을 건너 아르파넷ARPANET에서야 실현된다(Abbate, 2000: 7-35).

인터넷의 모태가 된 아르파넷은 미 국방성이 군사적 목표에서 건설한 것이지만, 동시에 컴퓨터 엔지니어·학자들의 꿈과 비전의 실현이기도 했다. 1957년 스푸트니크 충격의 여파로 1958년에 설립된 미 국방성 산하 ARPAAdavanced Research Projects Agency는 직접적인 군사기술보다는, 궁극적으로 군사기술의 발전에 기여할 수 있는 기초 연구를 지원하는 조직체였다. 특히 1962년 IPTOInformation Processing Techniques Office의 설립과 함께, 컴퓨터 관련 기초 연구에 대한 지원을 대폭적으로 늘렸으며, 그 결과 1960년 중반 미국 내에는 대학을 중심으로 ARPA의 연구비 지원을 받는 컴퓨팅센터들이 들어선다. 컴퓨팅센터 설립 이후, IPTO의 책임자와 대학의 연구자들에게는 컴퓨터 네트워크의 새로운 분야를 개척해보려는 욕구가 있었고, ARPA 내부에서도 네트워크를 통해 협력적 연구 공동체를 조성하고, 더불어 당시에는 고가였던 컴퓨터 자원을 공유함으로써 예산 절감을 꾀하고자 하는 현실적 요구가 있었다.

아르파넷은 이렇게 연구자의 꿈, 커뮤니티의 비전 그리고 현실적 필요가 결합되어 1966년경 제안되고, 패킷스위칭을 도입하여 1969년 미 서부지역 4개 대학의 컴퓨터가 연결되면서 시작된다. 이후 ARPA 지원 대학들과 군, 정부의 컴퓨터들이 네트워크에 연결되고, 1972년 워싱턴에서 개최된 제1회 국제컴퓨터통신학회International Conference on Computer Communications: ICCC에서 일반인들에게 공개되면서 아르파넷은 컴퓨터 네트워크의 미래를 제시한다.

**시분할컴퓨팅(Time Sharing)**
시분할컴퓨팅이란 1대의 컴퓨터를 여러 명의 사용자가 동시에 이용하는 경우, CPU 사용의 단위시간을 잘게 나누어 이용하는 것을 말한다. 예를 들어 1대의 컴퓨터를 100명의 사용자가 1/1000초 단위로 이용하는 경우를 생각해볼 수 있다. 이는 만화영화에서 정지된 장면을 빠른 시간에 여러 장 보여줌으로써 연속적으로 움직이는 것처럼 느끼게 하는 효과를 컴퓨팅에 도입한 것으로, 시분할컴퓨팅 환경에서 100명의 사용자들은 마치 자기 혼자 전체 컴퓨터를 사용하는 것과 같은 느낌을 받게 된다. 이러한 시분할컴퓨팅을 네트워크 환경에서 구축할 경우(원거리에서 액세스) 컴퓨터 자원 공유의 이점을 갖게 되는데, 바로 이 점에 착안하여 1960년대 초반 영국 물리학연구소의 데이비스는 전국적 컴퓨터 네트워크의 구상을 제안하게 된다.

**스푸트니크 충격**
1957년 10월 4일 소련은 인류 최초의 인공위성인 스푸트니크(동반자라는 뜻) 1호를 발사한다. 미·소 대결의 한가운데서 미국은 이를 제2의 진주만 폭격으로 생각하고 항공우주 분야에 대대적으로 투자하여, NASA(1958. 10. 1 설립)와 ARPA 등 일련의 연구소가 이때 설립된다. 당시 대통령에 당선된 케네디는 1960년대가 끝나기 전에 인간을 달에 보내겠다고 선언하고, 인간의 달 착륙을 위한 아폴로 프로그램을 실시한다.

## 2) 아르파넷에서 인터넷으로

1970년대 들어 ARPA에서는 지상 컴퓨터 네트워크에 사용된 패킷스위칭을 무선통신과 위성통신에 적용하는 연구를 진행하여, 1970년대 중반 ARPANET, PRNETPacket Radio NETwork, SATNETSATellite NETwork이라는 3개의 독자적 실험 네트워크를 갖게 된다. 여기서 명령체계의 통합이라는 군사적 목표 달성을 위해, 네트워크 통합의 문제가 제기된다. 이후 새로운 프로토콜 개발을 포함한 네트워크 통합 노력의 결과로, 1977년 캘리포니아에서 PRNET을 통해 보낸 패킷이 ARPANET과 SATNET을 통해 미 동부와 유럽을 거쳐, 다시 캘리포니아로 되돌아오는 실험을 성공적으로 마친다. 이와 함께, 그동안 머릿속에서만 그려졌던 네트워크의 네트워크로서의 인터넷이 현실적으로 등장하게 된다.

그렇다면 이렇게 군사적인 목적으로 건설된 인터넷이 어떻게 현재 우리가 사용하고 있는 인터넷으로 바뀌었을까? 사실 아르파넷은 1975년 미 국방성이 공식적으로 관리하기 시작하면서, 연구 목적의 실험적 네트워크에서 군사 목적의 네트워크로 성격이 변화한다. 그러나 군사 목적의 네트워크이면서도, 원래의 아르파넷에 연결된 대학들은 지속적인 군사 관련 연구를 위해 참여가 인정되었다. 다른 한편, 1970년대 중반 이후 PC의 보급과 더불어 네트워크 보안의 문제가 새롭게 제기된다. 특히 대학과 연결된 아르파넷의 경우 독립적인 군사 네트워크와 달리 네트워크 공격, 교란의 위협에 쉽게 노출됨에 따라, 1983년 군은 아르파넷을 연구망Defense Research Network과 군사망MILNET으로 분리한다. 군사망의 분리와 함께, 아르파넷은 군사적 성격을 벗고 다시 대학과 연구자들의 네트워크로 전환된다.

그러나 아르파넷이 군사적 성격을 벗었다고 해도 진정한 의미에서

1997년 인터넷 실험의 개략도

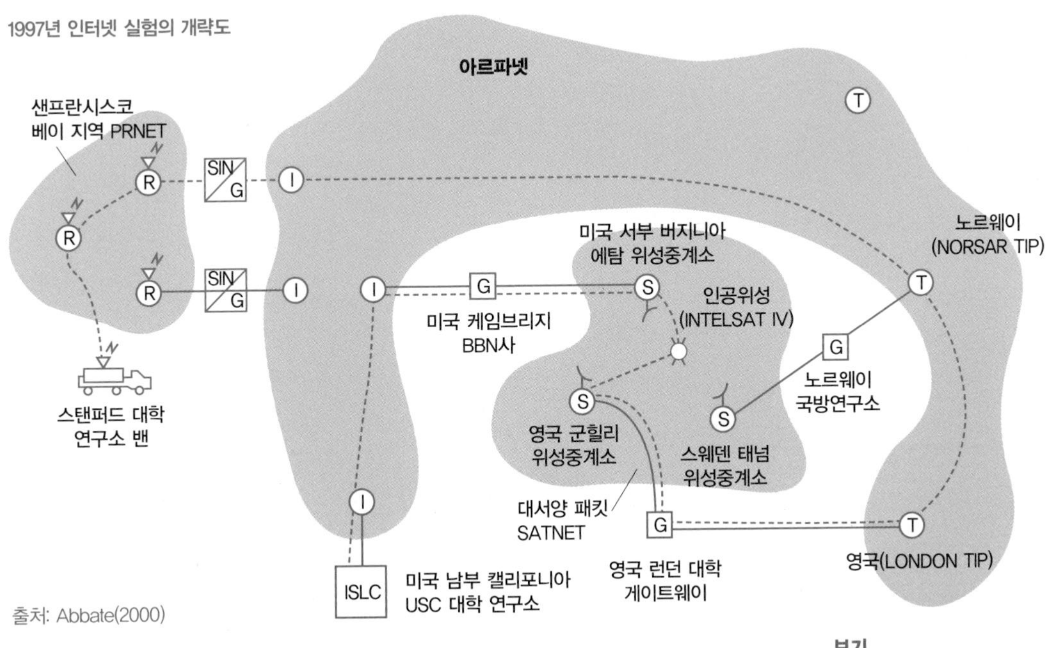


출처: Abbate(2000)

주: 1. 위의 그림은 미국 서부 샌프란시스코 지역의 밴에서 PRENET을 통해 보낸 패킷이 ARPANET과 SATNET을 통해 미국 동부와 유럽을 거쳐 다시 남부 캘리포니아로 되돌아오는 인터넷 실험과정을 개략적으로 보여준다.
2. SRI: Stanford Research Institute International.
3. IMP: Interface Message Processor. 아르파넷 초기 호스트컴퓨터 사이의 패킷 교환을 담당하던 미니 컴퓨터.
4. TIP: Terminal IMP. 터미널을 통해 네트워크로의 직접적인 액세스를 가능하게 한 IMP.

보기

Ⓡ 패킷라디오 송출기
Ⓘ 아르파넷 IMP
Ⓣ 아르파넷 TIP
Ⓢ 위성 IMP
G 네트워크 게이트웨이
S/G 패킷라디오기지/네트워크 게이트웨이
------ 패킷의 경로

인터넷이 되기 위해서는, 아르파넷에 새로운 노드가 증가하는 것이 아니라 새로운 네트워크가 연결되어야 했다. 이와 관련해 아르파넷이 인터넷으로 성장해가는 과정에서 몇 가지 중요한 계기를 찾아볼 수 있는데, 이는 아르파넷 개발 시기의 경험과 함께 이후 인터넷의 발전 방향

## 비트넷과 유즈넷

"Because It's There" 혹은 "Because It's Time"을 의미하는 비트넷(BITNET)은 1981년 뉴욕 대학의 푹스(Ira Fuchs)와 예일 대학의 프리먼(Greydon Freeman)이 IBM RJE(Remote Job Entry) 프로토콜을 사용, 두 대학의 컴퓨터를 실험적으로 연결하면서 시작되었다. IBM의 재정적 지원 하에 대학의 IBM 사용자들을 위한 네트워크로 발전한 비트넷은 주로 이메일과 메일링리스트(Listserv) 등을 위해 이용되었다.

USErs' NETwork를 의미하는 유즈넷(USENET)은 1979년 듀크 대학의 트러스캇(Tom Truscott) 등에 의해 듀크 대학과 노스캐롤라이나 대학 채플힐의 유닉스 시스템을 전화로 연결하고 간단한 프로그램을 통해 뉴스 교환 시스템을 운영하면서 시작되었다. 입소문을 통해 다른 대학에 알려지고, 다른 대학의 컴퓨터들이 뉴스 교환 시스템에 참여함에 따라 유즈넷으로 알려진 비공식적 네트워크가 형성된다. 유즈넷은 다양한 주제에 관한 뉴스그룹을 통해 네트워크 참여자들 사이에 온라인 공동체를 만들어갔다. '가난한 자들의 아르파넷'으로 알려지기도 했던 유즈넷은 학생들이 자율적으로 구성, 운영한 공동체였기에 누구의 통제도 받지 않았고, 참여·평등·연대 등의 민주주의적 가치를 강조했다.

과 성격을 결정짓는다.

첫째, 서로 다른 컴퓨터 혹은 네트워크가 연결되기 위해서는 공통의 언어를 사용해야 한다. 그런데 인터넷은 전 세계를 하나의 네트워크로 통합해내는 비전을 갖고 출발하였기에 공통의 표준을 정하는 문제는 국제통신기구, 개별 국가, 통신사업자, IBM과 같은 대규모 컴퓨터 제조업자 등 다양한 이해당사자가 관련된 복잡한 문제였다. 아르파넷 연구팀은 통신사업자, 컴퓨터 제조업자들과는 달리, 다양한 네트워크가 자율성을 갖고 참여할 수 있도록 인터넷을 디자인하고(다양성·자율성), 표준 프로토콜 역시 이를 반영하도록 하여 인터넷이 개방형 네트워크로 발전하는 데(개방성·유연성) 주요한 역할을 한다. 또한, 표준 프로토콜 개발에서도 다양한 국제전문가, 이해당사자들과의 협력 전통을 만들어냄으로써(포괄성), 이후 인터넷이 협력을 통해 성장해가는 데 밑거름을 제공한다.

둘째, 인터넷은 다양한 네트워크의 참여를 이끌어내고, 또 새로운 참여자들에 의해 네트워크의 성격이 변화하며 발전해갔다. 아르파넷에서 배제된 대학의 연구자들에 의해 제안되고 국립과학재단National Science Foundation의 지원으로 설립된 CSNETComputer Science NETwork이 1983년 아르파넷에 연결됨으로써 진정한 의미의 인터넷이 탄생하고, 이후 비트넷BITNET, 유즈넷USENET 등 다양한 네트워크가 참여하면서 아르파넷은 전 세계적 네트워크로 확대되어간다.

특히, 1980년대 대학을 중심으로 널리 보급되어 있던 워크스테이션에 인터넷 프로토콜TCP/IP을 내장한 유닉스 시스템Berkeley UNIX이 보급됨에 따라, 유닉스 시스템 간의 네트워크로 시작된 유즈넷이 아르파넷과 유즈넷에 함께 접속된 노드를 중심으로 연결되면서, 아르파넷은 원래의 연구망의 성격을 넘어 다양한 의견이 교환되는 커뮤니케이션 매체, 사이버공간으로 바뀌어간다. 더욱이 유즈넷은 누구의 통제도 받지 않고 자유롭게 성장한 배경을 바탕으로 참여·연대·평등의 가치를 강조하였는데, 오늘날 인터넷상의 사이버공간에 이러한 민주주의적 문화와 전통이 뿌리내리게 된 데는 유즈넷의 영향이 크다.

셋째, 1980년대 중반 이후 인터넷이 빠른 속도로 확대되는 데 일등공신은 무엇일까? 월드와이드웹의 등장이 첫 번째 공신이라면, 웹의 등장 이전까지는 랜Local Area Network: LAN 기술의 발전이 인터넷의 확산을 주도했다. 1970년대 중반 이후 PC가 등장하고, 1980년대 들어 워크스테이션이 보급되어 기존의 메인프레임을 대체하면서, 대학과 기업체에서는 이들 소형컴퓨터들을 하나의 네트워크로 연결할 필요성이 대두되었다.

1973년 제록스 팔로알토연구소의 멧캘프Robert Metcalfe가 고안한 이더넷Ethernet은 로컬 수준에서 손쉽게 네트워크를 구성할 수 있게 해주었고, 1980년대 초 3Com 사를 통해 이더넷이 상업화되면서 랜은 모든 대학과 기업체에 확산된다. 이와 함께 소형컴퓨터와 이더넷을 위한 인

**랜(LAN)**
근거리통신망을 의미하는 랜은 300미터 이하의 통신회선으로 연결된 PC, 메인프레임, 워크스테이션들의 집합으로, 공간적 규모가 큰 지역 즉 도시, 국가 단위의 통신망인 WAN(Wide Area Network)에 상대되는 개념이다. 랜은 1970년대 제록스 팔로알토연구소에서 개발된 이더넷(Ethernet)과 더불어 급속히 보급되기 시작했다. 이더넷은 공기가 없는 진공상태의 공간에 전파가 흘러갈 수 있는 물질이 존재한다고 가정하여 지은 독일어 단어 '에테르'에서 따온 말이다.

**라우터(Router)**
라우터란 말 그대로 라우팅(경로설정)을 하는 기계를 의미한다. 즉, 네트워크를 통해 정보를 주고받을 때 패킷에 담긴 수신처의 주소를 읽고 가장 적절한 통로를 이용하여 다른 통신망으로 전송하는 장치이다. 예를 들어 학교에서의 네트워크를 생각해보면, 특정 컴퓨터에서 발생한 패킷이 학교 내부의 다른 컴퓨터로 갈 수도 있고, 학교 외부로 나갈 수도 있다. 이때 어떤 경로를 통해 내외부의 컴퓨터로 패킷을 보낼지를 결정하는 역할을 라우터가 담당한다.

터넷 프로토콜과 라우터router가 보급되면서, 인터넷 연결은 기하급수적으로 확대된다. 즉, 인터넷에 연결된 하나의 노드로부터 가지에 가지를 치는 방식으로 인터넷 연결이 단위조직 내 최말단으로까지 확장된다. 이렇게 개별 컴퓨터의 인터넷 액세스를 로컬네트워크 차원에서 관리함에 따라, 전체 인터넷 네트워크에 대한 로컬의 자율성이 증대되고, 그 결과 인터넷은 더욱 탈중심화되어간다.

### 3) 인터넷의 민영화와 월드와이드웹의 등장

1983년 군사망의 분리 이후 인터넷으로 발전해온 아르파넷은 NSFNET의 출현과 더불어 다시 한 번 변신한다. 1980년대 초 CSNET 설립을 지원했던 국립과학재단은 1980년대 후반 들어 미국 내 다섯 군데에 슈퍼컴퓨터센터를 설립하고, 미국 내 모든 대학이 슈퍼컴퓨터를 이용할 수 있도록, 아르파넷과는 별도의 대규모 네트워크NSFNET 설립을 추진한다. 그러나 NSFNET은 초기 아르파넷에서처럼 각 대학이 원거리의 슈퍼컴퓨터에 직접 접속하는 것이 아니라, 일정 지역의 대학들이 지역네트워크를 구성하고, 지역네트워크가 NSFNET 백본backbone에 연결되는 2단계 네트워크로 디자인되었다.

NSFNET은 퍼즈볼fuzzball을 프로토콜로 채택한 초기의 실험적 네트워크 설립 후, NSFNET 백본 건설이 완료될 때까지 아르파넷을 백본으로 사용했다. 그리고 NSFNET이 아르파넷을 백본으로 사용하기 위해 TCP/IP를 기본 프로토콜로 채택하면서 미국 내 모든 대학이 TCP/IP를 사용하는 인터넷에 연결된다. 한편, NSFNET 백본 건설 이후, 1990년 아르파넷의 노후한 백본이 사라지고 기존 아르파넷 사이트들이 NSFNET의 지역네트워크로 편입되면서, 인터넷은 NSFNET을 중심으

**백본(Backbone)**
네트워크 용어로서의 백본은 대규모 데이터를 빠르게 전송할 수 있는 대규모 전송회선 혹은 네트워크의 뼈대를 이루는 기간망을 뜻한다. 즉, 랜의 경우에는 네트워크 내부의 패킷을 통합해 WAN에 접속시켜 주는 대규모 전송망이 백본이 되고, 인터넷 혹은 광역통신망(WAN)의 경우에는 장거리 접속을 위해 설치되어 있는 대규모의 전송망이 백본이 된다. 그러므로 전체 네트워크는 거대한 백본에 무수한 소규모 네트워크가 연결되어 있는 것으로 볼 수 있는데, 백본과 소규모 네트워크가 만나는 접속지점이 네트워크의 노드가 된다.

## 아르파넷을 위한 레퀴엠(Requiem for the Arpanet)

아르파넷 건설 초기부터 관여해온 서프(Vinton Cerf)는 아르파넷이 인터넷 백본으로서의 임무를 마치고 퇴장할 때, 다음과 같이 아쉬움을 표현했다.

It was the first, and being first, was best,
but now we lay it down to ever rest.
Now pause with me a moment, shed some tears.
For auld lang syne, for love, for years and years
of faithful service, duty done, I weep.
Lay down thy packet, now, O friend, and sleep.
(당신은 최초였고, 최초였기에 최고였습니다.
하지만 이제 우리는 당신을 영원히 쉬게 하렵니다.
잠시 모든 것을 멈추고, 나와 함께 슬픔을 나누어봅시다.
우리의 오래된 우정과 사랑,
그리고 당신의 충실한 봉사와 의무를 생각하며 나는 눈물을 흘립니다.
당신의 패킷을 내려놓고, 오 나의 친구여, 이제 잠드소서.)

출처: Abbate(2000)

로 운영되기 시작한다.

NSFNET은 공공자금으로 운영되고 있었기에 연구/교육 등 비영리적 목적 이외의 인터넷 이용은 엄격히 제한되고 있었다. 반면, 영리적 목적을 위한 네트워크 이용 수요가 급속히 증가하고 상업적 네트워크가 성장하여, 더 이상 인터넷을 비영리적 목적으로만 운영하기 어렵게 되자, 1995년 4월 인터넷이 민영화된다. 이때부터 민간기업들이 인터넷 백본을 제공하고, 민영화 이전까지 인터넷에 연결되지 못하던 상업적 BBS들이 인터넷에 참여하고, 그해 7월 아마존닷컴Amazon.com이 영업을 시작하면서 인터넷은 일반인들에게 성큼 다가서게 된다.

그러나 인터넷이 일반인들에게 다가가기 위해서는 네트워크 인프라, 하드웨어의 발전과 더불어 소프트웨어에서의 혁신, 즉 월드와이드웹

### 하이퍼텍스트(Hypertext)의 기원

하이퍼텍스트의 도입은 군사적 기원을 갖고 출발한 인터넷에 인간과 기계의 관계에 관한 자유주의적 전통이 새롭게 접목되는 것을 뜻한다. MIT의 총장을 역임한 부시(Vannevar Bush)는 1945년 발표한 〈As We May Think〉라는 글에서 광학기계를 통해 문서를 저장하고, 문서 항목들 사이에 상호연결이 가능한 기계(Memex)를 제안했다. 부시의 통찰은 이후 컴퓨터 관련 연구자들에게 큰 영향을 미쳐, 엔젤바트(Douglas Engelbart)가 1968년 마우스를 비롯한 하이퍼미디어를 개발하는 데 영감을 주고, 1974년 〈Computer Lib〉을 통해 인간의 자유 증진을 위해 컴퓨터가 사용되어야 한다는 주장을 펼쳤던 넬슨(Ted Nelson)이 하이퍼텍스트라는 용어를 만들고, 이후 하이퍼텍스트를 실현하기 위해 제너두(Xanadu)라는 프로젝트를 실행하는 데 결정적 역할을 한다. 웹은 이렇게 부시에서 넬슨으로 이어지는, 기계는 인간의 자유 증대를 위해 존재한다는 사고를 하이퍼텍스트를 통해 인터넷에 도입하고, 인터넷은 인간의 자유 증대를 위해 이용되어야 한다는 메시지를 가져왔다.

World Wide Web의 등장이 필요했다. 웹이 등장하기 전까지 인터넷은 텍스트모드에서만 운영되고 있었고, 서치엔진이 없는 인터넷은 새로운 정보를 찾아주는 도구이기보다는, 네트워크의 어디에 있는지 미리 알고 있는 정보를 내 컴퓨터로 가져오는 통로에 불과했다. 이러한 인터넷 이용의 장벽들은 웹의 등장과 더불어 허물어지고, 웹은 인터넷을 송두리째 바꾸어놓는다.

1990년 유럽원자핵공동연구소Conseil Européen pour la Recherche Nucleaire: CERN의 버너즈리Tim Berners-Lee 등이 개발한 월드와이드웹은 전 세계의 컴퓨터에 위치한 정보를 멀티미디어와 결합된 하이퍼텍스트를 이용해 거미줄처럼 엮어내고, 정보공유를 통해 과학자들의 협력 공동체를 만들어내고자 하는 비전을 갖고 출발했다(Berners-Lee, 1999). 웹은 서로 다른 종류의 컴퓨터, 소프트웨어 사이의 호환성을 강조하여, 하이퍼텍스트 문서의 통일된 양식을 위한 언어HyperText Markup Language: HTML와 웹서버와 브라우저 사이의 정보 교환을 위한 프로토콜HyperText Transfer Protocol: HTTP을 제정하고, URLUniform Resource Locator을 통해 웹상에 존재하는 정보에 일관된 형식의 주소를 부여했다. 특히 URL은 HTTP뿐 아니라 FTP와 같은 다양한 프로토콜을 사용할 수 있어, 기존의 인터넷 서비스들을 하나의 통일된 인터페이스에서 이용할 수 있게 해주었다.

최초의 개발 이후 완만한 속도로 보급되기 시작한 웹은, 1993년 미국 일리노이 대학의 슈퍼컴퓨터센터National Center for Super-computing Applications: NCSA에서 컬러그래픽과 결합된 웹브라우저Mosaic를 개발, 보급하면서부터 급속하게 퍼져나간다. 다음해인 1994년에는 모자이크의 개발자인 앤드리슨Marc Andreessen이 실리콘밸리에 넷스케이프를 설립, 넷스케이프 내비게이터를 발표하고, 같은 해 야후가 서비스를 시작하면서 닷컴의 새로운 시대가 열린다. 웹의 등장은 PC의 보급, 인터넷의 민영화와 맞물리면서 인터넷을 과학자들의 연구 도구 혹은 커뮤니케이션 수단으로부터 온라인 쇼핑몰, 만남의 장소, 자아 표출의 공간으로 바꾸게 되고, 이와 동시에 인터넷은 웹이 되고 웹은 인터넷이 되어갔다.

**야후(Yahoo)**
야후는 원래 'Yet Another Hierar-chical Officious Oracle'(계층적으로 잇달아 나오는 친절한 제시, 혹은 또 하나의 조직적이고 주제넘은 신탁)을 의미하지만, 동시에 『걸리버 여행기』에서 자신이 원하는 것을 짐승적인 본능으로만 찾아내는, 인간의 외형을 갖춘 동물의 이름이기도 하다.

## |4| 정보기술 패러다임의 형성과 네트워크 사회의 출현

### 1) 정보기술 패러다임의 형성

인터넷은 지난 반세기 기술 발전의 집적체로서 현 시기 정보기술 발전에 따른 사회변동을 상징적으로 보여준다. 기술적인 면에서 핵심은 컴퓨터기술과 디지털통신기술의 결합 그리고 이의 네트워크기술로의 발전에 있다. 그런데 지금까지 정보기술 발전의 역사를 통해 본 것처럼, 이러한 핵심 기술의 기초가 형성된 것은 1970년대였다.

2차 세계대전을 전후하여 군사적 목표를 갖고 시작된 기술 개발은

1960년대 미·소 냉전의 긴박한 상황에서 정보통신기술을 중심으로 한 체제 간 경쟁으로 바뀌며 발전의 폭과 속도가 증대되었다. 그 결과 비슷한 시기에 출현한 다양한 기술이 1970년대를 통과하면서 이질적 기술 간의 새로운 결합을 낳고, 나아가 새롭게 조합된 기술이 개별 기술의 발전을 촉진하며 새로운 기술체계를 형성하게 된다. 마이크로프로세서의 개발(1971)과 이를 이용한 PC의 등장(1975) 이후 컴퓨터 발전의 새로운 장이 열리고, 1972년 아르파넷의 성공적 시연 이후 디지털 네트워크 기술의 보급과 인터넷으로의 발전이 이루어진다.

이렇듯 새롭게 등장한 기술적 도약의 기반 위에, 컴퓨터기술과 통신기술이 정보통신기술로 통합되어가고, 컴퓨터 개발과 네트워크기술에서 유래한 개념적 도구가 생명공학 등 다른 과학기술 영역에 응용되어 시너지 효과를 확대해가면서, 정보기술에 기반을 둔 새로운 기술체계로서 정보기술 패러다임이 형성되었다.

그렇다면, 새롭게 출현한 정보기술 패러다임이 과거의 기술체계와 다른 특징은 무엇인가? 마뉴엘 카스텔은 정보기술 패러다임의 특징으로 다섯 가지를 제시한다(Manuel Castells, 2000a: 69-76).

첫째, 정보의 기술 대상화. 정보가 자체로 중요성을 띠면서, 과거와는 달리 정보가 기술의 직접적 대상이 된다. 즉 정보기술의 대상은 정보 자체이다.

둘째, 기술 효과의 전범위성. 정보는 모든 인간 행위의 필수불가결한 요소이기에, 정보기술은 인간의 존재를 규정짓는 전 과정에 영향을 미친다.

셋째, 네트워킹 논리. 정보기술이 네트워크 조직을 기술적으로 가능하게 함에 따라, 정보기술을 사용하는 시스템에는 네트워킹 논리가 흐르게 된다.

넷째, 유연성. 정보기술을 사용하는 과정, 조직, 시스템은 (네트워킹 논리에 따른) 유연성을 갖게 된다.

다섯째, 통합적 기술체계. 정보기술 패러다임에서는 개별 기술이 하나의 기술체계로 통합되어간다. 다시 말해 정보기술 패러다임에서는 새로운 지식과 정보를 창출해내는 기술(정보기술)이 핵심 기술이 되고, 정보기술은 삶의 전 과정에 관여하게 되며, 유연성을 갖는 네트워크 조직과 논리가 파급되고, 융합을 통해 개별 기술 간의 경계가 허물어진다.

1970년대에 형성되기 시작한 정보기술 패러다임은 상호침투와 융합에 의해 새로운 영역을 만들어내고, 기존의 기술을 새로운 패러다임으로 흡수해내는 기술적 논리와 공급단가를 낮춤으로써 시장에서 독점적 지위를 차지하고자 하는 시장의 논리에 의해 확대 재생산되었다. 그러나 사회가 새로운 기술 패러다임을 미리 구상한 설계도에 따라 만들어내지 않은 것처럼, 새로운 기술 패러다임 역시 기술적 속성을 사회에 투사함으로써 기계적으로 사회변동을 가져온 것은 아니다. 1970년대에 형성된 정보기술 패러다임은 새로운 사회를 만들어낼 가능성만을 제시했을 뿐이고, 그 가능성은 이후 사회적 요구와 필요에 의해 정보기술이 현실과 결합될 때 비로소 사회구조와 역학의 변화로 이어질 수 있었다.

### 2) 네트워크 사회의 출현

2차 세계대전 이후 세계 시장경제는 미국을 중심으로 유례없는 안정과 번영을 구가했다. 하지만 1970년대 초반 브레튼우즈체제의 붕괴를 시작으로 이윤율 저하, 석유 위기, 스태그플레이션을 겪으며 장기 불황에 빠진다. 자본주의 축적체제의 위기를 맞아, 선진자본주의를 중심으로 생산방식과 경영조직에서 유연성을 핵심으로 하는 구조조정과 국제화가 진행되고, 대처주의·레이거노믹스를 계기로 탈규제, 민영화를 내용으로 하는 시장 중심의 급진적 구조개혁이 사회 전체로 확대되었으며, 남미 외채 위기를 계기로 신자유주의는 금융시장 중심의 세계화와 함께 전 세계로 확장된다.

이러한 구조조정의 핵심 내용은 노동·생산·조직의 유연성을 확보하고, 세계 노동·자원·금융시장으로 진출하여 생산성과 효율성을 향상하고 이윤율을 회복하려는 것이었는데, 이를 위해서는 새로운 유연기술체계가 필요했다. 때마침 새로이 형성되고 있던 정보기술이 유연기술에 대한 사회적 요구와 결합되며, 자본주의 구조조정을 가능케 하는 핵심 기술로 등장한다.

생산과정에 도입된 정보기술은 작업과정의 단순화·유연화를 통해 포드주의적 대량생산체제에서 다품종 소량생산체제로의 전환을 가능하게 하고, 나아가 생산·판매·물류를 실시간으로 연결하며 유통과 생산을 하나의 네트워크로 통합해낸다. 사무실에서 역시 정보기술의 도입은 작업과정의 단순화를 위한 사무자동화로부터 시작되었지만, 사무자동화와 함께 업무 프로세스가 통합·재편되고, 결국에는 네트워크기술의 도입과 함께 수직적 조직으로부터 수평적 조직으로의 조직 개편을 가져온다. 이처럼 정보기술은 프로세스 지향 기술이라는 특성으로부터 기술 도입의 효과가 작업단위에 머무르지 않고 전후의 작업 프로세스에 영향을 주며, 결국에는 연쇄 파급 효과로 전체 조직과 시스템이 네트워크 논리에 따라 재편된다. 정보기술 패러다임의 특징에서 제시된 것처럼, 정보기술을 사용하는 조직과 시스템에는 네트워킹 논리가 흐르게 된다.

이러한 네트워킹 논리는 유연성을 지향하는 자본주의체제의 전면적 구조조정과 함께, 작업장과 사무실을 넘어 일국 내의 제도와 시스템을 네트워크 형태로 재편하고, 글로벌 생산네트워크와 글로벌 금융 네트워크를 통해 전 지구를 네트워크 형태로 통합해낸다. 나아가 인터넷의 폭발적 확장과 함께 네트워킹 논리는 경제 영역을 넘어 사회의 전 영역으로 확대되고, 모든 개별 단위의 네트워크는 인터넷으로 통합 수렴되며, 인터넷은 진정한 의미에서 전 지구를 관통하는 네트워크가 되어간다.

정보기술 패러다임은 이렇게 자본주의의 구조조정이라는 맥락을 통해 사회에 전격 수용되고, 정보기술 패러다임에 내재한 네트워킹의 논리가 유연성을 지향하는 자본주의 구조조정의 논리와 결합됨에 따라 경제 영역을 시작으로 기존의 사회구조와 역학을 네트워크 형태의 사회구조와 네트워크적 관계로 재편해간다. 이처럼 정보기술에 의해 재편되는 새로운 사회는 무엇보다 네트워크 형태로 조직되는 사회구조와 네트워크적 작동 논리에 의해 과거 사회와 구분되고, 기술적으로도 정보통신 네트워크에 의존하여 작동하게 된다는 이중적 의미에서, 카스텔은 이를 정보사회라는 용어 대신 '네트워크 사회'라는 형태론적 메타포를 사용하여 표현한다.

정보사회를 네트워크 사회로 새롭게 개념화하는 것은 단순한 용어법상의 차이를 넘어 다음 두 가지의 중요한 차이점을 갖는다. 첫째, 정보사회는 일각에서 자본주의와 구별되는 자본주의 이후의 새로운 사회체제인 것처럼 사용되어왔다. 그러나 네트워크 사회는 정보사회가 정보기술을 이용하여 구조조정된 새로운 형태의 자본주의사회라는 점을 명확히 한다. 둘째, 정보사회는 정보기술의 영향 하에 모든 사회가 동일한 형태의 사회로 수렴되어갈 것이라는 점을 암시한다. 반면, 네트워크 사회는 개별 사회가 고유의 역사·문화·제도적 차이를 반영하여 서로 다른 형태의 독특한 사회를 구성해갈 것이라는 점을 분명히 한다 (Castells, 2000b).

## |5| 사회학적 쟁점들: 기술 발전과 사회변동

정보기술의 역사를 사회학적 관점에서 볼 때 제기되는 첫 번째 문제는 기술 발전에서 기술과 사회의 관계, 기술과 사회의 상호작용 문제이다. 흔히 객관적 인과관계에 기초해 있는 과학기술은 사회적 가치체계와는 독립적으로 존재하는 몰가치적 대상으로 인식된다. 정보기술 역시 이렇게 사회와 독립되어 기술 고유의 논리에 따라 발전해가는 몰가치적 대상인가?

오늘날처럼 대규모 연구소와 국가의 지원 하에 기술 개발이 조직적으로 이루어지기 전, 새로운 기술 개발은 창조적인 발명가가 이루어내는 일회적 사건들이었다. 물론 오늘날에도 창조적이고 실험적인 정신은 기술 개발의 핵심 요소이고, 기술은 일정 정도 자율성을 갖는 기술 고유의 인과논리를 따라 일정한 경로를 밟으며 발전한다. 하지만 군사적 기원을 갖는 인터넷이 생존, 유연성, 적응성과 같은 군사적 가치를 인터넷 기술에 내재하게 된 것처럼, 오늘날의 체계적인 대규모 기술 개발 과정에는 특정한 사회적 가치가 기술 개발의 초기부터 개입된다. 더구나 과거와 현재를 막론하고 기술이 실험실을 떠나 사회의 필요에 의해 수용되기 시작하면, 기술은 사회의 요구에 따라 변용되고 원래 의도와는 다른 경로를 밟으며 발전하게 된다. 즉, 기술은 형성, 발전, 수용, 변용의 모든 단계에서 사회와의 지속적인 상호작용과 협상을 통해

### 사회학 내부의 기술결정론적 사고

사회학 내부에서도 기술결정론적 사고는 다양한 형태로 반복되어왔다. "맷돌은 봉건영주의 사회를, 증기제분기는 산업자본가의 사회를 가져온다"(『철학의 빈곤』)라는 마르크스의 언급으로부터, 오그번의 문화지체론(Ogburn, 1966), 멈포드와 엘룰의 기술문명비판론(Mumford, 1970; Ellul, 1967), 벨과 투렌느의 테크노크라시 사회에 대한 전망(Bell, 1999; Touraine, 1971), 그리고 포스트모던 기술비관주의에 이르기까지, 사회학은 기술 발전을 기술 고유의 논리에 따른 단선적 발전과정에 있는 것으로 보았다. 그리고 거대한 힘을 갖는 새로운 기술체계가 사회변동을 가져오며, 사회는 기술체계의 속성에 따라 재편된다는 입장을 취해왔다. 이처럼 다양한 기술결정론적 사고는 2차 세계대전의 경험, 기술관료주의의 등장, 68년 운동의 좌절 등 다양한 맥락에서 제기되었지만, 사회의 합리적 통제에서 분리된 오토매틱한 기술체계가 초래하는 사회변동에 대해 비판적 입장을 취한다는 점에서 공통점을 찾을 수 있다. 또한 사회학에서 제기된 다양한 기술결정론적 사고는 사회의 통제를 벗어나 비합리적으로 되어버린 기술체계를 극복할 대안을 고민한다는 점에서 장밋빛 미래학의 전형적 기술결정론과는 차이가 있다.

스스로를 재구성하면서 사회의 가치체계를 반영하게 된다.

기술이 사회에 의해 재구성된다면, 거꾸로 사회는 기술 발전으로부터 어떤 영향을 받는가? 기술 발전이 사회 발전과 밀접한 관련을 맺는다는 것은 인류의 기술 발전 역사가 명백히 보여준다(Mokyr, 1990). 그러나 1970년대 형성되기 시작한 정보기술 패러다임이 사회에 전격 수용되기 위해서는 자본주의 구조조정이라는 계기가 필요했듯이, 기술이 사회구조와 역학에 변화를 가져오기 위해서는 사회의 필요와 요구에 의해 기술이 수용되고 사회 변화에 적용되어야 한다.

이런 맥락에서 사회학은 전통적으로 전형적 기술결정론, 즉 기술을 독립변수로, 사회를 종속변수로 놓고 기술 발전이 사회 발전을 가져온다고 보는 관점에 대해 비판적 입장을 취해왔다(Bijker et al., 1987). 또한 기술결정론은 기술과 사회 사이의 일방적 관계 설정 이외에도, 기술이 사회를 구성하는 모든 개인 · 집단 · 제도에 동일한 영향을 미치고, 기술의 효과가 한 방향으로 누적적으로 진행되며, 더 나아가 기술의 속성이 사회적 속성으로 나타날 것이라고 가정한다. 그럼으로써 동일한 기술이라도 적용되는 사회적 맥락에 따라 전혀 다른 효과를 갖게 된다는 사실을 놓치게 된다(Fischer, 1985).

결국 기술과 사회의 관계를 사회학적 관점에서 바라볼 때, 기술은 사회로부터 독립된 하나의 구조적 체계가 아니라, 사회 속의 행위자들에 의해 지속적으로 재구성되는 '과정'으로서 존재한다. 동시에 과정으로서의 기술은 사회 속의 행위자들에 의해 지속적으로 사회관계의 변화에 적용됨으로써, 기술과 사회는 상호구성의 관계에 놓이게 된다. 즉, 기술과 사회의 상호구성 과정은 기든스가 이론화하고 있는 구조화 과정structuration process이 기술과 사회의 관계에서도 진행됨을 보여준다(Giddens, 1984).

다른 한편, 정보기술은 기술 파급의 전범위성과 정보기술에 고유한 기술적 특성으로 기존의 기술과 사회, 기술과 인간의 관계를 근본적으로 재설정한다.

전통적으로 기술은 물리적 인공물(예: 자전거)이나 작업 프로세스(예: 철강 제조), 혹은 작업처리방식(노하우)을 의미했다(Bijker et al., 1987: 3-4). 그러나 하나의 시스템으로 존재하고 작동하는 정보기술은 전통적인 기술처럼 사회의 외부에 존재하며 필요에 의해 도구적으로 이용되는 것을 넘어, 사회관계를 형성하는 생산·소비(경제), 의미·경험(문화), 권력(정치)관계의 모든 영역에 침투하여 사회를 구성하는 물질적 요소가 된다. 그러므로 기술은 이제 사회 외부에 존재하는 그 무엇이 아니라, 사회 그 자체가 되어 삶을 조건 짓게 되고, 전통적인 의미의 기술과 사회의 경계는 허물어지며, 기술-경제, 기술-문화, 기술-권력 관계를 매개로 기술은 사회 구성의 핵심 요소가 된다(Castells, 2000b).

또한 정보 자체를 원재료로 삼아 또 다른 정보를 생산해내는 정보기술은 상징을 조작하는 인간정신을 직접적 생산력으로 만들어내고, 궁극적으로는 인간정신과 기술을 하나의 정보기술체계로 통합해낸다

(Castells, 2000a: 31). 더 나아가 정보기술은 인간과 기계 사이의 구분을 모호하게 하고, 기계와 유기체의 잡종인 사이보그를 출현시켜 기술적인 것과 유기체적인 것 사이의 존재론적 분리를 없앰으로써, 기술과 인간 사이의 관계를 근본적으로 변화시킨다(Haraway, 2000).

예를 들어 전자적으로 작동하는 인공심장을 장착한 사람은 인간인가, 기계인가? 컴퓨터에 명령을 내리는 인간과 이를 수행하는 컴퓨터, 그리고 컴퓨터의 지시에 반응하는 인간 사이에서, 인간과 기계의 경계는 어디에 있는가? 컴퓨터 네트워크에 접속하여 작업하는 사람에게 네트워크는 그의 일부분인가 아니면 그가 네트워크의 일부분인가?

이렇듯 정보기술은 기존의 기술과 사회, 기술과 인간의 관계에 대해 근본적인 질문을 제기하고 있다. 19세기 사회학이 산업사회의 문제에 답하며 등장했던 것처럼, 21세기 사회학은 정보사회에서 제기되는 새로운 질문에 대한 해답을 찾아가고 있다.

## 생각해볼 문제

1. 인터넷 출현의 역사적 배경과 인터넷에 남겨진 군사적 기원의 속성은 무엇인가?
2. 정보통신기술이 1980년대 이후 확산된 사회적 배경은 무엇인가?
3. 정보사회와 네트워크사회 사이에는 어떠한 의미적 차이가 있는가?
4. 일상생활에서 기술 발전과 사회변동 간 상호작용의 구체적 사례로는 무엇이 있을까?
5. 기술의 발전이 사회에 가져오는 긍정적, 부정적 영향에 대해 토론해 보자.

## 더 읽을 거리

마뉴엘 카스텔(2004), 박행웅 역, 『인터넷 갤럭시: 인터넷, 비즈니스, 사회적 성찰』, 한울.

Rheingold, Howard. 2000. *Tools for Thought: The History and Future of Mind-Expanding Technology*. MIT Press.

## 참고문헌


윤영민(1996), 『전자정보공간론: 컴퓨터 네트워크의 사회학적 탐색』, 전예원.

장-이봉 비리앵(1999), 노윤책 역, 『컴퓨터의 역사』, 한길사.

Abbate, Janet. 2000. *Inventing the Internet*. Cambridge: MIT Press.

ABC Trial, http://www.scl.ameslab.gov/Projects/ABC/Trial.html

Bell, Daniel. 1999(1973). *The Coming of Post-Industrial Society: A Venture in Social Forecasting*. New York: Basic Books.

Berners-Lee, Tim. 1999. *Weaving the Web: The Original Design and Ultimate Destiny of the World Wide Web by its Inventor*. New York: Harper San Francisco.

Bijker, Wiebe E., Thomas P. Hughs, and Trevor Pinch(eds.). 1987. *The Social Construction of Technological Systems: New Directions in the Sociology and History of Technology*. Cambridge: MIT Press.

Castells, Manuel. 2000a. *The Rise of the Network Society, 2nd Ed*. Malden: Blackwell.

Castells, Manuel. 2000b. "Materials for an Explanatory Theory of the Network Society." *British Journal of Sociology*, 51(1).

Castells, Manuel. 2001. *The Internet Galaxy: Reflections on the Internet, Business, and Society*. New York: Oxford University Press.

Ceruzzi, Paul E. 2000. *A History of Modern Computing*. Cambridge: MIT Press.

Computer History Museum, http://www.computerhistory.org

Ellul, Jacques. 1967(1964). *The Technological Society*. New York: Alfred A. Knopf.

ENIAC-on-a-Chip, http://www.ee.upenn.edu/~jan/eniacproj.html

Fischer, Claude S. 1985. "Studying Technology and Social Life," in Manuel Castells(ed.), *High Technology, Space and Society*. Newbury Park: SAGE.

Giddens, Anthony. 1984. *The Constitution of Society: Outline of the Theory of Structuration*. Berkeley: University of California Press.

Haraway, Donna J. 2000(1985). "A Cyborg Manifesto: Science, Technology, and Socialist Feminism in the Late Twentieth Century," in Neil Badmington(ed.), *Posthumanism*. Houndmills: Palgrave.

Heilbroner, Robert L. 1994(1967). "Do Machines Make History?", in M. Smith & L. Marx(eds.), *Does Technology Drive History?*. Cambridge: MIT Press.

Marx Leo. 1994. "The Idea of 'Technology' and Postmodern Pessimism," in M. Smith & L. Marx(eds.), *Does Technology Drive History?*. Cambridge: MIT Press.

Mokyr, Joel. 1990. *The Lever of Riches: Technological Creativity and Economic Progress*. New York: Oxford University Press.

Mumford, Lewis. 1970. *The Myth of the Machine, Vol II: The Pentagon of Power*. New York: Harcourt, Brace & World.

Ogburn, William F. 1966(1922). *Social Change: With Respect to Cultural and Original Nature*. New York: A Delta Book.

Richey, Kevin W. 1997. "The ENIAC," http://ei.cs.vt.edu/%7Ehistory/ENIAC.Richey.HTML

Touraine, Alain. 1971. *The Post-Industrial Society: Tomorrow's Social History: Classes, Conflicts and Culture in the Programmed Society*. New York: Random House.

Weik, Martin H. 1961. "The ENIAC Story," http://ftp.arl.mil/%7Emike/comphist/eniac-story.html

# 14 세계화와 인터넷 거버넌스*

인터넷주소자원관리기구(Internet Corporation for Assigned Names and Numbers: ICANN) 제36회 정기총회가 2009년 10월 24일 서울에서 열렸다. 이 행사는 인터넷주소자원관리기구가 세계 각지를 돌며 해마다 3차례 개최하는 회의의 하나로서, 2009년 3월 멕시코 멕시코시티 대회와 6월 호주 시드니 대회에 이어 열린 대회였다. 전 세계 111개국에서 총 1,207명이 참석한 이 회의는 한국의 방송통신위원장, 국회 문화방송관광위원장, 한국인터넷진흥원장이 주최국을 대표하여 축사를 했는데, 대부분의 인터넷주소자원관리기구 국제회의도 대체로 이와 비슷한 규모와 수준에서 진행된다. 인터넷주소자원관리기구가 지난 10여 년 동안 세계 각지를 돌며 이와 같이 비교적 대규모의 국제행사를 열 수 있었던 것은 아마도 그것이 인터넷의 주소 자원에 관한 글로벌 거버넌스 기구로 널리 인정받고 있기 때문일 것이다.

그런데 우리가 만일 인터넷주소자원관리기구의 조직적 특성을 염두에 둔다면, 그것이 현재 글로벌 거버넌스 기구로서 누리고 있는 권위는 도대체 어디에서 오는지 궁금해질 것이다. 1998년에 탄생한 인터넷주소자원관리기구는 미국 캘리포니아 주법의 관할 아래에 있는 비영리 민간 법인이며, 어떤 개별 정부도 인터넷주소자원관리기구의 최고 의사결정기구인 이사회에 투표권을 가진 주체로 참여할 수 없기 때문이다. 또한 그것은 대표성 원리에 따라 작동하거나 민주적 원리를 충실히 따르는 조직으로 간주되지 않기 때문이다. 그러면 인터넷주소자원관리기구는 과연 어떻게 해서 현재와 같은 권위를 누리고 있는 것일까?

* 이 글은 이항우(2009), 〈지구화, 인터넷 거버넌스, 그리고 ICANN〉, 《경제와사회》 82: 128-160 그리고 이항우(2010), 〈신자유주의 글로벌 인터넷 거버넌스와 정당성 문제: ICANN의 사례〉, 《경제와사회》 87: 172-203에 상당 부분 의존하고 있음을 밝힌다.

## |1| 세계화와 거버넌스

1970년대 이래 세계는 자본주의 생산방식이 전 지구 범위로 점차 확산되고, 모든 전前자본주의적 관계가 점점 더 자본주의적으로 되는 이른바 '세계화globalization' 시대를 지나고 있다. 기업들은 본사, 설계, 제조, 유통, 판촉 등과 관련된 생산 전략을 세계 범위에서 수립하며, 이를 금융, 광고, 보험, 자문 등과 같은 생산자 서비스의 세계화가 뒷받침한다. 통합된 세계 금융시장이 발전하고, 외환거래도 급속히 확대된다. 초국적 미디어 기업은 세계 범위의 새롭고 다양한 영상 및 정보 사업을 통해 이윤을 축적하고, 초국적 경제 활동에 유리한 상징 환경을 조성하고 있다. 이러한 지구 수준의 사회 변동에 따라, 최근 사회과학은 세계화 시대 국민국가의 위상, 초국적 자본의 세계 지배력, 초국적 기구의 정치적 영향력, 미국 헤게모니의 성격 등과 같은 문제들을 집중적으로 탐구하였다.

그런데 세계화에 관한 그간의 논의에서 정보화와 세계화 사이의 관계는 대체로 생산, 금융, 시장, 문화의 세계화에 인터넷을 비롯한 정보통신기술이 매우 중요한 정보적·기술적 토대를 제공한다는 차원에서 다루어졌다. 반면, 세계화의 동학動學이 지구적 수준의 정보사회 발전에 어떻게 작동하는지에 대한 관심은 그다지 높지 않은 편이었다고 볼 수 있다. 따라서 세계화와 정보화 사이의 관계는, 정보기술에 대한 기존의 도구주의적 접근법을 넘어서서, 세계화에 따라 새롭게 형성되고 있는 국민국가, 초국적 기구, 초국적 자본 사이의 관계가 지구적 정보사회의 형성에 어떻게 결부되고 있으며, 일국적·지구적 수준의 정보화와 인터넷 관리 정책에 어떤 영향을 미치는가라는 차원에서 다루어질 필요가 있다.

세계 각국의 정보화 및 인터넷 관리에 매우 중요한 영향을 미치는 글로벌 거버넌스 기구는 인터넷주소자원관리기구이다. 인터넷은 소통 방식의 측면에서 탈중심 매체로 널리 알려져 있지만 동시에 매우 중심화된 매체로도 평가될 수 있는데, 인터넷에 연결된 지구상의 모든 컴퓨터가 각기 고유한 인터넷 프로토콜 주소를 갖고 있기 때문이다. 일반적으로 발신지와 수신지가 없는 통신이 가능하지 않듯이, 컴퓨터와 컴퓨터 사이의 통신이 가능한 것은 네트워크에 연결된 개별 컴퓨터가 자신만의 고유한 인터넷 프로토콜 주소를 갖고 있기 때문이다. 그런데 많은 사람들에게 인터넷 프로토콜 주소는 기억하기도 어렵거니와 사용하기도 불편하다. '도메인 명칭domain name'은 이 문제를 해결하기 위하여 도입되었다. 인터넷 프로토콜 주소와 거기에 상응하는 도메인 명칭을 수록한 데이터베이스는 '도메인 명칭 시스템'이라 불리는데, 그것을 보유한 컴퓨터들인 이른바 '근본 서버root server'들은 전 세계 컴퓨터들이 인터넷에서 서로 잘 연결될 수 있도록 적절하게 관리되어야 한다. 이로부터 인터넷 주소자원 관리에 관한 글로벌 거버넌스가 요청된다. 오늘날 인터넷주소자원관리기구가 지구적 수준에서 행사하는 영향력은, 아래에서 자세히 살펴보겠지만, 단순한 기술 문제를 넘어서며 정치·경제·사회·문화적으로 매우 큰 함의를 갖는다.

이 장에서 우리는 세계화가 제기하는 다양한 이론적 문제들을 글로벌 인터넷 거버넌스를 통해 살펴봄으로써, 최근의 세계화에 관한 논의의 영역과 대상을 인터넷 거버넌스까지 확대시키고, 인터넷 글로벌 거버넌스에

**도메인 명칭(Domain Name)**
도메인 명칭은 인터넷 프로토콜 주소(예를 들어 '211.61.51.101')에 상응하는 문자들의 조합(예를 들어 'www.president.go.kr')을 가리킨다.

미국 캘리포니아 주 마리나 델 레이에 위치한 인터넷주소자원관리기구(ICANN)

관한 논의를 세계화 논의의 맥락 속에 위치시키고, 세계화와 글로벌 인터넷 거버넌스 권력구조의 특성을 탐구할 것이다.

## |2| 세계화: 국민국가, 초국적 자본, 초국적 기구

### 1) 세계화와 신자유주의

"세계의 압축" 혹은 "지구는 하나의 사회라는 느낌의 강화"로 표현되기도 하는 세계화는 대체로 1970~80년대 이래 경제·정치·사회·문화·기술 요인의 복합 작용으로 인해, 세계 각지 사람들 사이의 상호작용이 점점 더 하나의 동일한 환경 속에 놓이게 되는 과정을 지칭하는 말로 이해된다. 코헤인과 나이는 세계화가 "국가만이 아니라 다양한 행위자들에 의한 사회들 사이의 다중적 통로, 어떤 분명한 위계에 의해 조절되지 않는 다중적 의제들, 그리고 국가들 사이의 힘의 사용이나 위협의 무관성"(Keohane and Nye, 2000: 115)으로 규정되는 '복합적 상호의존성'을 낳는다고 주장한다. 경제적 측면에서, 세계화는 시장과 가격과 생산이 지구적 수준에서 결정되는 과정, 즉 "세계 무역, 국제적 자본 흐름, 초국적 기업에 의한 해외 직접투자의 폭증과 교통과 통신비의 급격한 하락과 그에 따른 교통과 통신의 증대에 의해 초래된"(Ian, 2005: 263) 행위자들 사이의 상호연결성의 심화 과정으로 흔히 정의된다.

그러나 세계화를 이처럼 세계적 상호연결성의 강화라는 측면에서 이해하면, 그것은 이미 수백 년 전부터 진행되어온 역사적 과정이라고 말할 수도 있다. 17세기 이래 근대의 교통·통신기술은 세계를 하나의 사회로 지속적으로 압축시켜왔으며, 1970년대 이래의 상품과 자본과 인구의 세계적 이동이 19세기 말과 20세기 초와 비교하여 반드시 급격하게 확장되었다고 보기도 어렵기 때문이다(Wolf, 2000: 181). 실제로 많은 연구자들은 1980년대 이후에야 사회과학계에 본격적으로 등장하기 시작한 세계화라는 용어가 사실상 세계 자본주의의 신자유주의화에 따른 정치, 경제, 사회, 문화의 세계적 재편성을 지칭하는 말에 다름 아니라고 주장한다. 세계 경제의 신자유주의화란 1980년대 이래 자유무역, 자본시장 자유화, 변동 환율제, 복지국가 해체, 공기업 사유화, 조세 감면, 시장 규제 완화 및 철폐, 이자율의 시장 결정, 균형 예산 등과 같은 거시 경제 정책, 즉 '워싱턴 컨센서스Washington Consensus'(Held, 2005: 97-8)에 바탕을 두고 진행된 세계의 경제 변동을 가리키며, 현대인의 "정치·경제적 삶을 어떻게 구조화할 것인가에 대한 유일하게 받아들일 수 있는 상식적 처방"(Weiss, 2000: 802-3)처럼 인식되고 있다. 이러한 입장에 따르면, 1980년대 이래 세계 자본주의는 신자유주의 체제로 전환하였지만, 그 과정은 신자유주의화보다는 흔히 세계화로 명명되었고, 이는 신자유주의적 재조정을 주체 없는 불가피한 과정으로 신화화하는 데 크게 일조하였다. 신자유주의라는 특수한 사회개조 프로그램이 세계화라는 보편적 사회변동 원리로 등치된 셈이다.

이러한 논란 이외에도, 세계화에 관한 주장과 쟁점들은 다양하다. 세계화는 과연 얼마나 강력하고 결정적인 과정인가? 그것은 과연 국가 혹은 국민경제의 종말을 야기하고 있는가? 국적을 불문한 초국적 자본과 초국적 엘리트의 연결망이 구축되고 있는가? 세계화 시대에 미국의 역할은 무엇인가? 새롭게 출현하는 초국적 기구는 기존의 국제기구와 어떻게 다른가?(Cox, 1996; Gordenker and Weiss, 1996; Gowan, 1999; Hay and Rosamond, 2002; Held, 1996; Ian, 2005; Lips and Koops, 2005; Murphy, 2000; Nordhaug, 2002; Reich, 1991; Robinson, 1998; Waters, 1995; Weiss, 2001) 이러한

**워싱턴 컨센서스(Washington Consensus)**
국가적 위기 발생을 제3세계 구조조정의 전제로 삼아 미국식 시장경제체제(신자유주의)의 대외 확산 전략을 꾀하는 것으로, 1990년대 미 행정부와 IMF, 세계은행이 모여 있는 워싱턴에서 정책 결정자들 사이에 이루어진 합의이다. 여기서 제시된 구조조정 조처들은 정부 예산 삭감, 자본시장 자유화, 외환시장 개방, 관세 인하, 국가 기간산업 민영화, 외국 자본에 의한 국내 우량 기업 합병·매수 허용, 정부 규제 축소, 재산권 보호 등이다. 세계 경제를 미국 기업이 진출하기 쉽게 만들어 이익을 극대화하기 위한 금융자본주의의 음모라는 비판도 있다.

질문들에 관한 다양한 이론적·실증적 작업을 상세하게 검토하고 평가하는 일은 이 장의 목적과 범위를 넘어서는 일이다. 대신 우리는 세계화 시대 개별 국민국가의 위상, 자본과 국가의 초국적화 현상, 초국적 기구의 권위, 미국 헤게모니의 성격 등에 관한 핵심 쟁점들을 아래와 같이 요약할 수 있다.

### 2) 국민국가와 초국적 자본

우선, 세계화 시대 국민국가가 갖는 위상과 역할부터 살펴보자. 이 문제에 대한 지배적 관점은, 세계화를 세계 모든 나라들이 반드시 받아들이고 적응해야만 하는 일종의 외부적 강제로 보는 관점이다(Hay and Rosamond, 2002; Nordhaug, 2002). 이 입장은 세계 수준에서 이루어지는 자유로운 자본 순환의 환경에서 각 국가가 경제 침체와 위기를 겪지 않기 위해서는, 신자유주의 정책과 제도들을 잘 수용하고 실행하는 것이 중요하다고 본다. 이러한 관점에서는 "통화 안정, 엄격한 재정 정책, 무역 자유화, 국내 금융 시스템과 자본 거래의 자유화"(Nordhaug, 2002: 6-7)와 정부, 기업, 은행, 시장 사이의 긴밀한 관계 확립 등이 경제 정책의 기본 원리가 되어야 한다. 그리고 이 입장은 개별 국민국가에 대한 초국적 자본의 힘의 우위를 강조하는데, "점증하는 자본 유동성과 생산 및 서비스의 초국적화는 예산 및 경상 계정 균형, 재정 정책, 금융 정책 및 관리, 투자 조절, 노동 표준 등과 관련된 국민정부 정책에 대한 시장의 규제력을 높여"(Nordhaug, 2002: 8)준다고 보기 때문이다. 세계화된 경제에서 자신의 국경 안에서 일어나는 경제 활동에 대한 개별 국가의 통제력은 이전에 비해 매우 약해졌으며 초국적 자본과 기구에 그것을 점점 더 많이 이양하고 있는 것으로 평가된다. 세계화 시대 국가의 권능은 심각하게 약화되었고, 기업 활동이 단지 국가의 영토 안에서 일어나고 있다는 이유로 국가는 종종 "일종의 지주"와 같은 것으로 간주된다. 그리고 "만일 지주가 시원찮으면 임차인은 더 좋은 곳으로 떠나게 될 것"(Ian 2005: 263)이므로, 국가의 역할이란 자본 유치와 자본 활동 촉진 및 보조에 초점을 맞추어야 하는 것이 된다.

그러나 세계화가 일반적으로 국가권력의 약화를 초래하고 있다 하더라도, 지구적 과정과 일국적 과정, 시장과 국가의 관계를 반드시 제로섬 관계로 이해할 필요는 없을지도 모른다. 세계화는 일국의 정치·경제 제도와 관행에 의해 매개되며, 그 과정에서 개별 국가의 힘은 얼마든지 강화될 수 있기 때문이다. "국경을 넘어선 기업 인수합병, 전략적 동맹 그리고 금융시장 개방 등과 같은 초국적 경제 활동의 조절 및 촉진 작용을 통해, 국가는 약화되기보다 오히려 더 강화될 수 있다."(Weiss, 2001. Nordhaug 2002: 11에서 재인용) 세계화를 모두가 순응해야만 하는 어떤 결정된 경로를 따라가는 것으로서가 아니라, 행위 주체들의 실천에 따라 그 형태가 다양한 모습으로 나타날 수 있다고 믿는 입장에 따르면, 국가는 "탄력 있는 괴물"(Ian, 2005: 271)이다. 즉, 세계화는 세계 각국의 경제에 상이한 수준에서 상이한 방식으로 영향을 미치며, 그 영향은 각국의 위치에 따라 상이하게 해석되기 때문에, 개별 국가는 세계화에 "상이한 전략적 능력을 가지고 상이하게 반응"(Hay, 2000: 512)할 수 있다. 이 입장은 초국적 과정이 지닌 커다란 영향력에도 불구하고, 국가는 세계화에 대해 매우 저항적이고 비판적인 영역이 될 수 있다는 사실을 강조한다. 국가는 세계화에 대한 "저항의 최종 요새"(Waters, 1995: 122)인 셈이다.

한편, 네오-그람시주의는 초국적 자본이 세계 지배력을 확장하는 과정에서 계급과 국가는 초국적화된다고 주장한다(Cox, 1996: Robinson

1998). 이제 국가는 세계 경제의 효율적 작동을 위해 지역 경제를 조정하는 역할을 맡게 되었다고 말할 수 있는데, "민족-국가의 기능이 예전의 국가 정책 수립에서, 초국적 기구를 통해 초국적 엘리트가 마련한 정책의 관리로 바뀌고"(Robinson 1998: 586) 있기 때문이다. 또한 네오-그람시주의는 오늘날 국가 간 교환으로 보이는 대부분의 경제 현상들이 사실은 수백 개 초국적 기업의 상이한 지사들 사이의 교역, 즉 '기업 내' 교역으로 이해될 수 있다고 주장한다. 따라서 외견상 일국의 발전 전략 결과로 보이는 경제 현상들은, 초국적 자본이 단일한 지구경제 속에서 개별 국가의 여러 가지 경제 조건을 고려하여 지구 수준의 축적 과정을 배치하고 조정한 것의 결과로 간주될 수 있다. 세계 중심부와 주변부의 격차에 대해서도 네오-그람시주의는 그것이 이전처럼 '선진국'과 '후진국'의 격차로 나타나기보다는, 점점 더 지구 사회 안의 '선진 인구 집단'과 '후진 인구 집단'의 격차로 나타나고 있다고 주장한다.

### 3) 글로벌 거버넌스와 미국의 헤게모니

다음으로, 세계화 시대 글로벌 거버넌스의 성격을 살펴보자. 최근 초국적 자본의 지배력 강화와 함께, 세계무역기구, 국제통화기금, 세계은행, 유럽연합 등과 같은 글로벌 거버넌스 기구의 영향력도 점차 확대되고 있다. 개별 국가의 정책 역량을 압도하는 정책 수단과 행정 체계를 갖춘 초국적 체제가 강화되고 있는 것이다. 글로벌 거버넌스 관념은 다음과 같은 몇 가지 중요한 요소들로 구성되어 있다(Dingwerth · Pattberg, 2006). 우선, 글로벌 거버넌스 관념에서는 세계화 시대에 지역, 국가, 권역, 지구적 과정이 서로 불가분하게 연결되어 있다는 사실이 강조된다.

**거버넌스(Governance)**
국가, 시장, 시민사회 행위자가 대등한 위치에서 자율적으로 서로를 조정해가는 과정과 정치를 일컫는 말. 정보화와 세계화로 인해 공적 영역과 사적 영역, 부처 간 관할영역, 정부의 종적 관할영역(중앙-지방)의 경계를 허무는 새로운 정책공간과 행위자 간 상호호혜적인 네트워크 관계가 발생함으로써 요구되는 새로운 개념이다.

다음으로 비정부기구, 초국적 기업, 과학자 및 전문가 집단이 세계화 과정에 미치는 영향력이 개별 국민정부에 못지않은 중요성을 갖는다는 점도 강조된다. 셋째, 글로벌 거버넌스 관념에서는 세계화 시대에 새로운 권위 주체가 주권 국가와 무관하게 형성될 수 있으며, 초국적 기업이나 초국적 기구와 같은 사적 권위가 출현할 수 있다는 사실이 중요하다. 넷째, 다양한 거버넌스 형태들 사이의 관계는 위계적이라기보다는 수평적이다. 글로벌 거버넌스는 특정 국가 혹은 세계 제국과 같은 단일한 중앙 집중 권력을 갖는 것이 아니라, 다양한 권력 중심들의 네트워크 형태를 띠는 것으로 간주된다.

초국적 자본들에 의해 주도되는 세계화의 부정적 측면을 강조한 그림

제도주의 국제관계이론은 글로벌 거버넌스 기구가 상호의존적인 세계 정치 과정에 매우 중요한 역할을 한다고 본다. 글로벌 거버넌스는 "참여 국가와 행위자들이 서로에게 도움을 주는 방향으로 자신들의 행위를 조정하도록 하는 규범과 정보를 창출"(Buchanan and Keohane, 1998: 408)하며, 그것의 지배력은 다양한 수준의 행위자들이 초국적 규범이나 표준에 따르도록 만드는 것을 통해 관철된다. 제도주의 국제관계이론에 따르면, 개별 국가들은 국제관계의 원리, 규범, 규칙, 의사결정 과정 등을 포괄하는 국제 레짐을 통하여 자신들의 이익을 추구하는데, 이 과정에서 자신들의 주권이 부분적으로 제한당하는 것도 감수한다. 글로벌 거버넌스에서는 국가나 기업 같은 특정한 물리적 행위자보다는 사회 행위를 형성하고 제약하는 규범과 규칙과 표준이 더 중요하게 다루어지는 것이다. 그 결과 글로벌 거버넌스 기구는 국제관계의

불확실성을 줄여주고 그것의 신뢰성을 높여준다. "국제기구는 투명한 협상을 촉진시킴으로써, 일련의 의제들을 일정한 규칙에 따라 처리하고 좋은 평판을 유지하기 위한 진정성을 촉진시킴으로써, 그리고 개별 정부의 약속 실행 여부를 체계적으로 평가할 수 있도록 함으로써, 이러한 불확실성을 줄여줄 수 있다."(Keohane · Nye, 1998: 86)

그리고 제도주의 국제관계이론에 따르면, 글로벌 거버넌스의 의사결정은 특정한 중심 권력이 독점하는 것이 아니라 행위자들 사이의 조정과 협력을 통해 이루어진다. 미국과 같은 초강대국이 글로벌 거버넌스에 지대한 영향을 미치고 있다고 해서, 세계 정치에서 그것이 차지하는 역할을 지나치게 강조하는 것은 적절치 않다. 글로벌 거버넌스 기구를 통해 만들어지는 정책들은 미국이 다른 나라들과의 쌍무적 관계에서 사용하는 정책들과는 다를 수밖에 없기 때문이다. 제도주의자들에게, 위계적이고 불평등한 글로벌 거버넌스 형태들은 점점 더 정당성을 확보하기가 어려워지며, 세계를 운명공동체로 보는 다자간 협력주의가 글로벌 거버넌스의 권력 불평등을 순화시켜줄 것이다. 대부분의 협력 의제들은 다자간 협상에 바탕을 두고 있기 때문에, 누가 더 많은 이득을 보는지를 평가하기란 어려우며, 결정적인 권력관계의 변화를 수반할 위험도 줄어든다(Keohane · Nye, 1998: 88).

그러나 네오-그람시주의는 제도주의 국제관계이론과는 반대로, 글로벌 거버넌스가 "엘리트들의 생각을 세계 시장의 요청에 적합한 방향으로 재조정하는 이데올로기"(Cox, 1996: Murphy, 2000: 792에서 재인용) 작용을 한다고 본다. 글로벌 거버넌스는 국민국가가 세계화에 대처하는 능력의 한계에서 초래되기보다는 대처주의, 레이건주의, 제3의 길 등의 경제모델이 양산하고 있는 지구적 범위의 부정적 결과를 숨기기 위해 동원되고 있다는 것이다. 네오-그람시주의에서, 세계화와 관련된 질적으로 새로운 현상은 국민국가와 초국적 사회경제 생활을 조절하는 지구적 수준의 사적 권위의 발전이다. 그것은 초국적 신용회사, 재정 보충, 회계, 컨설팅회사, 지구적 · 지역적 산업카르텔 등과 같은 부문을 포함한다(Murphy, 2000: 794). 이처럼 신자유주의가 초국적 수준에서 작동하기 때문에, 글로벌 거버넌스에 대한 이해도 초국적 엘리트 및 초국적 자본계급에 대한 분석에 초점을 맞추는 것이 필요하다. 그리고 네오-그람시주의는 글로벌 거버넌스에서 탈국가화된 초국적 엘리트가 지구적 헤게모니를 행사하는 것으로 파악한다. "국제통화기금, 세계은행, 세계무역기구 등은 어느 한 국가에 충성하는 것이 아니라 초국적 엘리트에게 충성"(Robinson, 1998: 585)한다.

그러나 오늘날 대부분의 국가가 경험하는 경제적 압력은 순전히 시장의 힘만이 아니라 국가들 사이의 불균등한 권력관계, 특히 미국의 헤게모니에 의해 초래된다는 점을 무시할 수 없다. "미국이 주도한 세계 경제의 '금융화'가 신자유주의 개혁에 대한 미국의 압력과 맞물려"(Nordhaug, 2002: 14) 있기 때문이다. 실제로, 1990년대에 아시아를 비롯한 세계의 많은 나라들에서 신자유주의 제도와 정책이 본격적으로 등장한 것은 금융산업에 강점을 지닌 미국이 그들 나라의 제도를 영미식 자본주의에 맞추도록 하고 자본금 계정을 개방하고 금융 시장을 자유화하도록 한 데 기인한 바가 크다(Gowan, 1999). 따라서 글로벌 거버넌스는 궁극적으로 미국의 통제 아래 있으며, 미국의 요구를 실현하기 위한 도구로 활용되어왔다는 평가가 가능하다. 세계화 시대 초국적 자본계급은 여전히 미국의 지대한 영향력 아래서 성장하고 있다고 말할 수 있는 것이다(Murphy, 2000: 799).

## |3| 세계화와 인터넷주소자원관리기구의 글로벌 거버넌스

### 1) 인터넷주소자원관리기구

도메인 명칭 시스템 관리는 1970년대 초반 포스텔Jon Postel이 미국 국방부 아르파넷Advanced Research Project Agency Network: ARPANet 프로젝트의 일환으로 호스트 컴퓨터 이름과 주소 목록을 관리하고 유지한 데서 비롯되었다. 포스텔은 인터넷주소할당기구를 통해 도메인 등록 업무를 수행하였으며, 1985년까지 아르파arpa, 거브gov, 에듀edu, 컴com, 오르그org, 밀mil, 넷net의 7개 일반 최상위 도메인generic Top-Level Domain: gTLD과 244개의 국가부호 최상위 도메인country code Top-Level Domain: ccTLD이 만들어졌다. 그런데 1980년대 후반 아르파넷이 소멸함에 따라, 1990년대부터는 국립과학재단 네트워크NSFNET가 4천 개가 넘는 연구 및 교육기관들의 컴퓨터 연결을 뒷받침하는 백본backbone을 제공하게 되었다. 1992년 말 국립과학재단은 네트워크 솔루션Network Solutions, Inc.과 협정을 체결하여 네트워크 솔루션으로 하여금 도메인 명칭 시스템 서버를 운영하고 선착순에 따라 무료로 최상위 도메인을 등록해주는 업무를 담당하게 했다.

그러나 새롭게 형성된 수많은 상업 네트워크가 기존의 국립과학재단 네트워크와 결합함에 따라 네트워크들의 네트워크인 인터넷의 상업적 가치가 점점 더 커지게 되었고, 1995년을 전후하여 도메인 등록 건수가 폭발적으로 증가하게 되었다. 그 결과 새로운 최상위 도메인 생성 문제를 포함한 도메인 명칭 시스템 관리에 관한 논쟁이 격화되었다. 이에 미국 상무부는 도메인 명칭 시스템 관리방식에 대한 변화 압력을 수용하고 도메인 관리에서 손을 떼기 위하여 도메인 명칭 시스템을 민영화하기로 하였다. 미국 정부의 이러한 방침에 따라, 1998년 초국적 비영리 민간기구 인터넷주소자원관리기구가 탄생하게 되었다.

### 2) 최상위 도메인과 국가 정책의 자율성

**일반 최상위 도메인 등록: 국가와 인터넷주소자원관리기구** 인터넷의 최상위 도메인은 일반 최상위 도메인과 국가부호 최상위 도메인으로 구성되어 있다. 애초에 인터넷이 미국 정부 주도로 발전하기 시작했을 때, 도메인 명칭은 특정 기관이나 조직의 범주를 상징적으로 드러내주는 용어들로 만들어졌다. 즉, 교육과 관련된 조직을 위해서는 닷에듀.edu, 정부는 닷거브.gov, 상업조직은 닷컴.com, 군사기관은 닷밀.mil과 같은 일반 최상위 도메인이 생성되었다. 그리고 도메인 명칭 시스템의 정립이 여전히 미국의 군-산업-교육 복합체의 과제로 인식되었기 때문에, 국가부호 최상위 도메인은 초기 일반 최상위 도메인의 성립 이후에야 도입되었다.

오늘날 특정 국가 안에서의 일반 최상위 도메인 등록 사업은 해당 국가의 정책 규제와는 상관없이, 인터넷주소자원관리기구로부터 승인을 받아야 하는 초국적 과정에 속한다. 일반 최상위 도메인 시스템에서의 도메인 등록은 2008년 현재 전 세계에 산재하는 총 880여 개의 등기대행업체를 통해서 이루어진다. 한국의 경우, 2008년 1월 현재 아

최상위 도메인의 관리 구조

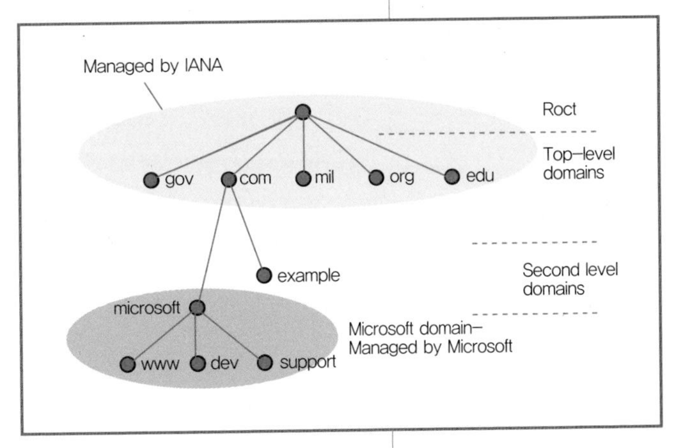

**일반 최상위 도메인의 역사**
대표적인 일반 최상위 도메인에 해당하는 닷컴, 닷넷, 닷오르그, 닷에듀, 닷거브, 닷밀은 1995년에 생성되었다. 이후 닷인트(.int)는 1998년 인터넷주소자원관리기구의 성립과 함께 탄생하였고, 2001년에는 닷에어로(.aero), 닷비즈, 닷쿠프(.coop), 닷인포, 닷뮤지엄(.museum), 닷네임(.name)이 생성되었다. 2002년에는 닷프로, 2005년에는 닷캣(.cat), 닷잡스, 닷모비, 닷트래벌이 도입되었다. 가장 최근에는 닷텔(.tel)이 2006년에, 닷아시아(.asia)가 2007년에 생성되었다.

사달, 사이덴터티, 닷포스, 닷네임코리아, 한강시스템, 아이비아이닷넷, 아이네임즈, 한국정보인증, 넷피아, 삼정데이터서비스, 오늘과내일, 알지네임스, 에스닉 등을 포함한 약 15개의 업체가 닷컴, 닷넷, 닷오르그, 닷인포.info, 닷비즈.biz, 닷프로.pro, 닷모비.mobi, 닷트래벌.travel, 닷잡스.jobs, 닷아시아.asia 등과 같은 일반 최상위 도메인 등기대행업체로 인터넷주소자원관리기구에 등록되어 있다.

일반 최상위 도메인 등록에 관한 한, 등기대행업체는 자국 정부가 아닌 초국적 기구 인터넷주소자원관리기구에 등재되어 연간 등록비와 도메인 등록·갱신·변경에 관한 일정한 비용을 인터넷주소자원관리기구에 지불해야만 한다. 인터넷주소자원관리기구는 스스로를 비정부 비영리 민간 법인으로 규정함에도 불구하고, 세계 각국의 수백 개 등기대행업체들에게 일종의 세금을 부과하고 있다.

**일반 최상위 도메인 대 국가부호 최상위 도메인** 일반 최상위 도메인과 국가부호 최상위 도메인이 공존하는 상황에서, 개별 국가부호 최상위 도메인이 도메인 사용자에 대하여 갖는 영향력은 제한적일 수밖에 없다. 국가부호 최상위 도메인은 개별 국가의 정치적 관할권 아래 놓여 있는 반면, 일반 최상위 도메인은 그것으로부터 자유롭다. 도메인 명칭 등록이 점점 더 경쟁적인 상업 영역이 되고 있는 상황에서, 국가부호 최상위 도메인보다는 일반 최상위 도메인이 판촉, 가격, 서비스 등의 측면에서 훨씬 더 경쟁력을 갖기 쉬운 것으로 평가할 수 있다. 따라서 일반 최상위 도메인이 존재한다는 사실 자체가 국가부호 최상위 도메인 관리 주체의 정책 및 규제 능력에 일정한 제한을 가할 수 있다.

이러한 전망은 일반 최상위 도메인과 국가부호 최상위 도메인이 전 세계 최상위 도메인 시장에서 각기 차지하고 있는 비중에서 어느 정도 뒷받침된다. 2007년 12월 현재, 인터넷주소자원관리기구에 등재된 일반 최상위 도메인의 종류는 ARPA 도메인을 포함하여 총 21개에 달한다. 그런데 2008년 1월 현재, 전체 일반 최상위 도메인 등록 건수는 9,688만 건에 달한다. 이는 전 세계 국가부호 최상위 도메인과 일반 최상위 도메인을 합한 전체 도메인 건수 1억 3,415만 건의 약 72%에 달하는 수치다. 일반 최상위 도메인과 국가부호 최상위 도메인의 도메인 등록 건수 비율이 대략 7대 3으로, 일반 최상위 도메인이 압도적 다수를 차지하고 있다. 그중에서 닷컴이 전체 일반 최상위 도메인의 75%를 차지하며, 닷넷이 11%, 닷오르그가 6.6%, 닷인포가 5.1%로 그 뒤를 잇고 있다. 그리고 전 세계 약 1억 3천여 건의 총 도메인 등록 건수에서 닷컴 도메인은 전체의 약 54%를 차지하고 있다. 한국의 경우, 2007년 12월을 기준으로, 국가부호 최상위 도메인인 닷케이알.kr의 총 등록 건수는 93만여 건인 반면, 일반 최상위 도메인 총 등록 건수는 77만여 건에 달한다. 그중 닷컴은 전체 일반 최상위 도메인의 약 70%를 차지하고 있다.

**국가부호 최상위 도메인: 국가와 인터넷주소자원관리기구** 그런데 이상에서 살펴본 일반 최상위 도메인의 구성과 일반 최상위 도메인 등기대행업체의 활동 조건과는 달리, 국가부호 최상위 도메인의 동학은 개별 국가의 정치적 관할권 아래에 놓여 있어 개별 국가의 정책 규제로부터 많은 영향을 받는다. 국가부호 최상위 도메인의 관리와 그에 관한 의사결정의 궁극적 권한은 해당 도메인의 정부가 갖고 있다. 인터넷주소자원관리기구의 정부자문위원회가 제시한 〈국가부호 최상위 도메인 위임 및 관리 원칙과 가이드라인〉에 따르면, "국가부호 최상위 도메인 정책은 그것이 지구적 함의를 갖고 국제적 수준에서 해결되어야 하는 것이 아닌 한 일국적 수준에서 정립되어야 한다. 대부분의 국가부호 최상위 도메인 정책 사안은 그 성격상 일국적인 것이며, 국내법에 따라 일국적 인터넷 공동체에 의해 처리되어야 한다".

이러한 이유 때문에, 국가부호 최상위 도메인은 기본적으로 개별 국가의 주권 영역 안에 존재하는 공적 자원으로 간주되며, 각국의 정체성 혹은 지구정치적 영토로 이해되기도 한다. 인터넷주소자원관리기구 중심의 글로벌 인터넷 거버넌스 체제 아래에서도, 인터넷 거버넌스에 관한 정책적 자율성과 독자성을 실현하려는 국가 수준의 노력은 국가부호 최상위 도메인을 중심으로 상당히 적극적으로 이루어지고 있다고 보아야 할 것이다.

하지만 개별 정부가 국가부호 최상위 도메인 시스템에 관하여 갖는 이러한 자율성과 독자성조차도 인터넷주소자원관리기구가 정한 일정한 규칙을 준수할 때만 보장된다는 점에서, 결코 완전한 것이라 볼 수는 없다(Froomkin and Lemley, 2002: 13). 국가부호 최상위 도메인 관리를 희망하는 주체는 인터넷주소자원관리기구 이사회로부터 권한 위임에 관한 승인을 받아야 하며, 개별 국가의 정책적 독자성은 인터넷주소자원관리기구가 국가부호 최상위 도메인 관리 및 위임과 관련하여 설정한 몇 가지 중요한 규범적 원리를 따를 때에만 보장된다.

요컨대, 최상위 도메인 시스템 관리와 관련하여, 일반 최상위 도메인 시스템은 개별 정부의 정책 결정 범위를 넘어서는 초국적 과정에 의해 규정되고 있으며, 일반 최상위 도메인 시스템의 존재 자체가 국가부호 최상위 도메인 시스템의 일국적 자율성과 독자성을 상당히 제한할 수 있다. 한편 국가부호 최상위 도메인 시스템의 관리에 관한 한, 일국적 자율성과 독자성은 적극적으로 모색되고 실현될 수 있겠지만, 그것이

기본적으로 글로벌 인터넷 거버넌스의 원활한 작동을 위한 일련의 초국적 규범과 원리를 따를 때에만 보장될 수 있다는 점에서, 일국적 과정은 궁극적으로 초국적 기구를 통해 마련된 지구적 정책 관리의 일환으로 이해될 수 있다.

### 3) 초국적 자본과 글로벌 인터넷 거버넌스

**통합도메인명칭분쟁해결정책과 초국적 자본** 1998년 미국 정부가 인터넷주소자원관리기구를 설립하면서 도메인 명칭 등록 사업을 시장 중심의 경쟁적 민간사업으로 전환하기로 한 밑바탕에는 "지구적 규제 영역을 최소한의 정부 개입과 기업 자율규제 원리에 맡기는 신자유주의 의제"(Antonova, 2007: 2)가 자리 잡고 있다. 따라서 초국적 자본의 이익 실현이 인터넷주소자원관리기구를 통한 인터넷 거버넌스의 핵심 관심사가 될 가능성은 매우 높다. 실제로, 인터넷주소자원관리기구가 설립되면서 제일 먼저 시작된 일들 중 하나가 바로 세계지적재산권기구를 통한 도메인 명칭 분쟁 해결방안의 마련이었다.

도메인 명칭 소매 사업은 많은 분란의 원천이 되었는데, 그중 대표적인 것이 '도메인 투기cybersquatting'라 불리는 현상이다. 도메인 투기는 다른 사람이나 조직이 구입하려 할 것으로 예상되는 인터넷 도메인을, 추후 그들에게 되팔아 이익을 남기려는 목적으로 구입하는 행위를 가리킨다. 대개의 경우, 유명 기업이나 단체의 이름과 동일한 인터넷 도메인을 투기나 판매 목적으로 선점하는 행위가 이에 해당한다. 이외에도, 경쟁 회사의 이름을 먼저 인터넷 도메인으로 등록하여 그 회사의 온라인 사업을 원천적으로 방해하거나, 유명 회사의 이름과 유사한 도메인 명칭을 등록하여 유명 회사의 인터넷 주소를 잘못 입력한 소비자

**도메인 명칭 분쟁**
도메인 명칭 분쟁이란 인터넷 도메인 명칭 등록자와 기존의 상표권 소유자 사이의 갈등을 가리킨다. 예컨대, '맥도널드닷컴(McDonalds.com)'이라는 인터넷 도메인을 등록한 사람과 '맥도널드(McDonalds)'라는 상표권을 가진 거대 햄버거 자본 맥도널드 사 사이의 '맥도널드닷컴'을 둘러싼 분쟁이 이에 해당한다. 이러한 분쟁은 1990년대 중반부터 시작된 웹사이트의 폭발적인 증가와 함께, 도메인 명칭의 재판매가 매우 수익성 높은 사업이라는 사실이 널리 알려지면서부터 본격화되었다. 실제로 1994년 고작 70달러에 등록된 '월스트리트닷컴(wallstreet.com)'이라는 인터넷 도메인이 1999년에 100만 달러에 팔리기도 하였으며, 이러한 도메인 명칭 소매 사업이 1990년대 중반 이후 크게 발전하였다.

가 해당 사이트에 접속되도록 하는 경우도 포함된다. 한편, 이에 버금가는 부적절한 행태가 상표권자에 의해 벌어지기도 하는데, 그 대표적인 것이 '도메인 명칭 역강탈reverse domain name hijacking'이다. 이는 기업들이 자신들의 막대한 법적·재정적 힘을 동원하여 정당한 도메인 소유자들의 도메인 명칭을 박탈하고 빼앗는 행위를 가리킨다. 예컨대, 루선트 사Lucent Technologies, Inc.를 비판하는 웹사이트인 '루선트석스닷컴lucentsucks.com'은 루선트 사의 도메인 명칭 역강탈에 시달려야 했다. 이러한 이유 때문에, 도메인 분쟁정책이 "지적재산권뿐만 아니라 표현의 자유에도 영향을 미치는"(Mueller, 2001a: 152) 정책으로 간주되기도 한다.

1998년 미국 상무부는 세계지적재산권기구로 하여금 상표권자와 도메인 명칭 소유자 사이의 분쟁을 해결하기 위한 방안을 마련할 것을 요구하였고, 1999년 인터넷주소자원관리기구는 세계지적재산권기구의 통합도메인명칭분쟁해결정책Uniform Domain Name Dispute Resolution Policy을 채택하였다(Mueller, 2001a). 그것은 투기 의도가 분명하고, 도메인 명칭이 상표권과 동일하거나 혹은 혼동되며, 도메인 명칭 등록자가 그 도메인 명칭과 관련한 정당한 이해관계를 갖고 있지 않을 경우, 상표권자가 기존의 도메인 명칭 등록에 이의 신청하여 강제 조정에 들어가게 함으로써, 도메인 명칭에 대한 통제권을 확보할 수 있도록 해주는 제도다. 물론 통합도메인명칭분쟁해결정책은 지구적 수준의 규준이긴 하지만 동시에 일국의 법률 자율성을 지나치게 침해하지 않도록 그 적용 범위가 상당히 엄격하게 제한되어 있다. 즉, 그것은 자명하고도 악의적인 도메인 투기를 저렴하고도 신속한 방식으로 해결하고자 할 뿐, 좀 더 신중한 사실 판단이 요구되는 사례들은 법원이나 개별 국가의 법률에 맡기고 있다.

하지만 통합도메인명칭분쟁해결정책의 실제 적용 과정을 보면, 그것이 상표권이나 지적재산권 소유자의 이익을 우선적으로 보호하려 한다는 사실을 잘 알 수 있다. 이는 분쟁해결서비스업체들 중 도메인 명칭 등록자로부터 도메인 명칭을 박탈하여 상표권자에게 이전한 실적이 높은 사업체들이 더 높은 시장 점유율을 보였다는 사실에서 뒷받침된다(Mueller, 2001a).

**일반 최상위 도메인의 생성과 자본의 이해** 한편, 1999년과 2000년 사이에 제기된 새 일반 최상위 도메인 생성 요구에 대해 인터넷주소자원관리기구가 보인 매우 소극적인 태도도, 일반 최상위 도메인 수의 증가가 높은 정리 비용을 초래할 것이라는 상표권자와 기업의 우려를 우선적으로 고려한 것에 기인한 바가 크다(Froomkin · Lemley, 2002; Weinberg, 2002). 많은 사람들은 기존의 닷컴, 닷넷, 닷오르그, 닷에듀, 닷거브, 닷밀, 닷인트에 더하여 새로운 일반 최상위 도메인을 생성하는 것이 여러 가지 측면에서 바람직하고 시급한 일이라고 주장하였다. 새로운 일반 최상위 도메인 생성은 새로운 훌륭한 도메인 명칭을 소비자들에게 제공함으로써 그들에게 더 많은 선택권을 부여해줄 것으로 기대되었다. 그리고 도메인 등기소들 사이의 경쟁을 촉발시켜 독점의 폐해를 줄일 수 있는 방안으로도 간주되었다. 나아가, 그것은 특정 도메인 명칭이 특정 기업과 연관된 것이라는 혼란을 해소시켜줄 것이기 때문에 상표권 분쟁 문제도 해결할 수 있는 대안으로 이해되기도 하였다(Weinberg, 2002: 14-15). 그러나 상표권자들은 일반 최상위 도메인 수가 늘어나면 자신들의 상표와 유사하거나 동일한 도메인 명칭의 등록을 방지하기 위한 비용이 증가할 것이라는 이유로 새로운 도메인 명칭의 생성을 반대하였다. 혹은 적어도 실효성 있는 상표권 보호 정책이 도입될 때까지 새로운 생성은 유보되어야 한다고 주장하였다. 인터넷 서비스 제공업체들도 명칭 공간의 확대가 소비자들로 하여금 자신들 고유의 도메인 명칭 획득을 조장하여, 소비자와 자신들과의 연결을 약화시키고 비용을 증대시킬 것이라는 이유로 그것을 반대하였다.

오랜 논쟁 끝에 인터넷주소자원관리기구 이사회는 2000년 11월 6~10개라는 매우 제한된 수의 새로운 일반 최상위 도메인을 생성하기로 결정하였다. 이는 결과적으로 등기소들 사이의 잠재적 경쟁을 최소화하는 효과를 갖게 되었다.

이와 관련하여, 뮐러(2001b)는 인터넷주소자원관리기구가 "인터넷 기술자 사회, 지적재산권 소유자, 현존 등기소, 주요 텔레컴 및 전자상거래 기업의 이해관계"(16)를 반영하고 있다고 지적한다. 요컨대, 상표권 및 지적재산권 보호와 새로운 일반 최상위 도메인 생성 문제는 인터넷주소자원관리기구 중심의 글로벌 인터넷 거버넌스의 핵심 관심사가 초국적 자본의 이익 실현에 맞춰져 있음을 보여주는 대표적인 사례라 할 수 있다.

**네트워크 솔루션(혹은 베리사인)과 인터넷 거버넌스** 인터넷 거버넌스에서 민간 기업과 초국적 자본의 이익 실현이 핵심 관심사임은 인터넷 거버넌스에서 네트워크 솔루션 혹은 베리사인VeriSign이 차지하는 위상에서도 잘 나타난다. 1999년에 네트워크 솔루션의 도메인 명칭 등록사업을 인수한 베리사인은 2008년 현재 전 세계 150여 개의 등기대행업체와 매일 1억 건 이상의 도메인 명칭 거래를 하고 있으며, '닷컴'의 경우 전 세계 도메인 등기대행업체들에게 도메인 명칭 등록 건당 6.42달러의 등록비를 부과하고 있다. 그리고 베리사인은 2007년에 15억 달러의 총수입을 거두어들였다. 2008년 1분기 현재, 베리사인은 전 세계 1억

6,000만여 최상위 도메인 명칭들 중 대략 8,400만여 개의 '닷컴'과 '닷넷' 최상위 도메인을 보유하고 있다. 2008년 1분기에 베리사인이 관리하는 최상위 도메인의 신규 등록 건수도 780만 건에 달하고 있다.

1991년 네트워크 솔루션은 미국 국방부와 계약을 맺어 도메인 명칭 등기소 역할을 맡게 되었다. 네트워크 솔루션은 도메인 명칭 신청자에 대하여 선착순으로, 그리고 무료로 닷컴, 닷오르그, 닷밀, 닷거브, 닷에듀, 닷넷 안의 도메인 명칭을 부여하였다. 그리고 1993년에는 미국의 국립과학재단과 계약을 맺어 닷컴, 닷오르그, 닷거브, 닷넷 안의 도메인 명칭 등록에 관한 배타적 권리를 획득하였다. 이와 함께, 네트워크 솔루션은 도메인 명칭 등기소와 등기대행업체의 역할을 동시에 맡게 되었다.

1999년 네트워크 솔루션은 미국 정부와 협정을 맺어, '닷컴' 등기소의 지위를 2007년까지 유지하는 대신 등기대행업체의 역할을 2001년 5월까지 포기하기로 하였다. 하지만 네트워크 솔루션의 도메인 등기사업을 인수한 베리사인은 2001년 4월 그러한 역할 구분을 하지 않기로 하는 합의문에 인터넷주소자원관리기구와 함께 서명하였다. 아울러 베리사인의 '닷오르그' 등기소 지위는 2002년까지, '닷넷' 등기소 지위는 2005년 6월까지 유지하는 대신, '닷컴' 등기소 지위는 적어도 2008년까지 유지하기로 합의하였다. 1993년 이래 높은 수익을 낳고 있는 '닷컴'과 '닷넷' 도메인 사업에 대한 네트워크 솔루션 혹은 베리사인의 독점적 계약권은 큰 위협 없이 미국 정부에 의해 지속적으로 보장되었던 셈이다.

**국제전기통신연합(ITU)**

국제전기통신연합은 그 전신인 국제전신연합에서 발전하였는데, 국제전신연합은 유럽의 우편 장관들에 의해 지배되었으며 각국의 전신 시스템과 텔레컴 정책의 독립성 보호를 우선적으로 강조하였다. 그러나 이처럼 정부가 소유하고 운영하는 텔레컴 정책은 사적 부문 중심의 산업구조를 지향하는 미국의 입장과는 상당히 대립하는 것이었다 (Curtis, 2004: 260).

이후 국제전신연합은 각종 원거리 통신기술의 확대 보급에 따라 1934년 현재의 국제전기통신연합으로 바뀌었다. 국제연합 산하기구인 국제전기통신연합의 의사결정은 일국일표주의 원리에 근거하여 이루어진다. 사기업이나 개별 국가가 독점했던 통신자원에 대한 세계 각국의 공통적 접근이라는 이슈가 국제전기통신연합이 주요하게 고려한 정책 원리였다.

### 4) 초국적 인터넷 거버넌스와 미국 헤게모니

**미국과 국제전기통신연합** 오늘날 전 세계 인터넷 도메인과 주소 시스템 관리를 국제연합 산하기구인 국제전기통신연합이 아니라 초국적 법인 인터넷주소자원관리기구가 주도하게 된 데에는 국제전기통신연합에 대한 미국의 오랜 반감이 중요한 요인으로 작용하였다. 2차 세계대전 이후 신생 독립국들이 대거 국제전기통신연합에 가입했고, 그들의 수적 우세는 1980년대부터 본격적으로 자신들의 국가 발전을 위해 국제전기통신연합의 자원을 사용하는 것을 가능하게 만들었다. 정보통신부문의 막대한 시장 지배력을 갖고 있었던 미국이 일국일표주의에 바탕을 둔 이러한 흐름에 상당히 비판적이고 부정적이었다는 것은 어쩌면 당연한 결과라 할 수 있다.

미국 정부는 인터넷 거버넌스를 위해 새로운 국제조직을 만드는 것은 국제전기통신연합과 비슷한 또 하나의 관료 시스템을 낳게 될 뿐이라고 주장하였다. 이러한 미국의 입장은 오늘날 진행되고 있는 텔레컴 영역에서의 정책 패러다임 전환과 궤를 같이한다. 국제전기통신연합 중심의 텔레컴 정책은 일국적 통신망의 독립성 보장, 국제적 상호연결망 구축, 비경쟁적 서비스 보급이라는 원리에 따라 이루어진 반면, 1980년대 이래의 신자유주의적 텔레컴 정책은 국제무역기구를 중심으로 정보의 자유 흐름, 관세 철폐, 사유화, 탈규제와 같은 원리에 바탕을 두고 있다(Mueller, 1998: 92). 미국 정부와 미국의 주요 정보통신 자본들이 국경을 넘어선 전자상거래의 활성화를 위해 지구적 도메인 명칭 시스템의 통제 및 관리기구로 탄생시킨 것이 바로 인터넷주소자원관리기구이다. 미국 정부는 개별 국가의 정부뿐만 아니라 정부 간 기구도 인터넷 이름과 주소 관리에 관한 의사결정에 직접 참여해서는 안 된다고 규정하였다.

물론 이 과정이 미국의 뜻대로 일방적으로 진행된 것은 아니다. 유럽연합은 미국 정부가 지구적 인터넷 자원 관리를 사적 부문인 인터넷주소자원관리기구에 이관하는 것이 기본적으로 미국의 거대 텔레컴 및 인터넷 자본의 이익을 위한 것이라는 의심을 거두지 않았다. 안토노바(Antonova, 2007)에 따르면, "정책 결정 권위를 민간 비영리 법인에 부여하는 것은 지구적 수준의 일부 관계 당사자들에게 텔레컴에서의 현존하는 정부 간 규제 체제를 효율적으로 허물고 그것에 대한 미국의 영향력을 키우기 위한 책략으로 이해되었다"(11). 실제로, 유럽연합과 국제전기통신연합은 도메인 명칭 상표권 분쟁과 국가부호 최상위 도메인에 대한 중앙 통제에 관한 결정을 인터넷주소자원관리기구가 행사하는 것을 적극적으로 제지하였다. 이와 더불어 중국, 러시아, 인도, 브라질 등 개발도상국가들은 인터넷 거버넌스를 국제전기통신연합과 같은 정부 간 기구로 이전해야 한다고 강력하게 주장하였다. 그러나 점증하는 신자유주의 세계화의 맥락에서 인터넷 사업을 국민국가 구조 속에 되돌려놓는 일은 현실적으로 어려웠다.

스위스 제네바에 위치한 국제전기통신연합(ITU)

**미국과 근본 서버의 통제** 글로벌 인터넷 거버넌스 기구인 인터넷주소자원관리기구에 대한 미국의 통제력, 혹은 인터넷 거버넌스에 대한 미국의 지배력은 인터넷 도메인 명칭의 근원이라 할 수 있는 근본 서버

**근본 서버(Root Server)**
2008년 현재 전 세계 도메인 명칭의 검색 처리를 하고 있는 근본 서버는 미국에 10개, 영국과 스웨덴과 일본에 각각 1개씩 총 13개 시스템에 존재한다. 인터넷주소자원관리기구가 근본 서버 관리를 맡고 있지만 근본 서버에 대한 최종적인 통제권은 미국 정부가 보유하고 있다. 근본 서버에 발생하는 변화는 13개 근본 서버 중에서도 가장 근원적인 근본 서버라 할 수 있는 베리사인의 근본 서버가 나머지 12개 서버에 그 내용을 하루에 두 번씩 전달함으로써 모든 근본 서버에 반영된다.

시스템의 법률적 관할권을 미국 정부가 독점하고 있다는 사실에서도 나타난다(Froomkin and Lemley, 2002; Mueller, 2001b). 근본 서버란 일반 최상위 도메인과 국가부호 최상위 도메인과 그것의 숫자 표현인 인터넷 프로토콜 주소와의 대응관계에 관한 데이터베이스를 운용하는 컴퓨터 시스템을 가리킨다. 근본 서버에 대한 미국 정부의 통제권은 인터넷이 애초 미국 정부의 주도하에 발전하였다는 사정을 반영한 것이라 할 수 있다. 이에 따라, 인터넷주소자원관리기구를 통한 인터넷 거버넌스는 미국의 규제와 제도의 연장선에서 이루어지는 특징을 강하게 띠게 된 것으로 평가할 수 있다. 원래 미국의 클린턴 행정부는 근본 서버 관리를 민간으로 이양하려 하였지만, 부시 공화당 정권은 인터넷의 근간을 형성하는 근본 서버 시스템을 민간으로 이관하지 않았다. 인터넷 도메인 명칭의 관할 및 운용의 토대가 되는 근본 서버의 법적 관할권을 미국이 독점한다는 것은 공유자원으로서의 인터넷의 성격을 고려할 때 적절치 않다는 의견이 점차 확대되고 있지만, 미국 정부는 근본 서버에 관한 통제권을 오늘날까지 포기하지 않고 있다.

## |4| 글로벌 거버넌스와 개별 국가

최상위 도메인 등록시장이 전 세계적으로 개방되어 있고, 일반 최상위 도메인과 국가부호 최상위 도메인이 공존하는 상황에서, 국가부호 최상위 도메인을 관리하는 개별 국가의 도메인 정책과 규제 능력은 상당히 제한적이다. 그러나 이러한 초국적 행위자의 영향력이 국가부호 최상위 도메인에 대한 개별 국가의 정책 자율성을 완전히 압도하는 것은 아니다.

인터넷주소자원관리기구의 성립과 동시에 추진된 통합분쟁해소정책의 마련은 민간자본의 이익 보호가 인터넷 거버넌스의 중심 관심사임을 잘 보여준다. 미국은 초국적 민간 비영리 법인인 인터넷주소자원관리기구가 글로벌 인터넷 거버넌스를 담당하도록 만들었다. 인터넷주소자원관리기구는 법률적으로 여전히 미국 캘리포니아 주법의 지배 아래에 놓여 있으며, 인터넷이 이미 전 세계적 공유자원이 된 오늘날에도 미국은 인터넷 도메인 명칭의 근원이라 할 수 있는 근본 서버 시스템에 관한 법률적 관할권을 계속 독점하고 있다.

## 생각해볼 문제

1. 신자유주의 세계경제체제에서 국민국가와 초국적 자본의 관계는 어떤 특징을 보이는가?
2. 세계무역기구와 인터넷주소자원관리기구의 조직 특성상의 유사점과 차이점은 무엇인가?
3. 한국인터넷진흥원은 세계 인터넷 주소 자원 관리에 어떤 역할을 하는가?
4. 한국어 도메인 명칭의 도입이 도메인 관리 시스템에 초래할 결과는 무엇일까?

## 더 읽을 거리

로버트 라이시(1994), 남경우 역, 『국가의 일』, 까치.

박영도(2000), 〈세계화 시대의 민주주의: 그 딜레마와 전망〉, 《경제와사회》 45: 198-230.

이항우(2009), 〈지구화, 인터넷 거버넌스, 그리고 ICANN〉, 《경제와사회》 82: 128-160.

이항우(2010), 〈신자유주의 글로벌 인터넷 거버넌스와 정당성 문제: ICANN의 사례〉, 《경제와사회》 87: 172-203.

데이비드 하비(2005), 최병두 역, 『신자유주의: 간략한 역사』, 한울아카데미.

## 참고문헌

한국인터넷진흥원(2008), 『2007년 도메인관련 국제동향 보고서』, 한국인터넷진흥원.

Antonova, Slavka. 2007. "Power and Multistakeholderism: The ICANN Experiment." Paper presented at Global Internet Governance Academic Network Second Annual Symposium, Rio De Janeiro, November 2007.

Buchanan, Allen and Robert Keohane. 1998. "The Legitimacy of Global Governance

Institutions." *Ethics and International Affairs* 20(4): 405-437.

Cox, Robert. 1996. "Structural Issues of Global Governance: Issue for Europe." in R. Cox and T. Sinclair, *Approaches to World Order*. Cambridge: Cambridge University Press.

Dingwerth, Klau and Philipp Pattberg. 2006. "Global Governance as a Perspective on World Politics." *Global Governance* 12: 185-203.

Gowan, Peter. 1999. *The Global Gamble: Washington's Faustian Bid for World Dominance*. London: Verson.

Hay, Colin and Ben Rosamond. 2002. "Globalization, European Integration and the Discursive Construction of Economic Imperatives." *Journal of European Public Policy* 9(2): 147-167.

Held, David. 1996. *Models of Democracy*. Cambridge: Polity Press.

Held, David. 2005. "At the Global Crossroads: The End of the Washington Consensus and the Rise of Global Social Democracy?", *Globalization* 2(1): 95-113

Ian, Bruff. 2005. "Making Sense of the Globalization Debate When Engaging in Political Economy Analysis." *BJPIR* 7: 261-280.

Keohane, Robert and Joseph Nye. 2000. "Globalization: What's New? What's Not?(And So What?)," *Foreign Policy* 2000 Spring: 104-119.

Lips, Miriam and Koops, Bert-Jaap. 2005. "Who Regulates and Manages the Internet Infrastructure? Democratic and Legal Risks in Shadow Global Governance." *Information Polity* 10: 117-128.

Mueller, Milton. 1998. "The Battle Over Internet Domain Names: Global or National TLDs?" *Telecommunication Policy* 22(2): 89-107.

Mueller, Milton. 2001a. "Rough Justice: A Statistical Assessment of ICANN's Uniform Dispute Resolution Policy." *The Information Society* 17: 151-163.

Mueller, Milton. 2001b. "Competing DNS Roots: Creative Destruction or Just Plain Destruction?" Paper presented at TPRC 29th Research Conference on Communication, Information, Cabbages, and Kings. October 2001.

Murphy, Craig. 2000. "Global Governance: Poorly Done and Poorly Understood." *International Affairs* 76(4): 789-803.

Nordhaug, Kristen. 2002. "Globalization and the State: Theoretical Paradigm." *The European Journal of Development Research* 14(1): 5-27

Robinson, William. 1998. "Beyond Nation-State Paradigms: Globalization, Sociology, and the Challenge of Transnational Studies." *Sociological Forum* 13(4): 561-594.

Waters, Malcolm. 1995. *Globalization*. London: Routledge.

Weiss, Thomas. 2000. "Governance, Good Governance and Global Governance: Conceptual and Actual Challenges," *Third World Quarterly* 21(5): 795-814.

Weiss, Linda. 2001. "Globalization and State Power," in Degnbol-Martinusse, John and Laurids Lauridsen (eds.) *Changing Global and Regional Conditions for Development in the Third World*. Roskilde University Center, IDS Occasional Paper No. 21.

Wolf, Martin. 2001. "Will the Nation-State Survive Globalization?" *Foreign Affairs* 80(1): 178-190.

15

# 정보사회를 어떻게 볼 것인가

정보화는 현대사회의 급격한 변화의 핵심 추세이자 변화의 동인 중 하나라고 할 수 있다. 정보화에 힘입어 산업구조와 기업활동, 고용구조와 노사관계, 여가 및 문화생활, 국제관계 등 사회구조 전반에 걸쳐 주목할 만한 많은 변화들이 일어나고 있다. 그런데 중요한 것은 정보화가 현대사회의 변동이 갖는 특징을 잘 표상하는 대표적 추세일 뿐인지, 아니면 현대사회의 변동을 이끌어가는 기본 동인인지를 구분해야 한다는 점이다. 또한 기술 발전으로서의 정보화보다는 그러한 정보화가 정치·경제·사회·문화 각 분야에 미치는 구체적인 영향과 실제적인 함의를 찾아내는 것이 중요할 것이다.

이러한 분석에 기초해서 정보사회가 이전 사회와는 전혀 다른 새로운 사회인지, 단지 기존 사회체제 내에서의 중요한 변화인지를 밝혀보는 것이 이 장의 목적이다.

## |1| 정보사회 담론의 두 축

많은 이들이 현대사회를 정보사회information society라고 일컫는다. 그러나 누구나 정보사회라는 말을 쓰면서도 그 전제나 용법은 사뭇 다르다. 새로운 유토피아를 주창하듯이 정보사회를 장밋빛으로 채색하

**표 15-1 정보사회 담론의 축**

| 담론의 축 | 구분 |
|---|---|
| 테크놀로지와 사회변동의 관계 | 기술결정론적 입장 |
| | 사회구조론적 입장 |
| 사회체제의 연속성 여부 | 단절론 |
| | 연속론 |

는 이가 있는가 하면, 조지 오웰의 『1984년』을 연상시키는 음울한 디스토피아dystopia로 그리는 이도 있다.

정보사회와 관련된 담론은 먼저 테크놀로지의 힘과 영향력을 어떻게 바라보는가를 첫 번째 축으로 하고 있다. 테크놀로지의 눈부신 발전이 사회변동을 가져온다고 보는 입장과, 사회구조의 틀 속에서 테크놀로지의 발전을 설명하려는 입장으로 나뉜다. 전자는 대개 정보사회를 일종의 유토피아처럼 그리는 경향이 있고, 후자는 비판적 입장에서 자본주의의 냉철한 원리를 강조하고 있다.

정보사회에 관한 담론의 두 번째 축은 정보사회가 과연 이전의 사회와 질적으로 다른 사회인가 하는 점이다. 한쪽에서는 완전히 새로운 사회의 도래를 주창하고 있는가 하면, 다른 한쪽에서는 사회체제나 사회구조는 변화하지 않고 연속성을 유지하면서 기존 틀 내에서 일정한 변화가 진행되고 있을 뿐이라고 주장한다. 말하자면 정보사회가 이전 사회와 '체제 단절system break'을 이루느냐, 아니면 '연속성'을 보이느냐가 정보사회를 둘러싼 담론의 핵심적 논쟁점을 구성한다는 것이다.

### '정보사회' 용어의 적합성

오늘날 '정보사회((information society)' 개념은 적합성 여부가 검증되지 않은 채 무분별하게 사용되고 있다. 정보사회의 도래와 더불어 나타나는 주요한 정치·사회 문제를 진단하고 그에 대한 대책을 논의하기 위해서는 정보사회에 대한 명확한 개념 규정과 위상 정립이 필수적이다.

개념의 적합성을 둘러싼 논쟁점에도 불구하고, 정보사회라는 용어 자체를 문제시할 필요는 없을 것이다. 정보사회라는 용어가 상당한 유용성을 지니고 있기 때문이다. 우선, 정보사회라는 용어는 변화와 전환을 부각시킨다. 이는 그러한 변화와 전환이 '체제 단절' 수준의 질적인 변화인지 여부와는 무관하다. 즉, 이전 사회와의 연속성을 인정하는 입장에 서더라도 변화의 폭과 깊이를 부각시키기 위해 정보사회라는 용어를 쓸 수 있다는 것이다.

다음으로, 정보사회라는 용어를 통해 현대사회에서 일어나고 있는 주요한 변동을 훨씬 적절하게 설명할 수 있다. 세계화와 정보화의 급속한 진척, 정치과정의 변동, 고용과 노동의 변동, 여가 및 소비 등 일상생활의 변동, 정부조직이나 기업조직의 변화 등은 단순히 누적적인 변화라기보다는 일정한 정도의 전환이라는 판단을 가능하게 한다는 점에서 정보사회라는 용어는 나름대로 적합성과 유용성을 지닌다. 물론 이러한 전환의 정도를 체제 전환으로 보느냐, 아니면 체제 연속으로 보느냐는 분명히 밝혀져야 할 것이다.

## | 2 | 정보테크놀로지와 사회변동

테크놀로지와 사회의 관계를 어떻게 규정하는가에 따라, 정보사회나 정보화를 바라보는 관점을 기술결정론적 입장과 사회구조론적 입장으로 구분해볼 수 있다.

### 1) 기술결정론적 입장

정보사회의 도래를 주장하는 관점은 대개 주요 사회변동의 배후에 있는 추진력으로 정보테크놀로지의 급속한 발전과 확산을 상정하고 있다. 정보테크놀로지의 눈부신 발전은 정보경제라는 새로운 경제부문을 급부상시키고 그에 따라 고용구조를 변화시키며, 나아가 정부나 기업조직의 작동방식까지도 변화시킴으로써 사회구조의 기본원리 자체를 바꾸고 있다고 주장하는 것이다. 즉, 정보테크놀로지에서 출발하여 사회구조의 변화를 설명하는 논리적 틀을 지니고 있는 것이다. 이런 관점은 일종의 '테크놀로지 중심론'이나 '기술결정론'의 경향을 강하게 띠고 있다. 또 이 관점은 사회변동의 기본 동인을 정보통신기술로 간주하면서, 기술이 사회변동에 대해 자율적이고도 역동적인 힘을 행사한다는 데 강조점을 두고 있다.

기술결정론적 관점은 공통적으로 테크놀로지를 독립변수로 상정하지만, 각기 기술적 기반, 정보경제(정보 생산 및 정보 소비), 사회구조 중 어느 것에 초점을 맞추고 있는가에 따라 몇 가지로 구분할 수 있다. 기술적 기반을 강조하는 관점은 기술결정론의 원형이라고 할 수 있다. 이러한 기술결정론적 사고가 경제영역으로 확산된 것이 바로 정보 생산과 정보 소비에 초점을 맞춘 관점이다. 그리고 기술결정론적 사고는 기술발전에 따른 생산력 증대가 새로운 사회구조를 낳는다는 식의 사회이론으로 발전하게 된다.

**기술결정론**

**(Technological Determinism)**

기술결정론은 기술이 그 자체로 고유한 발전논리를 가지고 있기 때문에, 기술의 발전은 구체적인 시간과 공간에 관계없이 동일한 경로를 밟는다고 가정한다. 이러한 관점에 따르면, 사회구조는 기술의 논리 자체에 영향을 미치지 않으며 단지 기술발전의 속도를 조절할 수 있을 뿐이다. 반면 사회와 무관하게 자율적으로 발전한 기술은 사회의 변화에 막대한 영향을 미친다. 심지어는 사회의 변화가 모두 기술의 속성과 영향력으로만 설명되기도 한다. 더 나아가 기술결정론은 기술의 발전이 모든 사회집단에 보편적인 이익이 된다고 간주한다.

이처럼 기술결정론은 기술의 중립성에 대한 전제와 기술 중심적 사고를 주요 특징으로 한다. 기술결정론의 대표적인 예로는, 말의 등자(鐙子)가 봉건제를 낳았다는 주장, 인쇄술이 르네상스를 이끌었다는 주장, 기계가 자본주의를 낳았다는 주장 등이 있다.

**기술적 기반의 강조** 기술결정론의 입장은 일반적으로 컴퓨터와 정보통신 테크놀로지 확산에 초점을 맞추는 접근이라고 할 수 있다. 이 접근은 여타의 사회적·경제적·정치적 속성들을 거의 배제할 정도로 기술적 기반technological infrastructure을 강조한다.

이 관점의 핵심 관념은 정보처리, 저장, 전달에서의 비약적인 발전으로 사실상 모든 사회영역에서 정보테크놀로지를 이용하게 되었다는 생각이다. 여기에서 주된 관심은 컴퓨터 비용이 엄청나게 감소하고, 용량이 막대하게 증대함에 따라 언제 어디서나 컴퓨터를 이용할 수 있게 된 점이다. '막강한 마이크로'가 전적으로 새로운 '실리콘 문명'으로 인도할 것이라고 전망한다(Webster, 1995: 7). 예컨대 디지털 네트워크의 확산은 생산성의 증대, 노동시간의 감소, 여가시간의 증대 등을 가져온다고 본다. 실업의 증대와 경제적 곤궁이라는 유령은 이러한 정보사회관에서는 찾아볼 수 없게 된다.

기술적 기반에 초점을 맞춘 접근은 정보테크놀로지가 사회에 대해 갖는 잠재적인 이득에 대해 효과적으로 주의를 환기시켰다고 할 수 있다. 그러나 사회적·문화적·정치적 맥락이 배제된, 테크놀로지 일반에 대한 지나친 강조 때문에 정보사회의 속성을 정의하는 데 필요한 적절한 토대를 제공할 수 없다는 문제가 있다.

**경제구조의 변화** 경제구조의 변화를 강조하는 관점은 크게 정보 생산에 초점을 맞추는 입장과 정보 소비에 초점을 맞추는 입장으로 나눌 수 있다.

정보사회의 도래를 주장하는 거의 모든 사람이 산업화된 사회에서의 서비스부문의 성장과 제조업의 고용 감소를 지적하는 등 경제의 전반적인 고용구조 변화를 정보사회로의 이행과 연관시켜 설명하고 있다. 마크 포랫Marc Porat은 정보상품과 정보서비스를 생산·처리·분배하는 데 소비된 모든 자원을 포함하는 것으로 정보활동을 정의한다. 1차적인 정보부문은 시장에서의 정보상품과 정보서비스의 교환과 연관된 모든 사업활동을 포함하는 것으로 정의된다. 2차적인 정보부문은 경제의 여타 영역에서 이루어지는 정보작업을 포함한다.

직업 분포의 변천에 대한 주장은 정보사회 이론 가운데 가장 영향력 있는 이론 중 하나인 다니엘 벨Daniel Bell의 이론에서 핵심 부분을 구성한다. 벨은 화이트칼라, 특히 정보노동자의 출현과 산업노동의 쇠퇴 속에서 사회구조의 근본적인 변화를 설명한다. 이런 관점은 정보사회의 존재보다는 정보경제의 존재에 초점을 맞춘다. 그런 고찰은 어떤 혁명적인 사회변혁에 대한 확인과 관찰보다는 정보부문의 규모에 관

**표 15-2 한국의 정보화 수준**

| 구분 | 조사기관 | 순위 | 대상 국가 수 | 최근 발표일 |
|---|---|---|---|---|
| 전자정부발전지수 | UN | 1 | 192 | 2010. 4 |
| 디지털경제지수 | EIU | 13 | 70 | 2010. 6 |
| 네트워크준비지수 | WEF | 15 | 133 | 2010. 3 |
| ICT발전지수(IDI) | ITU | 3 | 159 | 2010. 3 |

출처: 한국정보화진흥원(2010), 『G20 정보화 동향 선집』

한 국민경제적 데이터의 재분류에 기초하고 있다. 정보사회에 대한 대부분의 사고는 현재의 추세를 확인하는 데 초점을 맞추고, 가능한(잠재적) 결과를 외삽外挿함으로써 추상적·이론적 수준에 머물러 있다고 할 수 있다.

한편, 정보의 생산보다는 정보상품과 정보서비스의 소비에 관심을 두는 관점도 있다. 이런 연구는 주로 일본에서 이루어졌는데, 일본어로 'johokashakai情報化社會' 연구로 알려져 있으며 정보화의 정도를 측정하는 일련의 연구를 수행하였다.

첫째, 정보계수johokeisu 또는 정보비情報比는 가구 내 총지출에 대한 '가구 내 정보 관련 활동 지출의 비比'로 정의된다. 둘째, 정보화지수johoka index는 정보비뿐만 아니라 전화통화 수, 구독 신문 수, 서적 구입 수 등 '정보의 양', 전화기·라디오·TV 등 '커뮤니케이션매체의 보급', 서비스 노동자와 학생의 비율 등 '정보활동의 질'이라는 세 범주의 데이터에 의해 구성되는 복합적인 측정치이다.

이 관점에서 대표적인 연구를 진행해온 일본정보통신경제연구소RITE는 탈산업사회 또는 정보사회의 특성을 1970년 당시 다음과 같이 정의한 바 있다.

- 1인당 소득 4,000달러 이상
- 서비스 노동자의 수가 전체 노동력의 50% 상회
- 대학생의 수가 해당 연령집단 전체의 50% 상회
- 정보비 35% 이상

'情報化社會' 연구는 고용구조를 넘어서는 고찰을 할 수 있게 해주며, 사람들의 커뮤니케이션 행동 및 정보행동을 정보사회에 대한 정의에 통합할 수 있게 해준다. 게다가 다른 사회에 적용 가능한 표준화된 척도를 개발하려는 노력은 가치 있는 일이다. 그러나 실제의 척도는 기껏해야 조야한 수준이며, 정보사회와 연관될 수 있는 사회적·정치적 구조와 가치에 대한 통찰을 거의 제공하지 못한다는 데 결정적인 약점이 있다.

**사회구조의 변화** 기술결정론적 사고는 테크놀로지 발전에 의한 생산력 증대가 새로운 사회구조를 낳는다는 논리에 기초한 하나의 사회이론으로 발전한다. 이러한 입장에서 정보사회의 본성을 기술하는 이론 중 가장 영향력 있는 것은 역시 다니엘 벨의 '탈산업사회론'(Bell, 1973; 1979)이라고 할 수 있다. 그는 테크놀로지 혁신에서 오는 생산성 증대로 인해 농업에서 산업, 그리고 산업에서 서비스로의 이동이 일어난다고 설명한다. 특히, 탈산업사회는 재화 생산 경제보다는 서비스 경제라는 특징을 지닌다. 벨은 정보와 지식을 탈산업사회에서의 핵심 자원으로 본다.

마스다 요네지는 테크놀로지, 사회경제적 구조, 가치 등의 측면에서 정보사회를 산업사회와 비교하기 위한 다차원적 틀을 개발하였다 (Masuda, 1981; 1982). 그리하여 마스다는 정보사회에 대한 일종의 유토피

**탈산업사회**
**(Postindustrial Society)**
공업화 다음에 오는 사회의 모델로, 미국의 사회학자 다니엘 벨을 비롯한 여러 사람들이 '탈공업화사회론'을 전개함으로써 정착한 개념이다. 벨에 의하면 탈산업사회는 다음과 같은 특징을 갖고 있다. ①서비스업이 노동인구와 GNP의 절반에 달한다. ②경제의 기조가 재화로부터 지식이나 서비스로 이행하고 있다. ③자유시장에서 사회계획으로 비중이 이행하고 있다. ④노동시간의 단축과 노동생산성의 향상이 현저하다. ⑤전체적으로 기술사회·지식사회·고학력사회의 색채가 현저하다.

**이념형(Ideal Type)**
막스 베버(Max Weber)에 따르면, 이념형은 먼저 특정한 관점을 추출하고, 다음에 이 관점에서 얻어진 개별 현상을 하나의 통일된 사유상(思惟像)으로 결합함으로써 구체화된다. 따라서 그것은 현실의 단편도 모사도 아니고, 본래의 형태로는 현실 속에서 찾아볼 수 없다. 이러한 인위적 구성물로서 이념형은 미래의 이상이라든지 모범이라는 뜻보다는 현대경제학이나 심리학에서 사용되는 모델 개념에 가까운 것이라고 할 수 있다.

아적 모델을 제시하였다. 그는 사회활동의 가장 중요한 장場인 기업이 '시너지와 사회적 이득의 원칙'을 지향하는 자발적 공동체로 대체되고, 의회민주주의가 참여민주주의에 의한 정치적 지배로 대체되며, 물질주의적 가치가 목표 달성적 가치로 대체되고, 시민운동에 의해 사회변동이 일어나는 사회를 그리고 있다. 마스다의 정보사회 틀은 정보사회에 대한 일반적 정의라기보다는 일종의 '이념형ideal type'과 같은 모델이라고 할 수 있다.

### 2) 사회구조론적 입장

정보테크놀로지의 비약적 발전을 부인하는 것은 아니지만 그러한 테크놀로지가 독립변수가 아니라 일종의 매개변수라고 보는 입장이 있다. 테크놀로지 자체는 중립적일 수도 있지만 테크놀로지의 이용방식은 결코 중립적일 수 없다는 것이다. 즉, 누가 무엇을 위해 어떤 방향으로 테크놀로지를 이용하느냐가 중요하다는 것이다.

이렇게 볼 때 중요한 것은 사회관계나 사회구조이며, 그러한 사회구조 속에서 테크놀로지가 어떻게 개발·이용되고 있으며 또 각종 사회변동을 어떻게 매개하고 있는가에 초점을 맞추어야 한다는 것이다. 이러한 관점은 '사회구조 중심론' 또는 '기술의 사회적 구성론'이라고 할 수 있다.

**자본주의와 정보테크놀로지의 발전** 이 관점에서는 정보통신 테크놀로지를 독립변수로 보는 것이 아니라 자본의 논리를 독립변수로 보고 있다. 즉, 자본주의 경제의 내적 변화 속에서 정보테크놀로지의 발전과 정보화의 진전을 바라보고 있는 것이다.

### 1970년대의 경제위기

1970년대의 경제위기는 석유파동으로부터 촉발되었다. 아랍석유수출국기구(OAPEC)와 석유수출국기구(OPEC)의 원유 수출 금지, 원유 생산량 제한, 원유 가격 인상 등으로 야기된 오일쇼크는 세계 각국에 커다란 경제 혼란을 가져왔다. 1973·74년에 제1차 석유파동이 일어났고 1979년에 제2차 석유파동이 일어났다. 석유 공급의 양적 제한은 생산 감소, 생활수준의 저하를 초래하였다. 석유 가격의 인상은 ①인플레이션 가속화 ②석유 수입 지불대금의 증가에 따른 해외로의 소득 이전 증가·국내 수요 감소·불황·실업 ③국제수지 악화라는 삼중고를 가져왔다. 원유 가격은 1973년 10월과 1974년 1월의 인상조치로 약 4배 가까이 급등하였다. 이에 따라 세계경제 전체의 경제성장률이 크게 떨어져 1975년에 서방 선진국은 마이너스 성장을 하게 되었고 인플레이션이 가속화되었으며 국제수지 면에서도 각국이 대폭적인 적자를 기록하였다.

1970년대 미국을 위시한 선진자본주의 경제가 겪은 오일쇼크 등에 의한 자원 위기, 중화학공업 등 제조업에서의 이윤율 하락과 생산성 저하, 그에 따른 실업률 상승 등 전반적인 경기침체는 일종의 체제위기를 불러왔고, 각국은 이를 극복하기 위한 대안을 찾지 않으면 안 되었다. 그 대안으로 모색된 것이 바로 정보통신산업을 육성하는 것이고, 이러한 산업을 지탱하는 기술적 기초가 바로 정보테크놀로지라는 것이다 (Schiller, 1984).

스마이드(Smythe, 1985: 14)는 정보사회에 관한 논의들을 정보 하드웨어와 소프트웨어의 판매를 촉진하기 위해 고안된 수사rhetoric로 간주한다. 그는 정보테크놀로지가 기본적으로 '부자는 더욱 부유하게, 빈자는 더욱 가난해지게 소득을 재분배'하는 데 활용될 것이라고 주장한다. 이런 관점에서 보는 정보사회는 경제불평등과 정보불평등, 실업, 노동자의 권력을 약화시키는 직무의 탈숙련화, 대규모 다국적 조직에 의한 정부의 지배로 특징되는 사회로 그려진다.

**산업의 정보화와 정보의 산업화** 한편, 이 관점에서는 정보테크놀로지 자체가 높은 부가가치를 창출할 수 있는 새로운 상품이라는 특성을 지닐 뿐만 아니라, 기존 산업의 생산성을 높이는 유효한 수단이 된다는 점에서, 체제위기에 봉착했던 선진자본주의 국가의 입장에서는 '구원의 잠재력'을 지닌 기술로 평가되었다고 본다. 그리하여 1970년대에 가속화된 자본 일반의 이윤율 하락을 억제하고, 개별 자본의 새로운 도약 기회를 보장해줌으로써 침체된 경제력을 복원하려고 했던 정책적 선택이 바로 정보통신산업을 지원·육성하는 것이었다. 1980년대에 접어들면서 미국·일본은 물론 유럽 여러 나라들이 일제히 정보통신산업을 미래의 국운을 건 국책사업으로 설정했던 것도 이와 같은 맥락을 반영한 것이라고 볼 수 있다.

이러한 정책의 기본 내용은 정보테크놀로지의 개발과 응용을 통해 한편으로는 제조업을 포함한 기존 산업을 정보화하고, 다른 한편으로는 정보기술 및 그로부터 파생되는 정보부문을 산업화하는 양면전략을 뼈대로 하는 것이었다. 즉, 산업조직의 정보화와 정보의 상품화를 동시에 추구한 것이다.

'산업의 정보화'는 공장자동화FA와 사무자동화OA로 대표된다. 기존 산업체가 정보테크놀로지를 대거 수용하여 생산공정 및 관리업무를 자동화함으로써 노동인력을 전자화된 기계로 대체할 뿐만 아니라, 국내외의 시장 통제를 더욱 용이하게 하려는 일련의 경향을 말한다. 또한 '정보의 산업화'는 더욱 고도화된 정보통신기기뿐만 아니라 그로부터 가공·처리·저장·송수신되는 정보를 판매 가능한 상품으로 만들고, 그러한 상품의 생산·유통·소비 영역을 더욱 확대해나가는 일련의 과정이라고 할 수 있다(강상현, 1986: 160-161).

이런 입장에 서게 되면, 정보사회라는 이름으로 얘기되고 있는 신세계란 생산과 관리에 정보테크놀로지를 도입함으로써 자본 축적의 효율성과 안정성을 꾀하고, 정보와 관련된 하드웨어와 소프트웨어를 상품화함으로써 이윤 획득의 원천을 다양화한 것을 이데올로기적으로 채색한 데에 불과하다고 할 수 있을 것이다.

### 3) 정보테크놀로지의 기능과 의미

테크놀로지의 변화를 곧바로 사회관계의 근본적인 변화로 연결시키는 것은 다분히 섣부르고도 위험한 발상이라고 할 수 있다. 테크놀로지의 획기적인 발전이 사회관계의 변화에 영향을 미치기는 하겠지만, 그것만이 유일한 결정요인도 아니고 가장 핵심적인 결정요인도 아니다. 모든 사회관계 변화의 중심에는 정치적·경제적 권력이 놓여 있다. 테크놀로지는 그러한 권력이 동원하는 자원에 불과한 것이며, 매개변수에 지나지 않는다. 기술결정론적 입장에 서면, 사회세력 간의 다양한 관계를 읽을 수 없다. 기술결정론은 개인의 경제적 능력이나 계급 지위상의 불평등, 지역과 국가 간의 불균등한 발전에 대해서는 적절히 설명하지 못한다는 한계가 있다. 정보화과정이나 정보테크놀로지의 발전과정에서 발생하는 갈등과 알력, 이해관계의 충돌을 고려하지 않는 이론은 하나의 이데올로기일 뿐이다. 특히, 기술결정론이 안고 있는 낙관론적이고 유토피아적인 경향은 냉엄한 국제관계와 세계경제의 무차별적 경쟁을 고려하지 않은 것으로 보인다.

한편, 자본주의 사회구조에서 출발하여 정보테크놀로지의 발전을 설명하는 입장은 자본주의사회의 기축원리와 세력관계를 통해 정보테크놀로지의 개발·이용 과정을 설득력 있게 묘사하고 있다. 그러나 이 관점의 경우에도, 현재적이든 잠재적이든 테크놀로지의 발전으로 인해 발생 가능한 이득을 별반 고려하지 않는다는 데 문제가 있다. 현실을 설명하는 논리로서는 일정한 유관적합성을 지니고 있지만, 현실을 개선하고 교정할 수 있는 방법론은 그다지 제공하지 못하고 있다고 할 수 있다.

특히, 테크놀로지의 발전이 일정하게 대항의 기술적 가능성도 열어주고 있다는 점에 대해서는 지적하지 않고 있다. 정보화과정에서 생겨날 수 있는 시민사회의 성장과 활성화, 교육적 장치 및 제도를 통한 정보불평등과 격차의 완화, 국제연대에 의한 대항운동의 가능성, 정부의 보편적 서비스 정책에 따른 일정한 개선의 여지 등을 고려하지 못한다는 점도 한계이다.

이런 점에서 볼 때, 기술결정론적 관점과 사회구조론적 관점의 어느 극단을 취하는 것은 문제의 여지가 있다고 할 수 있다. 따라서 정보통신기술의 발전과 정보화의 진행이 선진자본주의 국가와 자본 그리고 초국적기업에 의해 주도되고 있다는 사회구조론적 관점을 취하되, 일국적 차원에서든 국제적 차원에서든 대항과 개선의 여지가 일정하게 존재한다는 입장에 설 필요가 있을 것이다.

## |3| 단절론과 연속론

정보사회는 과연 새로운 사회인가? 정보사회를 추동하는 힘은 산업사회의 그것과는 다른 힘인가? 이러한 정보사회의 기원 문제에 대한 논리적 해결은 다음 두 전제에 달려 있다(Schement, 1989: 33).

첫째, 자본주의의 영향이다. 산업사회의 발흥에 필수불가결한 역할을 수행한 자본주의가 정보사회에 대해 어떤 영향력을 지니는가 하는 문제는 산업사회 대 탈산업사회의 문제를 해결하기 위해 가장 먼저 평가되어야 한다.

둘째, 변동의 틀이다. 만일 탈산업사회가 산업사회의 계승자로 간주될 수 있다면, 산업사회를 움직였던 일차적인 사회적 힘, 즉 기업의 이윤 추구와 사적 소유 등의 자본주의 원리가 탈산업사회를 조형하는 상이한 원리로 대체되었다는 것을 보여주어야 한다.

### 1) 정보사회 이행에 대한 두 관점

정보사회를 이전 사회와 단절된 새로운 사회로 보느냐, 아니면 이전 사회와 연속된 것으로 보느냐 하는 점은 정보사회에 관한 논쟁의 또 다른 축이다. 이러한 축을 중심으로 두 가지 관점이 대립하고 있다. 정보사회를 탈산업사회로 보면서 완전히 새로운 사회로 보는 관점과, 자본주의와의 연속성 속에서 정보사회를 파악하는 관점이 있다.

전자는 정보사회가 새로운 사회라고 보고 명시적으로 정보사회 개념을 사용한다. 후자는 어느 누구도 정보가 현대세계에서 핵심적인 중요성을 갖는다는 사실을 부인하지 않지만, 전자와는 달리 형태와 기능이 오랫동안 존속해온 기존의 자본주의 원칙과 관행에 종속된다고 주장한다. 이들은 기존의 사회관계가 연속된다고 보기 때문에 정보사회라는 개념보다는 정보화라는 용어를 통해 정보테크놀로지와 정보통신산업의 발달을 설명하려고 한다.

이 두 관점은 각각 경제 측면에서 논지를 펴다가 차츰 사회구조 전반에 관한 나름대로의 이론을 전개하고, 나아가 문화·지배의 영역으로 문제의식을 확장한다. 여기에서의 단계적 진전은 문제의식의 대체가 아니라 확장이라는 점에 유의해야 할 것이다. 이러한 전개과정을 염두에 두고 '단절론'과 '연속론'을 분류해보면 〈표 15-3〉과 같다.

먼저, 단절론의 단초를 이루는 정보경제론은 경제 측면에서 새로운

**표 15-3 정보사회 이행에 대한 관점**

| 구분 | 단초 | 정착 | 확산 |
| --- | --- | --- | --- |
| | 경제 | 사회구조 | 문화/지배 |
| 단절론 | 정보경제론 | 정보사회론 | 정보양식론 |
| 연속론 | 산업경제론 | 자본주의 산업사회론 | 지배양식론 |

정보사회의 도래를 주장한다. 우리가 앞에서 살펴본 바 있는, 경제구조에서 정보경제의 비중 증대에 초점을 맞춘 관점, 그리고 정보 소비에 초점을 맞춘 관점이 여기에 해당된다. 그리고 정보테크놀로지에서의 획기적 변화가 기존 경제구조의 주된 변화요인으로 작용한다는 점을 강조하는 관점도 여기에 해당된다.

정보사회론은 이 관점의 대표주자라고 할 수 있는 다니엘 벨의 '탈산업사회론', 앨빈 토플러의 '제3의 물결', 마스다의 '정보사회론' 등이 대표적인 예이다. 이 관점은 대부분 새로운 정보테크놀로지를 사회변동의 1차 요인으로 간주하고 미래사회 전망에서도 유토피아적 견해를 피력한다.

정보양식론은 정보테크놀로지의 발달에 의해 새로운 언어적 경험이 가능해지고 사회관계에 근본적인 변화가 일어나고 있다고 보는 마크 포스터(Poster, 1990)에 의해 대표되는 관점이다. '정보양식'이란 전자언어적 경험에 의해 매개되는 새로운 사회관계를 의미한다. 전자적 커뮤니케이션이 사회적 커뮤니케이션의 시공간 관계를 변화시키고 주체와 객체, 즉 송신자와 수신자의 관계를 와해시킴으로써 기존의 여러 사회관계를 대체하고 새로운 사회적 관계망을 형성한다는 것이다.

다음으로, 연속론의 단초를 이루는 산업경제론은 시장 확대를 꾀하는 자본주의 기업의 통제위기를 해소시키기 위해 새로운 정보통신기술

### 생산양식과 정보양식

'생산양식(mode of production)'이란 마르크스 경제학의 기본 카테고리 중 하나로, 인간이 생존을 위해 필요한 재화를 획득하는 양식을 말한다. 생산양식은 생산력과 생산관계의 사회적·역사적 결합양식이다. 생산력은 노동력과 생산수단이 사회적으로 결합하여 형성되고, 생산관계는 생산에서 인간 상호간에 맺는 관계로서 노동력 소유자와 생산수단 소유자의 사회적 결합관계이다. 생산양식은 하부구조로서 사회의 경제적 기초를 이루며, 그 위에 사회의 상부구조를 이루는 정치·법률·문화 제도나 여러 가지 의식형태가 형성된다. 양자는 상호규정하면서도 궁극적으로 생산양식의 발전이 상부구조를 규정하고 발전시키는 것으로 된다.
'정보양식(mode of information)'이란 마크 포스터(Mark Poster)가 정립한 개념으로, 마르크스주의의 자본주의 비판에서 사용되는 생산양식 개념에 대비되며, 인간이 상징기호를 통하여 의미를 소통하고 주체를 구성하는 것을 가리킨다. 포스터가 특히 관심을 둔 것은 20세기 후반에 특징적으로 나타나는 전자적 문화를 기반으로 하는 소통양식이다. 각각의 전자매체는 역사적 특수성을 갖고 있으며 특수한 소통방식을 만들어내고, 이와 같은 소통을 이뤄내는 인간 주체의 새로운 구성을 야기한다. 여기서 중심이 되는 분석 대상은 '언어'이다. 전자언어는 이전의 구어(말)나 인쇄된 글이 갖고 있던 수신자-발신자 사이의 관계를 새롭게 바꾸어놓았다. 이와 같은 정보양식은 새로운 담론·실천의 장으로서, 이 안에서 언어적 활동을 하는 주체는 끊임없는 분산과 탈맥락화(脫脈絡化) 등에 의해 분열되면서 동시에 새로운 정체성을 갖게 된다.

이 발전된 것으로 보고 있다. 이것은 경제부문에서 정보의 중요성이 부각되고 정보상품과 정보서비스의 상품화가 진전된 산업화현상이 지속되고 있을 뿐이라는 견해로, 산업사회적 관점이라고도 일컬어진다.

자본주의 산업사회론은 탈산업사회론이나 정보사회론과 극명하게 대립되는 마르크스주의적 사회비판이론이 대종을 이룬다. 이 관점은 정보테크놀로지의 발전을 정보사회로의 이행의 주된 요인으로 보기보다는 자본주의 축적과정의 안정화나 기존 지배계급의 현상 유지 혹은 입지 강화를 위한 매개수단으로 간주한다.

지배양식론은 정보테크놀로지가 지배력과 지배관계, 더욱 구체적으로는 감시·통제의 메커니즘과 갖는 연관성에 주목한다. 이 관점은 정보테크놀로지가 지배의 유지나 강화를 위한 새로운 지배양식으로 존재한다고 보며, 지배양식의 질적인 변화에 대해서는 동의하면서도 그 결과로 구조적이고 질적인 사회변동이 일어난다는 데는 다분히 부정적인 입장을 취한다.

다음에서는 양 흐름을 대표한다고 할 수 있는 다니엘 벨의 이론과 허버트 실러H. Schiller의 이론을 중심으로 양 흐름을 비교·평가한 후 정보사회를 어떻게 봐야 하는지를 정리해보자.

### 2) 단절론

**벨의 탈산업사회론** 다니엘 벨의 탈산업사회 개념은 새로운 정보사회가 산업사회를 대체했다는 관념의 토대를 형성하고 있다. 이 관점에서는 기술적·사회적 변동의 속도가 증대되어 진정한 불연속성이 발생할 정도로까지 사회변동이 발생했다고 본다.

벨은 특정 단계에서 고용의 지배적 유형에 의거하는 사회의 유형학을 제공한다. 전前산업사회는 농업노동, 산업사회는 공장작업, 탈脫산업사회는 서비스 고용이 지배하는 사회이다. 전前산업사회에서는 '자연에 대한 게임', 산업사회에서는 '제조된 자연에 대한 게임', 탈산업사회에서는 '사람들 사이의 게임'이 진행된다. 사람들 사이의 게임은 필연적으로 정보가 기초 자원인 게임이며, 서비스 노동은 일종의 정보노동이다. 각 단계의 사회에서 노동의 전형적인 유형은 각각 '추출활동', '제조활동', '정보활동'이다.

그리하여 탈산업사회는 다음과 같은 특징을 지닌 사회로 묘사된다. 첫째, 산업에 고용된 노동자의 감소, 둘째, 산업생산물의 지속적인 증가(합리화의 결과), 셋째, 부의 지속적인 증대, 넷째, 산업부문 고용으로부터의 사람들의 지속적인 방출, 다섯째, 서비스부문에서 새로운 직업 기회의 끝없는 제공 등이 그것이다.

탈산업사회에서 결정적인 점은, 자본과 노동이 산업사회의 전략적이고 변혁적인 자원이었던 것과 마찬가지로 지식과 정보가 사회의 전략적이고 변혁적인 자원이 된다는 점이다. 따라서 어떤 사회에서든 결정적인 변수는 기초 연구와 과학 및 테크놀로지 자원의 힘이다. 이런 점에서 새로운 정보테크놀로지는 새로운 지적 테크놀로지의 기초가 된다는 것이다(Bell, 1989: 95).

단절론을 대표하는 사회학자 다니엘 벨(1991~2011)
출처: 위키피디아

**단절론에 대한 평가와 비판** 단절론이 지니고 있는 문제점을 벨의 발전론과 관련하여 정리해보면 다음과 같다. 우선, 벨의 관점은 과도하게 협소한 산업사회관을 지니고 있다. 관련 문헌에서 산업사회는 대개 초창기의 테크놀로지에 의해 정의되고 있다. 대조적으로, 컴퓨터와 위성 등 20세기의 발명들은 탈산업사회적인 것으로 간주되는 경향이 있다(Schement, 1989: 36). 또한 전문가가 증대했다는 사실 속에 새로운 시대가 도래했다는 결론을 내리도록 이끄는 내재적인 이유가 전혀 존재하지 않는다. 산업적 소유의 유형과 경제의 동학이 그대로라면 체계가 변화하지 않았다고 할 수 있는 것이다.

한편, 벨은 테크놀로지 혁신으로 인한 생산성 증대가 농업으로부터 산업, 그리고 서비스로의 이동을 가져온다고 설명하고 있다. 이것은 기술결정론의 한 형태이다. 이 주장은 두 가지의 특히 의심스러운 함축을 포함하고 있다. 첫째 테크놀로지가 사회변동의 결정적인 인자라는 것, 둘째 테크놀로지 자체는 막대한 사회적 영향력을 갖지만 사회세계로부터 떨어져 있다는 것이다. 즉, 테크놀로지가 변동의 동력이면서 동시에 사회관계로부터 아무런 영향도 받지 않는다는 논리가 숨어 있는 것이다.

정보사회에 대한 단절론의 정의들은 대부분 화이트칼라 노동자의 수, 정보에 관련된 GNP의 비율 등 양적인 기준을 제공하고 있다. 그러나 명백한 사실은, 이론적으로 볼 때, 양적인 기준(단순히 더 많은 정보)은 그 자체로 이전 체계와의 단절을 확정할 수 없는 반면, 작지만 결정적인 질적 변동은 체계 단절점을 긋는 것으로 간주할 수 있다는 점이다. 특히 이상한 것은 정보사회를 새로운 유형의 사회로 확정하는 사람들 중 다수는 단순하게도 이 질적인 변동이 얼마나 많은 정보가 유통되고 있는지, 얼마나 많은 사람들이 정보 관련 직업에서 일하고 있는지를 계산함으로써 규정될 수 있다고 가정하고 있다는 점이다. 여기에서 우리가 부딪히게 되는 것은 양적인 증대가 사회체계 차원의 질적인 변동으로 전환된다는 근거 없는 가정이다.

단절론에 대한 주요 비판을 두 가지로 정리하면 다음과 같다. 우선, 이 접근은 테크놀로지를 변동의 주요 동력으로 삼고 있다. 동시에 이런 테크놀로지가 가치와 신념의 영역과는 떨어져 있는 것으로 전제한다. 다음으로, 이 접근은 사회변동을 잘못 이해하고 있다. 왜냐하면 이 접근은 지속적으로 테크놀로지를 사회로부터 분리시키면서 이 자율적인 힘이 변동을 발생시키는 특권화된 메커니즘이라고 주장한 후에, 다시 그것을 사회변동의 과정 속에 끼워넣는 식으로 사회변동의 핵심 요소를 탈사회화하고 있기 때문이다.

### 3) 연속론

**자본주의의 동학과 정보화** 연속론자들은 정보테크놀로지의 발전과 정보화가 정보사회라는 새로운 사회를 가져온 것이 아니며, 정보화와 관련된 일련의 변화는 자본주의의 자기적응 과정에 불과하다고 본다. 즉 정보화와 관련된 일련의 사회변동을 이전 사회와의 연속선상에서 이해하고 있다.

연속론을 대표하는 허버트 실러는 정보의 발전과정과 관련하여 다음과 같은 세 가지 주장을 내세우고 있다. 첫째, 정보의 발전과정에는 시장 기준market criteria이 철저하게 적용된다. 시장 원칙들은 정보의 상품화를 향한 강력한 중심 추진력이다. 둘째, '계급 불평등'은 정보의 분배, 정보에 대한 접근, 정보를 창출할 수 있는 능력을 결정하는 주요 요인이다. 셋째, 정보와 커뮤니케이션 영역에서 중대한 변동을 겪고 있는 이 사회는 조직자본주의 사회이다. 즉, 집중화되고 대개 과두제적이며 국내적·국제적 도달범위를 갖고 있는 기업조직에 의해 지배되는 사회라는 것이다(Schiller, 1989: 111-112).

실러는 전지구적인 산업적·군사적 권력의 지배구조를 감안하면, 커뮤니케이션 혁명이 경제적 이득의 세계적 체제를 유지하기 위한 용의주도하고 광범위한 노력의 결과가 아니라고 믿기는 어렵다고 본다. 새로운 정보테크놀로지는 이 체제의 사업자들을 지원하고 전지구적인 군사적 커뮤니케이션을 가능하게 하기 위해 발명·발전·도입되었다는 것이다. 그것은 선택의 문제, 즉 좋은 테크놀로지 또는 나쁜 테크놀로지 이용의 문제가 아니라, 단지 권력의 세계체제로부터 도출되는 경제적 이익을 유지하기 위해 새로운 커뮤니케이션 테크놀로지를 발전시키고 이용하는 문제일 뿐이라는 것이다.

실러에게 '정보시대'란 잘못된 명칭이다. '커뮤니케이션 혁명'도 마찬가지다. 소수의 선진 산업사회들이 혁명적 분위기의 세계 속에서 자신들의 특권을 보장하기 위해 분투하고 있을 뿐이라는 것이다. 그리하여 정보시스템은 소수 인류가 향유하고 있는 특권을 보장하고 대규모 다수를 괴롭히는 관계를 유지하기 위해 개발되었다고 본다. 결과적으로,

**연속론을 대표하는 사회학자 허버트 실러(1919~2000)**
출처: 위키피디아

인간 존재의 전지구적·국가적·지역적 불균형을 극복하기 위해 필요한 변동이 텔레커뮤니케이션 시스템을 발전시킴으로써 촉진되리라고 믿는 것은 오류이며, 사실 정반대의 결과가 예상될 수 있다는 것이다. 결국, 기존의 차별과 불평등이 새로운 수단과 과정에 의해 심화되고 확대될 전망이라는 것이다.

**연속론에 대한 평가와 비판** 실러의 작업은 특히 테크놀로지적 가능성이나 상상된 미래보다는 실제의 실체적인 세계로부터 시작한다는 점에서, 정보 및 그와 연관된 테크놀로지의 역할과 중요성의 주요 측면을 이해할 수 있는 중요한 단서를 제공한다 (Webster, 1995: 100).

연속론은 현실 적합성의 면에서 설득력이 있다고 판단된다. 우선, 이 접근은 정보테크놀로지의 발전으로 일어날 현상을 공상적으로 기술하는 것이 아니라, 실제 세계에서 무엇이 진행되고 있는가를 조명해준다. 단절론이 갑자기 진공상태에서 출현하는 정보테크놀로지가 모든 변화를 선도한다는 식의 설명을 하고 있는 데 반해, 연속론은 정보의 발전 과정이 역사적 선행 요인과 연속성에 의해 설명되지 않으면 안 된다고 보고 있다.

그러나 연속론은 정보화가 가져온 커다란 변화에 주목할 수 있는 개념적 장치가 부족하다. 정보테크놀로지의 발전이 정보사회라는 새로운 사회를 가져오는 것이 아니라는 점을 강조하다 보니, 견해의 적극적 개진보다는 정보사회론에 대한 소극적 비판에 머물고 말았다. 정보화에 대한 더욱 적극적인 규정이 필요한 것이다.

또한 정보화가 가지고 있는 가능성의 영역, 즉 정보테크놀로지가 가져올 수 있는 이득의 측면을 배제하고 있다는 데에도 문제가 있다. 정보화에도 불구하고 나타나는 연속성의 측면만이 아니라 정보화가 가져오는 변화의 측면도 설명할 수 있어야 하는 것이다.

현실에서 일어나고 있는 변화는 단순히 정보화 이상의 것이다. 소유관계와 사회의 동학이 변하지 않고 있다면 이전 사회와의 단절을 주장할 수 없다는 것에는 충분히 동의할 수 있다. 그러나 변화한 것이 무엇이며, 그것은 계급관계와 사회관계에 어떠한 변화를 초래하고 있는가를 설명할 수 있어야 한다. 즉, 소유관계와 사회의 동학이라는 큰 틀이 불변하였다는 점을 주장하는 데서 그칠 것이 아니라, 현실에서 일어나고 있는 유의미한 변화를 설명하고 분석할 수 있는 데까지 나아가야 한다는 것이다.

## | 4 | 정보사회의 자리매김

정보사회에 관한 양극적인 논쟁을 넘어서서 논의를 진전시키기 위해서는, 자본주의사회와 정보사회의 관계에 대한 좀 더 탄력적인 규정이 필요하다. 그것은 변화한 것은 무엇이고 변화하지 않은 것은 무엇인가를 구분해낼 수 있도록 도와주고, 현재 진행되고 있는 정보테크놀로지의 발전 또는 정보화를 어떻게 해석할 것인가의 문제뿐만 아니라, 그것에 어떻게 대처해야 할 것인가도 인도해줄 수 있는 개념틀이 되어야 할 것이다.

우선, 정보의 중요성을 지나치게 강조한 나머지 정보가 자본을 대체한다느니, 정보사회가 개인을 억압하는 권력으로부터 해방되는 사회를 의미한다느니 하는 주장은 상당한 무리가 있다. 새로운 정보나 지식을 통해 부와 권력을 획득할 수 있는 기회가 대폭 늘어난 것은 사실이지만, 그러한 정보와 지식이 결국 거대자본으로 변신하고 독점과 흡수합병의 거대한 용광로로 전환하는 현실을 우리는 빌 게이츠나 손 마사요시孫正義의 예에서 쉽게 찾아볼 수 있다. 또한 자유롭고 개방적인 정보의 바다였던 인터넷이 점차 전자상거래 시장으로 변하고 개인정보의 유출과 프라이버시 침해를 유발하면서 통제와 관리의 장으로 변하고 있는 것도 사실이다.

사실 정보의 위상과 비중이 달라졌다는 것과 사회가 정보사회로 변화했다는 것은 근본적으로 다른 이야기이다. 전자는 누구나 수긍하고 인정할 수밖에 없는 것이지만, 후자는 다분히 논란의 여지가 있다. 사회가 정보화되었다는 것과 사회가 정보사회로 변화했다는 것은 엄연히 다른 이야기이다.

정보사회를 독특하다거나 역사적으로 유례가 없다고 보는 것은 강력한 주장이기는 하지만 하나의 신화일 뿐이다. 정보테크놀로지의 눈부신 발전과 정보화의 급속한 진전에도 불구하고 자본주의의 큰 틀이 변화했다고 보기는 어렵다. 여전히 소유관계와 기본 동학은 유지되고 있기 때문이다. 그러나 조직원리, 고용·노동, 정치·권력, 문화·일상생활에서 일어나고 있는 커다란 변화는 인정하지 않을 수 없다. 이런 점에서 볼 때 자본주의 사회체제 내에서 산업사회로부터 정보사회로 이행한다는 일종의 절충주의적 입장을 취하는 것이 현실적으로 설득력이 있다.

연속성을 지지하는 사람들이 정보사회보다는 정보화라는 개념을 선호하는 경향이 있는 것은 사실이지만, 자본주의의 진화와 적응과정을 설명하기 위해서는 정보사회라는 개념을 채택하는 것이 더 나을 것으로 판단된다. 이때 정보사회는 자본주의 내의 한 단계를 지칭하는 개념으로 사용되어야 할 것이다. 즉, 자본주의체제 내에서 산업사회로부터 정보사회로 이행한다는 개념화가 가능하다는 것이다. 물론 이때의 산업사회는 자본주의사회를 대체하는 개념이 아니라 자본주의 내의 한 단계를 지칭하는 개념이다.

오늘날 정보사회와 관련된 온갖 이론이 난무하고 서로 평행선을 달리면서 팽팽한 접전을 계속하고 있다. 그러나 이런 이론이 정보화와 관련된 정책 방향을 설정하는 데는 오히려 혼란만 가중시키고 있다는 생각이 든다. 무엇이 변화하고 무엇이 변화하지 않는지를 잘 분간하고 긴 역사과정 속에서 정보사회에 대한 자리매김을 정확하게 하는 것이 절실하게 필요하다. 정보사회에 대한 자리매김이 제대로 되지 않은 상태에서는 장기적·체계적 비전을 설정하기가 무망하고, 자칫하면 선진국의 정부와 기업가와 이론가의 장단에 놀아나는 꼴이 되기 십상이다.

중요한 것은 정보화 및 정보사회와 관련된 논의를 우리 눈으로 정리하고, 한국사회의 구체적인 조건과 현황을 비판적으로 검토한 후에, 한국사회가 지향해야 할 정보사회의 모델을 구축하는 일이다. 그런 모델을 기반으로 해서 정치·사회 각 부문에 대한 구체적인 정책 방향을 도출해야 할 것이다.

## 생각해볼 문제

1. 정보기술과 사회변동의 관계에 대한 기술결정론적 입장과 사회구조론적 입장의 장단점은 각각 무엇인가?
2. 정보사회에 대한 단절론적 입장과 연속론적 입장이 갖는 이데올로기적 함의는 무엇인가?
3. "정보사회에서는 권력과 부의 핵심 자원이 자본이 아니라 정보와 지식이다"라는 명제의, 현실에서의 구체적 사례로는 어떠한 것들이 있는가?
4. 정보사회 담론이 선진국들에 의해 이용되고 있는 사례로는 어떠한 것들이 있는가?
5. 다양한 정보사회이론 중 현재의 한국사회를 가장 잘 설명해주는 이론은 어느 것이고, 왜 그러한가?

## 더 읽을 거리

프랭크 웹스터(2007), 조동기 역, 『정보사회이론』, 나남.

마뉴엘 카스텔(2004), 박행웅 역, 『인터넷 갤럭시』, 한울.

## 참고문헌


강상현(1996), 『정보통신혁명과 한국사회』, 한나래.

김대호(1996), 『멀티미디어시대를 대비한 미디어정책』, 박영률출판사.

김주환(1997), 〈정보사회와 뉴미디어, 어떻게 볼 것인가〉, 한국사회언론연구회 편, 《한국사회와 언론》 8.

조형제(1996), 「산업사회에서 정보사회로」, 한완상 편저, 『한국사회학』, 민음사.

홍성태(1999), 「정보화 경쟁의 이데올로기에 관한 연구」, 서울대학교 사회학과 박사학위 논문.

Bell, D. 1973. *The Coming of Post-Industrial Society*. New York: Basic Books.

Bell, D. 1979. "The Social Framework of the Information Society," in M. Dertouzos & J. Moses(eds.). *The Computer Age: A Twenty-Year View*. Cambridge, MA: MIT Press.

Bell, D. 1989. "Communication Technology: For Better or For Worse?," in Salvaggio.

Castells, M. 2000. *The Rise of the Network Society*. Blackwell. (김묵한 외 옮김, 2003, 『네트워크 사회의 도래』, 한울아카데미)

Masuda, Y. 1981. *The Information Society as Post-Industrial Society*. Bethesda, MD, World Future Society.

Masuda, Y. 1982. "Vision of the Global Information Society," in L. Bannon, U. Barry & O. Holst(eds.), *Information Technology: Impact on the Way of Life*. Dublin: Tycooly International Publishing.

Poster, M. 1990. *The Mode of Information*. Cambridge: Polity Press.

Salvaggio, J. L.(ed.). 1989. *The Information Society: Economic, Social, and Structural Issues*. Lawrence Erlbaum Associates Publishers.

Schement, J. R. 1989. "The Origins of the Information Society in the United States: Competing Visions," in Salvaggio.

Schiller, H. 1984. *Information and Crisis Economy*. Norwood, NJ: Albex.

Schiller, H. 1989. "Information for What Kind of Society?," in Salvaggio.

Smythe, D. 1985. "An historical perspective on equity: National policy on public and private sectors in the USA," *A Paper presented to the Thirteenth Annual Telecommunications Policy Research Conference*. Airlie House, VA.

Steinfield, C. & Salvaggio, J. L. 1989. "Toward a Definition of the Information Society," in Salvaggio.

Webster, F. 1995. *Theories of the Information Society*. Routledge.

# 찾 아 보 기


ㄱ

가족의 비즈니스화 176

갭(GAP) 121

거래비용(Transaction Cost) 127

거버넌스(Governance) 325, 332

게이츠, 빌(Gates, Bill) 303, 374

경실련(경제정의실천시민연합) 92

계층이론(The Social Categories Theory) 281

고위공무원단제도 196

고프만, 어빙(Goffman, Erving) 226

골드코프(Goldcorp Inc.) 192

공익소송 95

공중(公衆, Public) 81

관료제(Bureaucracy) 120, 124, 134

구글(Google Inc.) 39, 170, 224

구텐베르크 혁명 204

국제전기통신연합(ITU) 346

근본 서버(Root Server) 327, 348

글리벡(Gleevec) 208

기술결정론(Technological Determinism) 55, 145, 319, 356

까즈, 산드린(Cazes, Sandrine) 149

ㄴ

낙인이론(Labeling Theory) 252, 280

남성 생계 부양자 모델 161

네오-그람시주의(Neo-Gramscism) 331

네이버 지식iN 서비스 31, 75, 109, 191

네이트 지식 서비스 76

네트워크 기업(Network Enterprise) 129

네트워크 솔루션(Network Solutions, Inc.) 336

네트워크 사회(Network Society) 134, 315

노동 소외(Alienation) 144

노드(Node) 20, 132, 231

노블, 데이비드(Noble, David) 146

노사모(노무현을 사랑하는 사람들의 모임) 99

뉴스코퍼레이션(News Corporation) 40

닐스, 잭(Nilles, Jack) 151

ㄷ

다음(Daum) 아고라 102

다중(多衆, Multitude) 23, 30

담론(Discourse) 97

담론적 기회구조(Discursive Opportunity Structure) 105

데이터베이스 기반 감시(Database-based Surveillance)

222, 227
도메인 명칭 역강탈(Reverse Domain Name Hijacking) 341
도메인 명칭(Domain Name) 327
도메인 투기(Cybersquatting) 341
동시화(Synchronization) 151
동조(Conformity) 78, 280
드러커, 피터(Drucker, Peter F.) 187
디스토피아(Dystopia) 354
디지털 밀레니엄 저작권법(Digital Millenium Copyright Act) 208, 210
디지털 차이(Digital Difference) 273

ㄹ

라우터(Router) 130, 309
라인골드, 하워드(Rheingold, Howard) 30, 79
랜(LAN) 309
레고(Lego) 126
레비, 피에르(Levy, Pierre) 77, 193
레식, 로렌스(Lessig, Lawrence) 213
르 봉, 귀스타브(Le Bon, Gustave) 31
리처, 조지(Ritzer, George) 120

ㅁ

마르크스, 카를(Marx, Karl) 144, 264, 319, 367
마스다 요네지(Masuda, Yoneji) 359, 366
마이스페이스(MySpace) 40
마이크로블로그(Microblog) 51, 64
마텔(Mattel Corporation) 120
맥도널드, 드와이트(MacDonald, Dwight) 30
맥도널드화(McDonaldization) 120, 134
맥루한, 마샬(Mcluhan, Marshal) 226
맥콤즈, 맥스웰(McCombs, Maxwell E.) 58
모바일 오피스(Mobile Office) 22, 119, 169
무어, 고든(Moore, Gordon) 302
무어의 법칙(Moore's Law) 301
문화식민주의(Cultural Imperialism) 45
미키마우스 법(Mickey Mouse Protection Act) 208
미투데이(Me2day) 51

ㅂ

바우만, 지그문트(Bauman, Zygmunt) 148
반달리즘(Vandalism) 193
백본(Backbone) 310, 336
베네통(Benetton) 121

베른협약(Berne Convention) 205
베리사인(VeriSign, Inc.) 344
베버, 막스(Weber, Max) 120, 134, 264, 360
벡, 울리히(Beck, Ulich) 148
벤클러, 요차이(Benkler, Yochai) 192
벨, 다니엘(Bell, Daniel) 141, 319, 357, 359, 366, 368
보잉(The Boeing Company) 131, 133
브레이버만, 해리(Braverman, Harry) 144
블라우너, 로버트(Blauner, Robert) 145
블레어-로이, 메리(Blair-Loy, Mary) 173
비트넷(BITNET) 308

ㅅ

사회유대이론(Social Bond Theory) 252
사회적 테일러리즘(Social Taylorism) 234
사회학습이론(Social Learning Theory) 253
생산성 역설(Productivity Paradox) 123
생산양식(Mode of Production) 367
서덜랜드, 에드윈(Sutherland, Edwin H.) 252, 281
선마이크로시스템즈(Sun Microsystems, Inc.) 171
선플(선한 댓글) 255
세계지적재산권기구 저작권조약(WIPO Copyright Treaty) 205
세계지적재산권기구(WIPO) 205
세계화(Globalization) 120, 325
셰이큰, 할리(Shaiken, Harley) 144
소셜 그래프(Social Graph) 230
소셜 네트워크 서비스(SNS) 36, 215, 224, 233
소셜 미디어(Social Media) 50, 226
소셜 커머스(Social Commerce) 64
쇼, 도널드(Shaw, Donald L.) 59
쉴러, 허버트(Schiller, Herbert I.) 264
스마트몹(Smart Mob) 30, 80
스마트워크(Smart Work) 21, 169
스마트폰(Smartphone) 104, 111, 119, 153, 285
스톨먼, 리처드(Stallman, Richard M.) 213
스펜더, 데일(Spender, Dale) 188
스푸트니크 충격(Sputnik Shock) 305-306
시분할컴퓨팅(Time Sharing) 305
시스코시스템즈(Cisco Systems, Inc.) 130, 132
시스템 컨트롤러(System Controller) 144
신자유주의(Neo-liberalism) 120, 149, 316, 328

ㅇ

아르파넷(ARPANET) 305, 336
아마존닷컴(Amazon.com) 238, 311
아우어, 피터(Auer, Peter) 149
아웃소싱(Outsourcing) 126, 130, 150, 155
아이폰(iPhone) 104
아키텍처(Architecture) 298-299
아프리카(Afreeca) 28, 103
악플(악성댓글) 243
안티사이트(Anti Site) 89
알테어(Altair) 303
암묵지(Tacit Knowledge) 188
앤 여왕 법(The Statute of Anne) 205
야후 Answers 서비스 194
야후(Yahoo) 313
어샌지, 줄리언(Assange, Julian) 87, 238
얼리어답터(Early Adopter) 52
에니악(ENIAC) 295-296
에이커스, 로널드(Akers, Ronald) 253
역U자 가설(Inverted-U-curve Hypothesis) 145
오마이뉴스 99, 103, 109, 256
오픈소스(Open Source) 191
워싱턴 컨센서스(Washington Consensus) 329
워즈니액, 스티브(Wozniak, Steve) 303
원격근무(Telework) 19, 119, 151, 167, 171
원소스 멀티유즈(One Source Multi Use) 43
월드와이드웹(World Wide Web) 311-312
웰먼, 배리(Wellman, Barry) 230
웹 2.0(Web 2.0) 103, 189, 259
위치 기반 서비스(LBS) 54, 64
위키리크스(Wikileaks) 87, 105, 213, 237
위키피디아(Wikipedia) 31, 77, 87, 109, 191, 193, 213
위험사회(Risk Society) 148
유비쿼터스(Ubiquitous) 49, 273
유연근무제(Flexible Work Arrangement) 19, 167
유즈넷(USENET) 308
유튜브(YouTube) 26, 28, 39
유한킴벌리 185
의제설정 이론(Agenda-setting Theory) 59
이념형(Ideal Type) 359
이더넷(Ethernet) 309
이차적 일탈(Secondary Deviance) 281
익명성(Anonymity) 33, 107, 223, 249, 254, 284
인적 서비스(Human Service) 141

인터넷등급제 108, 217
인터넷실명제 108, 217, 255
인터넷주소자원관리기구(ICANN) 325
인터넷중독 장애(Internet Addiction Disorder) 274
일-가족 균형(Work-Family Balance) 166
일-생활 균형(Work-Life Balance) 166
입법청원제도 95

### ㅈ

자기 프로그래밍(Self-programming) 174
자동화(Automate) 119, 122, 135, 142
자라(Zara) 121
자유소프트웨어운동((Free Software Movement) 213
자이즈만, 존(Zysman, John) 140
잡스, 스티브(Jobs, Steve) 303
재택근무(Telecommuting) 153, 167
저작권 삼진아웃제 212
저작권(Copyright) 60, 203
저커버그, 마크(Zuckerberg, Mark) 63, 232
전문 서비스(Professional Service) 141
전사적자원관리(ERP) 123
전자감시(Electronic Monitoring) 217, 226, 237
전자주택(Electronic Cottage) 21, 151
정보 리터러시(Information Literacy) 267
정보격차(Digital Divide) 263
정보계수(Johokeisu) 358
정보공유연대 213-214
정보부자(Information-Rich) 264
정보빈자(Information-Poor) 264
정보양식(Mode of Information) 367
정보접근(Digital Technological Access) 266
정보화지수(Johoka Index) 358
제2물결 페미니즘 운동 165
제3의 물결(The Third Wave) 192, 366
제록스(Xerox Corporation) 128, 309
제이콥스, A. J.(Jacobs, A. J.) 173
조직인의 죽음(Death of Organization Man) 148
주보프, 쇼샤나(Zuboff, Shoshana) 128, 142
주의력결핍/과잉행동장애(ADHD) 283
증오 사이트(Hate Site) 44
지구적 상품 체인(Global Product Chain) 121
지식 기반 경제(Knowledge-based Economy) 174
지적재산권(Intellectual Property) 203, 220
집단지성(Collective Intelligence) 25, 30, 74, 109, 183

집적회로(IC) 301
집중화(Concentration) 151
집합행동(Collective Actions) 81

ㅊ
차별적 접촉(교제)이론(Differential Association Theory) 252-253, 281
참여민주주의 91
참여연대 92, 96, 108
참여정부 94, 196
창조적 공유재(Creative Commons) 213-214
초국적기업(Transnational Corporation) 120
촛불시위 96, 100

ㅋ
카노이, 마틴(Carnoy, Martin) 178
카스텔, 마뉴엘(Castells, Manual) 129, 134, 264, 314
카피레프트(Copyleft) 191
코언, 스티븐(Cohen, Stephen S.) 140
쿠키(Cookies) 229
쿨리, C. H.(Cooley, C. H.) 32
클라우드 컴퓨팅(Cloud Computing) 58, 238
키보드 워리어(Keyboard Warrior) 247

ㅌ
탈조직 커리어(Boundaryless Career) 148
테일러리즘(Taylorism) 235
토플러, 앨빈(Toffler, Alvin) 21, 140, 151, 192, 366
트랜지스터(Transistor) 301
트위터(Tweeter)

ㅍ
파리협약(Paris Convention) 205
패러디(Parody) 101, 104
패킷스위칭(Packet Switching) 304
펌질 31, 100
페이스북(Facebook) 36, 51, 63, 104, 224, 230
포디즘(Fordism) 235
포랫, 마크(Porat, Marc) 357
포스터, 마크(Poster, Mark) 366-367
포스텔, 존(Postel, Jon) 336
폰 노이만, 존(von Neumann, John) 298-300
폴라니, 마이클(Polanyi, Michael) 188
프라이버시(Privacy) 60, 217

프로슈머(Prosumer) 192
프로유저(Prouser) 192
프로토콜(Protocol) 304, 308, 327
프리드만, D. S.(Friedman, D. S.) 175
플래시 크라우드(Flash Crowd) 79
플래시몹(Flash Mob) 79
피그말리온(Pygmalion) 35

### ㅎ

하이퍼텍스트(Hypertext) 312
한국전력 186
합리화의 철창(Iron Cage of Rationality) 134
허쉬, 트래비스(Hirschi, Travis) 252, 254
현피(현실 PK) 279
형식지(Explict Knowledge) 188
훅실드, A. R.(Hochschild, A. R.) 176

### 기타

1인 방송국 28, 39
24시간 경제(24-hour Economy) 173
ABC(Atanasoff Berry Computer) 297
BMW(Bayerische Motoren Werke AG) 131
DSM-IV(정신장애 진단 통계 매뉴얼) 274
K-척도(K-Scale) 276
UNIVAC(UNIVersal Automatic Computer) 300

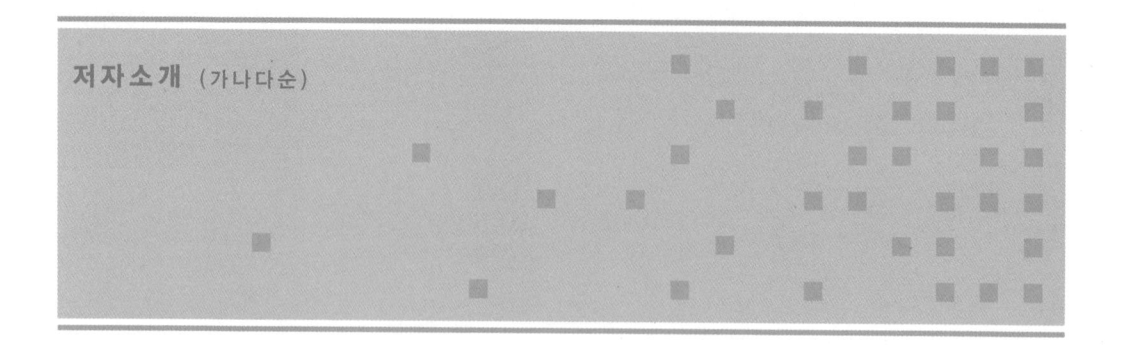


**고 영 삼**

부산대학교 사회학 박사

현 한국정보화진흥원 수석연구원(청와대 대통령실 뉴미디어 비서관실 파견)

주요 저서: 『일상생활의 사회학적 이해』(공저), 『현대한국사회의 일상문화코드』(공저), 『전자감시사회와 프라이버시』

**김 원 정**

서울대학교 대학원 여성학협동과정 박사과정

주요 논문: 〈한국노동운동에서 '비정규직 문제'의 구성과 젠더〉

**김 종 철**

UC Berkeley 사회학 박사

현 서울대학교 아시아연구소 선임연구원

주요 논문: 〈공공영역을 통한 정보불평등 완화 가능성에 관한 연구〉

**김 해 식**

서울대학교 사회학 박사

현 KBS 방송문화연구소 연구원

주요 논문: 〈1960년대 이후 한국언론의 성격변화과정에 대한 사회학적 연구〉

주요 저서: 『글쓰기 특강』, 『한국언론의 사회학』

**백 욱 인**

서울대학교 사회학 박사

현 서울과학기술대학교 기초교육학부 교수

주요 논문: 〈디지털 복제 시대의 지식, 미디어, 정보〉, 〈한국 소비사회형성과 정보사회의 성격에 관한 연구〉

주요 저서: 『한국사회운동론』, 『2001 싸이버스페이스 오디세이』(공저)

**이 기 홍**

UCLA 사회학 박사

현 한림대학교 사회학과 교수

주요 논문: 〈한국인의 죽음 수용과 종교〉, 〈Four Sources of Trust and Life Satisfaction for Korean Elders〉, 〈기업연결망들의 상호영향과 산업변동〉

주요 저서: 『글로벌 문화와 매너』(공저)

**이 창 호**

텍사스주립대학교 언론학 박사

현 한국청소년정책연구원 연구위원

주요 논문: 〈공론장으로서의 인터넷 카페 게시판의 가능성과

한계: '쭉빵클럽'과 '엽기 혹은 진실'을 중심으로〉, 〈포털이용자들의 포털뉴스이용 패턴 및 포털의 언론역할에 관한 인식〉
주요 저서: 『저널리즘의 이해』(공저), 『전쟁저널리즘』

**이 항 우**

뉴욕주립대학교 버팔로 사회학 박사
현 충북대학교 사회학과 교수
주요 논문: 〈No Artificial Death, Only Natural Death: Dynamics of Centralization and Decentralization of Usenet Newsgroups〉, 〈사이버폭력의 사회적 구성과 인터넷 실명제: 비판적 담론분석〉

**임 현 경**

MIT 과학기술학 박사
현 서울대학교 아시아연구소 선임연구원
주요 논문: 〈In Sync over Distance : Flexible Coordination through Communication in Geographically Distributed Software Development Work〉

**정 이 환**

서울대학교 사회학 박사
현 서울과학기술대학교 기초교육학부 교수
주요 논문: 〈서비스산업화와 노동의 변화〉
주요 저서: 『일의 가격은 어떻게 결정되는가 1』, 『현대 노동시장의 정치사회학』, 『노동시장 유연화와 노동복지』(공저)

**정 준 영**

서울대학교 사회학 박사
현 방송통신대학교 문화교양학과 교수
주요 저서: 『냉정 대 열정』, 『열광하는 스포츠 은폐된 이데올로기』

**조 정 문**

메릴랜드대학교 사회학 박사
현 한국정보화진흥원 수석연구원
주요 논문: 〈한국형 IT ODA(공적개발원조) 모형 개발〉, 〈정보격차해소를 위한 종합방안 연구보고서〉
주요 저서: 『가족사회학』(공저), 『남성학과 남성운동』

**허 윤 정**

동국대학교 사회학과 박사과정 수료
현 동국대학교 사회학과 출강
주요 논문: 〈직업가치관과 성취를 중심으로 본 청년세대 프로파일의 변화 연구〉, 〈청소년의 온라인 게임 일상화와 사회화의 관계〉

**홍 성 태**

서울대학교 사회학 박사

현 상지대학교 문화콘텐츠학과 교수

주요 저서: 『개발과 파괴의 사회학』, 『현실정보사회와 정보사회운동』, 『지식사회 비판』, 『현실정보사회의 이해』

**홍 일 표**

서울대학교 사회학 박사

현 한겨레경제연구소 수석연구원

주요 논문: 〈'이중의 탈제도화' 압력과 한국 시민운동의 대응 : 참여연대의 '소통적 제도화' 전략 검토〉

주요 저서: 『세계를 이끄는 생각: '사람과 아이디어'를 키워라–미국 싱크탱크의 전략』, 『기로에 선 시민입법: 한국 시민입법운동의 역사, 구조, 동학』